Andreas Hepp · Cigdem Bozdag · Laura Suna

Mediale Migranten

Medien – Kultur – Kommunikation

Herausgegeben von
Andreas Hepp
Friedrich Krotz
Waldemar Vogelgesang

Kulturen sind heute nicht mehr jenseits von Medien vorstellbar: Ob wir an unsere eigene Kultur oder ‚fremde' Kulturen denken, diese sind umfassend mit Prozessen der Medienkommunikation durchdrungen. Doch welchem Wandel sind Kulturen damit ausgesetzt? In welcher Beziehung stehen verschiedene Medien wie Film, Fernsehen, das Internet oder die Mobilkommunikation zu unterschiedlichen kulturellen Formen? Wie verändert sich Alltag unter dem Einfluss einer zunehmend globalisierten Medienkommunikation? Welche Medienkompetenzen sind notwendig, um sich in Gesellschaften zurecht zu finden, die von Medien durchdrungen sind? Es sind solche auf medialen und kulturellen Wandel und damit verbundene Herausforderungen und Konflikte bezogene Fragen, mit denen sich die Bände der Reihe „Medien – Kultur – Kommunikation" auseinander setzen wollen. Dieses Themenfeld überschreitet dabei die Grenzen verschiedener sozial- und kulturwissenschaftlicher Disziplinen wie der Kommunikations- und Medienwissenschaft, der Soziologie, der Politikwissenschaft, der Anthropologie und der Sprach- und Literaturwissenschaften. Die verschiedenen Bände der Reihe zielen darauf, ausgehend von unterschiedlichen theoretischen und empirischen Zugängen das komplexe Interdependenzverhältnis von Medien, Kultur und Kommunikation in einer breiten sozialwissenschaftlichen Perspektive zu fassen. Dabei soll die Reihe sowohl aktuelle Forschungen als auch Überblicksdarstellungen in diesem Bereich zugänglich machen.

Andreas Hepp · Cigdem Bozdag
Laura Suna

Mediale Migranten

Mediatisierung und
die kommunikative
Vernetzung der Diaspora

VS VERLAG

Bibliografische Information der Deutschen Nationalbibliothek
Die Deutsche Nationalbibliothek verzeichnet diese Publikation in der
Deutschen Nationalbibliografie; detaillierte bibliografische Daten sind im Internet über
<http://dnb.d-nb.de> abrufbar.

1. Auflage 2011

Alle Rechte vorbehalten
© VS Verlag für Sozialwissenschaften | Springer Fachmedien Wiesbaden GmbH 2011

Lektorat: Barbara Emig-Roller | Eva Brechtel-Wahl

VS Verlag für Sozialwissenschaften ist eine Marke von Springer Fachmedien.
Springer Fachmedien ist Teil der Fachverlagsgruppe Springer Science+Business Media.
www.vs-verlag.de

Umschlaggestaltung: KünkelLopka Medienentwicklung, Heidelberg
Umschlagbild: Veit Mette
Gedruckt auf säurefreiem und chlorfrei gebleichtem Papier
Printed in Germany

ISBN 978-3-531-17314-6

Inhalt

Teil 3: Aneignungstypen

1 Einleitung

Vielleicht wird 2010 als ein Jahr in die deutsche Geschichte eingehen, in dem Fragen der Migration wieder auf neue Weise entbrannt sind. In diesem Jahr erschien Thilo Sarazzins Buch „Deutschland schafft sich ab", in dem er seine ausländerkritischen Thesen zur Einwanderung in Deutschland pointierte. Es war das Jahr, in dem Christian Wulf als deutscher Bundespräsident während der offiziellen Feiern zum Tag der Deutschen Einheit äußerte, „der Islam gehört inzwischen auch zu Deutschland". Kurz danach polemisierte die Bundeskanzlerin Angela Merkel bei einer CDU-Regionalkonferenz am 15. Oktober in Berlin gegen das „Multikulti-Eiapopeia". Und einen Tag später spitzte sie dies beim Deutschland-Tag der Jungen Union in Potsdam weiter zu, indem sie die Bemühungen um den Aufbau einer Multikulti-Gesellschaft vor dem Hintergrund einer „deutschen Leitkultur" als „absolut gescheitert" erklärte.

Man kann solche Äußerungen als Indiz dafür begreifen, dass sich im deutschen Politikbetrieb die Diskussion um die „Einwanderungsgesellschaft Deutschland" zuspitzt. Hierbei wird die Widersprüchlichkeit der „konservativen Positionen" deutlich: Auf der einen Seite entspricht die Ablehnung von „Multikulti" dem *kultur*konservativen Wunsch nach einer „deutschen Leitkultur". Auf der anderen Seite steht die Forderung von einer „geordneten Einwanderung Hochqualifizierter" für die *wirtschafts*konservative Idee, eine nationale Ökonomie in Zeiten fortschreitender Globalisierung „konkurrenzfähig" zu halten. Medien werden als der Raum begriffen, in dem nicht nur eine öffentliche Debatte hierüber ausgetragen wird, sondern der auch in eine „deutsche Leitkultur" integrieren sollen.

Aber auch ganz andere Blickwinkel werden in den Medien greifbar. In der taz etwa erschien 2010 eine Artikelserie zum Thema „Erfolgreiche Migranten". Diese positioniert sich gegen die öffentliche Diskussion „über gescheiterte Migranten und deren Abkapselung in Parallelwelten". Dargestellt werden in Reportagen ausgewählte Biografien von Migrantinnen und Migranten, die in Deutschland Fuß gefasst und das öffentliche Leben mitgeprägt haben. Dabei geht es nicht nur um Personen mit türkischem Migrationshintergrund. Vorgestellt werden die Costa-Ricanerin Lorelly Bustos Córdoba, die in Hamburg einen Kindergarten leitet, Vietnamesen in Leipzig, die als ehemalige Vertragsarbeiter der DDR im Zentrum der gesamtdeutschen Gesellschaft angekommen sind, Ali Aslan, der im Innenministerium arbeitet, der argentinische Maler Juan Arata, die in Syrien geborene Lina Ganama, die arabische Frauen und Familien unterstützt sowie die polnischstämmige Agnes Malczak, die heute Mitglied des Bundestags ist. In einem solchen Rahmen sind auch die Aktivitäten der „Deuken" (http://www.deukischegeneration.de) zu sehen, ein Verein mit dem Ziel der Vertretung der Interessen und Belange von türkischstämmigen Jugendlichen in Deutschland. „Deukisch" steht hierbei als wörtliche Zusammensetzung von Deutsch und Türkisch für das Lebensgefühl der bikulturell und bilingual aufgewachsenen Jugendlichen.

Solche Beispiele zeigen: Migration in Deutschland ist wesentlich vielschichtiger, als manche Debatte dies nahelegt. Deutschland wandelt sich nachhaltig, u. a. getragen von Migration. Vorstellungen einer nationalkulturell homogenen Gesellschaft – dominiert durch einheitliche religiöse und ethnische Wertsetzungen – treffen immer weniger die Komplexität und Widersprüchlichkeit des aktuellen Lebens. Doch was kennzeichnet die Identitäten der Migrantinnen und Migranten in Deutschland? Welchen Stellenwert hat Medienkommunikation für deren Artikulation? Helfen Medien, dass sie sich in Deutschland „besser integrieren"? Ermöglicht dieses ein besseres „empowerment" von Personen mit Migrationshintergrund? Oder fördert es – gegenteilig – einen „digital divide"?

Es sind Fragen wie diese, die den Ausgangspunkt des vorliegenden Buchs bilden. Unsere Antworten basieren auf einer mehrjährigen kommunikations- und medienwissenschaftlichen Forschung. Sie beruhen einerseits auf einer Betrachtung verschiedener internationaler Studien der letzten Jahre, die im Themenfeld Medien und Migration realisiert wurden. Andererseits haben wir mit 100 Personen mit marokkanischen, russischen und türkischen Migrationshintergrund Interviews geführt, sie gebeten, uns ihre Kommunikationsnetzwerke aufzuzeichnen, Tagebücher über ihre Mediennutzung zu führen und uns ihre Mediennutzungsorte zu zeigen. Bevor wir aber näher auf das methodische Vorgehen eingehen, einleitend einige Anmerkungen dazu, was den Blick, den wir in diesem Buch auf Medien und Migration werfen, auszeichnet.

1.1 Mediale Migranten, Mediatisierung und kulturelle Identität

Der grundlegende Begriff, entlang dessen wir unsere Analysen entwickeln, ist der des *medialen Migranten*. Dieser wurde von uns bewusst quer zu Konzepten entwickelt, die gegenwärtig in der wissenschaftlichen Diskussion verbreitet sind. Wir wollen mit dieser Bezeichnung pointiert deutlich machen, was im Zentrum dieses Buchs steht: dass die Medienaneignung konstitutiv für das Leben kultureller Identitäten von Migrantinnen und Migranten in Deutschland ist.

Innerhalb der Kulturanthropologie hat es sich eingebürgert, von „Postmigranten" zu sprechen. Dieser Ausdruck soll problematisieren, dass mit dem Begriff „Migrant" Zuschreibungen und Positionierungen verbunden sind, die sich nicht mit der Eigenperspektive dieser Personen decken, wenn sie der zweiten oder dritten Migrationsgeneration entstammen. Während wir einem solchen Anliegen vollkommen zustimmen, halten wir dennoch am Begriff des „medialen Migranten" fest: Wie das Leben anderer Mitteleuropäer auch ist das von Personen mit Migrationshintergrund geprägt durch eine umfassende Durchdringung der Alltagswelten mit Medien. Im Austausch von Briefen und E-Mails, in Telefonaten und Chats entwickeln Menschen mit Migrationshintergrund ein geteiltes Selbstverständnis. Das, was sie als ihre Herkunft konstruieren, ist u. a. geprägt von Medienbildern. Die dortigen Lebensorte ihrer Familie kennen sie einerseits dank Besuchen in den Ferien. Andererseits halten sie mittels Telefon, E-Mail und Skype Kontakt zu Familienangehörigen. Ebenso sind sie in ihrer Alltagswelt kontinuierlich damit konfrontiert, dass ihnen von außen ein Migrationsstatus zugewiesen wird – wiederum in Teilen geprägt von Medienbildern. Entsprechend können wir die von uns interviewten Menschen insgesamt als *mediale Migranten* beschreiben, wenn wir verdeutlichen wollen, dass die migrantischen Momente ihres Lebens gerade *auch* durch Medienaneignung vermittelt sind. Mit solchen migrantischen Momenten sind dabei auch Personen der zweiten und dritten Migrationsgeneration konfrontiert.

Hiermit verweist der Begriff des medialen Migranten auf eine breitere kommunikations- und medienwissenschaftliche Diskussion, nämlich die um *Mediatisierung* (Krotz 2007; Lundby 2009b; Hartmann/Hepp 2010). Greift man die Überlegungen von Friedrich Krotz (2007) auf, bezeichnet Mediatisierung – ähnlich wie Globalisierung, Individualisierung oder Ökonomisierung – einen Metaprozess des sozialen Wandels. Solche Metaprozesse bieten uns einen übergeordneten Interpretationsrahmen, um die unterschiedlichen Phänomene der aktuellen Veränderung in einem Gesamtinterpretationsraster zu fassen. Hierbei lassen sich zwei Aspekte von Mediatisierung unterscheiden, nämlich quantitative und qualitative (Hepp 2010).

Vereinfacht gesagt sind die *quantitativen Aspekte von Mediatisierung* mit dem Wort „mehr" bezeichnet. Grundlegend ist offensichtlich, dass über die Menschheitsgeschichte die bloße Zahl der uns verfügbaren technischen Kommunikationsmedien zugenommen hat. Differenzierter formuliert können wir Mediatisierung als einen fortlaufenden Prozess der Verbreitung von technischen Kommunikationsmedien in (a) zeitlicher, (b) räumlicher und (c) sozialer Hinsicht begreifen.

In zeitlicher Hinsicht wird eine ansteigende Zahl von technischen Medien immer andauernder verfügbar. Beispielsweise hat das Fernsehen keinen Sende-

schluss mehr, sondern ist ein fortdauernder, nicht endender Fluss technisch vermittelter Kommunikation. In räumlicher Hinsicht kann man sagen, dass Medien
zunehmend an verschiedenen Lokalitäten präsent (bzw. an deren Konstruktion
beteiligt) sind. Immer mehr „Orte" werden zu „Medienorten", wie auch bei der
Bewegung zwischen diesen Orten Medien verfügbar werden. Das Telefon zum
Beispiel ist nicht mehr nur eine Medientechnologie, die auf bestimme Orte der
Kommunikation bezogen ist, sei es das Büro, die häusliche Welt oder eine öffentliche Telefonzelle. Als personalisiertes Mobiltelefon wird es über die verschiedensten Lokalitäten hinweg zugänglich. Diese Beispiele beziehen sich
schon in Teilen auf die soziale Dimension von Mediatisierung. Mehr und mehr
soziale Kontexte sind durch Mediengebrauch gekennzeichnet. Um hier weitere
Beispiele zu nennen: Computernutzung kennzeichnet nicht mehr länger nur
Arbeitskontexte. Vielmehr erstreckt sich das Mailen, Surfen oder Computerspie-
len über die verschiedenen sozialen Sphären des Privaten und Öffentlichen, der
Arbeitszeit und der Freizeit usw.

Reflektiert man diese drei Momente des quantitativen Aspekts von Mediatisierung insgesamt, so wird deutlich, dass es nicht nur um ein „Mehr" geht, sondern darum, wie die Verbreitung von technischen Medien mit dem Wandel der
Lebensbereiche von Menschen gekoppelt ist. Wie ändert sich die Alltagswelt
von Migrantinnen und Migranten, wenn sie in einer zunehmend von Medien
durchdrungenen Welt leben? Diese Frage hebt auf die *qualitativen Aspekte von
Mediatisierung* ab.

In qualitativer Hinsicht erscheint es aber nicht sinnvoll, einem einzelnen
Medium eine einfache Medienlogik zu unterstellen. Die Verbreitung des Fernsehens hat keine eindimensionale, kontextfreie Folge. Und das Internet geht nicht
geradlinig mit einer Demokratisierung einher. Welche Prägkräfte Medien in einzelnen soziokulturellen Feldern entwickeln, hängt von komplexen Wechselbeziehungen ab. Insofern verweist der Begriff der Mediatisierung auf einen *bestimmten Ansatz der empirischen Forschung zum Wechselverhältnis von Medienwandel und soziokulturellem Wandel,* nicht auf eine in sich geschlossene
Medienwirkungstheorie. Es ist dieser Zugang der Mediatisierungsforschung, in
dem wir uns Fragen zu Medien und Migration annähern wollen.

Hierfür ist für uns das Konzept der *Konnektivität* bzw. der *kommunikativen
Vernetzung* ein wichtiges Hilfsmittel. Der Ausdruck Konnektivität fasst allgemein das Herstellen von kommunikativen Beziehungen oder Verbindungen, die
einen sehr unterschiedlichen Charakter haben können. Diese Relevanz von Konnektivität wird deutlich, wenn man eine von John B. Thompson (1995: 85) vor-
genommene Unterscheidung dreier Typen von Kommunikation aufgreift (siehe
unten stehende Tabelle).

Tabelle 1:   *Typen von Kommunikation als Interaktion*

	Face-to-Face-Interaktion	Mediatisierte Interaktion	Mediatisierte Quasi-Interaktion
Raum/Zeit-Konstitution	Kontext der Kopräsenz; geteiltes räumliches/zeitliches Referenzsystem	Separation von Kontexten; erweiterte Verfügbarkeit von Raum/Zeit	Separation von Kontexten; erweiterte Verfügbarkeit von Raum/Zeit
Bandbreite symbolischer Mittel	Vielheit von symbolischen Mitteln	Einengung von symbolischen Mitteln	Einengung von symbolischen Mitteln
Handlungs-orientierung	Orientiert auf bestimmte Andere	Orientiert auf bestimmte Andere	Orientiert auf ein unbestimmtes Potenzial von Adressaten
Kommunikations-modus	Dialog	Dialog	Monolog
Konnektivität	Lokal	Translokal adressiert	Translokal offen

Quelle: Erweitert nach Thompson 1995: 85

Dies ist erstens Face-to-Face-Interaktion, also das direkte Gespräch mit anderen Menschen. Zweitens ist das die mediatisierte Interaktion, d. h. die technisch vermittelte personale Kommunikation mit anderen Menschen (beispielsweise mittels eines Telefons). Schließlich ist drittens mediatisierte Quasi-Interaktion zu nennen. Hiermit wird der Bereich der Medienkommunikation bezeichnet, den klassischerweise das Konzept der Massenkommunikation oder der öffentlichen Kommunikation fasst.

Bemerkenswert ist, welche Aspekte Thompson (1995: 82-87) im Detail herausarbeitet. Während die *Face-to-Face-Interaktion* in einem Kontext der Ko-Präsenz mit einem geteilten raum-zeitlichen Referenzsystem stattfindet und diese Kommunikation so etwas wie eine lokale Konnektivität schafft, besteht diesbezüglich bei der translokalen Konnektivität *mediatisierter Interaktion* eine Differenz: Durch den Gebrauch technischer Medien agieren die Beteiligten der mediatisierten Interaktion in Kontexten, die räumlich und/oder zeitlich unterschiedlich sind. Sie teilen entsprechend kein Referenzsystem im obigen Sinne. Insgesamt geht der Gewinn einer solchen translokalen kommunikativen Konnektivität mit einem Verlust an symbolischen Mitteln einher, entlang derer die Kommunikation erfolgt bzw. erfolgen kann. Indem die translokale Konnektivität der mediatisierten Interaktion auf bestimmte Interaktionspartner bezogen bleibt, lässt sie sich als translokal adressierte Konnektivität bezeichnen.

Bei der *mediatisierten Quasi-Interaktion* liegt ein zusätzlicher Aspekt von Konnektivität vor. Auch hier ist diese zuerst einmal translokal, indem mittels technischer Medien Kommunikation aus ihren lokalen Kontexten entbettet wird. Im Gegensatz zur mediatisierten Interaktion wie zur Face-to-Face-Interaktion ist die mediatisierte Quasi-Interaktion aber auf ein unbestimmtes Potenzial von Anderen gerichtet. Entsprechend muss die Konnektivität, die durch sie hergestellt wird, anders gefasst werden – nämlich als eine translokal offene Konnektivität, d. h. als ein Kommunikationsgefüge mit entsprechend unscharfen Rändern. Der damit verbundene Konnektivitätsgewinn – die Möglichkeit von kommunikativen Verbindungen zu nicht weiter spezifizierten Anderen – geht wiederum mit einem Verlust einher, dem Verlust einer dialogischen Kommunikationsbeziehung zu Gunsten einer monologischen.

In einem solchen Gesamtrahmen sind auch die vielfältigen Kommunikationsbeziehungen von medialen Migranten zu sehen: *Mit der fortschreitenden Mediatisierung stehen diese in einem komplexen Gefüge von Face-to-Face-Interaktion, mediatisierter Interaktion und mediatisierter Quasi-Interaktion. Insbesondere die beiden letztgenannten Kommunikationsformen haben eine hohe Relevanz für Migrantinnen und Migranten, weil sie ein translokales Erstrecken von Kommunikationsnetzwerken über den aktuellen Lebensort hinaus ermöglichen. Auf diese Weise kann die Migrationsgemeinschaft ,zusammengehalten' werden.*

Bei einem näheren Blick sind die Verhältnisse aber wesentlich vielschichtiger, als sie in einer solchen ersten Annäherung erscheinen: Wir haben es mit *komplexen Kommunikationsnetzwerken* zu tun, die wir bei unserer Analyse von Medien und Migration berücksichtigen müssen. Eine Betrachtung dieser Kommunikationsnetzwerke zielt auf das Herausarbeiten mehr oder weniger dauerhafter Strukturen von Kommunikation. Hier lässt sich durchaus die ursprünglich auf soziale Netzwerke bezogene Definition Manuel Castells' auf Kommunikationsnetzwerke übertragen. Kommunikationsnetzwerke wären dann

„offene Strukturen und in der Lage, grenzenlos zu expandieren und dabei neue Knoten zu integrieren, solange diese innerhalb des Netzwerks zu kommunizieren vermögen, also solange sie die selben Kommunikationskodes besitzen [...]." (Castells 2001: 528f.)

Strukturen von Kommunikationsnetzwerken sind nicht einfach da, sondern werden in einem fortlaufenden Kommunikationsprozess (re)artikuliert. Kommunikationsnetzwerke verweisen also stets auf Flüsse der sie konstituierenden Kommunikationspraxis. In der Vielfalt von Handlungspraxis liegt begründet, dass diese alles andere als hermetisch voneinander abgeschlossen sind, dass ein und dieselbe Person Teil verschiedener Kommunikationsnetzwerke sein kann: Eine Jugendliche mit Migrationshintergrund beispielsweise steht im Kommunikationsnetzwerk ihrer lokalen Clique (zu der, neben anderen Migrantinnen und

Migranten, auch Deutsche gehören), einem weitergehenden Kommunikationsnetzwerk der Diasporagemeinschaft, sowie dem zentrierten Kommunikationsnetzwerk einzelner Massenmedien unterschiedlicher Kommunikationsräume. Ähnlich differenziert muss auch der Begriff von *kultureller Identität* sein, wenn wir die komplexen Identitäten medialer Migranten fassen möchten. Wir begreifen Identität nicht als etwas Statisches, sondern als einen fortlaufenden Prozess der Identifikation (Hall 1994; Krotz 2009). Diese Formulierung verweist auf zweierlei: Erstens entsteht im Sinne des symbolischen Interaktionismus Identität in der Interaktion zwischen einem „Ich" und „der Gesellschaft". Zweitens kann im Verständnis der Artikulationstheorie von Stuart Hall nicht die Existenz eines dauerhaften „Ichs" oder „Subjektes" als *essenzielles* Zentrum einer Person angenommen werden. Jedes Subjekt nimmt zu verschiedenen Zeiten und in unterschiedlichen diskursiven Kontexten andere Identitäten an. Diese lassen sich nicht um ein kontextunabhängiges „Ich" als „Identitätskern" vereinheitlichen.

Statt von einer Identität als einem abgeschlossenen Ding zu sprechen, erscheint es damit sinnvoller, *sich Identität als einen fortlaufenden Prozess der Artikulation zu denken, für den die kommunikative, kontextuell-situative Abgrenzung gegenüber verschiedenen Identifikationsangeboten eine grundlegende Voraussetzung ist.* Insbesondere für mediale Migranten gilt, dass die Angebote für solche Identifikationen – die Ressourcen oder Elemente der Artikulation von kultureller Identität – eine erhebliche Varianz haben. Neben der Positionierung in Relation zur (vorgestellten) Herkunft spielen Bezugnahmen zu dem, was als „Deutsch" konstruiert wird, ebenso eine Rolle wie lokale Bezüglichkeiten. Deshalb sind speziell migrantische Identitäten als *hybrid* zu charakterisieren: Sie konstituieren sich in einer Artikulation von Identifikationselementen verschiedenartiger diskursiver Kontexte.

Wenn wir im Weiteren also von der migrantischen Identität sprechen, meinen wir damit nicht Identität in einem essenzialistischen Verständnis, sondern den Prozess einer fortlaufenden Artikulation von Elementen unterschiedlicher Diskurse im oben beschriebenen Sinne. Umgekehrt ist dies aber *nicht* damit gleichzusetzen, dass Identitäten etwas rein Situatives oder Subjektives wären. Indem sie als Artikulation auf verschiedene kulturelle Diskurse verweisen, sind sie in einem überindividuellen Zusammenhang zu sehen. Kultur ist dabei zunehmend mediatisierte Kultur, durchdrungen von verschiedensten Prozessen der Medienkommunikation. Deshalb wollen wir nicht einfach nur von Identität sprechen, sondern von *kultureller* Identität. Unsere Analysen versuchen, für mediale Migranten die musterhaften Momente ihrer Identitätsartikulation herauszuarbeiten. Dabei müssen wir im Blick haben, dass es nicht einfach um *eine* Kultur geht, sondern um die Überlagerung verschiedener kultureller Verdichtungen: die Herkunftskultur, die Kultur der Diaspora und die deutsche Kultur.

Entsprechend können wir den theoretischen Ausgangspunkt unserer Untersuchung folgendermaßen zusammenfassen: Im Zentrum der Studie stehen mediale *Migranten*, d. h. solche Personen mit marokkanischem, russischem oder türkischem Migrationshintergrund, für die der (vorgestellte) Migrationsstatus eine wie auch immer geartete alltagsweltliche Identitätsrelevanz hat. Wir charakterisieren diese als *mediale* Migranten, um auf den generellen Umstand zu verweisen, dass deren Leben und Identitätsartikulation in unterschiedlichen Graden mediatisiert sind. Wie sich dies genau konkretisiert, soll unsere Forschung zeigen. In dieser analysieren wir – mit Bezügen zu Fragen von Face-to-Face-Kommunikation – mediatisierte Interaktion (medienvermittelte personale Kommunikation) und mediatisierte Quasi-Interaktion (so genannte Massenkommunikation). Kennzeichnend für den Ansatz ist damit ein transmedialer Blick auf egozentrierte Kommunikationsnetzwerke in deren Gesamtheit – ein Blick, der Fernsehen, Radio und Printerzeugnisse ebenso einbezieht wie Telefon, Mobiltelefon und Internet.

1.2   Das methodische Vorgehen

Die grundlegende Frage der vorliegenden Untersuchung lautet: Wie eignen sich Personen der marokkanischen, russischen und türkischen Diaspora Medien im Hinblick auf ihre kommunikative Vernetzung und Identitätsartikulation an? Diese Fragestellung wurde in drei konkrete Forschungsziele heruntergebrochen: Erstens zielt unsere Analyse darauf, spezifische, alltagsweltlich kontextualisierte Muster der Aneignung von Medien in den untersuchten Migrationsgruppen herauszuarbeiten. Zweitens wollen wir so eine materialbasierte Theorie der kommunikativen Vernetzung und kulturellen Identitätsartikulation von medialen Migranten entwickeln, um zu einem besseren Verständnis von Vergemeinschaftung in der Diaspora zu gelangen. Hiermit zielen wir schließlich drittes auf eine abschießende Bewertung der bestehenden Potenziale von Medien für die Integration und Segregation von Migrantinnen und Migranten.

Zur Bearbeitung dieser Forschungsziele haben wir in einem ersten Schritt bestehende quantitative Studien zu Medien und Migration in ihren Kernergebnissen einander gegenübergestellt. Auf dieser Basis wurde die bereits erwähnte qualitative Untersuchung zur Medienaneignung von 100 Personen der türkischen, russischen und marokkanischen Diaspora in Deutschland durchgeführt (für einen Überblick unserer (anonymisierten) Interviewpartnerinnen und -partner siehe die Übersicht im Anhang). Der Auswahl der Migrationsgemeinschaften liegen drei Kriterien zu Grunde. Erstens sollte es sich um Migrationsgruppen handeln, deren Mitglieder seit einem längeren Zeitraum in Deutschland leben (können), um verschiedene Migrationsgenerationen zu erfassen. Zweitens sollten es Diasporas sein, die in Bezug auf ihre Identität als sich abgrenzende Gemeinschaften wahrgenommen werden (sowohl im Selbst- als auch Fremdverständnis). Drittens war uns gleichzeitig im Hinblick auf die Migrationsgeschichte und Form der kulturellen Positionierung eine hinreichende Differenz zwischen den Migrationsgruppen wichtig.

Orientierend für unsere Forschung war dabei die *Medienethnografie* (Ginsburg et al. 2002; Murphy/Kraidy 2003). Das Konzept der Medienethnografie hebt – im Gegensatz zur allgemeinen Ethnografie – *nicht* darauf ab, Lebenswelten in deren Gesamtheit „dicht" (Geertz 1997) zu beschreiben. Vielmehr versteht sich die Medienethnografie als ein methodischer Ansatz der „Ethnografie über Menschen, die Medien nutzen, konsumieren, distribuieren oder produzieren" (Bachmann/Wittel 2006: 183). Im Fokus der Untersuchung steht demnach der kontextualisierte Umgang mit Medien. Entsprechend ist unser medienethnografisches Vorgehen keine „ethnography proper". Es operiert also nicht mit langmonatigen Feldaufenthalten (Lotz 2000), sondern nutzt „akkumulierte ethnografische Miniaturen" (eine Vielzahl von Kurzaufenthalten, Beobachtungen und Interviews), um Aussagen zu spezifischen Umgangsweisen mit Medien zu machen (Bachmann/Wittel 2006: 189-192). Akkumulierte ethnografische Miniaturen erscheinen für unsere Studie deswegen zielführend, weil durch sie das Problem des mit einer „ethnography proper" verbundenen Sich-Verlierens im Kontext vermieden wird, d. h. die eigentliche *kommunikations- und medienwissenschaftliche* Fragestellung nicht aus dem Blick gerät (Grossberg 1988; Hepp 1997).

In diesem Gesamtrahmen der Medienethnografie ordnen wir ebenfalls die von uns durchgeführte qualitative Netzwerkforschung ein. Die jüngere Diskussion aufgreifend verstehen wir diese als Möglichkeit, ein besseres Verständnis der (kommunikativen) Netzwerke von Menschen in bestimmten kulturellen Kontexten zu erlangen (u. a. Hollstein 2006; Hepp 2011). Begreift man Medienethnografie als „Rahmenstrategie zur Generierung von Theorien" (Krotz 2005: 247), ist der „triangulative" (Flick 2004) Einbezug von verschiedenen Datenquellen und Auswertungsmethoden nicht nur möglich, sondern zielführend: Hierdurch wird eine Überinterpretation in die eine oder andere Richtung verhindert, indem ein wechselseitiges Korrektiv stattfindet. Im Einzelnen beruht unse-

re Studie zur Medienaneignung in der marokkanischen, russischen und türkischen Diaspora in Deutschland damit auf folgender Datenbasis:

- Sekundärauswertungen bestehender standardisierter Untersuchungen zu
  Medien und Migration, insbesondere des Datensatzes der ARD/ZDF-Studie
  „Migranten und Medien 2007".

- Qualitative Interviews mit einer Dauer von ein bis anderthalb Stunden zur
  Identität, Medienaneignung und kommunikativen Vernetzung der Interviewten. Ergänzt wurden diese durch Beobachtungsprotokolle der Inter-
  viewsituation und dem dabei möglichen Einblick in die Medienwelt der Gesprächspartnerinnen und -partner.

- Qualitative Netzwerkkarten der interviewten Personen, d. h. freie Zeichnungen der (medienvermittelten) Kommunikationsnetzwerke. Diese wurden
  von den Interviewpartnerinnen und -partnern im Gespräch erläutert.

- Medientagebücher, in denen die von uns Befragten über ein bis zwei Wochen hinweg ihre gesamte Mediennutzung protokollierten.

- Materiale Dokumentationen, d. h. Fotografien der Medienutzungsorte
  außer Haus, insbesondere Internetcafés und Telefonläden.

Die Daten haben wir zwischen Juli 2008 und März 2009 in den Untersuchungsregionen Bremen und Berlin (jeweils mit Umland) erhoben. Kernphasen der
Materialerhebung waren zwei je dreiwöchige Feldaufenthalte. Vor, zwischen
und nach den Kernphasen wurden einzelne, das Sampling komplettierende
Datenerhebungen durchgeführt. Die Auswahl der Untersuchungsregionen wurde
auf Grund der Konzentration der untersuchten Migrationsgemeinschaften in diesen getroffen. Grundlegendes Kriterium für die Wahl von Interviewpartnerinnen
und -partnern war, dass sie sich – unabhängig von ihrer Migrationsgeneration –
in ihrer kulturellen Identität in Beziehung zu einer der von uns erforschten drei
Diasporas sahen. Ausgehend von diesem Basiskriterium arbeiteten wir mit
einem *theoretischen Sampling* im Sinne der Grounded Theory (Glaser/Strauss
1998: 53-82), d. h. mit einem fortlaufenden Sampling von Gesprächspartnern
zur schrittweisen, auf Theorieentwicklung ausgerichteten Beantwortung unserer
Fragestellung.

Das Grundprinzip des theoretischen Samplings setzten wir wie folgt um: In
einer ersten Phase haben wir eine größtmögliche Varianz von Interviewten angestrebt, wie sie charakteristisch für unsere Untersuchungsfelder ist. Dabei
haben wir auf Streuung über die Kategorien Alter, Aufenthaltszeit in Deutschland, Bildung und Gender geachtet, ohne die Spezifik der Untersuchungsfelder
aus dem Blick zu verlieren. In einer zweiten Phase wurden gezielter Interviewpartnerinnen und -partner ausgewählt, die auf Basis der bis dahin erfolgten Ma-

terialerhebung und -auswertung auf bestimmte Lücken und offene Fragen in unserer Forschung verweisen (bspw. ob unsere Kategorien auch für Frauen mit geringer formaler Bildung zutreffen, zu denen wir anfänglich eher schwer Zugang fanden). Erhoben haben wir so für die marokkanische Diaspora 31 Interviews (davon eines mit zwei Personen, insgesamt also 32 Fälle), für die russische 30 Interviews (davon eines mit 2 Personen, auf diese Weise 31 Fälle) und für die türkische 30 Interviews (davon sieben Interviews mit zwei Personen, demnach 37 Fälle).

Insgesamt gehen wir davon aus, dass wir *im Hinblick auf unsere grundlegende Fragestellung* – nämlich die nach der Aneignung von Medien in Migrationsgemeinschaften bezogen auf deren kommunikative Vernetzung und Identitätsartikulation – eine *theoretische Sättigung* erreicht haben. Das heißt, die Zunahme zusätzlicher Fälle in den letzten Phasen der Materialhebung ergab keine weiteren Ergebnisse zu den von uns erfassten Grundmustern der Medienaneignung. Gleichwohl begreifen wir unsere Forschung als *nicht* gesättigt im Hinblick auf eine „dichte" ethnografische Beschreibung dieser Diasporas. Dies war aber auch nicht das Forschungsziel.

Der Umstand, dass wir mit einem transkulturellen Team arbeiteten, in dem neben eigenen Migrationserfahrungen die notwendigen Fremdsprachenkenntnisse (Deutsch, Englisch, Russisch und Türkisch) vorhanden waren, ermöglichte uns einen vergleichsweise problemlosen *Zugang zu den Interviewpartnerinnen und -partnern*. Nicht immer einfach gestaltete sich im Einzelfall das Erstellen der Netzwerkkarten, indem einzelne Interviewte Hemmungen hatten, diese zu skizzieren. In wenigen Fällen, in denen eine mehrfache Ermunterung nicht half, wurden die Netzwerkkarten gemeinsam mit den Interviewern gezeichnet. Bei 80 erstellten Netzwerkkarten auf 100 Fälle können wir dennoch von einer erfolgreichen Strategie der Materialerhebung sprechen. Problematischer war die Erhebung der Medientagebücher. Wegen der kontinuierlichen zeitlichen Belastung, in einzelnen Fällen aber auch auf Grund von Analphabetismus, haben wir bei diesen eine deutlich geringere Rücklaufquote von nur 38 Prozent (8 Tagebücher bei der marokkanischen, 17 bei der russischen und 13 bei der türkischen Diaspora). Vor diesem Hintergrund konnten die Medientagebücher nur ergänzend in die Datenauswertung einbezogen werden. Die materiale Dokumentation der Nutzungsorte floss insbesondere in unsere Analysen der Lokalitäten der Medienaneignung ein (siehe Kapitel 5).

Das so erhobene Datenmaterial wurde von uns im komparativen Rahmen einer *transkulturellen Kommunikations- und Medienforschung* ausgewertet. In der Kommunikations- und Medienwissenschaft wird mehrheitlich unter komparativer Forschung eine Perspektive verstanden, bei der „zwischen mindestens zwei territorial definierten Kommunikationsräumen, -kulturen oder -systemen

Vergleiche in Hinblick auf mindestens einen medienwissenschaftlich relevanten Untersuchungsgegenstand gezogen" werden (Esser 2002: 322; für ähnliche Verständnisse vgl. auch die Beiträge in Esser/Pfetsch 2003). Das Ergebnis einer so begriffenen vergleichenden Kommunikationsforschung ist bisher die Gegenüberstellung von Mustern einer territorial gefassten Kultur bzw. eines territorial gefassten Systems mit denen einer/eines anderen. Auch wenn im Rahmen einer solchen interkulturellen bzw. internationalen Komparatistik hoch relevante, vergleichende Studien realisiert wurden, ist diese Art der Forschung für das hier vorliegende Gegenstandsfeld nicht hinreichend: Diasporagemeinschaften bestehen in ihrer Medienaneignung und kommunikativen Vernetzung gerade *jenseits* einfacher territorialer Bezüglichkeiten.

Entsprechend ging es uns darum, transkulturell vergleichend – also: die einzelnen Migrationsgemeinschaften übergreifend – Gemeinsamkeiten und Differenzen der Medienaneignung, kommunikativen Vernetzung und kulturellen Identitätsartikulation herauszuarbeiten (vgl. zu diesem Ansatz Hepp 2009). Konkret haben wir das gesamte Material nach dem Verfahren der Grounded Theory kodiert und ein System von 96 Kategorien entwickelt. Hinsichtlich unserer Fragestellung haben wir dieses grundlegende Kategoriensystem mit Fokus auf zwei aus der Fragestellung hergeleitete Schlüsselkategorien *kulturelle Identität* und *kommunikative Vernetzung* hierarchisiert. *Kulturelle Identität* verweist auf die Kategorien *Angaben zur Person*, *Identitätsbild*, *Migrationserleben* und *Wohnorte*. Unter die Schlüsselkategorie *kommunikative Vernetzung* haben wir die Kategorien *Angebotsformen*, *Kommunikationsformen*, *Kommunikationsnetzwerk*, *Inhalte*, *Medienausstattung*, *Medienerfahrung*, *Nutzungsorte* und *Vermittlerrollen* gefasst. Dies gestattete es uns, die 82 Einzelkategorien in einer Weise systematisierend zu fassen, wie sie im Anhang dieses Buchs aufgeführt sind.

Weitere Auswertungsverfahren haben wir für die Netzwerkkarten und Medientagebücher angewandt. Indem diese Datenquellen bisher in der qualitativen kommunikations- und medienwissenschaftlichen Netzwerkforschung keine Berücksichtigung fanden, haben wir ikonografische Analyseverfahren (Müller-Doohm 1997) bzw. Verfahren der kommunikations- und medienwissenschaftlichen Tagebuchauswertung (Couldry et al. 2007) aufgreifend ein eigenes Analyseinstrument entwickelt.

Im Falle der *Netzwerkkarten* besteht dies darin, in einer vergleichenden Auswertung von visueller Darstellung und reflektierenden Erläuterung durch die Interviewten die Grundmuster der subjektiven Repräsentation der Kommunikationsnetzwerke herauszuarbeiten. Es geht demnach weniger um das Detail der Visualisierung in den freien Netzwerkzeichnungen, als vielmehr um das Herausarbeiten des Gesamtvernetzungsmusters, für das diese stehen. Die Ergebnisse dieser Analysen werden exemplarisch vorgestellt.

Zur Auswertung der *Medientagebücher* haben wir die Angaben zu den genutzten Medien einer Matrix zugeordnet. Diese unterscheidet einerseits acht Arten von Medien (Print, Fernsehen/DVD, Radio/Musik, WWW, Telefon (einschließlich Mobiltelefon), E-Mail, Chat/Skype und Social-Web (so genannte Web-2.0-Angebote). Andererseits wird zwischen den Kommunikationsräumen, die sich in der Medienaneignung manifestieren, unterschieden: die Kommunikationsräume der Herkunft, der Diaspora, des Migrationslandes und Europas bzw. der weiteren Welt. Durch eine Visualisierung der Nutzung der verschiedenen Arten von Medien in Relation zu den damit hergestellten Bezügen zu Kommunikationsräumen über den Verlauf von sieben Tagen wird es möglich, Verlaufsmuster der kommunikativen Vernetzung zu erfassen. Indem bei den Medientagebüchern die Rücklaufquote jedoch nicht zufrieden stellend war, haben wir diese Auswertungen nur ergänzend zu den anderen Materialdaten einbezogen.

Bezogen auf dieses Gesamtmaterial und seine Kodierung konkretisiert sich die transkulturelle Ausrichtung unserer Forschung darin, dass wir zuerst einmal offen nach Mustern gesucht haben, die über die von uns untersuchten drei Diasporas hinweg auftreten. Nach deren Bestimmung haben wir in einem zweiten Schritt konkreter danach geschaut, welche Ausprägungen dieser Muster bzw. welche weiteren Muster als spezifisch für jede der drei Migrationsgemeinschaften angesehen werden müssen. Auf diese Weise – so unsere Hoffnung – ist es möglich, generelle Muster der kommunikativen Vernetzung und Identitätsartikulation in der Medienaneignung medialer Migranten herauszuarbeiten, ohne sich gleichzeitig über Spezifika einzelner Untersuchungskontexte hinwegzusetzen.

Ein Potenzial wie eine besondere Erfahrung war in unserem gesamten Forschungsprozess das *transkulturelle Team*, mit dem wir die Forschung realisiert haben. Wie bereits erwähnt, ermöglichte der Umstand, dass zwei Personen unseres Teams selbst türkischen und lettischen Migrationshintergrund haben, Zugang zu Migrantinnen und Migranten zu finden, der für einen Deutschen allein auf Grund der Sprachbarrieren nicht machbar gewesen wäre. Aber auch im Kodierungs- und Analyseprozess war die Transkulturalität produktiv. Fortlaufend konnten wir hierdurch unsere eigenen Vorurteile der einen oder der anderen Migrationsgemeinschaft gegenüber hinterfragen. Ebenso gelang es uns so, zu verhindern, zu stark in die Eigenperspektivik einer der von uns untersuchten Migrationsgemeinschaften zu verfallen.

1.3   Über dieses Buch

Insgesamt gliedert sich die vorliegende Monografie in zehn Kapitel. Diese sind – neben der Einleitung als *erstem Kapitel* und dem *zehnten als Schlusskapitel* – in drei Teile strukturiert: Analyserahmen, Aneignungskontexte und Aneignungstypen. Die Verwendung des Begriffs der Aneignung in den Titeln der zwei Analyseabschnitte dieses Buchs verweist auf ein Grundverständnis unserer Forschung: Uns geht es uns um den Umgang von Migrantinnen und Migranten mit Medien insgesamt. Dass wir diesen Umgang nicht einfach als Nutzung, sondern als Aneignung charakterisieren, hebt darauf ab, dass wir diesen Prozess als eine kulturelle Lokalisierung von Medien in der Alltagswelt von Menschen begreifen.

Der *erste Teil* mit dem Titel *Analyserahmen* befasst sich in zwei Kapiteln mit den unsere Analyse rahmenden Überlegungen und Fakten. Hierzu zählt der Theorierahmen, ausgehend von dem unsere empirische Studie erfolgt, allgemeine Informationen zu den von uns untersuchten Migrationsgemeinschaften, übergreifende Informationen zur Mediennutzung von Migrantinnen und Migranten sowie eine erste Vorstellung der unsere weitere Analyse rahmenden Typologie. Die Grundzüge unserer Argumentation sehen dabei wie folgt aus:

In *Kapitel zwei* entwickeln wir das unserer Studie zu Grunde liegende Theorieverständnis über die in dieser Einleitung formulierten Grundbegriffe hinaus. Dies geschieht, indem zuerst der Zusammenhang zwischen Medien, Migration und Diaspora gefasst wird. Hierbei wird aufgezeigt, inwieweit die fortschreitende Mediatisierung die Potenziale der kommunikativen Artikulation von Migrationsgemeinschaften verändert hat. Gerade vor diesem Hintergrund macht es Sinn, heutige Migrationsgemeinschaften als eigenständige kulturelle Verdichtungen aufzufassen. Darauf hebt der Begriff der Diaspora ab. Entsprechend sprechen wir von marokkanischen, russischen und türkischen Diasporas, ohne zu unterstellen, dass diese in sich homogen wären bzw. dass in ihnen ungebrochen eine „nationale Identität in der Fremde" gelebt werden würde. Ein solcher Begriff von Diaspora macht es möglich, die uns interessierende marokkanische, russische und türkische Migrationsgruppe in ihrer Migrationsgeschichte differenziert vorzustellen.

Das *dritte Kapitel* hat eine doppelte Funktion. Erstens geht es uns darum, bestehende Forschung zu Medien und Migration in Deutschland zu diskutieren. Dazu erarbeiten wir zuerst sekundäranalytisch die Kernparameter der migrantischen Mediennutzung, um dann die in der Kommunikations- und Medienforschung bestehenden Nutzertypologien zu erörtern. Während Letztere eine wichtige Grundlage für unsere Forschung sind, erscheinen sie uns nicht hinreichend, um aktuelle Zusammenhänge von Medien und Migration in Deutschland angemessen zu fassen. Das verweist auf die zweite Funktion des Kapitels in unserer Gesamtargumentation. Dies ist eine erste Darstellung der von uns entwickelten Typologie von herkunfts-, ethno- und weltorientierten Migrantinnen und Migranten.

Der *zweite Teil* dieses Buchs – überschrieben mit *Aneignungskontexte* – befasst sich mit verschiedenen Phänomenen, die nicht im engeren Sinn Teil von Aneignung sind, aber kontextuell die Medienaneignung von medialen Migranten mitprägen. Dies sind erstens Bildung und Sprache, zweitens die verschiedenen Mediennutzungsorte in der migrantischen Alltagswelt und drittens Diasporamedien als ein spezifischer diskursiver Kontext.

Das *vierte Kapitel* setzt sich unter der Überschrift „Mediatisierte Vernetzungschancen" mit einem in der öffentlichen Diskussion immer wieder diskutierten Thema auseinander: Inwieweit sind auch für Fragen der Medienaneignung Bildung und Sprache die zentralen Kontextfaktoren? Zur Beantwortung dieser Frage betrachten wir für Bildung die Migrationsbiografie, die Familie und die Berufsausübung der von uns interviewten medialen Migranten. Bei Sprache befassen wir uns mit Sprachkompetenz, alltagsweltlichem Sprachgebrauch und medienvermitteltem Lernen. Unser Fokus sind dabei Differenzen zwischen herkunfts-, ethno- und weltorientierten Migrantinnen und Migranten. Über solche Analysen entwickeln wir einen Blickwinkel, der Bildung und Sprache als eine mediatisierte Vernetzungschance begreift: Beide sind in gewissem Sinne Voraussetzungen von kommunikativer Vernetzung mittels unterschiedlicher Medien – werden als Kompetenzen aber zugleich in der Aneignung derselben entwickelt.

Im Zentrum des *fünften Kapitels* stehen die Vernetzungsorte der von uns interviewten Personen. Es interessieren also die Lokalitäten, an denen sich Migrantinnen und Migranten unterschiedliche Medien aneignen – und ihr Stellenwert für die kommunikative Vernetzung. In unseren Analysen unterscheiden wir die häusliche Welt, bei der es kommunikativ insbesondere um Beziehungsmanagement und die Grenzziehung des Privaten geht. Bei den Nutzungsorten des Anderswo – die Wohnzimmer von Familienangehörigen oder Internetcafés – rücken Kostenmanagement und Vergemeinschaftung in den Vordergrund der Betrachtung. Und beim Irgendwo – den zufälligen Orten der Mediennutzung – dominieren Fragen des Ortsmanagements und der kommunikativen Mobilität.

Das *sechste Kapitel* rückt dann einen sehr spezifischen diskursiven Kontext in den Fokus der Betrachtung, nämlich den der Diasporamedien. Hierunter sind Medienangebote zu verstehen, die von Angehörigen einer Diaspora für Angehörige einer Diaspora produziert werden. Immer wieder werden Diasporamedien in der Forschung als „Kern" der kommunikativen Vernetzung von Migrationsgemeinschaften charakterisiert. Unser Ziel ist eine detaillierte Analyse der Aneignung von Diasporamedien im Kontext der migrantischen Alltagswelt. Vor dem Hintergrund solcher Analysen werden Diasporamedien weniger als „Kern" der kommunikativen Vernetzung denn als sich wandelnder migrantischer Vernetzungsfokus greifbar.

Der sich anschließende *dritte Teil* rückt nun detailliert die von uns unterschiedenen *Aneignungstypen* ins Zentrum. Während diese in den vorherigen Kapiteln bereits immer wieder Referenzpunkt der Analyse waren, um vergleichend Kontextfaktoren zu diskutieren, wollen wir uns nun damit auseinandersetzen, wie sich die Ko-Artikulation von kultureller Identität und kommunikativer Vernetzung für jeden dieser Aneignungstypen im Detail konkretisiert.

Kapitel sieben widmet sich den Herkunftsorientierten. Wir haben es bei diesen mit einer Ko-Artikulation von herkunftsorientierter kultureller Identität und einer Herkunftsvernetzung zu tun. In diesem Sinne erscheint Herkunft als ein mediatisiertes Phänomen: durch Massenmedien – die mediatisierte Quasi-Interaktion: Fernsehen, Zeitung, WWW usw. – bilden diese medialen Migranten eine Brücke zu den Kommunikationsräumen ihrer Herkunft. Gleichzeitig halten sie durch ihre mediatisierte Interaktion (Chat, E-Mail, Telefon usw.) mehr oder weniger intensiven Kontakt zu den Verwandten und Bekannten in der Herkunft.

Das *achte Kapitel* befasst sich mit den Ethnoorientierten. Die kulturelle Identität der Ethnoorientierten ist durch ein Spannungsverhältnis zwischen Herkunft und nationalem Migrationskontext gekennzeichnet. Dem entspricht deren bikulturelle Vernetzung: Durch unterschiedliche Medien mediatisierter (Quasi-)Interaktion werden sowohl kommunikative Kontakte zur Herkunft gehalten bzw. neu aufgebaut, wie auch eine intensive kommunikative Vernetzung im aktuellen lokalen Lebenskontext, der Diaspora und dem Migrationsland stattfindet. Solche vielfältigen kommunikativen Konnektivitäten gestatten den Ethnoorientierten ein fortlaufendes Vergleichen unterschiedlicher kultureller Bezüglichkeiten in einer mediatisierten Alltagswelt.

Hieran schließt sich *Kapitel neun* an, in dem Weltorientierte detaillierter betrachtet werden. Diese können in gewissem Sinne als Elite der von uns interviewten medialen Migranten begriffen werden: Mit ihrer Migrationserfahrung bzw. der ihrer Familie gehen die Weltorientierten um, indem sie den Kern ihrer kulturellen Zugehörigkeit – bei bestehenden Bezügen zu (vorgestellter) Herkunft und Migrationsland – jenseits einfacher nationaler Bezüglichkeiten definieren. Sie verstehen sich als Europäer oder Weltmenschen. Entsprechend breit ist ihre transkulturelle Vernetzung. Diese schließt neben Lebensort, Herkunftsland, Diaspora und Migrationsland auch vielfältige weitere Bezüge zu Europa und der Welt ein. Hierdurch kann ihr (Medien-)Handeln als ein umfassendes mediatisiertes transkulturelles Netzwerken begriffen werden.

Abgeschlossen wird unser Buch durch das *Kapitel zehn*, in dem wir ein Fazit aus unseren Analysen ziehen. Hier diskutieren wir zusammenfassend, wie sich die gegenwärtige Mediatisierung der Diaspora in der Alltagswelt medialer Migranten konkretisiert, welche Möglichkeiten kommunikativer Vernetzung für diese bestehen und inwiefern aus unserer Forschung die Notwendigkeit folgt, kommunikative Integration anders zu denken. Daran schließt sich ein Anhang an, der einen Überblick über die von uns geführten Interviews, Angaben zu den genannten Diaspora- und Herkunftsmedien, sowie eine Aufstellung unserer Analysekategorien enthält.

Wie andere Bücher auch wäre das vorliegende nicht ohne die Unterstützung verschiedener Personen und Institutionen möglich gewesen. Dies ist zuerst einmal die Deutsche Forschungsgemeinschaft (DFG), die das Projekt, auf dem dieses Buch basiert, über zweieinhalb Jahre unter dem Titel „Integrations- und Segregationspotenziale digitaler Medien am Beispiel der kommunikativen Vernetzung von ethnischen Migrationsgemeinschaften" förderte (Gz. HE 3025/7-1, Laufzeit 2008 bis 2010). Die Universität Bremen finanzierte eine Anschubphase dieser Forschung, in der wir das Instrumentarium entwickeln konnten, auf dem unsere Studie fußt. Dem Westdeutschen Rundfunk (WDR) danken wir für die Erlaubnis zur Sekundärauswertung der Datensätze der ARD/ZDF-Studie „Migranten und Medien 2007" sowie der WDR-Studie „Einstellung und Mediennutzung junger Türken in NRW". Daneben danken wir Data4U und GIM Heidelberg für die Bereitstellung ihrer Studien zur Mediennutzung von Migrantinnen und Migranten für eine Sekundäranalyse. Bedanken möchten wir uns außerdem beim Überseemuseum Bremen sowie bei dem Fotografen Veit Mette für ihre Zustimmung zur Verwendung des Titelbildes für diesen Band. Nur eine solche breite Unterstützung vor allem öffentlicher Institutionen macht Forschung wie die vorliegende realisierbar.

Jenseits dieser institutionellen Förderung danken wir unseren Interviewpartnerinnen und -partnern, die uns einen tiefen Einblick in ihr Leben gewährten und bereitwillig mit uns über ihre Medienaneignung sprachen. Zu großem Dank sind wir ebenfalls verschiedenen Kontaktpersonen in unterschiedlichen Vereinen und Einrichtungen in Berlin und Bremen verpflichtet, die uns beim Zugang zum Feld unterstützten. Ohne sie wäre die empirische Studie, die die Grundlage dieses Buchs ist, nicht möglich gewesen.

Nicht möglich wäre die Studie daneben ohne die verschiedenen studentischen Hilfskräfte bzw. Doktoranden gewesen, die uns in unserem Projekt unterstützten. Hier danken wir Bora Aksen, Evgeniya Borissenko, Wibke Duwe, Lolita Grunska, Theresa Havlicek, Samim Cagri Ocakli, Cindy Roitsch und Julia Weiss. Organisatorisch und mit Textkorrekturen griff uns immer wieder Heide Pawlik unter die Arme. Daneben war der Kreis der Kolleginnen und Kollegen des IMKI an der Universität Bremen wie immer ein wichtiger Rückhalt – nicht zuletzt wegen der Möglichkeit, auch frühe Analyseergebnisse präsentieren und diskutieren zu können. An dieser Stelle danken wir insbesondere Matthias Berg, Andreas Breiter, Caroline Düvel, Marco Höhn, Sigrid Kannengießer, Katharina Kleinen-von Königslöw, Veronika Krönert, Friedrich Krotz, Swantje Lingenberg, Johanna Möller und Anke Offerhaus. Als Forschungsgästen des IMKI danken wir Nick Couldry, Myria Georgiou und Shaun Moores, die während wichtigen Phasen unseres Forschungsprojekts in Bremen waren und relevante Anregungen gaben.

Großer Dank geht ebenfalls an die Teilnehmerinnen und Teilnehmer der verschiedenen Tagungen, auf denen wir Teile der nun als Gesamt vorliegenden Studie präsentieren und diskutieren durften. Unter den verschiedenen Personen, die Feedback gaben, möchten wir namentlich folgenden danken: Olga Bailey, Christiane Eilders, Maren Hartmann, Uwe Hasebrink, Friedrich Krotz, Elisabeth Klaus, Tristan Mattelart, Kevin Robins, Christina Slade, Ingrid Volkmer und Hartmut Weßler. Zu Dank sind wir ebenfalls allen Teilnehmerinnen und Teilnehmern des Expertenworkshops „(Digitale) Medien, Migration und Diaspora: Perspektiven der Forschung zu Migration und Medien" verbunden, den wir im Rahmen unserer Projektarbeit im Oktober 2008 am IMKI, Universität Bremen, realisierten: Heinz Bonfadelli, Annett Heft, Mustafa Ideli, Daniel Müller, Erk Simon, Joachim Trebbe und Hans-Jürgen Weiß gaben viele wichtige Anregungen in einer Frühphase unserer Forschung. Angestoßen durch diesen Workshop gab es bei der Zeitschrift Medien & Kommunikationswissenschaft des Hans-Bredow-Instituts im Heft 2/2010 einen thematischen Schwerpunkt „Medienwandel und Migration". Hier danken wir der Redaktion, die ein solches Heft ermöglichte, wie auch unseren anonymen Reviewern für wichtige Anregungen. Daneben sind wir Barbara Emig-Roller vom Verlag für Sozialwissenschaften zu großen Dank verpflichtet, die seit Jahren nicht nur die Reihe „Medien – Kultur – Kommunikation" vortrefflich betreut, sondern uns auch bei diesem Buchprojekt wieder großartig unterstützt hat.

Zu guter Letzt geht unser Dank an unsere Familien, Partnerinnen und Partner. Nur ihre Akzeptanz hat es ermöglicht, die vorliegende Studie in zweieinhalb Jahren zu realisieren.

Teil 1: Analyserahmen

2 Migration, Medien und Diaspora

Setzt man sich mit der Frage auseinander, was unter „Migration" zu verstehen ist, wird der Begriff wesentlich vielfältiger, als er auf den ersten Blick erscheinen mag (vgl. Hoerder et al. 2007; Oswald 2007: 17f.). Diskutiert wird beispielsweise die Frage, inwieweit für ein Konzept von Migration das Durchschreiten nationalstaatlicher Grenzen konstitutiv ist. In Anlehnung an die jüngere Migrationsforschung, die den „methodischen Nationalismus" (Wimmer/Schiller 2002) – d. h. das unhinterfragte Ansetzen beim Nationalstaat als Bezugsgröße – traditioneller Ansätze kritisiert, *bezeichnen wir als Migration die alltagsweltlich relevante, großräumige Verlagerung des Lebensmittelpunkts durch lokale Mobilität.* Ein solches Verständnis hebt darauf ab, dass Migration nicht unhinterfragt als ein linearer Wanderungsprozess von einem Herkunfts- in ein Migrationsland begriffen werden kann, der dann in Assimilation und Akkulturation endet (u. a. Pries 2001, Transit Migration Forschungsgruppe 2007). Einerseits wandeln sich die „Aufnahmegesellschaften" mit der Veränderung ihrer Bevölkerungen durch Migration selbst. Assimilation und Akkulturation sind also bestenfalls als Wechselwirkungszusammenhänge zu verstehen. Andererseits bestehen durch weitergehende lokale Mobilitäten verschiedene Formen von Transmigration bzw. Rück- und Kreismigration. Hierdurch sind gegenwärtige (aber auch historische) Lebensformen von Migrantinnen und Migranten wesentlich vielfältiger, als eine Vorstellung von Migration es nahe legen würde, nach der diese eine zwangsläufig in Assimilation endende Mobilität eines Menschen von einem Nationalstaat zum anderen wäre. Überhaupt fällt auf, dass viele stereotypen Vorstellungen von Migration wie auch deren Charakterisierung als „national- und wohlfahrtsstaatliches Problem" erst mit der Etablierung von europäischen Nationalstaaten im 19. Jahrhundert verbunden sind. Dirk Hoerder, Jan und Leo Lucassen fassen diesen Umstand durchaus kritisch:

„Gegen Ende des 19. Jahrhunderts hatten Vorstellungen von nationaler Identität die Bedeutung lokaler und regionaler Zugehörigkeiten überformt. Vorstellungen über ‚höhere' bzw. ‚niedere' Ethnien bzw. ‚Rassen' lösten die Differenzierung nach kulturräumlicher Zugehörigkeit ab. In der Folge begannen Staaten und Gesellschaften, die Arbeitskräfte importieren wollten, ethno-kulturell, ‚rassisch' oder ‚national' unerwünschte Menschen von der Zuwanderung auszuschließen. Während die politische Philosophie der Aufklärung und der Französischen Revolution die Gleichheit vor dem Gesetz postuliert hatte, beschränkte der Nationalstaat des späten 19. Jahrhunderts, ob dynastisch oder demokratisch-republikanisch, die – nach Klasse und Geschlecht unterschiedliche – Gleichheit auf den jeweiligen ‚nationalen' Staatsangehörigen. Arbeitswanderer mussten zunehmend strengere Passkontrollen an Staatsgrenzen überwinden, ausgrenzende Sonderregelungen

hinnehmen, und sie wurden durch Zwänge, das Zuwanderungsland oder besondere Bereiche des Arbeitsmarkts wieder zu verlassen, zu Migranten auf Zeit bzw. zu ‚ausländischen
Wanderarbeitern'. Im Inneren wurden die kulturellen Gruppen, die nicht als ‚national'
zugehörig verstanden wurden, zu ‚Minderheiten' degradiert und oft als solche diskriminiert [...]." (Hoerder et al. 2007: 30f.)

Dieses Zitat führt sehr kondensiert und plastisch vor Augen, dass viele der
Punkte, die die gegenwärtige (öffentliche) Diskussion um Medien, Migration
und Diaspora prägen, letztlich *historisch zu kontextualisieren* sind. Dies betrifft
auch die Frage, welchen Stellenwert Medien für Migrantinnen und Migranten
haben.

Damit ist der Bogen angerissen, den wir in diesem Kapitel spannen wollen.
Zuerst einmal geht es uns um eine weitere Annäherung an die Beschreibungs-
möglichkeiten von Migration und damit verbundenen Formen ethnischer Vergemeinschaftung der Diaspora. In einem zweiten Schritt werden wir eine solche
Zugangsweise mit einer Annäherung an die uns interessierende marokkanische,
russische und türkische Diaspora in Deutschland und deren Medien verbinden.
Diese stärker deskriptive Betrachtung ermöglicht es schließlich, in der kritischen Auseinandersetzung mit der bestehenden Forschungsliteratur ein kommu-
nikations- und medienwissenschaftliches Konzept von Diaspora zu entwickeln.

2.1   Migration als Phänomen

Wie bereits formuliert, verstehen wir unter Migration die alltagsweltlich relevante, großräumige Verlagerung des Lebensmittelpunkts durch lokale Mobilität.
Eine solch breite Definition von Migration verweist darauf, dass es sehr unterschiedliche Formen des Migrierens gibt, für deren Beschreibung sich in der so-
ziologischen Migrationsforschung unterschiedliche Ansätze etabliert haben. Bestehende Typologisierungsversuche operieren entlang von vier Achsen, nämlich
erstens der räumlicher Aspekte, zweitens der zeitlicher Aspekte, drittens der des
Entscheidungsprozesses und viertens der des Umfangs (Treibel 2008: 20).

Im Hinblick auf *räumliche Aspekte* zieht der (National-)Staat als wichtige
Bezugsgröße in die Betrachtung ein, wenn interne Migration (Wanderungen in-
nerhalb eines Staates, bspw. in Form von Stadt-Land-Mobilität) von externer
Migration (kontinentale oder transnationale Wanderungen) unterschieden wird.
Im Blick habend, dass historisch gesehen die Grenzen weitaus fließender sind,
als die klare Unterscheidung intern/extern es nahe legt, kann bei den räumlichen
Aspekten auch offener von einer Unterscheidung bezogen auf die geografische
Reichweite von Migration gesprochen werden.

Bei *zeitlichen Aspekten* erfolgt eine Differenzierung dahingehend, ob eine temporäre Migration (saisonale Migration, Pendelmigration) bzw. eine permanente Migration (Einwanderung, koloniale Siedlungswanderung) vorliegt. Wiederum ist die zuerst einmal klare Unterscheidung im Einzelfall weit weniger offensichtlich bzw. zumindest in einem langfristigen Zeitverlauf zu sehen. So kann die saisonale Migration von Wanderarbeitern in einer dauerhaften Niederlassung im Migrationsland resultieren, oder aber eine ursprünglich auf Dauer angelegte Migration in ein Land in einer Pendelmigration oder gar Rückmigration enden. Hat man zusätzlich den Status des „Transmigranten" (Pries 2001: 49) im Blick, bei dem Migration als Lebensform des „dritten Raumes" an Eigenständigkeit gewinnt, relativiert sich die klare zeitliche Differenzierung weiter.

Typologisierungen im Hinblick auf den *Entscheidungsprozess* setzen bei der grundlegenden Differenzierung von freiwilliger Migration (bspw. Arbeitsmigration, Bildungsmigration zu Studienaufenthalten, Liebesmigration) vs. erzwungener Migration (bspw. Flucht, Vertreibung und Verschleppung) an. Juristisch geht damit zumindest zum Teil die Anerkennung eines bestimmten Migrationsstatus einher, wenn beispielsweise eine Migrantin als politischer Flüchtling und damit Asylant anerkannt wird (oder auch nicht). Aber auch hier bestehen Unschärfebereiche, indem selbst bei Flucht eigene Entscheidungen für die Wahl des Migrationsziels eine Rolle spielen.

Schließlich werden Migrationsformen im Hinblick auf deren *Umfang* unterschieden. Endpole sind dabei die Migration Einzelner auf der einen Seite und Massenmigrationen auf der anderen Seite. Gewissermaßen in der Mitte zwischen diesen beiden Polen ist die Kettenmigration zu sehen, bei der sich im Zeitverlauf über bestimmte soziale Netzwerke Gruppen von Migrantinnen und Migranten bewegen. Dies verweist bereits darauf, dass auch das Kriterium des Umfangs von Migration nicht zu sehr vereinfacht werden kann. Erst über einen längeren Zeitraum lässt sich Umfang konkret erfassen. Kettenmigration kann bspw. im Herkunftsland zuerst einmal eine Migration von ländlichen Regionen in städtische sein, die dann (ggf. über eine oder zwei Generationen hinweg) zur weiteren Migration führt. Gleichzeitig ist stets zu klären, was die Referenzgröße von Umfang ist, bspw. das Migrationsland (hier der Umfang der eingewanderten Gruppe in Relation zu anderen), das Herkunftsland (hier der Anteil er Auswandernden an der Gesamtbevölkerung) oder die Migrationsgruppe selbst (hier das Ausmaß derjenigen einer bestimmten ethnischen Vergemeinschaftung, die großräumig lokal mobil sind).

Solche Überlegungen machen deutlich, dass zwar begriffliche Unterscheidungen der verschiedenen Aspekte von Migration notwendig sind, um bestimmte Einzelphänomene zu fassen. Man muss aber vorsichtig sein, vereinfachende

Schubladen der Beschreibung komplexer Prozesse von Migration zu entwickeln. Dies ist konkret auf unsere Analysen in diesem Buch zu beziehen: Zwar sprechen wir an verschiedensten Stellen selbst davon, eine Person sei Arbeitsmigrantin, Bildungsmigrant oder Flüchtling, um die uns dominant erscheinenden Migrationsentscheidungen zu fassen. Gleichzeitig wollen wir in unserer Analyse dennoch einen Reduktionismus vermeiden, der Migration auf eine solche Zuschreibung reduziert – nicht zuletzt, weil die von uns untersuchten Migrationsgemeinschaften im Hinblick auf die in diesen zu findenden Migrationsformen sehr vielfältig sind.

Dies verweist bereits auf einen anderen Aspekt der aktuellen Migrationsforschung, der im Rahmen unserer Analysen von Bedeutung ist. Das ist die Auseinandersetzung damit, inwieweit Migrantinnen und Migranten eine bestimmte *Vergemeinschaftung* bilden. Vergemeinschaftungen verstehen wir im Sinne Max Webers (1972: 21) ganz allgemein *als eine soziale Beziehung, bei der die Einstellung des sozialen Handelns auf subjektiv gefühlter (affektueller oder traditionaler) Zusammengehörigkeit der Beteiligten beruht.* Weber selbst befasste sich u. a. mit „ethnischen Gemeinschaften" (Weber 2009: 41). Dabei betont er den offenen Charakter dessen, was den Kern ihrer Konstruktion ausmacht. Er schreibt, dass der „Inhalt des auf ‚ethnischer' Basis möglichen Gemeinschaftshandelns [...] unbestimmt" (Weber 2009: 48) bleibt.

In der aktuellen Migrationsforschung hat sich zunehmend die Position etabliert, Migrantinnen und Migranten im Hinblick auf deren ethnische Vergemeinschaftung nicht einfach als einen im Ausland lebenden Teil einer Nation zu begreifen, sondern das Spezifische dieser kulturellen Form von Vergemeinschaftung zu betonen. Etabliert hat sich hierfür das Konzept der *Diaspora*. Khachig Tölölyan spricht in seinem Editorial zur Erstausgabe der Zeitschrift „Diaspora" davon, dass Diasporas die exemplarischen Vergemeinschaftungen eines transnationalen Moments wären (Tölölyan 1991: 3; siehe auch Gilroy 1993: 4). James Clifford resümiert, dass Diasporas nicht darauf reduziert werden können, Epiphänomene des Nationalstaats oder globalen Kapitalismus zu sein (Clifford 1994: 302). Momente, die für ihn Diasporas ausmachen, sind die Geschichte einer Zerstreuung, Mythen und Erinnerungen einer Herkunft, die Entfremdung vom aktuellen Migrationsland, der Wunsch nach einer eventuellen Rückkehr und die kollektive Identität, die so gestiftet wird (Clifford 1994: 305).

Die sich an solche erste Theoretisierungen von Diaspora anschließende Diskussion ist breit und vielfältig geworden (siehe überblickend Cohen 1997; Mayer 2005). Fasst man diese zusammen, so hebt das *Konzept der Diaspora darauf ab, die Spezifik einer migrantischen, ethnischen Vergemeinschaftungsform zu fassen.* Migrantinnen und Migranten konstituieren dann eine Diaspora, wenn sie ein geteiltes Identitätsverständnis subjektiv gefühlter Zugehörigkeit haben.

An dieser Stelle müssen wir gleichwohl im Blick haben, dass es sich bei Diasporas als vorgestellter Vergemeinschaftung um eine vielschichtige soziokulturelle Konstruktion handelt: Wie Nationen keine kulturell homogenen Gebilde sind und nationale Identitäten jenseits der Vorstellung von Zugehörigkeit keine Basis im Sinne einer „Abstammungsgemeinschaft" (Weber 2009: 50) haben, trifft dies auch auf Diasporas zu: Diese sind hochgradig differenzierte und auch situationsabhängige Konstruktionen, d. h. sie bestimmen stets nur ein Moment von migrantischer Identität. Ebenso dürfen Diasporas nicht als harmonische Gebilde begriffen werden, sondern sind wie andere kulturelle Verdichtungen hochgradig konfliktär und vermachtet. Hierbei haben sie durchaus unscharfe Ränder, d. h. Diasporas gehen fließend in andere kulturelle Verdichtungen über – die verschiedenen Kulturen der Herkunft wie auch nicht-diasporische Vergemeinschaftungen bspw. politischer oder auch populärkultureller Natur.

Bezieht man diese Diskussion zurück auf Fragen von *Medien und Kommunikation*, wird deutlich, welchen Stellenwert Medienkommunikation für die Artikulation von Diasporas hat. Daniel Dayan (1999) argumentiert, dass gerade *weil* Diasporas über verschiedene Territorien und Nationalstaaten verstreut bestehen und sie entsprechend kein gemeinsames geografisches Territorium haben, Medien für deren heutige Form der Artikulation konstitutiv sind. Es sind allerdings nicht nur die traditionellen Massenmedien, die man im Blick haben sollte, sondern auch diejenigen, die er als „kleine Medien" bezeichnet:

„It seems to be unproductive to limit the definition of diasporic communication to the range of organizations conventionally defined as ‚media'. Thus, instead of exclusively dealing with radio, cinema, television or journalism, one should try to account for other – for example smaller – ‚media' and focus on the various practices, institutions and organizations that link the different segments of diasporic ensembles together. Many of such practices (pilgrimages, religious occasions, family rituals, etc.) can be described traditional. They would be better described as ‚neotraditional'. They are not reminiscences of another age but contemporary reconstructions – conscious redemptions or reflexive rephrasings of folk cultures. They include: (1.) Production and circulation of newsletters, audio and video cassettes, holy icons and small media in general. [...] (2.) Exchange of letters, photographs, home videos and travellers. [...] (3.) Constitution of religious communities and cultural associations [...]. (4.) Creation of diasporic networks [...]. Of course, diasporic communication also relies on conventional media. Sometimes it does so indirectely, sometimes quite explicitly." (Dayan 1999: 22f.)

Wir können diese Überlegungen von Daniel Dayan als eine Art Programm der Forschung zu Medien und Migration begreifen: Auf Basis der bis zum damaligen Zeitpunkt vorliegenden Einzeluntersuchungen argumentiert er für die Notwendigkeit, den Stellenwert *verschiedener* Medien für die Artikulation von Diasporas zu untersuchen. „Große", traditionelle Massenmedien und „kleine" Medien der personalen Kommunikation bzw. Gruppenkommunikation greifen ineinander und ermöglichen es den Migrantinnen und Migranten, den für deren Vergemeinschaftung konstitutiven Kommunikationsraum zu schaffen. Bevor wir aber näher klären können, wie dieser Stellenwert von Medien(kommunikation) genauer theoretisiert werden kann, wollen wir uns in Bezug auf die marokkanische, russische und türkische Diaspora dem annähern, was es bedeutet, dass Deutschland ein Zuwanderungsland ist.

2.2   *Marokkanische, russische und türkische Diaspora in Deutschland*

Betrachtet man Deutschland insgesamt, kann es weit vor dem Inkrafttreten des Einwanderungsgesetzes am 1. Januar 2005 als „informelles Einwanderungsland" (Bade/Oltmer 2007: 169) gelten. Mit dieser Formulierung fassen Klaus Bade und Jochen Oltmer den Umstand, dass zwar keine reguläre Einwanderungsgesetzgebung und Einwanderungspolitik bestand, gleichzeitig aber die Zahl der Zuwanderungen dauerhaft die der Auswanderungen übersteigt – eine Entwicklung, bei der es seit 2008 gegenläufige Tendenzen gibt.

Betrachtet man die Entwicklung der Migration in (West-)Deutschland über die letzten Jahrzehnte (also ohne das Rotationssystem der ausländischen Arbeitskräfte in der DDR), ist einer der ersten größeren Einschnitte nach den Migrationsbewegungen im Anschluss an den Zweiten Weltkrieg der Bau der Grenzanlagen zwischen DDR und BRD. Hierdurch wurde der Flüchtlingsstrom von Ost- nach Westdeutschland gestoppt und die Nachfrage von Unternehmen nach Arbeitskräften musste zur Zeit des so genannten Wirtschaftswunders anders befriedigt werden. Eine Lösung boten die Anwerbevereinbarungen mit Italien (1955), Spanien (1960), der Türkei (1961), Marokko (1963), Portugal (1964), Tunesien (1965) und Jugoslawien (1968). Von Relevanz im Hinblick auf die zahlenmäßige Zuwanderung waren insbesondere die Verträge mit den europäischen Ländern bzw. der Türkei, weniger mit den nordafrikanischen Ländern. Für die Zuwanderer wurde dabei „in der öffentlichen Diskussion, nicht im amtlichen Sprachgebrauch" (Bade/Oltmer 2007: 160) der Begriff der „Gastarbeiter" geprägt. Dieser fasst einerseits die dominante Vorstellung, die Arbeitsmigration wäre zeitlich beschränkt („Gast"), andererseits, die Migrantinnen und Migranten würden insbesondere einfachen Tätigkeiten („Arbeit") nachgehen. Ein Einschnitt für die sich anschließende Arbeitsmigration nach Deutschland war der durch die Wirtschaftskrise bedingte Anwerbestopp von 1973, dessen Folgen wie folgt beschrieben werden können:

„Der Anwerbestopp von 1973 senkte zwar die Ausländerbeschäftigung; er begrenzte aber auch die transnationale Fluktuation der ausländischen Arbeitskräfte, weil seither aus freiwilliger Rückkehr in die Anwerbeländer auf Zeit ein unfreiwilliger Abschied auf Dauer

werden konnte [...]. Die Folge war, dass die Zahl der ‚neuen', arbeits- und sozialrecht-
lich weniger gesicherten ausländischen Arbeitskräfte schrumpfte, während die Zahl derer
stieg, die blieben und ihre Familien nachzogen. Auf der Zeitachse verfestigte sich aber
ihr Status im Sinne des Aufenthaltsrechts. Aus ‚Gastarbeitern' mit Daueraufenthalt wurden faktisch Einwanderer." (Bade/Oltmer 2007: 160)

Während sich diese Situation in den Folgejahren stabilisierte, kann der Zusammenbruch des Ostblocks 1989/1990 als ein weiterer Einschnitt im dann vereinigten Deutschland angesehen werden (siehe Tabelle 2).

Tabelle 2:   *Zuwanderung in Deutschland*

Jahr	EU-Binnen-migra-tion (EU-14)	Familien-nachzug	(Spät-)Aussied-ler inkl. Famili-enange-hörige	Jüdische Zuwan-derer	Asylbe-werber	Werk-ver-trags-arbeit-nehmer	Saison-arbeit-nehmer	IT-Fach-kräfte	Bil-dungs-auslän-der
1001	128.112		221.995	–	256.112	51.771	128.688	–	–
1992	120.445	–	230.565	–	438.191	94.902	212.442	–	–
1993	117.115	–	218.888	16.597	322.599	70.137	181.037	–	26.149
1994	139.382	–	222.591	8.811	127.210	41.216	137.819	–	27.922
1995	175.977	–	217.898	15.184	127.937	49.412	176.590	–	28.223
1996	171.804	–	177.751	15.959	116.367	45.753	197.924	–	29.391
1997	150.583	–	134.419	19.437	104.353	38.548	205.866	–	31.123
1998	135.908	62.992	103.080	17.788	98.644	32.989	207.927	–	34.760
1999	135.268	70.750	104.916	18.205	95.113	40.035	230.347	–	39.905
2000	130.683	75.888	95.615	16.538	78.564	43.682	263.805	4.341	45.652
2001	120.590	82.838	98.484	16.711	88.278	46.902	286.940	6.409	53.183
2002	110.610	85.305	91.416	19.262	71.124	45.446	307.182	2.623	58.480
2003	98.709	76.077	72.885	15.442	50.563	43.874	318.549	2.285	60.113
2004	92.931	65.935	59.093	11.208	35.607	34.211	333.690	2.273	58.247
2005	89.235	53.213	35.522	5.968	28.914	21.916	329.789	–	55.773
2006	89.788	50.300	7.747	1.079	21.029	20.001	303.429	2.845	53.554
2007	91.934	42.219	5.792	2.502	19.164	17.964	299.657	3.411	53.759
2008	95.962	39.717	4.362	1.436	22.085	16.576	285.217	3.906	58.350

Quelle: Migrationsbericht 2008: 42

Hier kommen mehrere Entwicklungen zusammen. Erstens führten die Krisenentwicklungen in Ost- und Südosteuropa zu einem rapiden Anstieg der Asylanträge in Deutschland, was 1993 eine Verschärfung des Asylrechts nach sich zog. Die Verschärfung bestand im Kern darin, dass ein Anrecht auf Asyl nahezu ausgeschlossen ist, wenn man aus einem „verfolgungsfreien Land" stammt bzw. über „sichere Drittstaaten" eingereist ist. Zweitens stieg über die nun offenen Grenzen nach Polen und später Russland die Zahl der Aussiedler deutlich an. Mit dem Status des Aussiedlers war nach dem Bundesvertriebenen- und Flüchtlingsgesetz von 1953 im Sinne des Kriegsfolgenrechts der Anspruch auf die deutsche Staatsbürgerschaft mit allen Rechten und Pflichten verbunden. Möglich wurde so eine „Rückwanderung" über Generationen hinweg, wobei die Auswanderung der Vorfahren Jahrhunderte zurückliegen kann. Drittens setzte eine verstärkte Zuwanderung von Juden aus den Nachfolgestaaten der ehemaligen UdSSR ein. Ausgelöst wurde dies durch eine Erklärung der DDR-Volkskammer, verfolgten Juden in der DDR Asyl zu gewähren, was 1991 in einem Beschluss der Innenministerkonferenz bestätigt wurde. Danach haben jüdische Migrantinnen und Migranten aus der ehemaligen Sowjetunion die Möglichkeit, als Kontingentflüchtlinge nach Deutschland einzureisen. Mit der Anerkennung als Kontingentflüchtling ist ein Sonderstatus verbunden, der sich in einer unbefristeten Aufenthaltserlaubnis, der Rechtsstellung als Flüchtling und einem damit verbunden besonderen Ausweisungsschutz konkretisiert. Solche Entwicklungen nach der Deutschen Einheit begleiteten die Verhandlungen bis zum Inkrafttreten des Zuwanderungsgesetzes vom 1. Januar 2005. Dieses Gesetz manifestierte den Übergang Deutschlands zum formellen Einwanderungsland, passte das Einwanderungsrecht an EU-Richtlinien an und bot Zuwanderungserleichterungen für Hochqualifizierte sowie Selbstständige.

In dieser grob umrissenen allgemeinen Entwicklung der Zuwanderung nach Deutschland sind die von uns im Hinblick auf ihre kommunikative Vernetzung untersuchten Migrationsgemeinschaften zu verorten, nämlich die der marokkanischen, russischen und türkischen Diaspora.

Wie bereits erwähnt, hat die *marokkanische Diaspora* mit dem Abschluss der Anwerbevereinbarung mit Marokko im Jahr 1963 eine längere Geschichte der Arbeitsmigration. Wichtige marokkanische Migrationsländer sind in Europa neben Deutschland vor allem Frankreich, Spanien und die Niederlande, aber auch Belgien, Italien und Großbritannien (Cherti 2007; GTZ 2007). Hein de Haas (2005a: 8) spricht für die ersten Jahre von der Phase des „großen Migrationsbooms" (1963-1972). Jedoch bleiben die absoluten Zuwanderungszahlen im Vergleich zu anderen Migrationsgruppen niedrig und pendeln zumeist zwischen 2.000 und 4.000 Zuwanderungen pro Jahr (siehe Abbildung 1). Heute beträgt der Anteil von marokkanischen Migrantinnen und Migranten rund 1 Prozent der Ausländer in Deutschland.

Abbildung 1: **Zahl der Zuwanderer aus Marokko nach Deutschland (1962-2009)**

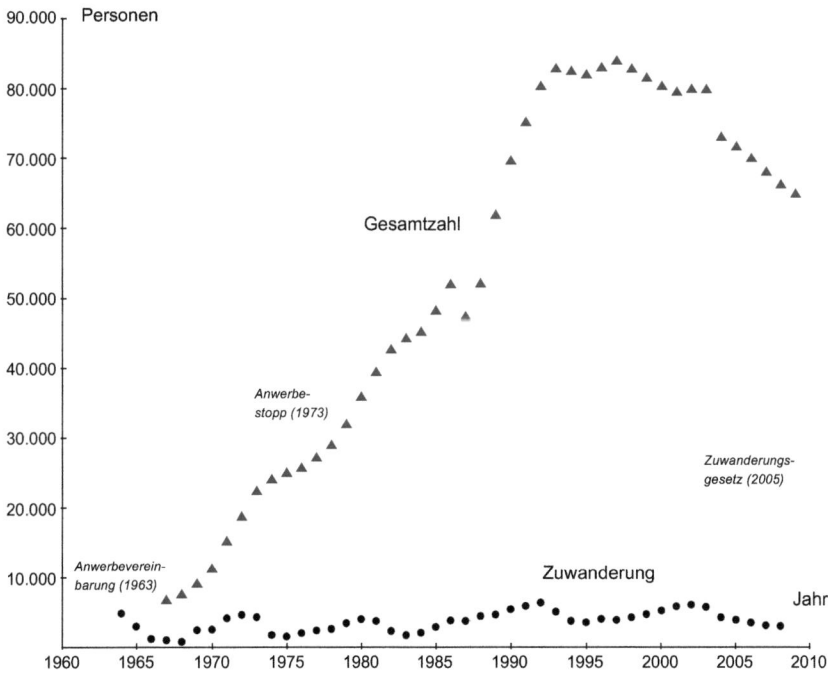

Quelle: eigene Darstellung auf Datenbasis des Statistischen Bundesamts

Betrachtet man die Entwicklung der Zuwanderung von Marokko nach Deutschland weiter, ist die Veränderung der Form der Migration selbst das Bemerkenswerte: Mit demAnwerbestopp in Deutschland war die Migration zunehmend durch eine Phase der „Familienzusammenführung" (1973-1989) gekennzeichnet, woran sich eine Phase der zunehmenden „Diversifikation der Migration" anschließt (seit 1990; de Haas 2005a). Teil dieser Diversifikation ist der kontinuierliche Anstieg von Bildungsmigration: Marokkanische Studierende sind mittlerweile die größte afrikanische Studierendengruppe in Deutschland (Roggenthin 1999: 90; Baraulina et al. 2008: 22).

Solche Formulierungen verweisen bereits auf die *Zusammensetzung der marokkanischen Diaspora* in Deutschland. Die ersten Arbeitsmigranten waren insbesondere Berber aus der Region um Nador in der Nähe des Rifgebirges und machen noch heute rund 70 Prozent der marokkanischen Diaspora aus. Das Leben der Migrantinnen und Migranten war zunächst auf Rückkehr ausgerichtet, was sich nach dem Anwerbestopp 1973 änderte, da durch diesen eine Pendelmigration nun nicht mehr möglich war (GTZ 2007: 6). Die meisten marokkanischen „Gastarbeiter" entschieden sich daraufhin, mittel- oder langfristig in Deutschland zu bleiben und ihre Familien nachzuholen (de Haas 2005b). Dies führte zu einer ersten nachhaltigen Veränderung der Zusammensetzung der marokkanischen Diaspora in Deutschland, die nun auch jüngere und nicht-erwerbstätige Familienmitglieder einschloss. Mit der zunehmenden Bildungsmigration waren weitere Veränderungen verbunden, indem die Studierenden insbesondere ingenieurswissenschaftlicher Fächer aus südwestlicheren Teilen des Landes kamen und damit arabischer Herkunft waren bzw. über eine hohe formale (Vor)Bildung verfügten. Gegenwärtig haben wir es also mit einer in ihrer Zusammensetzung hochgradig vielfältigen marokkanischen Diaspora in Deutschland zu tun: Berber aus dem Nordosten Marokkos sind in eher traditionellen Familienstrukturen aufgewachsen, sprechen als Muttersprache Tarifit, eine Variante des Berberischen, und nur in seltenen Fällen marokkanisches Arabisch. Spätere Migrantinnen und Migranten sind arabischer Herkunft und zumindest die Bildungsmigranten unter ihnen entstammen in Teilen bildungsorientierten Familien mit Sprachkompetenzen im marokkanischen Arabisch, im Französischen und Englischen.

Was ihren *Organisationsgrad* betrifft, ist die marokkanische Diaspora in Deutschland nur gering verfasst (GTZ 2007: 13ff.). Es bestehen verschiedene Vereine zumeist auf regionaler Ebene sowie die so genannten „Amicales". Dabei handelt es sich um den Konsulaten nahestehende Vereinigungen, die bis in die 1990er Jahre auch der staatlichen Bespitzelung der im Ausland lebenden Migrantinnen und Migranten dienten und derzeit für den marokkanischen Staat vor allem zur Rückbindung der Diaspora an die Herkunft wichtig sind. Angetrieben wird das politische Engagement des marokkanischen Staates für die Migrantinnen und Migranten derzeit durch deren Geldüberweisungen, die mittlerweile 4,3 Milliarden Euro und damit fast neun Prozent des Bruttoinlandsprodukts ausmachen (GTZ 2007: 20). Einer längerfristigen Bindung kommt zugute, dass die marokkanische Staatsbürgerschaft nicht abgelegt werden kann.

Betrachtet man die *Medien* dieser Migrationsgemeinschaft, fällt – gerade im Vergleich zur türkischen und russischen Diaspora – auf, dass es kaum spezielle massenmediale Medienangebote für die marokkanische Diaspora in Deutschland gibt. Über Satelliten sind allerdings die Fernsehkanäle des Herkunftslandes zu empfangen, wobei in der marokkanischen Diaspora nicht nur marokkanisches, sondern allgemein arabisches Fernsehen aus Ägypten und den Vereinigten Arabischen Emiraten rezipiert wird. Seit den 1990er Jahren haben sich unterschiedliche pan-arabische Medienangebote etabliert, die in Teilen der Diaspora beliebt sind. Bekannte Beispiele dafür sind die Fernsehsender Al Jazeera, Al Arabiya oder die Zeitung Al Hayat. Über das Internet sind daneben weitere Herkunftszeitungen zu lesen. Deren Webangebote werden allerdings nur unregelmäßig aktualisiert. Insofern sind bezogen auf das Internet Diasporaangebote relevanter, die von marokkanischen Migrantinnen und Migranten in Deutschland (und anderen europäischen Ländern) produziert und angeeignet werden. Bekannte Beispiele dafür sind die Webseiten Maroczone.de, die seit 2000 existiert, oder Dimadima.de, die seit 2004 besteht (zum Stellenwert des Internets zur Entwicklung von Auswanderungswünschen bei Jugendlichen und jungen Erwachsenen in Marokko siehe Braune 2008: 215-232). Auffallend bei diesen Angeboten ist, dass sie im Vergleich zu denen anderer Diasporagemeinschaften – bspw. dem türkischen Diasporaangebot Vaybee!.de – kaum kommerziell sind. Aber auch diese Online-Diasporamedien können nicht darüber hinwegtäuschen, dass die geringe Größe der marokkanischen Diaspora in Deutschland sich in einem beschränkten spezifischen Medienangebot manifestiert.

Vergleicht man mit einer solchen Gesamtdarstellung die Situation der *russischen Diaspora*, fallen Gemeinsamkeiten und Differenzen auf. Mit der „russländischen Migration" gibt es spätestens seit der russischen Revolution 1917 eine stabile, nicht auf Assimilation ausgerichtete russische Diaspora in Deutschland (Schlögel 2007), deren Größe aber lange vergleichsweise gering war. Wie bereits angeführt, änderte sich dies mit dem Zusammenbruch des Ostblocks bzw. der UdSSR Ende der 1980er Jahre (siehe Abbildung 2): Die Zahl der Aussiedler – erst aus Polen, dann aber vor allem den Nachfolgestaaten der ehemaligen UdSSR – stieg rapide an und auch die Zuwanderungsmotive änderten sich. In den Vordergrund rückte zunehmend, in Deutschland ein wirtschaftlich besseres Leben führen zu können und den krisenhaften ökonomischen Entwicklungen der aktuellen Lebenskontexte zu entkommen (Dietz 2007: 400).

Die Öffnung der Grenzen und der Abbau der Ausreisebürokratie löste in den 1990er Jahren eine breite Kettenzuwanderung aus (Höhepunkt war 1990 mit einer Zuwanderungszahl von 397.000 Aussiedlern). Diese Zuwanderung wurde politisch dadurch reglementiert, dass im Kriegsfolgenbereinigunggesetz (KfbG) vom 1. Januar 1993 der Status des „Spätaussiedlers" eingeführt wurde. Das KfbG schränkte die pauschale Annahme, „deutsche Aussiedler" wären generell Verfolgte, auf die Nachfolgestaaten der ehemaligen UdSSR ein, schrieb ein Einreisekontingent von jährlich ca. 225.000 Aussiedlern fest (was am 1.1.2000 weiter auf 100.000 nach unten korrigiert wurde) und definierte, dass nur bis zum

31.12.1993 Geborene einen Antrag auf Zuwanderung als „Spätaussiedler" stellen konnten. In der Folge fand eine umfassende Verschiebung der Zuwanderung von Aussiedlern auf die Nachfolgestaaten der ehemaligen UdSSR statt, wobei mittlerweile 95 Prozent der Spätaussiedler aus diesen Staaten kommen, insbesondere aus Russland und Kasachstan.

Abbildung 2:   *Zahl der Zuwanderer aus der UdSSR/Russischen Föderation*
                      nach Deutschland (1962-2009)

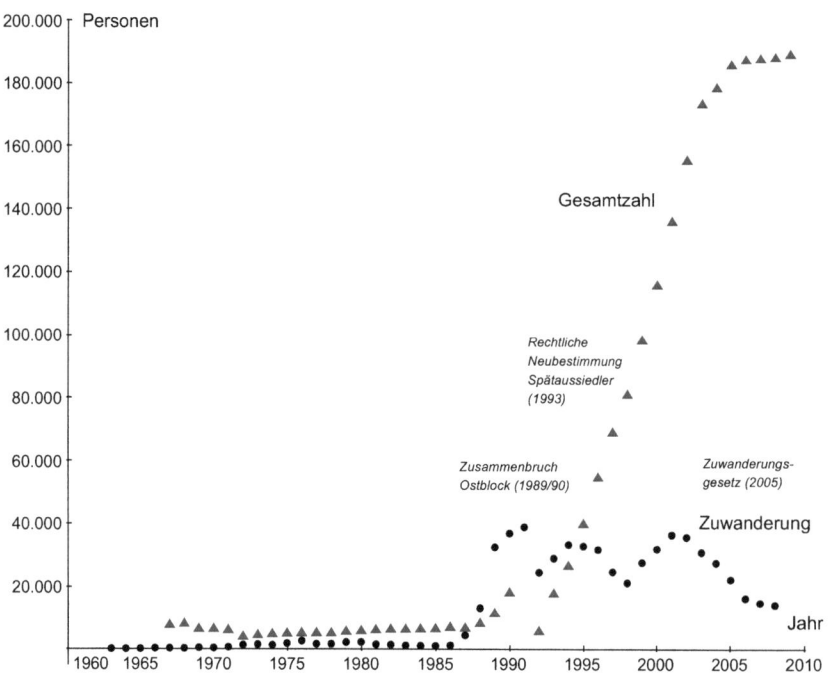

Quelle: eigene Darstellung auf Datenbasis des Statistischen Bundesamts

Eine zweite, wichtige Entwicklung bei der Zuwanderung der russischen Diaspora in Deutschland betrifft osteuropäische Juden, die über das Kontingentflüchtlingsgesetz von 1991 migrierten (s. o.). Dieses ermöglichte nach der Wiedervereinigung innerhalb von 15 Jahren die Zuwanderung von mehr als 200.000 Personen jüdischen Glaubens aus Russland und damit für die Jahre 2003, 2004 und 2005 eine größere Zuwanderung von Juden, als sie der Staat Israel hat (Harris 2007: 822). Schließlich stieg auch die Zahl der Bildungsmigranten aus den

Nachfolgestaaten der ehemaligen UdSSR – an historische Vorbilder anknüpfend (Peter 2007) –, die für eine universitäre Ausbildung nach Deutschland kommen, nachhaltig an (allein aus Russland knapp 12.000 im Jahr 2007). *Wir haben es also mit einer wiederum hochkomplexen Zusammensetzung der russischen Diaspora* zu tun. Während russische Bildungsmigranten eine formal hoch gebildete Gruppe darstellen und den Aufenthalt in Deutschland instrumentell bzw. in vielen Fällen auch zeitweise und auf Rück- und Weitermigration ausgerichtet definieren, sieht dies bei den anderen beiden Hauptzuwanderungsgruppen der (Spät-)Aussiedler und jüdischen Kontingentflüchtlinge anders aus. Die (Spät-)Aussiedler, die seit den 1990er Jahren nach Deutschland migrierten, „hatten die schulische und berufliche Ausbildung in der russischen Sprache absolviert, wurden im (post-)sowjetischen System sozialisiert und blieben ohne Verbindung zur deutschen Sprache und Kultur" (Dietz 2007: 402; siehe auch Dietz et al. 2002). Ebenso wuchs der Anteil der Familienangehörigen stark, die keinerlei Bezüge zur deutschen Sprache hatten (Vogelgesang 2008: 37-51, 65-111). Dies konkretisiert sich in der Situation der Migrantinnen und Migranten in Deutschland: Im Alltag dominiert die russische Sprache, im Herkunftsland realisierte berufliche Ausbildungen werden häufig nicht angemessen anerkannt, es gibt umfassende Brüche in der Erwerbsbiografie/Dequalifizierungen, im Vergleich zu Deutschen ohne Migrationshintergrund besteht ein deutlich höheres Arbeitslosigkeitsrisiko und entlang von Migrationsnetzwerken zeichnet sich die Bildung von Siedlungszentren ab (Savoskul 2006; Vogelgesang 2006). Ähnlich „sehen sich die jüdischen Zuwanderer mit einer fremden Umgebung und Gesellschaft konfrontiert" (Harris 2007: 824), da sie ebenfalls russisch sozialisiert und mit dem jüdischen Gemeinde- und Glaubensleben nur bedingt vertraut sind.

Solche Entwicklungen manifestieren sich auch im *Organisationsgrad* der russischen Migrantinnen und Migranten in Deutschland. Hier ist zuerst einmal auf die Gründung verschiedener russischer bzw. russlanddeutscher Vereine zu verweisen (siehe http://www.rusweb.de), von der Etablierung einzelner Theaterinitiativen in verschiedenen Großstädten bis hin zur Schaffung entsprechender Wohltätigkeitsorganisationen. Einen besonderen Stellenwert haben jüdische Gemeinden bzw. die Zentralwohlfahrtsstelle der Juden in Deutschland, die für jüdische Migrantinnen und Migranten erste Anlaufstellen bilden (Harris 2007: 824). Vor diesem Hintergrund verwundert es nicht, dass sich in deutschen Großstädten mit einem entsprechenden Anteil russischer Migrantinnen und Migranten eine entsprechende Migrationsökonomie mit eigenen Läden und Dienstleistungsangeboten entwickelt hat.

Wiederum konkretisieren sich solche Migrationen im Bereich der *Medien*. Neben dem problemlosen Zugang zu russischem Fernsehen (Rossija Eins [Russland Eins], REN-TV, TV Centr und NTV) und Radio (Radio Rossii, Radio Majak und Echo Moskvi) in Deutschland via Kabel und Satellit sind auch verschiedene Herkunftsprinterzeugnisse verfügbar. So sind die Zeitungen Argumenty i Fakty (Argumente und Fakten) oder Kommersant in den größten deutschen Städten käuflich erwerbbar. Darüber hinaus haben die größten russischen Zeitungen ein etabliertes Webangebot. Im Bereich digitaler Herkunftsmedien sind drei Nachrichtenportale Yandex.ru, Mail.ru, Rambler.ru zu erwähnen, die von der russischen Diaspora in Deutschland gerne genutzt werden. Bezüglich der Diasporamedien der russischen Diaspora lässt sich festhalten, dass ein relativ breites Spektrum in Deutschland zugänglich ist. Es gibt zwei größere Unternehmen, die unterschiedliche Diasporamedien produzieren, nämlich die Firmen Rus Media (http://www.rusmedia.de) und Werner Media Group (http://www.werner-media.de). Rus Media verlegt beispielsweise mehrere Zeitungen, sendet das einzige russischsprachige Radioprogramm in Deutschland und vertritt in Deutschland den russischen Fernsehsender Perwy kanal und die Internetplattform Mail.ru. Darüber hinaus bieten verschiedene russische Sender Angebote, welche direkt an die russische Diaspora adressiert sind. Hierfür stehen die internationale Ausgabe des Senders Perwy kanal Channel One Russia – Worldwide mit einem Programm für russische Migrantinnen und Migranten in Europa oder der Sender RTR Planeta des zweiten großen staatlichen russischen TV-Senders Rossija Eins. Darüber hinaus werden laut dem Online-Webangebot Pressaru (http://www.presseru.de) im Mai 2010 in Deutschland ca. 50 Zeitungen und Zeitschriften auf Russisch verlegt. Dabei handelt es sich zum Teil um regionale (wie Reinskoje vremja [Rheinische Zeit] oder Nord Aktuell) aber auch um deutschlandweite Ausgaben (wie Russkaja Gazeta [Russische Zeitung] oder Recepty Zdorovja [Rezepte und Gesundheit]). Einige Zeitungen sind europäische Ableger der russischen Ausgaben, wie Moskowski Komsomolez (als MK Deutschland) oder Vesti. Es gibt aber auch eine eigenständige Presse wie Russkaja Germanija oder das TV-Magazin „7+7ya". Außerdem existieren Zeitungen der jüdischen Gemeinde in Deutschland oder unterschiedlicher Aussiedlervereine. Beispiele dafür wären die Evreyskaya Gazeta (Jüdische Zeitung) und der Aussiedlerbote. Die zwei auflagestärksten Diasporazeitungen sind Evropa-Express (Verlegergruppe Werner Media) und Russkaja Germanija (Verlegergruppe Rus Media). Die Zeitung Russkaja Germanija ist eine der ältesten Diasporazeitungen der russischen Diaspora in Deutschland und wurde 1996 gegründet, die Zeitung Evropa-Express ist seit 2001 auf dem Markt (siehe auch Darieva 2002). Beim Radio hingegen ist das Angebot nicht so breit. Nach verschiedenen Versuchen, russische Radiosender zu entwickeln, konnte sich nur einer in Deutschland etablieren: der seit 2003 sendende Radio Russkij Berlin. Daneben bestehen im Internet verschiedene Diasporangebote wie das Portal Germany.ru oder die

Jugendliche und junge Erwachsene adressierende Diasporaseite Coole-russen.de.

Abbildung 3:   ***Zahl der Zuwanderer aus der Türkei nach Deutschland (1962-2009)***

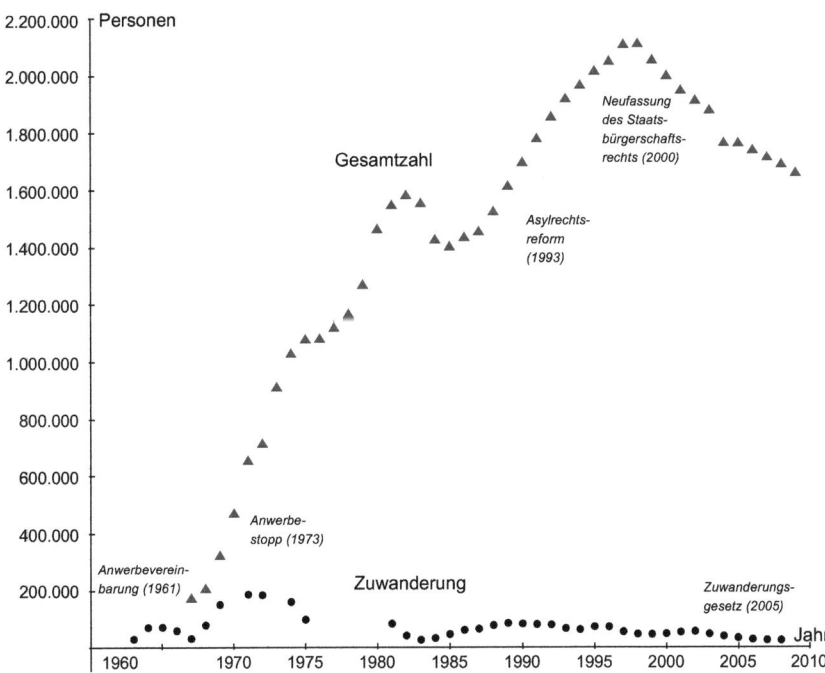

Quelle: eigene Darstellung auf Datenbasis des Statistischen Bundesamts

Nochmals anders sieht die Lage bei der *türkischen Diaspora* aus. Wenn wir die türkische Migration nach Deutschland betrachten (siehe Abbildung 3) fällt auf, dass es sich nach der Anwerbevereinbarung mit der Türkei (1961) um die zahlenmäßig größte Zuwanderungsgruppe in Deutschland handelt (Bade/Oltmer 2007: 160). In den Anfangsjahren migrierten als „Gastarbeiter" aus wirtschaftlichen Gründen vor allem jüngere Männer, die zu einem beträchtlichen Teil in von Arbeitgebern gestellten Sammelunterkünften lebten. Der türkische Staat unterstütze diese Zuwanderung in der Hoffnung, den durch eine hohe Arbeitslosenquote unter Druck stehenden eigenen Arbeitsmarkt zu entlasten. Mit dem Anwerbestopp 1973 ändert sich dann das Muster der Zuwanderung: Türken in

Deutschland richteten sich zunehmend auf einen dauerhafteren Aufenthalt ein und ein wachsender Anteil der Migrantinnen und Migranten kam im Rahmen der Familienzusammenführung, wodurch sich das Verhältnis von Männern und Frauen in der türkischen Diaspora zunehmend ausglich. Hinzu kamen – insbesondere durch die Militärputsche 1972 und 1980, aber auch durch den Kurdenkonflikt – politische Flüchtlinge (Karakasoglu 2007: 1054). Mit der Asylrechtsreform von 1993 ist ein deutlicher Rückgang der türkischen Asylbewerberinnen und -bewerber zu verzeichnen (Atilgan et al. 2002: 65). Daneben stellen türkische Staatsangehörige mit rund 1,6 Millionen Personen auch 2009 die größte ausländische Bevölkerungsgruppe dar. Hinzu kommen ca. 700.000 deutsche Staatsbürger türkischer Herkunft. Seit 2000 erhalten mit der Neufassung des deutschen Staatsangehörigkeitsrechts viele Kinder türkischer Staatsangehöriger in Deutschland von Geburt an zusätzlich zur türkischen die deutsche Staatsbürgerschaft. Gleichzeitig muss man sich aber vergegenwärtigen, dass neben der Migration nach Deutschland zunehmend auch eine Rückmigration in die Türkei bzw. eine Kreismobilität zwischen beiden Ländern auszumachen ist (Razum et al. 2005). Insgesamt bleibt Deutschland aber weit vor den Niederlanden, Frankreich, Österreich, der Schweiz und Großbritannien das wichtigste türkische Migrationsland.

Betrachtet man die *Zusammensetzung der türkischen Diaspora*, wird einmal mehr eine große Heterogenität deutlich. Die türkischen Migrantinnen und Migranten kommen aus sehr unterschiedlichen Regionen der Türkei, rund 20 Prozent der zwischen 1963 und 1973 angeworbenen aus Istanbul und nur ein Prozent aus den unterentwickelten Provinzen im Südosten der Türkei (Karakasoglu 2007: 1055). 30 Prozent dieser ersten „Gastarbeiter" waren auf Grund schulischer Bildung und beruflicher Tätigkeit qualifizierte Arbeitskräfte, mussten in Deutschland allerdings zumeist als Hilfs- bzw. einfache Arbeiter tätig sein. Daneben differenziert sich die Gruppe weiter in Türken im engeren Sinne und Kurden, wobei Letztere nach Eskalation des Kurdenkonflikts zunehmend als Migrierende ein kurdisches Selbstbewusstsein entwickelten (Atilgan et al. 2002: 67). In religiöser Hinsicht sind die meisten Türken in Deutschland Muslime (95,2 Prozent), unter denen die sunnitische (87,3 Prozent) und alevitische (11,6 Prozent) Glaubensorientierung dominiert (Angaben für das Jahr 2008 nach Sauer et al. 2010: 34). Weitere Heterogenitäten ergeben sich dadurch, dass seit den 1980-er Jahren ein zunehmender Anteil der türkischen Bevölkerung in Deutschland Personen der zweiten und dritten Migrationsgeneration sind, deren „mentale Einstellung" sich grundlegend von der der ersten Migrationsgeneration unterscheidet: „Selbst diejenigen, die sich nicht mit Deutschland identifizieren, definieren sich als Hamburger oder Berliner Türken oder noch spezifischer als Bewohner ihres Stadtteils" (Karakasoglu 2007: 1059). Mit zunehmender Aufenthaltsdauer in Deutschland stellt die Selbstständigkeit eine wichtige Option für die türkische Bevölkerung dar. Für 2003 wird von ca. 61.000 türkischstämmigen Unternehmern in Deutschland ausgegangen. Insgesamt sind wir also mit einer Veränderung der türkischen Migrationsgemeinschaft in Deutschland von „einer homogenen Arbeitergesellschaft zu einer heterogenen Diaspora" (Atilgan et al. 2002: 64) konfrontiert.

Dieser Wandel zur „heterogenen Diaspora" manifestiert sich in deren hohem *Organisationsgrad*. Bereits in den 1960er Jahren begannen die türkischen „Gastarbeiter" eine „eigene Infrastruktur mit politischen und religiösen Vereinen" (Karakasoglu 2007: 1056) aufzubauen. Hierzu zählen Kulturvereine, religiös motivierte Vereinigungen, Verbände türkischer Unternehmer bzw. Akademikervereine. Geht es um die Rechte der türkischen Migrantinnen und Migranten in Deutschland, ist insbesondere der 1993 gegründete „Rat türkischer Staatsbürger" zu nennen, dem 1995 die Gründung der „Türkischen Gemeinde in Deutschland" folgte (Atilgan 2002: 87; eine Übersicht türkischer Vereine in Deutschland findet sich auf der Webseite der Türkischen Gemeinde in Deutschland, http://www.tgd.de). Die u. a. von den Kulturvereinen ausgehende türkische Diasporakultur wurde in den 1990er Jahren anschlussfähig für deutschsprachige Populärkulturen, wofür die Etablierung von Schauspielern, Regisseuren, Schriftstellern, Kabarettisten und Musikern türkischer Herkunft steht. Die herausgehobene Stellung, die Deutschland bei der Organisation der türkischen Diaspora in Europa hat, wird daran greifbar, dass sich viele europäische Verbandszentren in deutschen Großstädten befinden (insbesondere in Berlin und Köln). Diesem hohen Organisationsgrad entspricht wiederum die Migrantenökonomie, die nicht nur – wie bei anderen Migrationsgemeinschaften – die Gastronomie, den Einzelhandel und Dienstleistungen betrifft, sondern einen breiteren Dienstleistungssektor bzw. weitergehendes Unternehmertum bspw. im Tourismus- oder IT-Bereich.

Die rund 50 Jahre türkischer Migration nach Deutschland werden in einer entsprechenden *Medienlandschaft* greifbar. Bei Massenmedien ist zuerst einmal die türkische Zeitung Hürriyet zu nennen, die seit 1969 in Deutschland in einer Europaausgabe gedruckt wurde, ein Trend, dem andere türkische Zeitungen wie Milliyet, Sabah oder Zaman folgten. Seit den 1990er Jahren öffneten sich die Zeitungen für Themen, die für türkische Migrantinnen und Migranten in Europa bzw. konkreter Deutschland relevant sind. Während türkisches Fernsehen (und Radio) ebenfalls seit den 1990er Jahren über Satellitenempfang zugänglich ist, können türkische Zeitungen mittlerweile über das Internet gelesen werden. Hinzu kommen gegenwärtig Online-Nachrichtenportale wie Gazeteoku.com oder Gazeteler.com, die Nachrichten aus unterschiedlichen Zeitungen zusammenstellen (für Radios gibt es Webportale, die einen Überblick über und Links zu verschiedenen Radiosendern aus der Türkei anbieten, z. B. http://www.canliradyo-dinle.com). Im Hinblick auf spezielle massenmediale Diasporaangebote ist zuerst einmal auf TD-1 zu verweisen, der erste deutsch-türkische Fernsehsender in Deutschland, der von 1985 bis 2008 über Kabelanschluss deutschlandweit zu empfangen war (Kosnick 2007: 150b). Daneben bestanden bzw. bestehen verschiedene regionale Diasporafernsehangebote, wie bspw. Aypa TV (Berlin, 1992-2007), Kanal Avrupa (Duisburg, seit 2005) sowie offene Kanäle in unterschiedlichen Städten. Etabliert sind daneben regionale deutsch-türkische Radiosender, vor allem Radio Metropol FM, ein Radiosender für die türkische Diaspora in Deutschland, der 1999 in Berlin gegründet wurde und gegenwärtig neben Berlin in Stuttgart, Koblenz, Mainz, Wiesbaden, Mannheim und Ludwigshafen über UKW zu empfangen ist. Schließlich gibt es einzelne Sendungen in multikulturellen Radiosendern wie Köln Radyosu des WDR-/Radio-Bremen-Senders Funkhaus Europa oder Merhaba Hamburg des Radiosenders Tide sowie verschiedene deutsch-türkische Regional- und Stadtzeitungen (z. B. Türkses seit 1991 in Norddeutschland oder Merhaba seit 1990 in Süddeutschland) bzw. Zeitschriften (Hey Berlin, Persembe, Bremen Aktüel etc.). Seit Ende der 1990er Jahre bestehen kommerzielle Diasporaportale wie Vaybee! (seit 1999) oder Türkdünya (seit 2000).

2.3   Die kommunikative Vernetzung medialer Migranten

Die bisher dargestellten Daten zusammenfassend können wir festhalten, dass alle drei von uns untersuchten Migrationsgemeinschaften heterogene und in ihren Grenzen unscharfe, aber dennoch stabile Gebilde sind. Sie verweisen auf anhaltende, wenn auch unterschiedlich stark ausgeprägte Migrationen, verfügen in verschiedenen Graden über eigenständige Organisationen und werden getragen durch spezifische Medien(angebote). Einer solchen ersten Annäherung an Fragen von Migration, Medien und Diaspora stehen die Zugangsweisen der deutschsprachigen kommunikations- und medienwissenschaftlichen Forschung diametral gegenüber.

Gemeinsam ist den verschiedenen Arbeiten ein Fokus auf die Frage, welchen Beitrag Medien für die Integration von ethnischen Minderheiten leisten können (vgl. zur Dokumentation des gegenwärtigen Forschungstands vor allem die Beiträge in Butterwegge/Hentges 2006; Geißler/Pöttker 2005; Geißler/Pöttker 2006; Schatz et al. 2000). Im weitesten Sinne wird Integration in dieser Forschung verstanden als „der erwünschte soziale Prozess, der die Teile einer Gesellschaft (Individuen, Institutionen, Gruppen) unter Mitwirkung ihres Bewusstseins mehr oder weniger stark zum Ganzen dieser Gesellschaft verbindet" (Pöttker 2005: 40f.). Dieser Prozess wird als *auch* über Medienkommunikation vermittelt konzeptionalisiert. Die verschiedenen Studien lassen sich in zwei Forschungssträngen systematisieren.

Ein erster Forschungsstrang ist der zur *Darstellung von ethnischen Minderheiten in den Medien*. An dessen Anfang steht eine inhaltsanalytische Untersuchung von Jesus M. Delgado (1972), der die Art und Weise der Repräsentation von „Gastarbeitern" in ausgewählten deutschen Presseorganen über einen Zeitraum von 40 Monaten untersuchte. In der Folge wurden verschiedene quantitative und qualitative Studien in diesem Themenfeld realisiert. Hierzu zählen Untersuchungen von Georg Ruhrmann mit unterschiedlichen Kollegen (Ruhrmann/Demren 2000; Ruhrmann et al. 1996; Ruhrmann/Kollmer 1987; Ruhrmann et al. 2006), die sich sowohl mit ethnischen Minderheiten in Printmedien als auch im Fernsehen befassen und über Einzelergebnisse hinweg eine z. T. stereotype und unausgewogene Repräsentation von Migrantinnen und Migranten greifbar machen. Zu ähnlichen Ergebnissen kam Klaus Merten (1986; 1993). Solche Resultate wurden in verschiedenen weiteren kommunikations- und medienwissenschaftlichen Arbeiten bestätigt (vgl. Becker 2001; Brosius/Esser 1995; Busch 1994; Busch 1999a, 1999b; Busch et al. 2001; Butterwegge et al. 1999; Butterwegge/Hentges 2006; Esser et al. 2002; Hargreaves/Perotti 1993; Jung et al. 1997; Kosnick 2000a; Sen 2001a). Dabei gehen die Studien von der in unterschiedlichen Abstufungen geteilten Annahme aus, dass die Repräsentation von ethnischen Minderheiten in den Massenmedien bzw. deren nicht-stereotype Darstellungen sich förderlich auf eine Integration – bis hin zu „Assimilation" (Esser 2000) – auswirken (Weber-Menges 2006).

Ein zweiter Forschungsstrang ist der der Auseinandersetzung mit der *Mediennutzung von ethnischen Minderheiten*. Eine Beschäftigung mit der Frage, welche Medien Ausländer nutzen, liegt insofern bei einer Auseinandersetzung mit dem Integrationspotenzial von (Massen-)Medien nahe, als sich erst durch eine Betrachtung der Mediennutzung die Frage klären lässt, ob Migrantinnen und Migranten sich in einem „Mediengetto" befinden oder aber in den Kommunikationsraum der „Mehrheitsmedien" integriert sind. Ausgangspunkt bildete anfangs Forschung zur Nutzung von speziellen Minderheitenangeboten des öffentlich-rechtlichen Hörfunks und Fernsehens (vgl. zusammenfassend Infratest 1968, als Folgestudien Darkow/Eckhardt 1982; Darkow et al. 1985; Eckhardt 1996; Eckhardt 2000). Im Jahr 1996 wurde vom Zentrum für Türkeistudien im Auftrag des Presse- und Informationsdienstes der Bundesrepublik eine Telefonbefragung zur Mediennutzung von türkischen Migrantinnen und Migranten durchgeführt, die in der öffentlichen Diskussion thematisiert wurde, weil sie die These einer einfachen Gettoisierung widerlegt und vielmehr die Tendenz zu einer Nutzung sowohl deutscher als auch türkischer Medienangebote aufzeigen konnte (Güntürk 1999, 2000). Mit russischen Aussiedlern und deren Mediennutzung befasst sich ein von Barbara Pfetsch (1999) realisiertes Forschungsprojekt. In einen solchen Blickwinkel fügen sich auch weitere Studien ein (vgl. Becker/ Calagan 2002; Caglar 2002; Dresbach 2002; Goldberg/Sauer 2003; Hafez 2002; Schulte 2002; Schneider/Arnold 2004; Sen 2001b; Venema/Grimm 2002). Die verschiedenen Arbeiten weisen dabei ähnliche Interpretationsrahmen hinsichtlich der Ergebnisse auf: Geht es bei einer Nutzung von „Heimatmedien" eher um eine Orientierung über die Geschehnisse in der „Herkunftskultur" und bei einer Nutzung „deutscher Medien" eher um eine Orientierung über die Geschehnisse in der „Gastkultur", hat die Nutzung von „Minderheitenmedien" einen vermittelnden Charakter.

Einer solchen Zugangsweise der nationalen Integration von ethnischen Minderheiten steht die eingangs in diesem Kapitel zitierte Überlegung Daniel Dayans entgegen: Er fordert, eine Forschung zu Medien und Migration müsse den Blick auf die „kleinen" und „großen" Medien in ihrer Relevanz für die Artikulation von Diaspora zu lenken. Nimmt man einen solchen Ansatz ernst, geht es nicht um die Frage, welchen Beitrag Medien zur Integration von Minderheiten in die jeweilige Gast-Gesellschaft leisten (können), sondern viel offener darum, welche Rolle Medien bei der Konstitution von verschiedenen diasporischen Vergemeinschaftungen spielen. Letztlich wird damit eine „klassische" Forderung Philip Schlesingers (1987), nicht nach der Wirkung von Medien auf Identität zu fragen, sondern die Rolle von Medien bei der Identitätsartikulation zu untersuchen, in Bezug auf Migrantinnen und Migranten umgesetzt.

Hier trifft sich die Argumentation von Daniel Dayan mit dem von uns in der Einleitung dieses Buchs bereits grob umrissenen Konzept des *medialen Migranten*. Will man dieses nun weiter ausformulieren, ist es hilfreich, die Überlegungen von Dana Diminescu (2008) aufzugreifen. Diminescu spricht im Hinblick auf die Etablierung digitaler Medien vom „connected migrant". Damit versucht sie zu fassen, dass sich Migrantinnen und Migranten mit der Etablierung von Internet und Mobilkommunikation in einer umfassenden kommunikativen Konnektivität befinden. Ihr Leben sei durch die Verfügbarkeit von Internet-Telefon, E-Mail, Musikdownloads etc. aus ihrer Herkunft gekennzeichnet, während sie selbst in Bewegung blieben: „Yesterday the motto was: immigrate and cut your roots; today it would be: circulate and keep in touch." (Diminescu 2008: 568)

Gestützt wird eine solche Einschätzung durch empirische Analysen zu verschiedenen Diasporaportalen im Internet, in denen die Frage diskutiert wird, welchen Stellenwert diese für die Aufrechterhaltung von spezifischen Migrationsgemeinschaften haben (siehe auch Androutsopoulos 2005, 2006; Faßler

2001; Hinkelbein 2004; Hugger 2005; Rydin/Sjöberg 2007; Schneider/Arnold 2004; Schulte 2003; Senay 2003). Wesentlich differenzierter als Dayan fasst Diminescu demnach, wie sich mit den verschiedenen „kleinen" digitalen Medien das Leben in der Diaspora gewandelt hat, ohne dass dieser Prozess einseitig als eine Wirkung ebendieser Medien beschrieben wird. Gerade in einer solchen Differenziertheit gerät ihr jedoch aus dem Blick, dass die Aneignung „kleiner" und hier digitaler Medien nur ein Moment der Artikulation von Diaspora ist. Daneben haben ebenso „große" Medien – ob als Diasporamedien oder in der Form von Herkunftsmedien – nach wie vor einen wichtigen Stellenwert. Die *kommunikative Konnektivität* bzw. *Vernetzung* von Migrantinnen und Migranten ist demnach nicht allein ein Moment der Aneignung von digitalen Medien, sondern ein generelles Moment der Medienkommunikation. Auch wenn Diasporagemeinschaften ein „altes" Phänomen sein mögen, intensiviert sich – so zumindest die naheliegende Annahme – mit einer fortschreitenden Mediatisierung die kommunikative Vernetzung in der Diaspora insgesamt (siehe auch Charim 2007). Es geht um medienvermittelte personale Kommunikation *wie auch* um die verschiedenen medialen Repräsentationen, die durch Satellitenfernsehen und Internet über die territorialen Grenzen von Nationalstaaten hinaus zugänglich sind und die Aufrechterhaltung der gegenwärtigen Vielfalt von Gemeinschaften der Diaspora und ihrer Identitäten stützen (vgl. Bromley 2002; Georgiou 2006; Gillespie 2002; Miller/Slater 2000; Naficy 1993; Silverstone 2002). Hierfür stehen die verschiedenen, bei der ersten Annäherung an die marokkanische, russische und türkische Diaspora im letzten Teilkapitel genannten Medien.

Bezieht man solche Überlegungen zurück auf unsere anfängliche Argumentation, können wir das Konzept der *Diaspora* konkreter aus kommunikations- und medienwissenschaftlicher Perspektive fassen. Grundlegend sind Diasporas als eine spezifische kulturelle Verdichtung zu begreifen, indem sie einerseits in Beziehung zu (vorgestellten) Herkunftsregionen und dortigen Kulturen stehen, andererseits aber in Migrationsgemeinschaften charakteristische Formen kultureller Identität und Vergemeinschaftung artikulieren: Das Selbstbild einer „Deutschtürkin" bspw. ist ein anderes, als einer Türkin, die als Touristin ins Ausland verreist. Die Besonderheit von Diasporas ist darin zu sehen, dass für deren Artikulation Territorialität nicht konstitutiv ist: Im Gegensatz zu nationalen Medienkulturen, die in der Form ihrer Artikulation mit der Vorstellung territorialer Bezüglichkeit von Nationalstaaten operieren, ist mit der Vorstellung von Diaspora gerade ein territoriales Verstreut-Sein verbunden. Insbesondere auf Grund dieser Deterritorialität haben Medien in ihrer Gesamtheit einen herausgehobenen Stellenwert: Erst für mediale Migranten wird die kulturelle Verdichtung der Diaspora im Zwischenraum von (vorgestellter) Herkunft und Migrationskontext auf geteilte Weise artikulierbar.

Bei einer solchen Annäherung müssen wir allerdings – wie unsere konkrete Betrachtung der marokkanischen, russischen und türkischen Diaspora gezeigt hat – vorsichtig sein und dürfen Diasporas im Hinblick auf deren kulturelle Verdichtung und kommunikative Vernetzung nicht als homogen konstruieren. Dies verweist auf die Frage der Medienaneignung, die wesentlich vielschichtiger ist, als ein *homogenisierendes* Konzept der Diaspora nahe legt. In diesem Sinne geht es uns darum, die Widersprüchlichkeit der kommunikativen Vernetzung und kulturellen Identität von medialen Migranten in der Diaspora zu fassen, ohne aber in einer Analyse subjektiver individueller Sichtweisen verhaftet zu bleiben. Hierfür erscheint uns das Erarbeiten einer Medienaneignungstypologie ein angemessenes Vorgehen zu sein.

3 Von der Mediennutzung zur Medienaneignungstypologie

Unsere bisherigen Überlegungen haben deutlich gemacht, dass die Medienaneignung medialer Migranten kein einheitliches, aber auch kein zufälliges Phänomen ist. Doch wie lässt sich diese Komplexität angemessen fassen? Was ist für die Beschreibung der Medienaneignung medialer Migranten ein adäquater Analyserahmen? Auf diese Fragen wollen wir in dem folgenden Kapitel eine Antwort geben. Um unseren Blickwinkel dabei angemessen greifbar zu machen, wollen wir die bereits in der Einleitung vollzogene Unterscheidung von Mediennutzung und Medienaneignung weiter auszuformulieren. In der Mediennutzungs- und Rezeptionsforschung ist es üblich, *Mediennutzung* als Gesamtphase des wie auch immer gearteten „Kontaktes" mit einem Medium oder Medieninhalt zu verstehen und in verschiedene Teilphasen einzuteilen (Hasebrink 2003; bezogen auf Rezeption und Aneignung Mikos 2001). Dies ist erstens die präkommunikative Phase (Medienauswahl), zweitens die kommunikative Phase (Medienrezeption) und drittens die postkommunikative Phase (Medienaneignung). Der Begriff der Medienaneignung wird in diesem Diskussionszusammenhang auf sich nach der „eigentlichen" Rezeption anschließende Prozesse der „inneren" und „äußeren" Folgehandlungen mit einem Medienprodukt eingeschränkt. Beispiele hierfür sind psychische Prozesse der Verarbeitung der rezipierten Inhalte (Charlton/Neumann-Braun 1992: 98-100), (Rollen-)Spiele in der Peer-Gruppe in Jugendcliquen, in denen das Rezipierte aufgegriffen wird (Bachmair/Kress 1996: 119-194) oder aber die Folgekommunikation über Medieninhalte, also die Gespräche über das Gesehene, Gehörte und Gelesene (Hepp 1998; Holly et al. 2001; Keppler 1994). Kritikwürdig an einem solchen Aneignungsbegriff ist allerdings, dass er in einem linearen Kommunikationsmodell verhaftet bleibt: Bestimmte Inhalte werden – so die Vorstellung – erst einmal rezipiert, bevor sie, wie auch immer, verarbeitet und mit der eigenen Lebenswelt in Beziehung gesetzt werden.

Im Gegensatz zu solchen Verwendungsweisen soll im Folgenden in einem wesentlich weiteren Sinne von Medienaneignung gesprochen und der gesamte Umgang mit Medien als solcher begriffen werden (Hepp 2006a: 246-247). *Im Kern der Medienaneignung steht die kulturelle Lokalisierung von (Medien-)Produkten in der jeweils eigenen Lebenswirklichkeit bzw. Alltagswelt des Lokalen. Unter kultureller Lokalisierung ist konkret der Prozess zu verstehen, in dem durch verschiedene kulturelle Praktiken bestimmte Ressourcen (Technolo-*

*gien, Kulturwaren, Medienrepräsentationen etc.) innerhalb der eigenen Lebens-
und Alltagswelt materiell und diskursiv verortet werden. Im Prozess der kulturellen Lokalisierung von Medien wandeln sich Lebens- und Alltagswelt, einerseits dadurch, dass Medien das Lokale selbst ändern, indem sich durch sie das
Netzwerk kommunikativ zugänglicher Lokalitäten verändert, andererseits dadurch, dass sich damit die Sinnhorizonte von Lebens- und Alltagswelt verschie-
ben.*

Eine solche Bewegung vom Begriff der Nutzung zu dem der Aneignung
kennzeichnet unsere Argumentation in diesem Kapitel. Einsteigen werden wir
mit einer kritischen Betrachtung der bestehenden Studien zur Mediennutzung
von Migrantinnen und Migranten. Hierbei greifen wir die Kritik am im letzten
Kapitel diskutierten nationalen Integrationsparadigma der Mediennutzungsforschung auf und differenzieren diese Kritik weiter. In diesen Argumentations-
schritt sind von uns selbst durchgeführte Sekundärauswertungen der Datenbasis
der ARD/ZDF-Studie „Migranten und Medien 2007" des WDR eingebettet.
Diese Betrachtung läuft darauf hinaus, dass man die Mediennutzung von Migrantinnen und Migranten entlang bestimmter Typenhaftigkeiten sehen sollte.
Bestehende Mediennutzungstypologien zu Migrantinnen und Migranten erscheinen im Rahmen einer Medien*aneignungs*forschung aber als nicht hinreichend.
Entsprechend entwickeln wir im dritten Teilkapitel eine Medienaneignungstypologie, die dann unsere weitere Forschung zu medialen Migranten rahmt.

3.1   Mediennutzung, Medienumgebung und Medienrepertoire

Betrachtet man die jüngeren standardisierten Mediennutzungsstudien zu Migrantinnen und Migranten in Deutschland, fällt auf, dass neben Untersuchungen
wissenschaftlicher Einrichtungen bzw. öffentlich-rechtlicher Rundfunkorganisa-
tionen zunehmend solche von privatwirtschaftlichen Unternehmen getreten sind.
Dies verweist darauf, dass Daten zur Mediennutzung von Migrantinnen und
Migranten gegenwärtig ebenfalls im ökonomischen Interesse sind: Menschen
mit Migrationshintergrund wurden in den letzten Jahren als „Zielgruppe" entdeckt, die man adressieren und folglich auch erforschen möchte. U. a. auf Grund
der damit zunehmenden Zahl von Studien ist es im Weiteren nicht möglich, jede
zu diskutieren (vgl. überblickend Müller 2005 und Piga 2007). Im Hinblick auf
das Erkenntnisinteresse dieses Buchs haben wir solche Studien ausgewählt, die
nach 2000 realisiert wurden (also nach der umfassenden alltagsweltlichen Verbreitung des Internets) und sich auf den geografischen Raum bzw. die Migrationsgemeinschaften beziehen, die wir selbst empirisch erforscht haben (siehe

überblickend Tabelle 3). Insgesamt zeichnen sich diese Studien dadurch aus, dass sie in zunehmendem Maße versuchen, auf standardisierte Weise die Mediennutzung der Migrantinnen und Migranten als ein transmediales Phänomen zu analysieren. Medien konstituieren dabei differenzierte *Medienumgebungen* (Krotz 2006: 33; Meyrowitz 1995: 50), d. h. mediale Gesamtarrangements, die einen bestimmten kulturellen Kontext mit produzieren. Diese Medienumgebungen wiederum konkretisieren sich aus Sicht des bzw. der Einzelnen in *Medienrepertoires* (Hasebrink/Popp 2006) als der „Gesamtheit der genutzten Medienangebote [...] und der wechselnden Beziehungen zwischen ihnen" (Hasebrink/Domeyer 2010: 51) zu verstehen.

Tabelle 3:   *Zentrale Mediennutzungsstudien zu Migrantinnen und Migranten in Deutschland seit 2000*

Erhebungs jahr	Studie	Untersuchungsgruppe, Methode, Stichprobe
seit 1999	Zentrum für Türkeistudien: „Türkeistämmige Migranten in Nordrhein-Westfalen und in Deutschland: Lebenssituation und Integrationsstand"	Personen mit türkischem Migrationshintergrund ab 18 Jahren in NRW, seit 1999 in NRW, ab 2008 deutschlandweit; repräsentative Telefonumfrage auf Deutsch und Türkisch; 2008: deutschlandweit n=655, NRW n=345
2001	Göfak Medienforschung im Auftrag des Presse- und Informationsamts der Bundesregierung: „Mediennutzung und Integration der türkischen Bevölkerung in Deutschland"	Personen mit türkischem Migrationshintergrund ab 14 Jahren in Deutschland; repräsentative Face-to-Face-Befragung auf Deutsch mit türkischem Mitlesefragebogen; n=1761
2002	Lab One GmbH: „Lebenswelten der Deutschtürken"	Personen mit türkischem Migrationshintergrund von 14 bis 49 Jahren in Deutschland; Telefonumfrage auf Deutsch und Türkisch; deutschlandweit n=1001
2006	Westdeutscher Rundfunk (GfK; Enigma/GfK): „Einstellung und Mediennutzung junger Türken in NRW"	Personen mit türkischem Migrationshintergrund zwischen 14 und 21 Jahren in NRW; Telefonumfrage auf Deutsch und Türkisch in NRW; n=503
2006, 2007, 2008	Data4U: „Mediastudie in türkischen Haushalten"	Personen mit türkischem Migrationshintergrund ab 14 Jahren; deutschlandweite repräsentative Telefonumfrage auf Deutsch und Türkisch; 2006 n=462, 2007 n=1271, 2008 n=7063

2007	ARD/ ZDF-Studie: „Migranten und Medien 2007"	Personen türkischer, italienischer, griechischer, kroatischer, bosnisch-herzegowinischer, serbischer und montenegrinischer Herkunft, russische Spätaussiedler; ab 14 Jahren; deutschlandweite repräsentative Telefonumfrage auf Deutsch und in der jeweiligen „Heimatsprache", außer Russisch. Spätaussiedler n=501, türkischer Migrationsh. n=500, ex-jugoslaw. Migrationsh. n=509, italienischer Migrationsh. n=500, griechischer Migrationsh. n=500, polnischer Migrationsh. n=500
2008	Sinus Sociovision: „Migranten-Milieus. Lebenswelten und Werte von Menschen mit Migrationshintergrund in Deutschland"	Personen mit ex-jugoslawischem, polnischem, russischem, südeuropäischem, türkischem Migrationshintergrund; ab 14 Jahre; deutschlandweite repräsentative Telefonumfrage; n=2072
2008	Initiative D21: „Eine Sonderauswertung zum (N)Onliner Atlas 2008. Internetnutzung und Migrationshintergrund in Deutschland"	Personen mit Migrationshintergrund und mit Migrationshintergrund der Eltern ab 14 Jahren; insbesondere aus der ehemaligen Sowjetunion, der Türkei, Polen, Ex-Jugoslawien, Rumänien, Italien und andere Länder; deutschlandweite repräsentative Telefonumfrage auf Deutsch; Migrantinnen und Migranten aus der ehemaligen Sowjetunion n=1774, Ex-Jugoslawien n=640, Türkei n=1383, Polen n=1313, Rumänien n=334, Italien n=329, Andere n=3278
2008	Joachim Trebbe, Annett Heft, Hans-Jürgen Weiß „Mediennutzung Jugendlicher und junger Erwachsener mit Migrationshintergrund in Nordrhein- Westfalen" im Auftrag der LfM NRW	Personen mit türkischem Migrationshintergrund und Spätaussiedler aus der ehemaligen Sowjetunion im Alter von 12-29 Jahren in Nordrhein- Westfalen; repräsentative Telefonumfrage auf Deutsch, Türkisch und Russisch; russische Aussiedler n=303, türkischer Migrationsh. n=302

In der Betrachtung der Einzelstudien wollen wir uns als Erstes solchen zuwenden, die sich ausschließlich auf die *türkische Migrationsgruppe* konzentrieren. Durch ihren jährlichen Wiederholungscharakter bietet die Mehrthemenbefragung „Türkeistämmige Migranten in Nordrhein-Westfalen und in Deutschland:

Lebenssituation und Integrationsstand" des Zentrums für Türkeistudien einen über den Zeitverlauf vergleichenden Zugang zur Mediennutzung von türkischen Migrantinnen und Migranten. Das Hauptanliegen der Studie ist es, den Stand und die Entwicklung der Integration in zentralen Lebensbereichen zu untersuchen. Dabei werden die Nutzung von Fernsehen, Radio, Presse und Internet sowie die Bildungssituation, die wirtschaftliche und soziale Situation, kulturelle Identität, gesellschaftliche Integration und die politischen Einstellungen, sowie die Zufriedenheit und Wünsche erhoben. Als Hauptergebnis der Untersuchung lässt sich festhalten, dass sich bei türkischen Migrantinnen und Migranten Gruppen von verschiedenen „Integrationsstadien" unterscheiden lassen. Entscheidend ist dabei eine „Doppel- oder Mischidentität", d. h. viele der Interviewten identifizieren sich mit dem Herkunfts- *und* dem Migrationsland, ohne dass sich „‚parallelgesellschaftliche' Strukturen" (Sauer 2009: 29) feststellen lassen.

Dies konkretisiert sich in der Mediennutzung. Die für 2008 erstmals deutschlandweite Telefonbefragung – davor bezogen sich die Daten auf Nordrhein-Westfalen – zeigt, dass von türkischen Migrantinnen und Migranten etwas mehr türkischsprachige als deutschsprachige Medien genutzt werden, allerdings fast durchweg parallel zu letzteren (Sauer et al. 2009). Als Kernergebnis im Hinblick auf die Häufigkeit der Nutzung lässt sich festhalten, dass 79 Prozent der Fernsehnutzer angaben, türkischsprachiges und deutschsprachiges Fernsehen zu rezipieren, 15 Prozent schauen nur türkischsprachiges und 5 Prozent nur deutschsprachiges Fernsehen. Dabei ist die Nutzung von türkischem Fernsehen intensiver: 55 Prozent der Befragten gaben an, eher türkischsprachiges Fernsehen zu nutzen, 6 Prozent eher deutschsprachiges und 25 Prozent ausgewogen beide gleich intensiv. Bei der Tageszeitungsnutzung – 50 Prozent sagten aus, eine solche zu lesen – ist die Zahl derer, die dieses Medium in beiden Sprachen nutzen, kleiner: 30 Prozent antworteten, nur eine türkischsprachige Tageszeitung zu lesen. Die Nutzung der deutschen und türkischen Internetseiten ist bei ca. 30 Prozent relativ gleich verteilt. Etwas anders ist das bei der Radionutzung. Deutschsprachiges (21 Prozent Nutzung) wird weit häufiger als türkischsprachiges Radio gehört (10 Prozent Nutzung). Ca. 23 Prozent der Befragten nutzen Diasporamedienangebote wie Radio Metropol oder Kanal Avrupa.

Im Kern kann man die Ergebnisse dieser Studie als charakteristisch für die anderen vorliegenden standardisierten Untersuchungen nennen, sowohl für die türkische als auch weitere Migrationsgruppen. Zu verweisen ist zuerst einmal auf die 2001 von Hans-Jürgen Weiß und Joachim Trebbe im Auftrag des Presse- und Informationsamtes der Bundesregierung realisierte Untersuchung „Mediennutzung und Integration der türkischen Bevölkerung in Deutschland". Ziel der Studie war es, zu klären, welchen Stellenwert deutsch- und türkischsprachige Fernseh- und Radioprogramme bzw. Zeitungen im Alltag der türkischen Bevölkerung in Deutschland haben. Dies wurde in Beziehung gesetzt mit verschiedenen „Indikatoren zur Integration der türkischen Bevölkerungsgruppe in die deutsche Gesellschaft" (Weiß/Trebbe 2001: 18). Dies sind Deutschlandorientierungen, Kontakte, Einstellungen zu privaten Beziehungen, Informationsinteressen und Systemvertrauen. Die Studie zeigt, dass erhebliche sprachliche Medienüberschneidungen bestehen: Über Fernsehen, Radio und Tageszeitungen hinweg nutzen 28 Prozent nur deutschsprachige, 50 Prozent türkisch- und deutschsprachige und 17 Prozent nur türkischsprachige Medien (Weiß/Trebbe 2001: 30).

Solche Ergebnisse bestätigt die im Jahr 2002 veröffentlichte Untersuchung „Lebenswelten der Deutschtürken" der Lab One GmbH, in der es neben Wertorientierungen, Lebensstilen, Einstellung und Konsum der „Deutschtürken" um deren Mediennutzung (Fernseh-, Zeitung- Radio- und Internetnutzung) ging. 77 Prozent der Befragten gaben hier an, häufig türkischsprachiges Fernsehen zu nutzen, 62 Prozent deutschsprachiges. 66 Prozent lesen türkischsprachige Zeitungen, 55 Prozent deutschsprachige. 23 Prozent nutzen mindestens einmal pro Woche Internet. 61 Prozent der Internetnutzer davon deutschsprachig, 28 Prozent bilingual und nur 8 Prozent ausschließlich auf Türkisch. Die Autoren der Studie betonen wiederum, dass die türkische Diaspora in Deutschland heterogen ist – und schlagen vor, sie entsprechend ihres Konsums und Lebensstils zu segmentieren und so zu analysieren.

Einen stärkeren Jugendbezug hat die vom Westdeutschen Rundfunk (GfK; Enigma/GfK) realisierte Untersuchung zur Einstellung und Mediennutzung junger Türken in Nordrhein-Westfalen im Alter von 14 bis 21 Jahren. In Bezug auf die Nutzung von türkisch- und deutschsprachigen Medien wurden junge türkische Migrantinnen und Migranten nach der Nutzungshäufigkeit sowie nach der konkreten Nutzung am Tag davor gefragt. Es zeigt sich, dass diese relativ intensiv Fernsehen rezipieren: 68 Prozent türkisches Fernsehen an sieben Tagen die Woche, wobei von allen TV-Nutzern 78 Prozent am Vortag ferngesehen haben. 56 Prozent der jungen türkischen Migranten nutzen jeden Wochentag deutsches Fernsehen, 71 Prozent von allen TV-Nutzern haben dies am Vortag gemacht. Bei der Internetnutzung sieht es auch in dieser Studie anders aus. Es dominiert das deutschsprachige Internet (26 Prozent an sieben Tagen die Woche) gegenüber dem türkischsprachigen (13 Prozent an sieben Tagen die Woche). Bei der Radionutzung werden ebenfalls mehr deutschsprachige Radiosender (19 Prozent an sieben Tagen die Woche) gehört als türkischsprachige (9 Prozent an sieben Tagen die Woche). Gleichzeitig werden Tageszeitungen in beiden Sprachen nahezu identisch häufig gelesen: 13 Prozent lesen eine türkischsprachige, 12 Prozent eine deutschsprachige Tageszeitung an allen Tagen der Woche (Quelle: eigene Berechnungen aus dem Datensatz).

Sekundäranalysen dieser Datensätze weisen darauf hin, dass innerhalb der Gruppe der Befragten weitergehende Differenzen im Hinblick auf die kulturelle Orientierung zu machen sind. So hat Joachim Trebbe eine Sonderauswertung im Hinblick auf das Verhältnis von Akkulturation und Mediennutzung durchgeführt (Trebbe 2007a, 2007b). Dabei kann er zeigen, dass eine summerische Korrelation zwischen „Mediennutzungsstrategien" und „Akkulturationsstrategien" im Hinblick auf „Integration", „Assimilation" und „Separation" besteht (für die „Marginalisierung" kann keine Korrelation gezeigt werden). Unabhängig davon, ob man die Beziehung von „Akkulturationsstrategie" und „Mediennutzungsstrategie" wie Trebbe kausal interpretiert, oder aber man beide als Ko-Artikulation begreift, gehen hier Differenzen der Mediennutzung mit Differenzen der kulturellen Orientierung einher.

Von dem bisher Dargestellten weicht die von der Data 4U Gesellschaft für Kommunikationsforschung mbH realisierte „Mediastudie in türkischen Haushalten" ab. Durchgeführt von einem Marktforschungsinstitut, das sich „ausschließlich auf den Markt ethnischer Minderheiten" (http://www.data4u-online.de/institut.htm [11.3.2010]) spezialisiert hat, wird die Fernseh-, Radio-, Presse- und Internetnutzung sowie Medienausstattung von Personen in Deutschland mit türkischem Migrationshintergrund erforscht. In dieser Untersuchung haben fast 100 Prozent aller interviewten im Jahr 2008 Satellitenfernsehen oder einen Kabelanschluss bzw. beides. Andere Ergebnisse der Studie von 2008 sind, dass der Marktanteil türkischsprachiger TV-Sender 80 Prozent und der deutschsprachiger Sender nur 19 Prozent betrage. Fernsehangebote in beiden Sprachen werden zwar regelmäßig geschaut, den türkischen Sendern wird aber mehr Aufmerksamkeit bzw. längere Sehdauer gewidmet. Für das Jahr 2007 wird eine Nutzungshäufigkeit des Internets von täglich 37 Prozent der Befragten angegeben, 10 Prozent mehrmals in der Woche. Daniel Müller (2005: 377) erklärt diese, von anderer Forschung stark abweichenden Ergebnisse, mit sozialer Erwünschtheit in den von deutschen Institutionen durchgeführten Umfragen. Deutsch als Umfragesprache kann – so seine Argumentation – eine Beantwortung von Fragen im Sinne einer stärkeren Deutschorientierung der Mediennutzung beeinflussen. Berücksichtigt man aber, dass die zuvor zitierten Untersuchungen bilingual durchgeführt wurden bzw. dass auch unsere eigenen qualitativen Untersuchungsergebnisse eher gegenläufig sind, so ist wohl eher Skepsis gegenüber den Angaben von Data4U angebracht.

Neben solchen, sich ausschließlich auf Personen mit türkischem Migrationshintergrund fokussierenden Untersuchungen gibt es auch standardisierte Studien, die *verschiedene Migrationsgruppen* vergleichend im Blick haben. Hier ist zuerst einmal die ARD/ZDF-Studie „Migranten und Medien 2007" zu nennen (Simon 2007), deren Datensatz uns vom WDR für eine Sekundärauswertung zur Verfügung gestellt wurde. In dieser Studie wurden zwischen Oktober 2006 und Februar 2007 insgesamt 3.010 in Deutschland lebende Menschen türkischer, italienischer, griechischer, kroatischer, bosnisch-herzegowinischer, serbischer und montenegrinischer Herkunft sowie russische Spätaussiedler befragt. In seiner Auswertung der Daten weist Erk Simon (2007) auf verschiedene Parallelen der Befragten zur deutschen Bevölkerung hin: Die Migrationshaushalte sind medientechnisch sehr gut ausgestattet, Fernsehen wird ähnlich stark genutzt wie bei den Deutschen, und deutsche sowie heimatsprachige Medien sind gleichermaßen wichtig für die Meinungs- und Identitätsbildung. Beim Internet und bei Zeitungen dominieren deutsche Angebote. Insgesamt macht Simons Auswertung darüber hinaus deutlich, dass innerhalb der Migrationsgruppen starke Differenzen nach soziodemografischen Faktoren bestehen.

Fokus unserer Sekundäranalyse dieser Daten waren im Hinblick auf die Gesamtanlage des vorliegenden Buchs nur befragte Personen mit türkischem oder russischem Migrationshintergrund, d. h. 501 Aussiedler und 500 Türkeistämmige. Um einen Einblick in die Differenziertheit dieser Gruppen zu bekommen, haben wir eine Clusterzentrenanalyse (Quick Cluster) durchgeführt. Bezogen auf die Nutzung der einzelnen Medienarten (deutschsprachige Fernsehsender, heimatsprachige Fernsehsender, deutschsprachige Radiosender, heimatsprachige Radiosender, deutschsprachige Tageszeitungen, heimatsprachige Tageszeitungen, deutschsprachige Internetseiten, heimatsprachige Internetseiten) konnten wir für die beiden Migrationsgruppen fünf Cluster unterscheiden, von denen die letzten beiden jeweils nur für eine Migrationsgruppe charakteristisch sind:

• *Deutsches Gesamtrepertoire (Fernsehen, Radio, Tageszeitung, Internet):* Dies betrifft sowohl Massenmedien als auch das Internet. Am intensivsten nutzt diese Gruppe deutschsprachiges Fernsehen und Internet, des Weiteren werden Tageszeitungen und Radiosender genutzt.

• *Gemischtes digital-visuelles Repertoire (Fernsehen, Internet):* Genutzt werden gleich intensiv Internet und Fernsehangebote in beiden Sprachen.

• *Gemischtes Massenmedienrepertoire (Fernsehen, Radio, Tageszeitung):* Die Angehörigen dieses Clusters nutzen relativ intensiv alle Massenmedien in beiden Sprachen, ihre Internetnutzung ist allerdings geringfügig.

• *Gemischtes Gesamtrepertoire (Fernsehen, Radio, Tageszeitung, Internet):* Dieser Cluster ist für Personen mit russischem Migrationshintergrund charakteristisch. Einerseits nutzen diese Personen alle Medien, andererseits ist diese Nutzung durch relativ schwache Intensität geprägt.

• *Herkunftsfernsehrepertoire:* Dieser Cluster ist ausschließlich für Personen mit türkischem Migrationshintergrund typisch. Die Gruppe nutzt hauptsächlich Herkunftsfernsehen und dies in einer hohen Intensität.

Gerade der Cluster des Herkunftsfernsehrepertoires verweist auf soziodemografische Daten. So sind die intensiven türkischen Nutzerinnen und Nutzer des Herkunftsfernsehens mit 77 Prozent Frauen, die seltener berufstätig sind. Daneben sind sie vergleichsweise älter: 23 Prozent sind älter als 50 Jahre, 50 Prozent zwischen 30 und 49 Jahren. Bei der russischen Migrationsgruppe sind keine Auffälligkeiten im Hinblick auf Alter, Geschlecht oder Beruf auszumachen.

Tabelle 4:   *Clusterverteilung Sekundäranalyse ARD/ZDF-Studie „Migranten und Medien 2007"*

	Aussiedler		Türkischer Migrationsh.	
	Anzahl	Prozent	Anzahl	Prozent
1 Deutsches Gesamtrepertoire (Fernsehen, Radio, Tageszeitung, Internet)	165	33	110	22
2 Gemischtes digital-visuelles Repertoire (Fernsehen, Internet)	125	25	117	24
3 Gemischtes Massenmedienrepertoire (Fernsehen, Radio, Tageszeitung)	95	19	136	27
4 Gemischtes Gesamtrepertoire (Fernsehen, Radio, Tageszeitung, Internet)	116	23	X	X
5 Herkunftsfernsehrepertoire	X	X	134	27
Gesamt	501	100	497	100

Auch wenn eine solche Sekundärauswertung nur eine vergleichsweise grobe Clusterung für zwei der von uns untersuchten Migrationsgemeinschaften zulässt, untermauert sie dennoch einmal mehr die These der inneren Differenziertheit der einzelnen Migrationsgruppen. Dabei wird deutlich, dass einzelne Momente von Differenz migrationsgruppenübergreifend gelten, andere für jede spezifisch sind.

Speziell mit *digitalen Medien* befassen sich – neben auf Detailfragen orientierte Studien wie die von Kathrin Kissau, Uwe Hunger und Marina Seveker (2009) zum politischen Potenzial des Internets – eine Sonderauswertung des „(N)Onliner Atlas" und ein Forschungsprojekt im Auftrag der Landesmedienanstalt Nordrhein-Westfalen. Bei der unter dem Titel „Internetnutzung und Migrationshintergrund in Deutschland" erfolgten Sonderauswertung zum (N)Onliner

Atlas 2008 stehen Fragen der Internetnutzung, der Nutzungsabsicht und Ein-
wahlgeschwindigkeit sowie zur Migrationserfahrung der Befragten bzw. ihrer
Eltern im Zentrum. Im Kern lassen sich die Ergebnisse dahingehend zusammenfassen, dass 67 Prozent der Personen mit Migrationshintergrund und 75 Prozent
der Personen mit Eltern mit Migrationshintergrund das Internet nutzen, was im
Vergleich zu Deutschen (64 Prozent) zum gleichen Zeitpunkt wiederum höher
liegt (Initiative D21 2008: 10). Es zeigen sich aber deutliche Altersunterschiede:
Bei Befragten bis 50 Jahren beträgt die Intensität der Internetnutzung bei den
Deutschen sowie auch bei den Migranten ca. 85 bis 90 Prozent. In der Alters-
gruppe der über 50-Jährigen nutzen Personen mit eigener Migrationserfahrung
deutlich weniger das Internet (33 Prozent), als dies Personen mit Migrationserfahrung der Eltern (48 Prozent) und Deutsche (40 Prozent) der Fall ist.

Konkretisiert man solche Ergebnisse für einzelne Migrationsgemeinschaften, zeigt sich, dass Personen mit türkischem (73 Prozent) und sowjetischem
bzw. russischem (72 Prozent) Migrationshintergrund das Internet am häufigsten
nutzen. Mit 64 Prozent trifft dies auf etwas weniger Personen der italienischen
Gruppe zu. Menschen mit rumänischem Migrationshintergrund liegen bei 61,
mit polnischem bei 59 und mit ex-jugoslawischem bei 58 Prozent (Initiative
D21 2008: 17f). Etwas andere Ergebnisse zeigen sich, wenn man die Nutzung
des Internets über die verschiedenen Migrationsgruppen nach Alter betrachtet.
Nach einer solchen Systematisierung nutzen bei den unter 50-jährigen die Personen mit polnischem Migrationshintergrund am intensivsten das Internet.

Auf den ersten Blick besticht die Studie durch ihren Beleg, dass die Medienumgebungen von Migrantinnen und Migranten zunehmend durch das Internet geprägt sind. Bei einem genaueren Blick bleiben die Ergebnisse jedoch un-
befriedigend. So kann davon ausgegangen werden, dass – indem die Befra-
gungssprache ausschließlich Deutsch war –, Migrantinnen und Migranten mit
schlechten Deutschkenntnissen überhaupt nicht erreicht wurden und entsprechende Verzerrungseffekte bestehen. Unklar bleibt darüber hinaus, wie die
„Internetnutzung" und deren „Intensität" operationalisiert wurden, d. h. ob es
sich dabei um eine regelmäßige Nutzung (wenn ja, wie häufig?) oder eher um
eine gelegentliche handelt.

Methodisch wesentlich differenzierter ist die Untersuchung „Mediennutzung Jugendlicher und junger Erwachsener mit Migrationshintergrund in Nordrhein-Westfalen", die Joachim Trebbe, Annett Heft, und Hans-Jürgen Weiß
(2010) im Auftrag der Landesanstalt für Medien Nordrhein-Westfalen durchgeführt haben (vgl. auch Heft et al. 2010). Die standardisierte Telefonbefragung
befasst sich mit der Mediennutzung, Medienkompetenz, sozialen Integration
und Identität junger Menschen (12 bis 29 Jahre) mit einem türkischen Migra-

tionshintergrund bzw. russischen Aussiedlern. Hierbei unterscheiden sich beide Gruppen dahingehend, dass nur ein Fünftel der türkischen Gruppe eine eigene Migrationserfahrung hat. Bei der russischen Gruppe ist im Gegenteil bei den Meisten die Migration selbst erlebt.

Die Ergebnisse zu Fragen der Mediennutzung zeigen, dass in beiden Gruppen am häufigsten ferngesehen wird (ca. 85 Prozent der Befragten sehen mindestens an vier von sieben Tagen in der Woche fern). Computer und Internetnutzung werden in beiden Migrationsgruppen vergleichbar intensiv genutzt: Ca. 70 Prozent sind mit mehr als vier Tagen pro Woche Stammnutzer des Internets, ca. 65 Prozent des Computers. Ebenfalls sind ca. 80 Prozent der Befragten Stammnutzer des Mobiltelefons. Differenzen gibt es beim Radio, wo die Befragten mit türkischem Migrationshintergrund mit 25 Prozent deutlich hinter der Gruppe der russischen Aussiedler zurückfallen. Heft et al. (2010) stellen einmal mehr eine relativ intensive Doppelnutzung von türkischem und deutschem Fernsehen fest. Allerdings wird deutsches Fernsehen wesentlich intensiver in der Gruppe der 12- bis 19-Jährigen (82 Prozent an vier oder mehr Tagen die Woche) als in der der Gruppe der 20- bis 29-Jährigen (58 Prozent) rezipiert. Bei der Internetnutzung ist eine ähnliche Tendenz beobachtbar: 59 Prozent der türkischen Jugendlichen der jüngeren Gruppe nutzen deutschsprachige Angebote und 29 Prozent türkischsprachige Angebote im Internet. Bei russischen Aussiedlern ist der Anteil der Nutzung russischsprachiger Medien deutlich kleiner als dies bei den türkischen Jugendlichen der Fall ist. 81 Prozent von ihnen nutzen regelmäßig deutsche Fernsehangebote, rund ein Viertel der Befragten der russischen Aussiedler regelmäßig russischsprachiges Fernsehen. Eine ähnliche Tendenz zeichnet sich beim Internet ab, wo einer 60-Prozent-Nutzung deutschsprachiger eine 25-Prozent-Nutzung russischsprachiger Angebote gegenübersteht. Die Stammnutzung von russischsprachigen Zeitungen und Radiosendern liegt mit ca. 2 Prozent auf einem sehr niedrigen Niveau. Für beide Gruppen gilt: Medienangebote in der Herkunftssprache sind für die jüngere Gruppe der Befragten weniger von Bedeutung, als dies bei der älteren Gruppe der Fall ist.

Was können wir nun aus der Vielfalt der verschiedenen Nutzungsstudien zu Migrantinnen und Migranten lernen? Wo sind über Einzelaspekte hinaus deren Kernpunkte zu sehen? Aus unserer Sicht erscheinen über die verschiedenen Untersuchungen hinweg drei Punkte bemerkenswert:

- *Erstens zeigt sich, dass die Medienumgebungen von Personen mit Migrationshintergrund keine gänzlich anderen sind als die von Deutschen ohne Migrationshintergrund.* Versteht man unter Medienumgebung wie wir die strukturierte Gesamtheit der einem Menschen zugänglichen Medien, so ist die migrantische Medienumgebung ebenfalls durch (Satelliten-)Fernsehen, Zeitung, Computer und Internet, Mobiltelefon usw. geprägt. Bei einzelnen Gruppen von Migrantinnen und Migranten können wir diesbezüglich sogar von einer geringfügig besseren Ausstattung als bei Deutschen ohne Migrationshintergrund ausgehen. Die Besonderheit der Medienumgebungen von Migrantinnen und Migranten ergibt sich dadurch, dass diese zumindest bilingual sind. Die Differenz der Medienumgebungen ergibt sich also nicht durch einen bestehenden „(digital) divide", sondern im Gegenteil durch eine über Sprachkompetenzen bestehende weitergehende Zugänglichkeit zu weiteren Medien.

• *Zweitens macht die Betrachtung der vorliegenden Nutzungsstudien deutlich, dass Medienrepertoires nur in Einzelaspekten spezifisch für Migrationsgruppen sind.* Zwar gibt es bezogen auf bestimmte Migrationsgruppen einzelne Tendenzen. Beispielsweise ist die Radionutzung unter Personen mit türkischem Migrationshintergrund eine geringere als in anderen Migrationsgemeinschaften. Ebenso sind selbstverständlich die Inhalte in der Herkunftssprache (ob im Fernsehen, in der Zeitung, im Radio oder WWW) in verschiedenen Migrationsgemeinschaften andere. Jedoch bleiben solche Tendenzen vielfach gebrochen durch weitere Zusammenhänge (Alter, Migrationsgeneration), sodass es auf Basis der bisher vorliegenden Studien schwierig wäre zu argumentieren, es ließe sich *das* Medienrepertoire *einer* Migrationsgruppe aggregieren.

• *Drittens schließlich weisen die diskutierten Nutzungsdaten darauf hin, dass eine im weitesten Sinne zu verstehende kulturelle Orientierung relevant ist, um einzelne Nutzungsarten von Migrantinnen und Migranten zu unterscheiden.* Vereinfacht formuliert lässt sich sagen, dass die Konkretisierung der Medienumgebung im je individuellen Medienrepertoire stark damit zusammenhängt, wie Migrantinnen und Migranten jeweils kulturell orientiert sind. Steht im Zentrum ihrer kulturellen Orientierung ihr Herkunftsland? Oder stärker der aktuelle Lebenskontext? Wie sehen diesbezüglich ihre Zugehörigkeiten und Mediennutzungen aus? Es scheinen vor allem solche Punkte zu sein, über die übergreifende Zusammenhänge erfassbar sind.

Dies führt uns direkt zu der Frage, wie sich Mediennutzung von Migrantinnen und Migranten typologisierend fassen lässt.

3.2 Nutzertypologien in der Forschung zu Medien und Migration

Im Forschungsfeld zu Medien und Migration sind verschiedene Typologien von Nutzerinnen und Nutzern etabliert, die zum Teil im Rahmen der im letzten Teilkapitel diskutierten Studien entwickelt wurden. Wiederum wollen wir uns auf solche Typologien konzentrieren, die die Diskussion um die uns in diesem Buch interessierenden Diasporas prägen. Und einmal mehr sind es insbesondere türkische Migrantinnen und Migranten, auf deren Mediennutzung bezogen verschiedene Typologien entwickelt wurden. Betrachtet man diese, fällt der bereits im letzten Kapitel allgemein diskutierte Bias auf Fragen der nationalen Integration auf: Die verschiedenen Mediennutzungstypen werden als Typen der Integration in eine Aufnahmegesellschaft gedeutet.

Dieser Bias lässt sich für die aktuelle Forschung am deutlichsten anhand einer Typologie veranschaulichen, die sich nicht auf den deutschen Sprachraum bezieht, aber in der hiesigen Forschung immer wieder einen Referenzpunkt bildet (siehe bspw. Bucher/Bonfadelli 2007). Dies ist die Typenbildung der Studie von Hanna Adoni, Akiba Cohen und Dan Caspi (2002) zur Nutzung von Fernsehen, Radio und Zeitung durch arabische und russische Personen in Israel. Auf Basis einer standardisierten Telefonumfrage unterscheiden die Autoren vier Typen von Mediennutzern, die über eine Matrix entlang zweier Dichotomien gewonnen werden: einerseits die Dichotomie von hohem und niedrigem Konsum von hebräischsprachigen Medien, andererseits die Dichotomie von hohem und niedrigem Konsum von herkunftssprachlichen Medien. Sprache wird damit zum primären Differenzkriterium folgender Typen (Adoni et al. 2002: 419f., 2006):

- Dualisten („dualists") als umfassende Nutzer sowohl von Medien der „Minderheitensprache" als auch der „Mehrheitensprache";

- Anpasser („adapters") als umfassende Nutzer der Medien der „Mehrheitensprache" und geringe Nutzer von Medien der „Minderheitensprache";

- Separatisten („separatists") als umfassende Nutzer der Medien der „Minderheitensprache" und geringe Nutzer von Medien der „Mehrheitensprache";

- Abgekoppelte („detached") als geringe Nutzer von Medien beider Sprachen.

Während diese Typologie erst einmal normativ offen zu sein scheint, indem sie sich mit der Beziehung von Sprache der genutzten Medien und kultureller Identität befasst, steht in ihrem Zentrum doch die Betrachtung des Beitrags von Medien für eine (soziale und politische) nationale Integration in die Aufnahmegesellschaft. Das zeigt allein schon die Benennung dieser Typen. Integration wird als positive Relationierung zur Identität der Mehrheitsbevölkerung des Nationalstaats begriffen. Die Nutzung von Medien *sowohl* der Herkunftssprache *als auch* der Sprache der Migrationsgesellschaft wird im Hinblick darauf analysiert, inwiefern sie für eine solche Integration zielführend ist. Gerade eine doppelte Nutzung ermögliche es – so das zentrale Argument –, die eigene kulturelle Identität aufrecht zu halten und diese *gleichzeitig* in Bezug zur Identität der Mehrheit der Aufnahmegesellschaft zu setzen (Adoni et al. 2002: 432).

Es ist diese Argumentationsfigur, die in unterschiedlichen Graden auch die bestehende Typenbildung in Bezug auf Deutschland prägt. Exemplarisch wollen wir dies an der Typologie der bereits diskutierten Studien von Hans-Jürgen Weiß und Joachim Trebbe deutlich machen sowie an denen von Walter Klingler und Albrecht Kutteroff bzw. von Kai Hafez. In der Varianz des ihnen zu Grunde liegenden methodischen Vorgehens (sowohl standardisiert als auch nicht-standardisiert) bzw. ihrer Gesamtanlage (kausalistisch-prüfend vs. verstehend-erklärend) können diese Typologien insgesamt als charakteristisch für den aktuellen Diskussionsstand begriffen werden.

Ausgehend von ihrer bereits im letzten Teilkapitel vorgestellten repräsentativen Face-to-Face-Befragung der türkischen Mehrheitsbevölkerung ab 14 Jahren führten Weiß und Trebbe eine hierarchische Clusteranalyse durch. Das Ergebnis der Untersuchung sind sechs „Integrationstypen" (Weiß/Trebbe 2001: 43): erstens junge Ledige mit hohem Integrationsstatus, zweitens gut integrierte gebildete Berufstätige, drittens junge berufstätige gut integrierte Singles, viertens religiöse Verheiratete mit Integrationspotenzial, fünftens schlecht integrierte Frauen ohne Schulbildung und schließlich sechstens religiöse ältere Männer ohne Integrationspotenzial. Das zentrale Argument ist, dass sich diese Integrationstypen in der Mediennutzung konkretisieren, wobei folgende „Grundtendenz" ausgemacht wird: „Je höher der Integrationsgrad, desto größer die Affinität zu deutschsprachigen Medien" (Weiß/Trebbe 2001: 47).

Etwas vorsichtiger was Integrationsfragen betrifft ist die Typenbildung der Sinus-Studie „Lebenswelten von Migranten in Deutschland", als deren Teil die Auswertung „Migrantenmilieus und Medienverhalten" (Klingler/Kutteroff 2009) realisiert wurde. Dort werden acht Milieus in vier Milieubereichen unterschieden, die „ambitionierten Migrantenmilieus" („multikulturelles Performermilieu" und „intellektuell-kosmopolitisches Milieu"), die „bürgerlichen Migrantenmilieus" („adaptiv-bürgerliches Milieu" und „statusorientiertes Milieu"), die „prekären Migrantenmilieus" („hedonistisch-subkulturelles Milieu und entwurzeltes Milieu") sowie die „traditions-verwurzelten Migrantenmilieus" („traditionelles Arbeitermilieu" und „religiös-verwurzeltes Milieu") (Klingler/Kutteroff

2009: 299f.). Insgesamt liefert diese Untersuchung bemerkenswerte Ergebnisse zur Mediennutzung in einzelnen Migrantenmilieus. U. a. kann sie zeigen, dass das Herkunftsland *nicht* die Milieuzugehörigkeit determiniert bzw. dass in den ambitionierten Migrantenmilieus eine kulturelle Orientierung weit über die Grenzen von Herkunfts- und Migrationsland besteht: Zum „Medienverhalten" über die Milieus hinweg kann man sagen, dass Fernsehen bzw. eine bilinguale Mediennutzung allgemein üblich ist. Im Hinblick auf digitale Medien fällt auf, dass diese in den ambitionierten und bürgerlichen Migrantenmilieus überdurchschnittlich, in den anderen Milieus unterdurchschnittlich verbreitet sind. Trotz solcher differenzierter Ergebnisse bleibt die Gesamtbewertung der Milieutypologie aber in dem bisher skizzierten Integrationsinterpretationsraster verhaftet. So kommt die Untersuchung zu dem Schluss, dass „[v]or allem in den Milieus der Unterschicht [...] Integrationsvorbehalte und -barrieren" existieren, die sich auch in der Mediennutzung konkretisieren. Die „modernen Milieus sind dagegen (mit durchaus bikulturellem Selbstbewusstsein) in einer gemeinsamen Gesellschaft angekommen" (Klingler/Kutteroff 2009: 307).

Vorsichtiger wird in qualitativen Typologien argumentiert. Als exemplarisch kann dafür die ebenfalls im Auftrag des Presse- und Informationsamtes der Bundesregierung realisierte Studie von Kai Hafez angesehen werden. Dieser kritisiert in seiner auf 93 Tiefeninterviews basierenden Studie zur türkischen Mediennutzung in Deutschland die Typologie von Joachim Trebbe und Hans-Jürgen Weiß als zu stark auf einen eindimensionalen Integrationsbegriff orientiert. Hafez selbst operiert mit der Sprache als zentralem Ausgangskriterium der Typenbildung, ergänzt um das weitere Kriterium der Verhaftung in „zwei subjektiv empfundenen politischen und kulturellen Sphären des Diskurses – nämlich der türkischen und der deutschen Sphäre" (Hafez 2004: 15). Im Ergebnis unterscheidet er drei Typen der Nutzung nur türkischer Medien, den „Kulturexil-Nutzer" (Nutzung, um den Kulturkontakt zu wahren), den „politischen Exil-Nutzer" (Nutzung, um den national-politischen Kontakt zu wahren) und den „Diaspora-Nutzer" (Nutzung aus pragmatischen Gründen, bspw. aufgrund mangelnder deutscher Sprachkompetenz). Die Aneignung deutscher und türkischsprachiger Medien ist für den „Bikultur-Nutzer" kennzeichnend, von nur deutsch-türkischen Medien für den „Transkultur-Nutzer" und von nur deutschen Medien für den „Assimilationsnutzer". Während diese Typologie ein fundiertes Verständnis der Vielfalt von Medienaneignung in der türkischen Migrationsgemeinschaft bietet, fällt deren Gesamtinterpretation jedoch wiederum in Fragen der nationalen Integration zurück. So interpretiert Hafez die Mediennutzung als einen „Indikator der kulturellen und sprachlichen Integration [...] – nicht aber der sozialen und politischen" (Hafez 2004: 34). In diesem Sinne ist auch seine differenzierte qualitative Typologie eine nationale Integrationstypologie.

Einer solchen Herangehensweise steht die bereits in Kapitel zwei diskutierte ethnografische Forschung zu Migration und Medien gegenüber. Diese hat deutlich gemacht, dass die bestehenden migrantischen Kommunikationsräume vielfältiger sind, als es die bisher diskutierten Typologien nahe legen. Myria Georgiou beispielsweise analysiert in ihrer Untersuchung der griechisch-zypriotischen Diaspora den besonderen Status von (Groß-)Städten in migrantischen Kommunikationsnetzwerken. Da es insbesondere Großstädte sind, in denen Migrantinnen und Migranten leben, sind ihre Kommunikationsnetzwerke tendenziell als „intercity links" (Georgiou 2006: 133, 2007: 20) zu verstehen und können nicht von vornherein auf nationale Kommunikationsräume und eine ebensolche Integration reduziert werden (siehe auch Gumpert/Drucker 2007). Auf die Komplexität des „diasporic mediated space" (de Leeuw/Rydin 2007) haben ebenfalls Sonja de Leeuw und Ingegerd Rydin aufmerksam gemacht. Das Ergebnis ihrer Forschung lässt sich dahingehend zusammenfassen, dass der Kommunikationsraum der Diaspora im Spannungsverhältnis zwischen „Haften" („bonding") an den Herkunftskontexten und „Überbrücken" („bridging") zu den aktuellen Lebenskontexten steht. Unseres Erachtens wird es möglich, diese Widersprüchlichkeit zu überwinden, wenn man statt der Mediennutzung die Gesamtheit der Medienaneignung und der in dieser konkret werdenden kommunikativen Vernetzung und Identitätsartikulation in den Fokus rückt. Genau dies wollen wir mit unserer eigenen Typologie leisten.

3.3 *Mediale Migranten als Herkunfts-, Ethno- und Weltorientierte*

Im Kern macht unsere Forschung greifbar, dass sich über die von uns untersuchten Migrationsgemeinschaften der marokkanischen, russischen und türkischen Diaspora hinweg mediale Migranten entlang von drei Typen beschreiben lassen: *Herkunftsorientierte, Ethnoorientierte* und *Weltorientierte*. In Abgrenzung zur bisherigen Argumentation basiert diese Aussage *nicht* auf der Sekundärauswertung (vorliegender) standardisierter Nutzungsdaten, sondern auf den von uns erhobenen qualitativen Daten: Interviews mit Migrantinnen und Migranten, von diesen angefertigte freie Zeichnungen ihrer Kommunikationsnetzwerke, Medientagebücher sowie weitere Dokumentationen ihrer Medienaneignung (insbesondere Fotografien und Beobachtungen ihrer Mediennutzungsorte). Dieses Material macht eine sehr differenzierte Medienaneignung in der Diaspora greifbar. Exemplarisch verdeutlichen dies – gewissermaßen als Einstieg in die Thematik – Aussagen dreier ausgewählter Interviewpartner: Genadij, Deniz und Hassan.

Als ein erstes typisches Beispiel lässt sich Genadij anführen, ein junger Mann von 30 Jahren. Er kam 2003 als Spätaussiedler mit 15 Familienangehörigen aus Kasachstan nach Deutschland. Auslösend war der Wunsch, ein besseres Leben führen zu können, da Russen in Kasachstan nach dem Zusammenbruch der UdSSR nur beschränkte Berufsmöglichkeiten hatten. Dort hatte Genadij als Automechaniker gearbeitet, aber keine weiterführende Ausbildung absolviert. Seine herkunftsorientierte kulturelle Identität manifestiert sich darin, dass das Interview mit Genadij auf Russisch geführt wurde. Die Aufrechterhaltung dieser Identität in der Fremde findet *auch* vermittelt über die Medienaneignung statt und hier transmedial über die gesamte kommunikative Vernetzung mittels Medien der Massenkommunikation wie personaler Kommunikation. So rezipiert er russisches Fernsehen, um sich über aktuelle Geschehnisse in seiner Herkunftsregion zu *informieren*. Im Zentrum seiner kommunikativen Vernetzung steht jedoch der Computer als Multimediagerät (womit er unter den von uns interviewten Herkunftsorientierten eine Ausnahme bildet). Diesen nutzt er ebenfalls als Geldeinnahmequelle, indem er anderen bei technischen Problemen hilft. Auf seinem Computer ist – obwohl Genadij meint, Deutsch wäre kein Problem für ihn – ein russisches Betriebssystem installiert. Ähnlich ist seine Computeraneignung ausgerichtet: Er verwendet den Computer, um über das Internet (russische) Filme und Serien zu laden und *zur Unterhaltung* zu schauen, mit Freunden zu mailen (weswegen für ihn die russische Tastatur so wichtig ist), zum Telefonieren bzw. Chatten via Skype und ICQ, um Musik und Fotos mit Freunden zu tauschen oder Ersatzteile für das Auto und den Computer bei eBay zu ersteigern. Die generelle Ausrichtung auf die russische Herkunft manifestiert sich deutlich an der genutzten Suchmaschine Yandex.ru. Dies ist ein russischer Dienst, der aus Sicht von Genadij bei russischsprachigen Webseiten zu einem besseren Suchergebnis führt als andere wie bspw. Google. Auf die Frage, wo seine Freunde leben, mit denen er medienvermittelt kommuniziert, antwortet Genadij: „nun in Kasachstan", fährt dann aber gleich fort: „in Deutschland gibt es auch Freunde", nämlich in dem Ort bei Berlin, in dem er lebt.

Ähnliche Zusammenhänge, gleichwohl in einer anderen Gesamtorientierung, finden sich im Fall von Deniz (w, 19, türk.). Deniz ist Migrantin zweiter Generation. Ihre Eltern kamen als Arbeiter nach Deutschland und besitzen nun einen Import-Export-Laden in Berlin. Deniz steht zum Zeitpunkt des Interviews kurz vor dem Abschluss des Abiturs; daneben ist sie in einer türkischen Theatergruppe engagiert. Ihre kulturelle Identität beschreibt sie deutlich anders als Genadij: Sie nimmt sich einerseits insofern als Türkin wahr, als sie in einer traditionellen Familie aufgewachsen ist. Andererseits fühlt sie sich fremd, wenn sie lange in der Türkei ist. Diesem bikulturellen Spannungsverhältnis ethnischer Zugehörigkeit entspricht ihre kommunikative Vernetzung: Die Familie besitzt drei Fernsehgeräte und hat Zugang zu deutschem und türkischem Satellitenfernsehen. Das gemeinsame *informierende* und *unterhaltende* Fernsehen mit den Eltern geschieht primär auf Türkisch, ihr individuelles bzw. kollektives Fernsehen mit den Geschwistern üblicherweise auf Deutsch. Im Hinblick auf ihre kommunikative Vernetzung durch digitale Medien fällt auf, dass Deniz E-Mails vor allem dazu verwendet, um lokal mit ihren Lehrern zu kommunizieren. Darüber hinaus ist sie bei StudiVZ angemeldet und schaut zwei bis drei Mal die Woche auf ihre dortige Webseite. Deniz hört gerne Radio, neben deutschen Großstadtwellen teilweise türkisches Radio über das Internet. Schließlich eignet sie sich in letzter Zeit das Internet an, um mehr zur Geschichte der Türkei und zur türkischen Kultur zu erfahren, da diese zunehmend identitätsrelevant für sie sind.

Nochmals anders sieht die Medienaneignung von Hassan (m, 43, marokk.) aus. Hassan hatte angefangen, in Marokko Germanistik zu studieren und schloss dann nach einem DAAD-Aufenthalt das Studium der Dolmetscherwissenschaften in Deutschland ab. Er ist vereidigter Übersetzer und arbeitet seit 18 Jahren in Berlin. Hassan ist politisch stark engagiert, bspw. bei Amnesty International, Kanak Attak und Die Linke. Er nennt Marokkaner zwar „Landsleute", ist mit seiner Identität, ausgehend von seiner Migrationserfahrung, aber weit weltoffener. Heimat ist für ihn, wie er selbst formuliert, „dort wo man menschlich mitmenschlich [...] angenommen wird", wo der „Sauerstoff sauber" ist. Hassan ist kommunikativ sehr breit vernetzt. Er ist Abonnent von le monde diplomatique und kauft mehr oder weniger regelmäßig verschiedene Zeitschriften und Zeitungen am Kiosk (u. a. die Neue Zürcher Zeitung, um für seinen Beruf informiert zu sein). Daneben verfolgt er primär Informations- und Sportsendungen auf deutschen Sendern – ARD, ZDF, RTL, Sat.1, Phönix, dritte Programme sowie Lokalfernsehen der Stadt, in der er lebt –, bzw. über das Internet Al Jazeera, Al Arabiya, Deutsche Welle und BBC sowie gelegentlich Abu Dhabi TV, letzteres, um für seine Familie in Marokko informiert zu sein. Er nutzt Webseiten der marokkanischen Diaspora (Biladi.com oder Biladi.ma) und vielfältige weitere internationale Portale. Dem entspricht seine kommunikative Vernetzung mittels Medien der personalen Kommunikation. Er hat über Skype, MSN und Webcam intensiven Kontakt (alle zwei Tage) zu seiner Familie (seinen Geschwistern und seiner 75-jährigen Mutter) in Marokko, ebenso wie zu seiner Schwester, die in einer italienischen Großstadt lebt. Daneben steht er über E-Mail kontinuierlich mit Freunden in kommunikativer Beziehung, wobei Hassan über ein großes ortsübergreifendes transkulturelles Freundschaftsnetzwerk verfügt, das vom „Kellner" über den „Künstler" bis hin zum „Rechtsanwalt" reicht.

Erst einmal handelt es sich hier um unterschiedliche Fälle der Identitätsorientierung und Medienaneignung von medialen Migranten. Im Gesamtkontext unseres Datenmaterials können diese Beispiele gleichwohl als charakteristisch für folgenden Zusammenhang angesehen werden: Was die Migrantinnen und Migranten mit Medien machen, wie sie sich diese aneignen, ist auf einer grundlegenden Ebene parallel zu sehen. Es geht – aus je subjektiver Sicht – um verschiedene Momente des *Sich-Informierens*, *Sich-Unterhaltens* bzw. *Sich-Austauschens*. Mit ihrer jeweiligen kulturellen Orientierung ist der Horizont der sich in der Medienaneignung ergebenden kommunikativen Vernetzung gleichwohl ein anderer, worüber verschiedene Sinndimensionen der Medienaneignung greifbar werden. Diese Sinndimensionen gehen nicht in Fragen der nationalen Integration in die Migrationsgesellschaft auf. Vielmehr stehen diese drei Beispiele für unterschiedliche Typen der Medienaneignung in der Diaspora, nämlich die *Herkunftsorientierten* (Genadij), *Ethnoorientierten* (Deniz) und *Weltorientierten* (Hassan). Diese drei Medienaneignungstypen finden sich – so das zentrale Argument dieses Buchs – über die von uns untersuchten Migrationsgemeinschaften hinweg, wenn auch in je unterschiedlichen Ausprägungen.

Die Unterscheidung dieser drei Medienaneignungstypen basiert auf einer Kombination unserer beiden Hauptkategorien, entlang derer wir unsere Einzelkategorien systematisiert haben, *kulturelle Identität* und *kommunikative Vernetzung*. Die Namen der Typen sind zuerst einmal anhand der subjektiven Positionierung der eigenen *kulturellen Identität* gebildet, d. h. auf Basis der Selbstzuschreibungen der von uns interviewten Migrantinnen und Migranten in den erhobenen Interviews (systematisiert entlang der weiter differenzierenden Subkategorien *Angaben zur Person*, *Identitätsbild*, *Migrationserleben* und *Wohnorte*). Hiermit korrespondiert tendenziell die kommunikative Vernetzung, die wir aus den Interviewangaben zur Medienaneignung und aus den Netzwerkkarten bestimmt haben (entlang der Subkategorien *Angebotsformen*, *Kommunikationsformen*, *Medienausstattung*, *Kommunikationsnetzwerk*, *Inhalte*, *Nutzungsorte*, *Medienerfahrung* und *Vermittlerrollen*). Über die Typen hinweg ändert sich auch die Qualität der kommunikativen Vernetzung. Damit meinen wir, dass sich die Sinndimension dessen, was die kommunikative Vernetzung am Lebensort, zum Herkunftsland, zur Diaspora etc. ausmacht, von Typ zu Typ verschieden ist.

Tabelle 5: *Typen nach Diaspora (absolute Zahlen)*

	Herkunftsorientierte	Ethnoorientierte	Weltorientierte
Marokkanische Diaspora (n=32)	9	18	5
Russische Diaspora (n=31)	9	17	5
Türkische Diaspora (n=37)	12	23	2
Gesamt	30	58	12

Zentral in unserer Typologie ist die Unterscheidung zwischen der lokalen und translokalen kommunikativen Vernetzung. Mit *lokaler* kommunikativer Vernetzung bezeichnen wir die Vernetzung am aktuellen Lebensort, d. h. dem direkten, alltagsweltlichen Lebensumfeld, die – *neben* Face-to-Face-Kommunikation – durch Medien der personalen Kommunikation (mediatisierte Interaktion durch Mobiltelefon, E-Mail etc.) wie auch durch Medien der Massenkommunikation (mediatisierte Quasi-Interaktion mittels Lokalzeitung, Lokalradio etc.) geschieht. Unter *translokaler* kommunikativer Vernetzung verstehen wir die orts-übergreifende kommunikative Vernetzung, für die – neben Reisen – die verschiedenen Medien relevant sind. Die translokale kommunikative Vernetzung kann auf das Herkunftsland, die Diasporagemeinschaft, das Migrationsland oder weitergehende Sozialräume (bspw. Europa) ausgerichtet sein.

Die von uns insgesamt erforschten 100 Fälle ermöglichen keine statistisch repräsentativen Aussagen. Da die Fallauswahl gemäß des Verfahrens des theoretischen Samplings aber den Charakter der jeweiligen Migrationsgemeinschaft erfasst, halten wir doch eine Verallgemeinerbarkeit der folgenden Überlegungen als *Tendenzaussagen* für die untersuchten Diasporas für möglich.

Betrachtet man die Verteilung der von uns unterschiedenen Typen über die *Migrationsgemeinschaften* hinweg (siehe Tabelle 5), zeigt sich, dass der Typus des Ethnoorientierten klar dominiert, gefolgt vom Herkunftsorientierten. Was die Fallzahl betrifft, so treten Weltorientierte deutlich seltener auf, insbesondere in der türkischen Diaspora.

Abbildung 4:   *Altersverteilung der Aneignungstypen nach Diaspora (Mittelwert)*

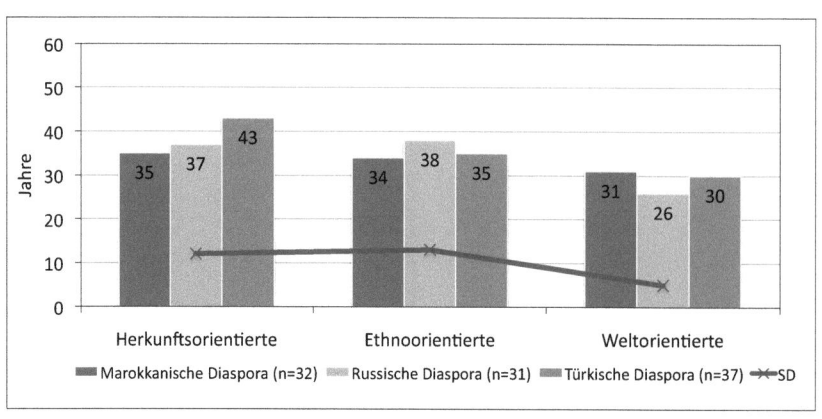

Ebenso lassen sich in Bezug auf das Alter Unterschiede für die Typen und ihre Verteilung über die Migrationsgemeinschaften ausmachen (siehe Abbildung 4). Man kann für Herkunftsorientierte vor allem in der türkischen Diaspora sagen, dass diese tendenziell älter sind als die Ethnoorientierten. Dies steht letztlich dafür, dass die türkische Diaspora in Deutschland im Vergleich zu den beiden anderen von uns untersuchten Migrationsgemeinschaften seit dem Zweiten Weltkrieg die kontinuierlichste Einwanderungstradition hat. Auffallend ist das Alter der Weltorientierten: Diese sind mit Abstand die Jüngsten.

Solche Differenzen verweisen unseres Erachtens darauf, dass bei einer Betrachtung der einzelnen Aneignungstypen die unterschiedlichen Kontexte der verschiedenen Migrationsgemeinschaften nicht aus dem Blick zu verlieren sind. Pointiert kann man formulieren, dass Differenzen der Verteilung und der weiteren Ausprägung der verschiedenen Aneignungstypen *auch* auf Unterschiede der verschiedenen Diasporas und ihrer Migrationsgeschichte verweisen, dies aber nicht ausschließlich.

Vereinfacht lässt sich sagen, dass *Herkunftsorientierte* eine subjektiv gefühlte Zugehörigkeit zu ihrer Herkunftsregion haben, die ihr Leben in der „Fremde" prägt. Diese subjektiv gefühlte Zugehörigkeit kann, muss jedoch nicht auf einer Sozialisation in der Herkunftsregion beruhen. Gerade bei jüngeren Migrantinnen und Migranten, die weitgehend in Deutschland, dort aber stark fokussiert auf die Migrationsgemeinschaft aufgewachsen sind, basiert die herkunftsorientierte Zugehörigkeit eher auf Vorstellungen oder Erfahrungen bei einzelnen Urlaubsreisen. Ihre kulturelle Identität charakterisieren die von uns Interviewten dann bspw. als „Marokkaner […] egal wo ich […] lebe" (Fatih, m, 28, marokk.), als die „der sowjetischen [sic!] Kultur" (Pawel, m, 59, russ.) oder schlicht als „Türke" (Feraye, w, 35, türk.). Für Herkunftsorientierte ist das Leben in der Fremde nicht unbedingt problematisch. Schwierigkeiten entstehen vor allem dann, wenn sie das subjektive Gefühl haben, mit ihrer eigenen Identität nicht akzeptiert zu sein bzw. in schwierigen ökonomischen Verhältnissen zu leben.

Diese Orientierung von kultureller Identität geht einher mit einer spezifischen kommunikativen Vernetzung, die sich als *Herkunftsvernetzung* bezeichnen lässt. Während eine intensive lokale kommunikative Konnektivität am Lebensort besteht, zumeist mit Mitgliedern der eigenen Diasporagemeinschaft, existieren darüber hinaus umfassende translokale Kommunikationsbeziehungen insbesondere zur Herkunftsregion. Das Medienrepertoire dieses Typus ist auf eine solche kommunikative Herkunftsvernetzung orientiert. Beispielsweise hält Noureddin (m, 28, marokk.) über Telefon Kontakt zu seiner Verwandtschaft in seinem Herkunftsland, seinen Geschwistern, seiner Großmutter, seinem Onkel und seinen Eltern. Daneben ist das personale Kommunikationsnetzwerk von

Herkunftsorientierten vor allem auf im lokalen Umfeld lebende Migranten gleicher Herkunft ausgerichtet. Und auch für Massenmedien bzw. die mediatisierte Quasi-Interaktion ist festzuhalten, dass Herkunftsorientierte tendenziell Herkunftsangebote nutzen bzw. allenfalls das deutsche Fernsehen eine kommunikative Einbettung am aktuellen Lebensort sicherstellt. In ihrer Gesamtheit besteht die Medienausstattung der Herkunftsorientierten je nach Alter, Bildung und ökonomischen Verhältnissen aus unterschiedlichen Medien, die aber insbesondere für eine kommunikative Vernetzung zur Herkunft geeignet sind.

Anders verhält es sich bei dem *Ethnoorientierten.* Die Bezeichnung des Typs hebt darauf ab, dass dieser seine Zugehörigkeit im Spannungsverhältnis zwischen Herkunft und nationalem Aufnahmekontext sieht, er sich also charakteristischerweise „Deutschmarokkaner", „Deutschtürke" oder „Deutschrusse" nennt. Im Zentrum der Zugehörigkeit steht der Teil der jeweiligen Diasporagemeinschaft, der sich im deutschen Kontext konkretisiert. Mit der Bezeichnung „Ethnoorientierter" wollen wir verdeutlichen, dass für solche Migrantinnen und Migranten Fragen der ethnischen Verortung der herausgehobene Aspekt der Identitätsartikulation sind. Mahmut (m, 30, türk.) meint, er empfände „genauso Türkei als [s]eine Heimat wie Deutschland", Amir (m, 57, marokk.) charakterisiert sich als „Mischling [...] von beiden Kulturen" und Valerij (m, 68, russ.) sagt „ich kann mich zu der deutschen Kultur nicht zählen alleine". Ob dieses Spannungsverhältnis von Zugehörigkeit als *produktiv,* d. h. als eine Chance, oder als *entwurzelnd,* d. h. als ein Problem, erlebt wird, hängt von unterschiedlichen Faktoren wie Sprachkompetenz, Bildung und ökonomischen Status bzw. Berufssituation ab. Als Charakteristikum besteht in jedem Fall eine ethnische Orientierung auf das Spannungsverhältnis von Herkunfts- und Migrationsland.

Die kommunikative Vernetzung des Ethnoorientierten lässt sich als *bikulturelle Vernetzung* beschreiben. Diese Bezeichnung akzentuiert, dass die kommunikative Vernetzung des Typus in dem Sinne bikulturell ist, dass sie lokal wie translokal im Spannungsverhältnis von zwei (vorgestellten) Kulturen erfolgt. In diesem Schnittfeld konstituiert sich die Diaspora als eine eigenständige kulturelle Verdichtung, wobei die Vernetzung in dieser in der Tendenz insofern national gerahmt bleibt, als sie insbesondere auf die Migrationsgemeinschaft in Deutschland gerichtet ist. Gewisse Öffnungen finden vor allem am Lebensort statt: In das lokale Kommunikationsnetzwerk sind Mitglieder der eigenen Diaspora sowie andere Migrantinnen und Migranten bzw. Deutsche einbezogen. Exemplarisch sei Viktoria (w, 47, russ.) zitiert, die als Teil ihres Bekanntenkreises „nicht nur Leute aus Russland" aufzählt, sondern ebenso „sehr nette Mädchen, die aus der Türkei gekommen sind. Lusie aus Brasilien [...], Evan aus Moldawien".

Wesentlich vielschichtiger und umfassender als beim Herkunftsorientierten ist auch die translokale kommunikative Vernetzung. Es bestehen nicht nur Kommunikationsbeziehungen zur (vorgestellten) Herkunft. Insbesondere ist eine intensive kommunikative Vernetzung zur eigenen Diaspora bzw. zu Deutschen auszumachen. Diese kommunikative Vernetzung wird im Medienrepertoire der Ethnoorientierten sowohl von (digitalen) Medien der personalen Kommunikation sowie der Massenkommunikation getragen. Dominierende Angebotsformen sind – außer lokalen – diasporische, deutsche und Herkunfts-Angebote. In diesem Sinne formuliert Aysen (w, 44, türk.) in Bezug auf ihr Lektüre-Repertoire: „wir kaufen täglich eine türkische und eine deutsche Zeitung, damit wir wissen was passiert in der Türkei und was passiert hier in Deutschland und hier in Berlin". Dem entspricht wiederum das translokale personale Kommunikationsnetzwerk des Ethnoorientierten, dessen Reichweite Deutschland und die eigene Herkunft umfasst bzw. neben der Familie und Freunden die Diaspora in Deutschland und Deutsche einbezieht.

Eine nochmals andere kulturelle Identität und kommunikative Vernetzung haben *Weltorientierte*. Die Bezeichnung dieses Typus ist unseren Interviews entlehnt, in denen sich von uns Befragte als „Weltmensch" (Gökce, w, 33, türk.) oder als „Europäer" (Danil, m, 24, russ.) bezeichnen. Damit rücken sie Formen von Identität ins Zentrum, die *jenseits* des Ethnisch-Nationalen (ob in Bezug zur Herkunft oder zum aktuellen Lebenskontext) liegen. Der Begriff des Weltorientierten hebt darauf ab, dass die subjektiv gefühlte kulturelle Zugehörigkeit, auf welchem Niveau auch immer, jenseits des Nationalen liegt. Vorstellungen der Nation – ob der deutschen, der Herkunft oder eines bilateralen Spannungsverhältnisses zwischen beiden – werden durchschritten und das supranationale Europa oder gar das Menschsein als solches werden zum Bezugspunkt von Zugehörigkeit.

Die subjektiv gefühlte Zugehörigkeit geht mit einer spezifischen kommunikativen Vernetzung einher, die sich als *transkulturelle Vernetzung* titulieren lässt. Diese Benennung macht deutlich, dass der Einschluss von Herkunfts- und Migrationskontext in der kommunikativen Vernetzung durchaus mit dem Typus des Ethnoorientierten zu vergleichen ist. In Differenz zu diesem ist die Reichweite kommunikativer Vernetzung aber umfassender und tendiert zum Europäischen oder (vorgestellten) Globalen bzw. konkreter zu einer Erstreckung des kommunikativen Netzwerks über verschiedenste Länder und Kulturen hinweg. Das Medienrepertoire ist sehr breit angelegt. Außer unterschiedlichen Massenmedien spielen insbesondere Medien der personalen Kommunikation und unter diesen digitale Medien eine große Rolle. Weltorientierte nutzen neben E-Mail, Telefon und Chat zum Teil in hoher Intensität Social-Web-Angebote – also so genannte Web-2.0-Anwendungen wie Facebook –, um mit den Personen ihres Netzwerks in Beziehung zu bleiben. In diesem Netzwerk sind Familien- und Diasporaangehörige ein wichtiger Bezug. Daneben umfasst das Kommunikationsnetzwerk eine Vielzahl weiterer Personen, zu denen der Kontakt zum Teil über Beruf und Ausbildung, zum Teil über private Anlässe aufgebaut wurde und mehr oder weniger intensiv gepflegt wird. Dabei ist die Migrationserfahrung durchaus ein Potenzial der Kontaktentwicklung. Um hier exemplarisch für andere Inaya (w, 29, marokk.) zu zitieren:

„I have two cousins in Paris – oh no, one in Paris one in Saint-Etienne, in France – and one cousin in Moscow and I have so many friends abroad, because we studied together in Morocco and all of us went out to to finish our postgraduate studies. So there are many in France mainly and in Canada because in the Quebec part in the French speaking part of Canada."

Wir können also festhalten, dass für jeden der drei Aneignungstypen eine je spezifische wechselseitige Beziehung von kultureller Identität und kommunikativer Vernetzung besteht, die sich nicht in einseitige Kausalitäten auflösen lässt. Das heißt, eine herkunftsorientierte, ethnoorientierte oder weltorientierte kulturelle Identität resp. subjektive Zugehörigkeit hat *nicht* eine bestimmte kommunikative Vernetzung *zur Folge.* Ebenso *zieht* eine Herkunftsvernetzung, bikulturelle Vernetzung oder transkulturelle Vernetzung *keine* spezifische kulturelle Identität *nach sich.* Vielmehr ist die Beziehung zwischen beiden so zu sehen, dass sich *eine bestimmte kommunikative Vernetzung und eine bestimmte Form kultureller Identität zusammen artikulieren.*

Man muss von einer wechselseitigen Verstärkung beider Aspekte in der Ko-Artikulation ausgehen: Die Herkunftsvernetzung verstärkt die Artikulation einer herkunftsorientierten kulturellen Identität und damit wiederum eine Ausrichtung auf ein entsprechendes Kommunikationsnetzwerk. Eine bikulturelle Vernetzung verstärkt die Artikulation einer doppelten kulturellen Zugehörigkeit und damit wiederum eine Orientierung auf ein Kommunikationsnetzwerk zwischen Herkunfts- und Migrationsland. Eine transkulturelle Vernetzung verstärkt die Artikulation einer europäischen bzw. globalen Zugehörigkeit und so eine Fokussierung auf ein weit reichendes transnationales Kommunikationsnetzwerk. Bei all diesen Prozessen greifen Medien der mediatisierten Interaktion (Telefon, Mobiltelefon, E-Mail, Social-Web) und Medien der mediatisierten Quasi-Interaktion (Fernsehen, Zeitung, WWW) umfassend ineinander.

In diesem Sinne begreifen wir die von uns entwickelte Typologie nicht als Unterfangen, die untersuchten Migrationsgemeinschaften zu homogenisieren. Vielmehr sind diese in sich ähnlich vielfältige kulturelle Verdichtungen, wie es territoriale Vergemeinschaftungen der Nation sind. Entsprechend ist unsere Aneignungstypologie als Ansatzpunkt zu verstehen, um die Spezifik der Medienaneignung medialer Migranten vergleichend zu erfassen. Dies wollen wir in den folgenden Analysekapiteln dieses Buchs leisten.

Teil 2: Aneignungskontexte

4 Bildung und Sprache als mediatisierte Vernetzungschancen

In diesem zweiten Teil unserer Studie wollen wir uns nun dem zuwenden, was wir Aneignungskontexte nennen: Die Medienaneignung von medialen Migranten – ob Herkunfts-, Ethno- oder Weltorientierte – vollzieht sich nicht im luftleeren Raum, sondern in bestimmten Kontexten. In einem weiten Verständnis begreifen wir als Kontext all diejenigen soziokulturellen Aspekte, die nicht im Kern die kommunikative Vernetzung und kulturelle Identitätsartikulation ausmachen, mit beiden aber in Beziehung stehen. Sicherlich kann dies sehr Vielfältiges sein. Es sind aber vor allem folgende Arten von Kontext, die uns besonders relevant für ein Verständnis von medialen Migranten erscheinen: Bildung, Sprache und die verschiedenen Lokalitäten der Medienaneignung. Daneben betrachten wir in diesem Teil der Untersuchung ebenfalls Diasporamedien. Letztgenannte sind als Medienangebote sicherlich *kein* Kontext der Medienaneignung. Indem aber gerade die Aneignung von Diasporamedien auf sehr *spezifische Handlungskontexte* verweist, behandeln wir auch diese im nun folgenden Teil des vorliegenden Buchs. Insgesamt zeigen all unsere Analysen, dass die verschiedenen Aneignungskontexte selbst mediatisiert sind – in welchem Maße das scheinbar rein Kontextuelle nicht mehr losgelöst von Medien betrachtet werden kann. Beginnen möchten wir unsere Betrachtung mit Bildung und Sprache.

Die Relevanz von Bildung und Sprache für Fragen der Migration ist spätestens seit der so genannten Migranten-Auswertung der PISA-Untersuchung von 2003 im Fokus der öffentlichen Diskussion. Ein Kernergebnis dieser Auswertung war, dass Schülerinnen und Schüler mit Migrationshintergrund lernmotiviert sind und eine positive Einstellung zur Schule haben. Dennoch erzielen sie gerade in Deutschland häufig deutlich niedrigere Ergebnisse als ihre einheimischen Altersgenossen. Der Haupterklärungsansatz ist die Sprache: Mangelnde Sprachkompetenz erschwere den Zugang zu Bildung. Ähnliche Argumentationsmuster finden sich – wie wir bereits gezeigt haben – in der Mediennutzungsforschung. Hier werden immer wieder Bildung und Sprache als zentraler Ansatz zur Erklärung differenter Mediennutzungsweisen von Migrantinnen und Migranten genommen (siehe dazu Kapitel 3.2).

Dass Bildung und Sprache wichtige Kontextfaktoren bilden, die bei der Betrachtung medialer Migranten einzubeziehen sind, ist entsprechend leicht nachvollziehbar. Gleichwohl erscheint es nicht angebracht, diese – wie es immer wieder gemacht wird – auf den Status von Erklärungsvariablen zu reduzieren. Vielmehr müssen wir Bildung und Sprache selbst zumindest in Teilen als artikuliert in und durch Medienaneignung begreifen, zumindest dann, wenn wir sie nicht mit formaler Schulbildung und dem Lernen im Unterricht gleichsetzen.

Mit solchen Überlegungen knüpfen wir an die aktuelle Bildungsforschung an, die ebenfalls kritisch der öffentlichen Diskussion zur „Bildungsferne" von Migrantinnen und Migranten gegenübersteht. Diesen öffentlichen Diskurs fasst Tanja Betz (2004: 5f.) mit folgenden Worten: „Da Migrantenkinder schlechtere Schulleistungen erbringen, seltener aufs Gymnasium gehen und früher aus der Schule ausscheiden als ihre nicht gewanderten Gleichaltrigen, gelten sie [in der öffentlichen Diskussion] als ‚bildungsarm' bzw. ‚bildungsfern', oder generell als Gruppe mit nur ‚geringer Bildungsbeteiligung'". Solche Aussagen würden aber im Hinblick auf Konzepte formaler Bildung getroffen und seien mit Bezug auf eine abstrakte Personengruppe „mit Migrationshintergrund" konstruiert. Im Gegensatz dazu zeigen empirische Studien der Bildungsforschung, dass das „Bildungsniveau" von Migrantinnen und Migranten nicht einfach auf den Migrationsstatus zurückzuführen ist. Das weitergehende soziale Umfeld, die finanzielle Situation und die Milieuzugehörigkeit sind vielmehr einzubeziehen (siehe auch Gogolin 2000; Kristen/Granato 2007). Hierbei gilt es im Blick zu haben, dass „formale Bildung" – in Anlehnung an Danielle Colardyn und Jens Bjornavold (2004) verstanden als im Lernprozess in institutionalisierten Umgebungen erworbene Bildung – nur ein Aspekt des Zusammenhangs ist, um den es geht. Dies betrifft insbesondere Sprachkompetenzen, bei denen es gerade um pragmatische Kompetenzen des Gebrauchs unterschiedlicher Sprachen in verschiedenen Situationen geht.

Vor dem Hintergrund solcher Überlegungen wollen wir uns mit Bildung und Sprache als (zumindest in Teilen) *mediatisierten Vernetzungschancen* befassen. Unser Ausgangspunkt ist es dabei, *nicht* a priori zu sagen, dass eine *bestimmte* Bildung oder eine *bestimmte* Sprachkompetenz eine bestimmte Nutzung einzelner Medien *nach sich* zöge. Vielmehr geht es uns darum, offener auf der Basis der von uns durchgeführten Interviews zu beleuchten, wie und in welcher Form sich Bildung und Sprache kontextualisierend in der Medienaneignung von medialen Migranten konkretisieren.

Mit dem Begriff der mediatisierten Vernetzungschance greifen wir eine Kategorie Max Webers auf, führen dessen Überlegungen aber im Hinblick auf das uns interessierende Forschungsfeld weiter. Max Weber (1972: 5) hat bekanntlich den Begriff der „Chance" zum Fassen „kausal adäquater" Erklärungen eingeführt. „Kausal adäquat" ist für ihn „ein Aufeinanderfolgen von Vorgängen in dem Grade [...], als nach Regeln der Erfahrung eine Chance besteht: dass sie stets in gleicher Weise tatsächlich abläuft". Entsprechend können wir Bildung und Sprache als Chancen des Aufeinanderfolgens bestimmter kommunikativer

Vernetzungen und Identitätsartikulationen der von uns unterschiedenen drei Medienaneignungstypen begreifen: Je nach Bildungs- und Sprachkompetenzen bestehen für Herkunfts-, Ethno- und Weltorientierte andere Chancen der Ko-Artikulation von kultureller Identität und kommunikativer Vernetzung.

Bewusst sprechen wir aber von *mediatisierten* Vernetzungschancen, weil eine einfache Kausalkette gebrochen wird. Gemeint ist damit, dass einzelne Bildungs- und Sprachkompetenzen *in der Medienaneignung selbst* hergestellt werden und damit wieder neue Chancen der kommunikativen Vernetzung und Identitäten eröffnet werden. Um es an einem Beispiel deutlich zu machen: Sprache wird von Migrantinnen und Migranten nicht einfach nur in Sprachkursen gelernt, sondern auch über bestimmte Fernsehsendungen. Solche Formen der Medienaneignung schaffen wiederum die Voraussetzung für andere Prozesse der kommunikativen Vernetzung – die gegebenenfalls wiederum die Vertiefung von Sprachkompetenzen nach sich ziehen. Mit fortschreitender Mediatisierung des Lebens medialer Migranten haben wir es also mit einem sich auf unterschiedliche Weise stabilisierenden Wechselverhältnis von Voraussetzungen kommunikativer Vernetzung und Identitätsartikulation einerseits bzw. Kompetenzerweiterungen in der kommunikativen Vernetzung andererseits zu tun.

4.1 Bildung zwischen Migration, Familie und Beruf

Im Weiteren geht es uns darum, zuerst Fragen der Bildung im Allgemeinen zu betrachten, um dann konkreter auf Sprache einzugehen und dann schließlich, bezugnehmend auf diese Analysen, die für Migrantinnen und Migranten bestehenden mediatisierten Vernetzungschancen zu diskutieren. Hierfür bildet die im letzten Kapitel vorgestellte typologisierende Unterscheidung von Herkunfts-, Ethno- und Weltorientierten einen analytischen Rahmen.

Herkunftsorientierte

Verglichen mit Ethno- und Weltorientierten kann man für die Herkunftsorientierten aller drei von uns untersuchten Migrationsgruppen festhalten, dass sie in der Tendenz eine niedrigere formale Bildung haben. In jeder Diaspora verfügt ein Viertel von ihnen über keine Ausbildung oder nur einen Schulabschluss (siehe Abbildung 5; die Darstellung basiert – wie auch die folgenden – auf der jeweils abgeschlossenen Stufe formaler Bildung, d. h. dass beispielsweise Personen in der Berufsausbildung oder im Studium als Personen mit Schul- aber ohne Berufsschul- oder Hochschulabschluss gewertet werden). Außer einer Person, die noch die Schule besucht, strebt keiner der Interviewten ohne Abschluss eine weitere formale Bildung an. Ebenso sind unter den Herkunftsorientierten drei Analphabeten, von denen zwei einen Alphabetisierungskurs besuchen.

Abbildung 5:   *Formale Bildung der Herkunftsorientierten*

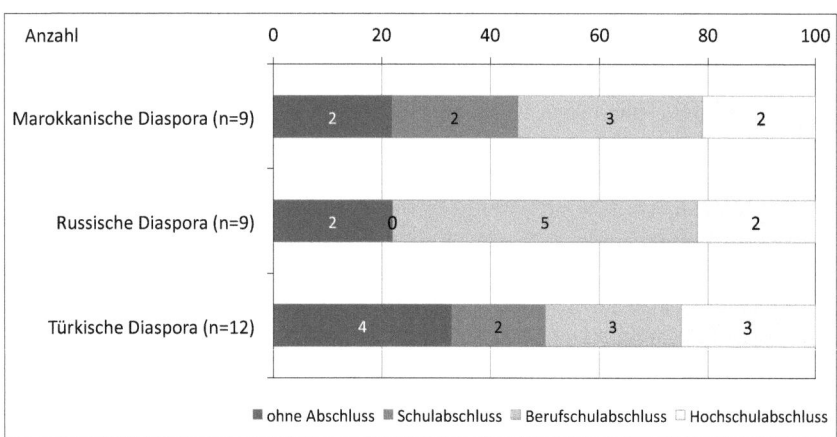

Hieraus lässt sich aber im Umkehrschluss nicht folgern, Herkunftsorientierte wären *generell* ohne (Hoch- oder Berufs-)Schulabschluss. Wie die Abbildung 5 zeigt, finden sich unter den Herkunftsorientierten sehr wohl Menschen mit Universitätsausbildung und erfolgreich absolvierter Berufsausbildung, nämlich mindestens die Hälfte der von uns Interviewten. Ein klares Verständnis von Bildung als mediatisierter Vernetzungschance erhalten wir aber erst, wenn weitere Faktoren in die Betrachtung einbezogen werden. Dies betrifft insbesondere die Migrationsbiografie, die Migrationsgeneration, den Familienkontext sowie die Berufsausübung.

Außer einer Person gehören alle Herkunftsorientierten der ersten Migrationsgeneration an, was sich in deren *Migrationsbiografie* konkretisiert. Unter den von uns Interviewten kamen vier als „Gastarbeiter" nach Deutschland und haben eher unqualifizierte Arbeiten ausgeübt. So war Mbarek (m, 63, marokk.) bei verschiedenen Bauunternehmen tätig oder Aziz (m, 50, türk.) unter anderem als Fahrer bei unterschiedlichen Firmen. Gerade in dieser Migrationsgeneration wurden – so vorhanden – Berufsausbildungen vor dem Wegzug aus dem Herkunftsland erworben, wie bei Hayrettin (m, 67, türk.), der vor der Ausreise eine technische Berufsschule besucht hat, oder Amin (m, 44, marokk.), der gelernter Sanitätsinstallateur ist.

Betrachtet man das Land, in dem die formale Bildung erworben wurde, werden Differenzen der drei von uns untersuchten Migrationsgemeinschaften greifbar. Die Personen der türkischen Diaspora, die über einen Bildungsabschluss verfügen, haben diesen gewöhnlicherweise in Deutschland erworben. Bei der russischen und marokkanischen Diaspora ist es eher umgekehrt – bis auf wenige Ausnahmen haben alle ihre Ausbildung im Herkunftsland abgeschlossen. Allerdings setzten einige ihre Ausbildung in Deutschland fort. Um dies an zwei Beispielen konkret zu machen: Stanislaw (m, 31, russ.) hat einen russischen Hauptschulabschluss. Anschließend absolvierte er in Deutschland eine Ausbildung zum Konstruktionsmechaniker. Bei Anton (m, 47, russ.) ist es ähnlich. Er hat nach seinem sowjetischen Abitur in England erfolgreich studiert.

Betrachtet man die vier Herkunftsorientierten, die als Bildungsmigranten nach Deutschland gekommen sind, so sind es diejenigen, die bereits vor der Migration ein höheres formales Bildungsniveau hatten. Dies ist vor allem für die marokkanische Diaspora kennzeichnend. Soraya (w, 36, marokk.) ist zum Universitätsstudium nach Deutschland gekommen, Fatih (m, 28, marokk.) und Noureddin (m, 28, marokk.) studieren ebenfalls in Deutschland. Es gibt einen türkischen Bildungsmigranten unter den Herkunftsorientierten (den 30-jährigen Promotionsstudenten Metin), aber keine unter den russischen Herkunftsorientierten. In Deutschland wird entweder ein formal höherwertiger Abschluss angestrebt oder ein anderes Studienfach gewählt. So erreichte Metin in der Türkei einen BA-Abschluss in medizinischer Biologie, setzte das Studium in Berlin mit einem Master in Neurowissenschaft fort und promoviert zum Zeitpunkt des Interviews in diesem Fach. Malik (m, 32, marokk.), der in Marokko Informatik studiert hat, strebt in Bremen einen Abschluss in Journalistik an.

Die von uns interviewten Herkunftsorientierten sind mehr oder weniger fest in einen traditionellen *Familienkontext* eingebunden, der ein weiterer Faktor für den (Nicht-)Erwerb von (formaler) Bildung sein kann. So sind Gönül (w, 35, türk.) und Kadriye (w, 60, türk.) Hausfrauen und hatten in ihren Familien keine Möglichkeit zur Schulbildung. Zum Zeitpunkt des Interviews besuchen sie einen Alphabetisierungskurs, streben aber keine weitere Ausbildung oder Anstellung an. Polina (w, 31, russ.) hat zwar in Russland eine Ausbildung gemacht, lebt aber bis zum Zeitpunkt des Interviews als Hausfrau. Sie beabsichtigt, nach dem Sprachkurs, den sie gerade besucht, eine Ausbildung zu machen. Gleichwohl bleibt ihr Familienleben traditionell geprägt und setzt mit Besuchen bei der Familie oder gemeinsamen Ausflügen mit den Kindern einen engen Rahmen.

Weitere Besonderheiten zeigen sich, wenn wir die aktuelle *Berufsausübung* der Herkunftsorientierten betrachten. Hier besteht immer wieder das Problem der Nicht-Anerkennung von ausländischen Abschlüssen. Beispielsweise hat Polina (w, 31, russ.) Chemiefachfrau gelernt. Sie berichtet, dass es ihren Beruf in dieser Form nach dem Zusammenbruch der Sowjetunion nicht mehr gab, weswegen sie bereits in Russland als Verkäuferin gearbeitet hatte. In Deutschland ist sie aber gezwungen, eine gänzlich neue Ausbildung zu beginnen. Ein anderes Beispiel ist Pawel (m, 59, russ.), der gelernter Elektrotechniker ist. Seine sowjetische Ausbildung unterscheidet sich aber stark von der deutschen und wird entsprechend nicht anerkannt. Solche Probleme der Nicht-Anerkennung versuchen einige Herkunftsorientierte durch weiteres Bildungsengagement zu kompensieren. Mehrere Herkunftsorientierte der russischen Diaspora – Polina (w, 31, russ), Boris (m, 22, russ.) und Genadij (m, 30, russ.) –, die noch nicht lange in Deutschland sind, äußern den Wunsch, nach Abschluss ihres aktuellen Sprachkurses eine Ausbildung zu beginnen. Auch Aicha (w, 17, marokk.), die zum Zeitpunkt des Interviews ihr Abitur abschließt, möchte anschließend in Deutschland ein Studium aufnehmen. Die meisten Herkunftsorientierten begründen ihren Wunsch nach weiterer Bildung mit der Erwartung besserer finanzieller Aussichten. Einige wie Noureddin (m, 28, marokk.) planen, mit dem in Deutschland erworbenen Abschluss in ihr Herkunftsland zurückzukehren und versprechen sich von diesem bessere Aufstiegsmöglichkeiten.

Betrachtet man die Formalbildung der Herkunftsorientierten im Hinblick auf ihren zum Zeitpunkt des Interviews *ausgeübten Beruf*, werden Wechselbeziehungen zur Identitätsorientierung und kommunikativen Vernetzung deutlich: Finanzielle Probleme und Schwierigkeiten im Beruf verursachen Frustration und tragen so zur Idealisierung des Herkunftslandes bei – eine Idealisierung, die sich auch in einer entsprechenden Medienaneignung konkretisiert. Exemplarisch dafür steht die Aussage von Ruslan (m, 34, russ.), der keine Arbeit in Deutschland findet, was letztlich seine Herkunftsorientierung bis hin zum Wunsch der Rückmigration fördert:

„Wie soll ich sagen, trotzdem lockt es mich nach Hause. Da hatte ich alles, hier habe ich keine Arbeit […]. Vielleicht wäre es mit einer Arbeit einfacher, also. Und da, sofort nach dem Abschluss der Berufsschule gleich bin ich arbeiten gegangen und das ist, irgendwie, ohne Arbeit ist es schwer ((lacht)). Hier siehst du lebe ich von der Sozialhilfe." (Ruslan, m, 34, russ.)

Das Zitat macht greifbar, wie bildungsabhängiger, beruflicher Misserfolg eine Herkunftsorientierung von Identität stabilisieren kann, die wiederum mit einer bestimmten Herkunftsvernetzung einhergeht.

Ethnoorientierte

Vergleicht man die herkunftsorientierten mit den ethnoorientierten Migrantinnen und Migranten, fällt auf, dass es nur ein kleiner Teil der Ethnoorientierten keinen formalen Bildungsabschluss hat (siehe Abbildung 6). Ein solcher Eindruck wird weiter gestützt, wenn man einbezieht, dass sich diejenigen ohne Abschluss noch in der Schulausbildung befinden. Insbesondere in der russischen Diaspora fällt der große Anteil von Personen mit Hochschulabschluss auf. Bei der marokkanischen Diaspora darf man sich nicht durch den niedrigen Anteil von Personen mit Hochschulabschluss irritieren lassen: Hinter der großen Gruppe von Personen, die ausschließlich einen Schulabschluss haben, verbergen sich viele Studierende. Allerdings handelt es sich bei den von uns interviewten Ethnoorientierten bei Bildungsfragen wiederum um keine homogene Gruppe.

Abbildung 6:   *Formale Bildung der Ethnoorientierten*

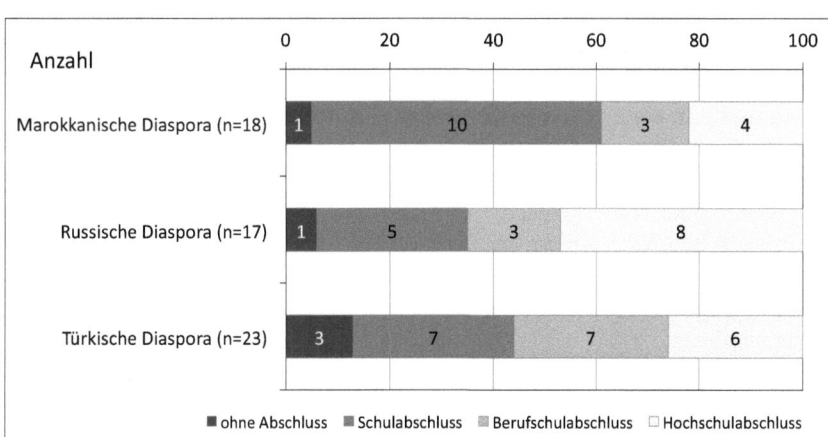

Ähnlich wie bei den Herkunftsorientierten ist bei den Ethnoorientierten die formale Bildung durch die *Migrationsbiografie* geprägt. Auf Grund der kürzer zurückliegenden Migration haben die älteren Ethnoorientierten der russischen Diaspora ihre Berufs- und Hochschulbildung generell in ihrem Herkunftsland erworben. Beispielsweise hat Swetlana (w, 52, russ.) in Kasachstan Lehramt studiert, Valerij (m, 68, russ.) verfügt über eine russische technische Berufsausbildung oder Ljudmila (w, 45, russ.) promovierte an einer russischen Universität in Medizin.

     Im Unterschied erfolgte die Ausbildung fast aller ethnoorientierten Mitglieder der türkischen Diaspora in Deutschland. Die einzige Ausnahme bilden Hakan (m, 47, türk.) und Nalan (w, 50, türk.). Hakan hat in der Türkei Abitur gemacht und in Deutschland studiert. Nalan hat in der Türkei eine Berufsschule besucht und in Deutschland eine Ausbildung zur Hotelkauffrau abgeschlossen. Ethnoorientierte der türkischen Diaspora gehören tendenziell der zweiten oder

der dritten Migrationsgeneration an oder sind in einem jungen Alter nach Deutschland migriert.

Die marokkanische Gruppe der Ethnoorientierten ist heterogener. Auch in dieser gehört ein Teil der von uns Interviewten der so genannten zweiten Migrationsgeneration an oder ist in jungem Alter migriert. Ein anderer Teil ist in den letzten zehn bis fünfzehn Jahren als Bildungs- oder als Wirtschaftsmigranten in Deutschland eingereist. Hinzu kommt Heiratsmigration wie die von Fadilah (w, 34, marokk.) oder Ayman (m, 29, marokk.). Entsprechend teilt sich die Herkunft der erworbenen Bildungsabschlüsse auf: Die Personen, die in Marokko als Erwachsene gelebt haben, haben ihre Abschlüsse dort erworben. Die Vertreter der zweiten Generation haben ihre Bildungsabschlüsse hauptsächlich in Deutschland erhalten.

Wiederum kann – insbesondere bei Frauen – ein traditioneller *Familienkontext* hemmend für das Erreichen formaler Bildung sein. Mehrere marokkanische und türkische Interviewpartnerinnen haben ihre formale Bildungskarriere abgebrochen, als sie geheiratet haben. Seitdem sind sie Hausfrauen bzw. arbeiten in weniger qualifizierten Anstellungen. Hana (w, 34, marokk.) hat nach der Ausbildung in Deutschland geheiratet und ist nun Hausfrau. Fadilah (w, 34, marokk.) hat in Marokko Abitur gemacht, danach einen in Deutschland lebenden Marokkaner geheiratet und ist zum Zeitpunkt des Interviews ebenfalls Hausfrau. Sie bleibt gegenüber Bildungsfragen positiv eingestellt und strebt an, dass ihre Kinder studieren.

Konkreter werden solche Zusammenhänge einmal mehr, wenn wir die *Berufsausübung* der Ethnoorientierten betrachten. Ähnlich wie bei den Herkunftsorientierten besteht das Problem der deutschen Anerkennung ihrer im Herkunftsland erworbenen Schul-, Berufs- und Studienabschlüsse. Allerdings fällt auf, dass unsere Interviewpartnerinnen und -partner von unterschiedlichen Erfahrungen berichten. Karina (w, 21, russ.) erzählt, dass ihr vor der Ausreise nicht bewusst war, wie unterschiedlich die Schulsysteme in Russland und Deutschland sind. Ihre Hoffnungen, direkt ein Studium beginnen zu können, wurden nicht bestätigt; sie musste zuvor ein deutsches Abitur nachholen. Ähnliches erzählt uns Maxim (m, 27, russ.). Für die von uns Interviewten der türkischen Diaspora bestehen solche Probleme nicht, da sie hauptsächlich in Deutschland ihre Schule abgeschlossen haben. Interessanterweise waren auch die marokkanischen Ethnoorientierten nur indirekt mit solchen Problemen der Anerkennung von Schulabschlüssen konfrontiert.

Einige der russischen Ethnoorientierten, deren Studienabschlüsse nicht akzeptiert wurden, hoffen auf eine zukünftige Anerkennung oder berufsadäquate Umschulung. Sie versuchen, in ihrem Qualifikationsbereich auf dem neuesten Stand zu bleiben. Gerade dies sind Momente, in denen Medien ins Spiel kommen, die von den Migrantinnen und Migranten dann als Bildungsressourcen verwendet werden. So berichtet die studierte Ärztin Viktoria (w, 47, russ.), dass sie sich im Internet „manche Seiten über Medizin" anschaut, um ihren beruflichen Sachverstand zu halten. Sie hat sich das Ziel gesetzt, nach Abschluss ihres Sprachkurses wieder in ihrem Beruf als Ärztin zu arbeiten. Medien sollen ihr die Möglichkeit bieten, inhaltlichen Anschluss zu wahren bzw. Kenntnisse auszubauen.

Weltorientierte

Wenden wir uns abschließend den Weltorientierten zu. Bezieht man in die Betrachtung mit ein, dass die von uns interviewten Weltorientierten ohne formalen Bildungsabschluss (siehe Abbildung 7) wiederum in der Schule sind bzw. viele derjenigen ohne Hochschulabschluss studieren, lässt sich argumentieren, dass dieser Typus die formal höchste Bildung hat. Gleichwohl sind wir ebenfalls mit einer Vielfalt dessen konfrontiert, wie sich dies konkretisiert.

Abbildung 7:   *Formale Bildung der Weltorientierten*

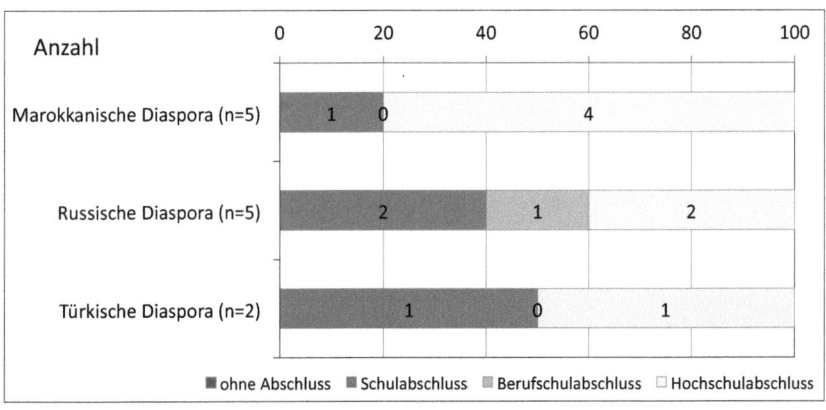

Im Hinblick auf die *Migrationsbiografie* ist festzuhalten, dass weltorientierte mediale Migranten – unabhängig ob erste oder zweite Generation – vergleichsweise jung sind, was sich im Status ihrer formalen Bildung konkretisiert: Die beiden von uns interviewten, in Deutschland geborenen türkischen Weltorientierten haben Hochschulbildung: Cagla (w, 27, türk.) studiert zum Zeitpunkt des Interviews Kulturwissenschaften, Gökce (w, 33, türk.) hat in Sozialpädagogik abgeschlossen. Die russischen Weltorientierten, die relativ jung migriert sind, haben ein deutsches Abitur oder einen deutschen Studienabschluss. Zhanna (w, 24, russ.), Larissa (w, 28, russ.) und Lada (w, 23, russ.) nahmen nach dem Abitur ein Studium auf, Zhanna hat dies bereits abgeschlossen. Danil (m, 24, russ.) ist sieben Jahre vor unserem Interview als Kontingentflüchtling nach Deutschland gekommen und beendete vor seiner Ausreise eine Ausbildung zum Bankkaufmann. Er hat anschließend das Studium in Betriebswirtschaftslehre in Deutschland aufgenommen, inzwischen aber nach eigener Auskunft vorübergehend unterbrochen.

Zwei Weltorientierte der russischen Diaspora versuchten, ihre Migration bildungsspezifisch nutzbar zu machen, indem sie ein (Auslands-)Studium im Herkunftsland aufnahmen. Zhanna (w, 24, russ.) begründet dies mit dem Wunsch, ihre Herkunftssprache zu verbessern, weil sie sich davon berufliche Chancen erhofft. Lada (w, 23, russ.) hat nach dem Abitur in Deutschland„Schauspiel" in Russland studiert, da sie in diesem Fach die hohe Konkurrenz in Deutschland fürchtete. Allerdings kehrte sie nach einigen Jahren ohne einen Abschluss nach Deutschland zurück und fängt dort zum Zeitpunkt des Interviews ein Soziologiestudium an.

Etwas anders ist dies bei den marokkanischen und russischen Bildungsmigranten. Alle sechs weltorientierten Bildungsmigranten haben bereits in ihrem Herkunftsland studiert, wobei sie in Deutschland das Studium entweder fortführten oder in ein anderes Fach wechselten. Karim (m, 28, marokk.) begann in Marokko Informatik zu studieren und schloss dies in Deutschland ab, um jetzt zu promovieren. Inaya (w, 29, marokk.) promoviert in Deutschland in dem Fach, dessen Studium sie in Marokko abgeschlossen hat, nämlich Meereswissenschaften. Anders Hassan (m, 43, marokk.), der in seinem Herkunftsland Germanistik studierte und in Deutschland als Dolmetscher abschloss. Alexander (m, 32, russ.) hat in Russland Schauspiel und in Deutschland Kulturwissenschaft studiert, Letzteres allerdings abgebrochen. Solche Bildungsbiografien stehen – auch was deren Mobilität betrifft – für Weltoffenheit. Und für all diese (akademischen) Bildungswege ist eines zu betonen: Die Nutzung von verschiedenen Medien – angefangen von Büchern bis hin zu aktuellen Angeboten des Internets – ist ein konstitutiver Bestandteil der Bildungskarriere.

Die bis hierher diskutierten Beispiele verweisen auf eine bestimmte Haltung zu Bildung im *Familienkontext* der Weltorientierten. Weltorientierte entstammen tendenziell stark bildungsorientierten Familien, in denen gehobene Berufe üblich sind. So hatten die Eltern von Zhanna (w, 24, russ.) und Larissa (w, 28, russ.) vor ihrer Ausreise leitende Positionen in einem russischen Betrieb inne. Auch die Eltern von Inaya (w, 29, marokk.) haben einen Hochschulabschluss und arbeiten als Lehrer in einer französischsprachigen Schule in Marokko. Ilias (m, 28, marokk.) bestätigt die allgemeine Bildungsorientierung seiner Familie, indem er von einer gemeinsamen Entscheidung für seinen Bildungsaufenthalt im Ausland berichtet. Ausnahmen sind allein die Schwestern Cagla (w, 27, türk.) und Gökce (w, 33, türk.), die aus keiner bildungsaffinen Familie stammen. Das bisher Gesagte manifestiert sich in der Form der *Berufsausübung* von Weltorientierten. Wie wir bereits gesehen haben, nutzen die Weltorientierten ihre Migrationserfahrung durchaus in Ausbildung und Beruf. So hatte Zhanna (w, 24, russ.) mit Osteuropastudien ein BA-Studienfach mit Bezug zur eigenen Migrationsbiografie gewählt. Zum Zeitpunkt des Interviews fängt sie ein ähnliches Masterstudium an und will sich entsprechend beruflich entwickeln. Alexander (m, 32, russ.) hat während seines Studiums im Osteuropazentrum an der Universität gearbeitet. Hassan (m, 43, marokk.) arbeitet wie bereits gesagt als vereidigter Dolmetscher. Gökce (w, 33, türk.) ist als Sozialpädagogin in einem Mädchenhaus tätig, wo sie unter anderem mit Migrantinnen arbeitet.

Jenseits der bereits diskutierten formalen Bildungswege verweist bei den Weltorientierten informelle Bildung auf bestimmte Medienpraktiken. Danil (m, 24, russ.) beispielsweise versucht mit Börsenspekulationen Geld zu verdienen. Deswegen verfolgt er im Internet und Fernsehen Wirtschaftsnachrichten. Es sind solche medienvermittelten Informationen, die seine Kenntnisse im Bereich der Ökonomie ausbauen helfen. Wie er es selbst formuliert:

„Ich habe angefangen – nur jetzt – schon ein bisschen zu verstehen, warum das steigt, warum das fällt. [...] Ich habe gelernt, kurzfristig [zu] analysieren, was wird in zwei, drei Wochen, was wird in eine Jahr, zwei Jahre. Das [ist] noch schwieriger zu sagen. [...] Fast drei Stunden sitze ich am Computer, was Börsenhandel alles, weil an einem Tag passiert sehr viel, an den Börsen, weil. Ich gucke verschiedene Internetseiten, Nachrichten [...]. Ich sitze einfach vor die Computer und gucke, wie die Mark/ Markte sich entwickelt in dieser Zeit." (Danil, m, 24, russ.)

Mit einem solchen Handeln steht Danil aber nicht alleine. Auch andere Weltorientierte nutzen Medien neben der Formalbildung in einem instrumentellen Sinne, um Wissen zu Themen zu erwerben, die aus ihrer subjektiven Sicht einen herausgehobenen Stellenwert für die eigene Bildung haben. Dies kann auch allgemeine Lebenskompetenzen betreffen. Gökce (w, 33, türk.) informierte sich über WWW-Seiten zum Thema Kinderentwicklung, als sie selbst schwanger war.

4.2 Sprachkompetenz und alltagsweltlicher Sprachgebrauch

Unsere bisherigen Analysen haben bereits die Komplexität mediatisierter Vernetzungschancen deutlich gemacht: Auf der einen Seite geht mit steigender formaler Bildung die Chance einher, dass betreffende Personen eher ethno- oder welt- denn herkunftsorientiert sind. Auf der anderen Seite widerspricht eine formal hohe Bildung nicht zwangsläufig einer Herkunftsorientierung. Gleichzeitig haben unsere Analysen verschiedene Medienspuren in der Artikulation von Bildung greifbar gemacht. Bildung ist also nicht einfach nur die Voraussetzung für bestimmte Formen der kommunikativen Vernetzung und Identitätsartikulation. Vielmehr sind einzelne Medienaneignungsweisen selbst Teil von alltagsweltlicher Bildung.

Solche Zusammenhänge werden noch konkreter, wenn wir die Sprache näher betrachten. Im Hinblick auf unser empirisches Material erscheint dabei die Unterscheidung zweier Aspekte hilfreich, nämlich erstens die *allgemeine Sprachkompetenz* im Sinne der grundlegenden Sprachfähigkeiten der von uns interviewten Migrantinnen und Migranten und zweitens der *alltagsweltliche Sprachgebrauch* als Sprachpraxis *in situ*. Beides wird – so zeigen unsere Analysen – durch Medienaneignung stabilisiert und weiterentwickelt.

Im Rahmen der von uns gewählten Methodik ist die Einschätzung von Sprachkompetenz nicht einfach. Indikatoren waren für uns einerseits die Selbsteinschätzung der Interviewten, andererseits unsere Beobachtungen im Interview. *Sehr gute bis gute Deutschkenntnisse* definieren wir als die Fähigkeit, problemlos alle Fragen im Interview zu verstehen und entsprechend zu antworten, in Kombination mit eigenen Auskünften von mindestens guten schriftlichen Fertigkeiten. Als *zufriedenstellende Deutschkenntnisse* charakterisieren wir das generelle Verstehen der deutschen Interviewfragen bei Problemen im Einzelfall, in Kombination mit der Selbsteinschätzung einer nicht hinreichenden schriftlichen Kompetenz. *Geringe Deutschkenntnisse* konstatieren wir dann, wenn ein Gespräch auf Deutsch wegen mangelnden Verständnis- und Sprechvermögens (fast) unmöglich war und zumeist in eine andere Sprache gewechselt werden musste. Die Einschätzung der Kompetenz in der Herkunftssprache erfolgt spiegelbildlich hierzu.

Herkunftsorientierte

Der größte Teil der Interviews mit Herkunftsorientierten der russischen und türkischen Diaspora wurde in ihrer Herkunftssprache geführt. In der marokkanischen Diaspora wichen wir – so ein Interview nicht auf Deutsch möglich war – ins Englische aus. Dies verdeutlicht bereits die für Herkunftsorientierte typische Sprachkompetenz: Diese Migrantinnen und Migranten weisen die geringsten Deutschkenntnisse unter den von uns Befragten auf, umgekehrt die höchsten Kompetenzen in ihrer Herkunftssprache (siehe Abbildung 8).

Abbildung 8:   *Deutschkenntnisse der Herkunftsorientierten*

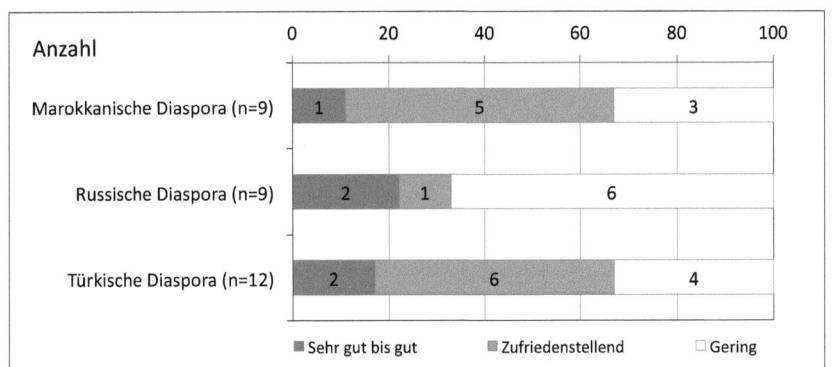

Betrachtet man die *allgemeine deutsche Sprachkompetenz* genauer, zeigt sich, dass die Herkunftsorientierten durchaus an ihrer deutschen Sprachkompetenz arbeiten. Wie wir bereits erwähnt haben, besuchen mehrere Mitglieder der türkischen und marokkanischen Diaspora einen Alphabetisierungskurs, andere der russischen Diaspora einen Sprachkurs. Gleichwohl haben nicht alle Herkunftsorientierten schlechte Deutschkenntnisse. Mit guten Deutschkenntnissen geht einher, dass diese Herkunftsorientierten in der Regel offener gegenüber dem aktuellen Lebenskontext sind, wie das bei Anton (m, 47, russ.), Fatih (m, 28, marokk.) oder Fatoş (w, 40, türk.) der Fall ist.

In der Selbsteinschätzung der Sprachkompetenz taxieren einige Herkunftsorientierte ihre deutsche Sprachkompetenz als gerade noch ausreichend. Sie genügt zwar nicht komplizierten Unterhaltungen über Wirtschaftsthemen oder Politik, reicht jedoch für den Alltagsgebrauch. Wie Ferda (w, 39, türk.) es sagt: „Wir können schon uns ausdrucken, die Kinder zum Arzt bringen, zu Sport-Aktivitäten, wenn wir krank sind, halt wo es mir wehtut, hier und dort". Ähnlich charakterisiert auch Hayrettin (m, 67, türk.) seine Deutschkenntnisse als ausreichend und meint, dass er im Alltag „eigentlich [...] mit Deutsch kein Problem" habe. Ein im Interview nachgeschobenes „aber trotzdem" weist auf Bemühungen hin, das eigene Deutsch zu verbessern, da seine Kinder ihn immer wieder auf Fehler aufmerksam machen.

Auch wenn viele der Herkunftsorientierten so bei genauem Hinsehen eher schlecht Deutsch sprechen und die meisten Interviews in der Herkunftssprache geführt werden mussten, ist es typisch, dass sie in einem *situativen Kode-Switching* immer wieder einzelne deutsche Ausdrücke wie „Arbeitsamt", „Berater",

„Vertrag" oder „kündigen" verwenden, für die sie keine passenden Begrifflich-
keiten in ihrer Herkunftssprache kennen (vgl. zum Kode-Switching auch An-
droutsopoulos/Hinnenkamp 2001).

Eine Betrachtung der Sprachkompetenz der Herkunftsorientierten wäre
nicht hinreichend, würde man nicht die *allgemeine Kompetenz der Herkunftssprache* berücksichtigen. Diese ist bei den meisten Herkunftsorientierten auf
einem sehr hohen Niveau. Zum Teil sind die Herkunftsorientierten noch nicht
lange in Deutschland und ihre alltagsweltliche Kommunikation erfolgt hauptsächlich in der Herkunftssprache. Dies fördert die Aufrechterhaltung ihrer sehr
guten Kenntnisse. Getragen wird dies weiter durch eine mehr oder weniger breite Nutzung der Herkunftsmedien. Allerdings berichten einzelne jüngere Herkunftsorientierte der russischen Diaspora von Schwierigkeiten, die aktuelle russische „Mediensprache" zu verstehen. So erzählt Stanislaw (m, 31, russ.), dass
er zuhause immer seltener russisches Fernsehen und insbesondere Nachrichtensendungen sieht, weil es ihm schwerfällt, den schnell sprechenden Moderatorin-
nen oder Moderatoren zu folgen. Deshalb zieht er deutsches Fernsehen oder russische Filme auf DVD vor.

Eine Besonderheit der marokkanischen Diaspora ist das breite Spektrum
von Sprachen, die auf Grund der Mehrsprachigkeit Marokkos – wenn auch in
unterschiedlichem Graden – beherrscht werden. Für Marokkaner ist „Französisch normal" (Abdoullah, m, 34, marokk.). Hinzu kommt, dass alle marokkanischen Herkunftsorientierten – mit der Ausnahme von Mbarek (m, 63, marokk.)
– (Hoch-)Arabisch oder Berberisch sprechen bzw. zumindest verstehen. Verbreitet sind daneben Kenntnisse des Spanischen und Englischen. Viele Migrantinnen
und Migranten der marokkanischen Diaspora geben an, „Marokkanisch" zu
sprechen. Damit meinen sie eine Variante des Arabischen, die als Alltagssprache
in Marokko gesprochen wird und Einflüsse des Französischen und Spanischen
aufweist. Eine ähnliche Mehrsprachigkeit ist bei den Aleviten der türkischen
Diaspora beobachtbar, die parallel zum Türkischen Kurdisch verwenden. Ferda
(w, 39, türk.) spricht zuhause Türkisch *und* Kurdisch.

Bei Migrantinnen und Migranten anderer Herkunft gibt es unter den Herkunftsorientierten nur einzelne Personen, die neben ihrer Herkunftssprache und
Deutsch weitere Sprachen beherrschen. Ausnahmen sind Anton (m, 47, russ.),
der außer seiner Muttersprache Deutsch, Englisch und Französisch spricht. Metin (m, 30, türk.) und Ilkay (w, 29, türk.) beherrschen Englisch. Da sie in einem
eher englischsprachigen beruflichen Umfeld der Universität leben, dominieren
Englisch und Türkisch ihre Alltagswelt und sie haben wenig Gelegenheit,
Deutsch zu sprechen.

Gerade ältere Herkunftsorientierte berichten, dass ihnen das Erlernen der
deutschen Sprache schwerfällt. Vitalii (m, 36, russ.) beschreibt seine Erfahrung

so: „Ich möchte es und es klappt aber nicht, aber macht nichts, ich gebe die Hoffnung nicht auf". Ähnlich, wie beim Erwerb formaler Bildung, sehen Herkunftsorientierte in den Sprachkenntnissen eine Möglichkeit, ihre beruflichen Chancen zu verbessern. Druck kommt dabei von außen, wie im Fall von Ruslan (m, 34, russ.), bei dem die lokale Arbeitsgemeinschaft für Integration und Soziales seinen Wunsch zur Annahme eines 400-Euro-Jobs mit dem Argument ablehnte, er sollte lieber seine Deutschkenntnisse verbessern: „Sie sagten, du kannst die Sprache schlecht, gehe lieber lernen".

Analysiert man die Sprachlernbiografien, wird deutlich, dass die von uns interviewten Herkunftsorientierten die deutschen Sprachkenntnisse gewöhnlicherweise in einer Sprachschule erworben haben. Viele Berliner Herkunftsorientierte der türkischen und marokkanischen Diaspora besuchten sogar die gleiche, unter Migranten sehr beliebte Sprachschule. Neben Sprachkursen sind Familienmitglieder Vermittler von Sprachkenntnissen. Bei Gönül (w, 35, türk.) ist es die Schwägerin gewesen, die sie beim Deutschlernen unterstützte. Bei älteren Migranten wie Kadriye (w, 60, türk.) oder Aziz (m, 50, türk.) sind es immer wieder ihre eigenen Kinder, die beim Deutschlernen helfen.

Betrachtet man die Beziehung von Medienaneignung und Spracherwerb, fällt auf, dass durch die teilweise geringe deutsche Sprachkompetenz nur eine wenig ausgeprägte Bereitschaft zur Nutzung von Medien für das Deutschlernen besteht. Insbesondere bei den von uns interviewten Personen, die aus Marokko und der Türkei migrierten, finden sich allerdings *Medienlernspuren* in ihren Äußerungen. Hayriye (w, 40, türk.) berichtet, dass sie durch „Reden und Buchlesen" ihre Deutschkenntnisse verbessert hat. Oder Kamila (w, 36, marokk.) erzählt, „wir müssen deutsche Sendungen sehen ((lacht)), wegen die Sprache". Tendenziell geht es bei den Herkunftsorientierten beim Wechselverhältnis von Medienaneignung und Sprachkompetenz aber um etwas anderes: Durch ihre kontinuierliche Nutzung verschiedener Herkunftsmedien stützen und fördern sie ihre Kompetenz in der Herkunftssprache.

Der *alltagsweltliche Sprachgebrauch* variiert nach Umfeld, wobei Familie, Beruf und Freizeit die zentralen Differenzkriterien sind. Betrachtet man den Sprachgebrauch der Herkunftsorientierten im *Familienkontext*, wird deutlich, dass dieser hauptsächlich durch die eigene Diaspora und ihre Herkunftssprache geprägt ist. Die älteren Herkunftsorientierten der türkischen Diaspora betonen, wie wichtig es für sie ist, dass ihre Kinder die türkische Sprache beherrschen, selbst wenn sie in Deutschland aufgewachsen sind. Aus diesem Grund sprechen Aysun (w, 43, türk.) und Aziz (m, 50, türk.) zuhause Türkisch. Auch Urlaubsreisen ins Herkunftsland werden realisiert, „um das Türkisch der Kinder zu verbessern" (Hayriye w, 40, türk.). In Abgrenzung zur türkischen Diaspora sehen die

Herkunftsorientierten der russischen und marokkanischen Diaspora nur eine geringe Gefährdung ihrer Herkunftssprachkenntnisse bzw. der ihrer Kinder.

Jüngere Herkunftsorientierte verwenden im Alltag tendenziell eine *Hybridsprache*, die Polina (w, 30, russ.) mit den Worten „ein Wort russisch ein Wort deutsch" charakterisiert. Bei Herkunftsorientierten mit geringen Deutschkenntnissen sind es – wie wir bereits gesehen haben – einzelne deutsche Begriffe, die sie einfließen lassen. Bei besseren Deutschkenntnissen werden es längere Phrasen oder ganze Gesprächssequenzen. In der marokkanischen Diaspora ist es durchaus typisch „Marokkanisch und Französisch" oder „Arabisch und Deutsch" zu mischen, so Aicha (w, 17, marokk.).

In der *Freizeit* verwenden Herkunftsorientierte neben der Herkunftssprache nur selten Deutsch oder andere Sprachen. Ein Beispiel dafür ist einmal mehr Aicha (w, 17, marokk.). Sie spricht mit ihren marokkanischen Freundinnen Deutsch, da deren Arabischkenntnisse für eine richtige Unterhaltung nicht ausreichend sind und sie kein Berberisch beherrschen. Genauso redet sie mit ihren anderen Freunden mit Migrationshintergrund Deutsch. Die Freizeit der meisten Herkunftsorientierten wird aber durch andere Migrantinnen und Migranten der eigenen Herkunft dominiert. Entsprechend wird in solchen Situationen die Herkunftssprache oder eine Hybridsprache gesprochen.

Alltagsweltliche Kontakte mit Deutschen werden von älteren Migrantinnen und Migranten vor allem als Möglichkeit gesehen, ihr Deutsch zu verbessern. Hayriye (w, 40, türk.) unterhält sich mit ihren Nachbarn und den Eltern der Klassenkameraden ihrer Kinder. Obwohl keine dauerhaften Beziehungen entstanden sind, schätzt sie diese Gelegenheiten als eine gute Möglichkeit, Deutsch zu praktizieren. Die meisten Herkunftsorientierten haben aber wenig Kontakt zu Deutschen und können folglich ihre Deutschkenntnisse in ihrer Freizeit nicht ausbauen. Eine der wenigen Ausnahmen ist Noureddin (m, 28, marokk.). Ihm ist bewusst geworden, dass man Deutsch nur in der aktiven Kommunikation mit Deutschen lernen kann: „Sprache, das ist eigentlich nur Kontakt". Hieraus zieht er diese Schlussfolgerung: „Wenn du hast Kontakt mit Leute, du kannst Sprache". Genau dieser Kontakt zur deutschen Bevölkerung scheitert aber immer wieder an mangelnden Deutschkenntnissen der Herkunftsorientierten. So erklärt Ruslan (m, 34, russ.), ihm fehle der Kontakt zu Deutschen „wahrscheinlich, weil ich die Sprache schlecht beherrsche. Wahrscheinlich kann ich das Gespräch nicht vollständig verstehen und gehe aus dem Weg".

In Abgrenzung zum bisher Dargestellten ist bei den Herkunftsorientierten die *Berufsausübung* – so sie arbeiten – primär durch die deutsche Sprache geprägt. Ist man im Beruf oder in einer Ausbildung (was wie bereits dargelegt für eine kleinere Gruppe der Herkunftsorientierten zutrifft), haben die Migrantinnen und Migranten zwangsläufig mehr Kontakt zu Deutschen. Der Verlust solcher beruflichen Kontakte wird durchaus kritisch gesehen. Hayrettin (m, 67, türk.) bedauert, dass er mit Rentenbeginn weniger Deutsch spricht als früher.

Einige Herkunftsorientierte erzählen von *Problemen in ihrer Alltagswelt*, die sie auf ihre zum Teil mangelhaften Deutschkenntnisse zurückführen. Sie fühlen sich teilweise benachteiligt, wollen aber ihren Sprachgebrauch nicht weiter verändern. Anton (m, 47, russ.) berichtet von Problemen, die die relativ schlechten Deutschkenntnisse bei der Arbeitssuche mit sich bringen: „Man sieht sofort, dass Deutsch ist nicht Mut/ die Muttersprache". Er nennt dies als Erklärung, warum er als Journalist keine Anstellung in Deutschland findet. Gerade in diesem sprachorientierten Beruf kann er nicht mit deutschen Muttersprachlern konkurrieren.

Die Probleme, die mit mangelnden Deutschkenntnissen einhergehen, werden teilweise durch eine Orientierung auf herkunftsorientierte Institutionen gelöst. Dies können Herkunftsvereine oder andere Institutionen des täglichen Bedarfs sein. So berichtet Pawel (m, 59, russ.), dass er für Arztbesuche eine weite Fahrt vom Umland nach Berlin auf sich nimmt, damit er sich in einer entsprechenden Praxis in seiner Herkunftssprache verständigen kann: „Wir fahren oft nach Berlin zu Ärzten, weil es da russischsprachige Ärzte gibt, im Unterschied zu Bernau".

Setzt man sich genauer mit der Schilderung des Sprachgebrauchs der Herkunftsorientierten in den von uns geführten Interviews auseinander, fällt insgesamt ein ausgeprägtes Problembewusstsein auf. Exemplarisch hierher steht folgendes Zitat aus dem Interview mit Boris:

„Nun ja, das ist ein Problem, ja wir sprechen in unserer russischen Sprache, ja. Natürlich ja da haben wir einen Fehler gemacht, einerseits, dass wir den Satelliten angeschlossen haben. Eigentlich hätten wir deutsches Fernsehen schauen müssen. Aber so wäre es ohne diesen sehr sehr langweilig. Wenn wir die Schüssel nicht hätten und wenn wir nicht [russisch] gesprochen hätten, ich weiß nicht, wie es da wäre." (Boris, m, 22, russ.)

Dieses Zitat ist in Bezug auf das Wechselverhältnis von Sprachkompetenz und Medienaneignung der Herkunftsorientierten deswegen bemerkenswert, weil es die Widersprüchlichkeit der Situation klar auf den Punkt bringt. So ist die Muttersprache diejenige Sprache, in der sich die Herkunftsorientierten angemessen artikulieren und verständigen können. Entsprechend ist es die je „unsere" Sprache, über die man ebenfalls Zugang zu Medieninhalten und darüber Information und Unterhaltung findet. Eine solche Orientierung der kommunikativen Vernetzung – in personaler Kommunikation oder auch über Massenmedien – ist aber nicht förderlich für den Erwerb deutscher Sprachkompetenzen. Oder pointierter ausgedrückt: Einsamkeit und Heimweh stimulieren die Installation von Satellitenfernsehen und damit eine weitere Herkunftsvernetzung. Dies wiederum stützt eine spezifische sprachliche Orientierung, in dem die kommunikativen Ressourcen der Alltagswelt solche der (vorgestellten) Herkunft sind.

Ethnoorientierte

Analysiert man die Interviews der Ethnoorientierten im Hinblick auf deren *allgemeine Sprachkompetenz*, fällt auf, dass nur drei in der Herkunftssprache geführt wurden, eines davon auf ausdrücklichen Wunsch und trotz guter Deutschkenntnisse des Interviewpartners auf Türkisch. Hierin manifestieren sich die im Vergleich zu den Herkunftsorientierten deutlich besseren Deutschkenntnisse (siehe Abbildung 9). Alle 23 Ethnoorientierten der türkischen Diaspora beherrschen das Deutsche gut bis sehr gut. Einige Personen der marokkanischen und russischen Diaspora wie Jalal (m, 26, marokk.) oder Viktoria (w, 47, russ.) haben etwas schlechtere Deutschkenntnisse, sind aber stark bemüht, diese zu verbessern.

Etwa ein Drittel der Ethnoorientierten der türkischen und marokkanischen Diaspora sowie eine Person der russischen Diaspora sind in Deutschland geboren und gehören somit der zweiten oder dritten Migrationsgeneration an. Für diese ist das Beherrschen der deutschen Sprache selbstverständlich. Aber auch die Vertreter der ersten Generation betrachten den Erwerb guter Deutschkenntnisse als unabdingbar. Als charakteristisch kann die Aussage von Ayyuub (m, 39, marokk.) angesehen werden, der die Relevanz guter Sprachkenntnisse wie folgt fasst: „Wenn man […] hier Fuß fassen will und gut integrieren will, dann ist die Sprache eigentlich alles".

Bemerkenswert ist, dass Ethnoorientierte neben Deutschkenntnissen ebenfalls gute Kenntnisse der Herkunftssprache anstreben. *Bilingualität stellt für Ethnoorientierte wenn auch in unterschiedlichen Graden eine Selbstverständlichkeit dar.* Mit der Ausnahme zweier Personen der russischen Diaspora, die nur über geringe Deutschkenntnisse verfügen, sprechen die meisten Ethnoorientierten in ihrer Alltagswelt zwei Sprachen: Deutsch und ihre Herkunftssprache. Dabei sehen die Ethnoorientierten ihre Herkunftssprache als ihre Muttersprache an, selbst wenn ihre Deutschkenntnisse besser sind. Einige wie Deniz (w, 19, türk.) sind daneben der Meinung, sie hätten „zwei Muttersprachen".

Die Kenntnisse der Herkunftssprache variieren allerdings abhängig von der *Migrationsbiografie*. Insgesamt haben die Ethnoorientierten der russischen Diaspora gute bis sehr gute Russischkenntnisse, da ihre Migration relativ kurz zurückliegt. Ähnlich ist dies bei den Bildungsmigranten der marokkanischen Diaspora und bei den älteren Migranten der ersten Generation innerhalb der türkischen Diaspora. Indem der primäre Spracherwerb im Herkunftsland erfolgte, haben diese Personen stabile Kenntnisse der Herkunftssprache, was bei jüngeren

Ethnoorientierten insbesondere der zweiten oder dritten Migrationsgeneration nicht unbedingt der Fall ist.

Abbildung 9:   Deutschkenntnisse der Ethnoorientierten

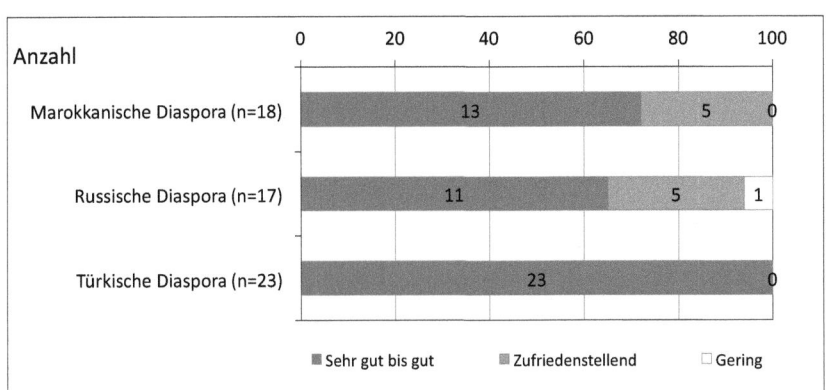

Innerhalb der türkischen, in Teilen der marokkanischen Diaspora finden wir Interviewpartner und -partnerinnen, die Schwierigkeiten mit ihrer Herkunftssprache haben, auch wenn sie diese als Muttersprache begreifen. Hana (w, 34, marokk.) oder Amir (m, 57, marokk.) beherrschen neben Deutsch zwar Berberisch bzw. Arabisch. Allerdings sind ihre schriftlichen Ausdrucksmöglichkeiten in diesen Sprachen sehr beschränkt. Serap (w, 20, türk.) und Aynur (w, 20, türk.), die beide der dritten Migrationsgeneration angehören, berichten von Problemen mit dem Türkischen. Diese fallen ihnen vor allem bei Besuchen im Herkunftsland auf. Sie meinen, dass sie sich „selber nicht ausdrücken" können: „Das Türkisch, was wir hier benutzen, das gibt's in der Türkei gar nicht".

Solche Äußerungen verdeutlichen das *Problem einer Diasporasprache*, die sich vom aktuellen Sprachwandel in den Herkunftsländern abkoppelt. Dieser Abkopplungsprozess wird vielen Ethnoorientierten neben den Reisen ins Herkunftsland bei der Nutzung von Herkunftsmedien deutlich. Halim (m, 33, türk.) berichtet von Schwierigkeiten, aktuelle türkische Bücher zu lesen. Und mit Blick auf die noch jüngere Generation äußert er sich darüber „traurig", dass die türkischen Jugendlichen heutzutage eine Mischung aus beiden Sprachen sprechen: „Das ist ja kein Deutsch, das ist kein Türkisch, das ist gar nichts." Ähnlich hält es Fatima (w, 22, marokk.) für bedauernswert, dass ihre Freunde „so total verstümmelt Berbisch [sprechen], wenn überhaupt".

Dieser Tendenz des Verlernens der Herkunftssprache möchten viele Ethnoorientierte mit unterschiedlichen Strategien entgegenwirken. Hikmet (m, 30, türk.) will seine Herkunftssprache gezielter im Alltag zu nutzen. Andere versuchen, mittels ausgewählter Herkunftsmedien – insbesondere dem Fernsehen und der Zeitung – ihre Sprachkompetenz aufrecht zu erhalten bzw. zu steigern. Oder man wird herkunftsbezogen künstlerisch aktiv. Dafür ist Deniz (w, 19, türk.) ein Beispiel, die sich in Berlin an einem türkischen Theater beteiligt und meint, dass sie dank dieser Aktivität jetzt besser Türkisch verstehen kann. Sie liest daneben verstärkt türkische Bücher und Zeitungen, alles um die „eigene Muttersprache noch besser zu beherrschen". Die Verwendung von Medien zum herkunftsbezogenen Sprachenlernen kann auch das (Wieder-)Entdecken von (vorgestellten) Herkunftssprachen betreffen. So möchte Fatima (w, 22, marokk.) neben dem Berberischen auch Arabisch lernen, weil sie sich damit bessere Berufschancen verspricht. Deshalb hat sie ihren Vater gebeten, in ihrem Satellitenempfänger arabisches Fernsehen einzustellen.

Das Bedürfnis, die Herkunftssprache den in Deutschland geborenen Kindern zu vermitteln, ist bei vielen Ethnoorientierten ausgeprägt. So fordert Nilgün (w, 33, türk.) von ihren Söhnen, dass sie „ihre Muttersprache schon anständig beherrschen" sollten. Oder Mahmut (m, 30, türk.) berichtet, darauf zu bestehen, dass von seinen Kindern „die eigene Sprache erstmal" gelernt wird. Fatima (w, 22, marokk.) betont ihren Wunsch, dass ihre Kinder „meine Sprache sprechen" sollten. Hakan (m, 47, türk.) und Aysen (w, 44, türk.) sagen uns im Interview, dass sie versuchen, ihren Kindern möglichst viele Gelegenheiten zum Türkischlernen zu bieten. Und Vera (w, 22, russ.) berichtet im Rückblick auf die eigene Kindheit von Diktaten der Mutter in ihrer Herkunftssprache, die ihr helfen sollten, die russische Schriftsprache zu lernen.

Bei solchen Schilderungen von teils medienbezogenen, teils medienunabhängigen Aktivitäten muss jedoch berücksichtigt werden, dass Wunschvorstellungen und Beschreibungen der eigenen Praxis fließend ineinander übergehen. Analysiert man die uns vorliegenden Interviews genauer, finden sich immer wieder Hinweise, wie schwer es den Ethnoorientierten fällt, ein angemessenes Kompetenzniveau ihrer Herkunftssprache zu halten. Aylin (w, 48, türk.) erzählt, dass in ihrer Familie zunehmend Deutsch gesprochen wird, sie aber möchte, dass ihr Sohn „Türkisch auch behält". Deswegen versucht sie, die familiäre Sprachwahl bewusst in Richtung Türkisch zu steuern. Wiederum ist in eine solche *familiäre Sprachpolitik* der Umgang mit Medien einbezogen. So setzt sie als Gegengewicht zur deutschen Fernsehnutzung des Sohnes darauf, „einen Abend türkisch und einen Abend deutsche Geschichte[n]" aus einem Buch vorzulesen. Serhat (m, 48, türk.) hat mit seiner Frau eine andere Strategie entwickelt, um die Herkunftssprache in seiner Familie zu stabilisieren, nämlich die der gezielten Bilingualität: Er spricht in der Familie generell deutsch, seine Frau türkisch. Seiner Einschätzung nach „können [seine Kinder] beide Sprachen dann nachher ganz gut".

Wie wir bereits betont haben, beherrscht ein Teil der Ethnoorientierten neben ihrer Herkunftssprache und Deutsch eine weitere Sprache. Im Unterschied zu den Herkunftsorientierten betrifft dies außer der marokkanischen Diaspora auch knapp ein Viertel der anderen Interviewten. Insbesondere die Jüngeren wie Eldar (m, 17, russ.) oder Olessia (w, 27, russ.) lernen Englisch oder Französisch in der Schule bzw. während des Studiums. Vergleichbares ist bei der türkischen Diaspora beobachtbar. Allerdings verfügen in dieser neben jüngeren Ethnoorientierten mit Nalan (w, 50, türk.) und Erkan (m, 57, türk.) ebenfalls ältere Personen über Englisch- oder Spanischkenntnisse.

Betrachtet man die *Sprachlernbiografie*, wird deutlich, dass die Bildungsmigranten der marokkanischen Diaspora fast alle schon vor der Ausreise in ihrem Herkunftsland Deutsch gelernt haben. Issak (m, 35, marokk.) erzählt, dass er im Goethe-Institut Sprachkurse besuchte und das Deutschlernen in einer Sprachschule in Deutschland fortsetzte. Andere von uns Interviewte schlossen direkt nach der Ankunft in Deutschland und vor ihrem Studium einen Sprachkurs ab. Bei den Migrantinnen und Migranten der russischen und türkischen Diaspora ist das etwas anders. Sie besuchten, so sie nicht in Deutschland geboren sind, nach der Ankunft einen Sprach- bzw. einen Integrationskurs oder sind noch dabei. Nur wenige Mitglieder dieser zwei Diasporagruppen hatten schon im Herkunftsland Deutsch gelernt.

Für die Ethnoorientierten sind Medien beim Sprachlernen generell wichtig. Deutsche Medien werden von einigen – insbesondere von denen, die erst kurz in Deutschland sind – als eine Sprachlernhilfe wie auch als Möglichkeit der Annäherung an „deutsche Lebensgewohnheiten" angesehen. So schauen Alla (w, 47, russ.) und Viktoria (w, 47, russ.) deutsche Fernsehsendungen, um ihre Sprachkenntnisse zu verbessern. Und die vor acht Jahren migrierte Aysel sieht deutsches Fernsehen, um das „hiesige Leben" besser kennen zu lernen:

„Zum Beispiel das perfekte Dinner, weil ich auch für andere Kulturen und Gebräuche, Sitten total interessiert bin und da sieht man das halt auch ganz häufig. Und ich finde das auch ganz interessant zu wissen, zum Beispiel, bei uns bei den Türken sehen die Wohnungen so aus und so und so gestaltet. Aber bei einer deutschen Familie ganz anders. Es ist dann so, wie ich es mir vorgestellt habe." (Aysel, w, 22, türk.)

Genauso werden digitale Medien wie elektronische Wörterbücher oder das Internet für das Erlernen der deutschen Sprache eingesetzt. Alla (w, 47, russ.) besitzt ein elektronisches deutsch-russisches Wörterbuch in Taschenrechnerformat, das sie immer in ihrer Tasche dabei hat und verwendet, sobald sie ein Wort in der deutschen Zeitung nicht versteht.

Betrachtet man den *alltagsweltlichen Sprachgebrauch* der Ethnoorientierten, fallen über die von uns untersuchten Diasporagemeinschaften hinweg drei Umgangsmuster auf. Erstens gibt es Migrantinnen und Migranten, die in ihrer Alltagswelt deutlich mehr Deutsch als ihre Herkunftssprache sprechen. Zweitens gibt es Ethnoorientierte, die eher ihre Herkunftssprache und weniger Deutsch verwenden. Und drittens lassen sich Personen ausmachen, die beide Sprachen vergleichbar oder in der bereits erwähnten Mischform sprechen.

In die Gruppe der *primären Deutschsprecher* fällt Atilla (m, 37, türk.). Er ist im Alter von zehn Jahren nach Deutschland gekommen und redet sehr wenig Türkisch. Atilla berichtet, dass er „im Jahr [...] so fünfundachtzig Prozent Deutsch" spricht. Ähnlich ist Mert (m, 33, türk.) mehr mit dem Deutschen vertraut und verwendet Türkisch selten. Er ist mit einer deutschen Frau verheiratet und lebt in einem deutschgeprägten Umfeld. Auch Yasemin (w, 44, türk.) und Eldar (m, 17, russ.) berichten, es wäre für beide einfacher, Deutsch zu sprechen als ihre Herkunftssprache. Ähnliches erfahren wir von Adil (m, 43, marokk.). Gerade in öffentlichen Situationen wird Deutsch klar der Herkunftssprache vorgezogen. Vera (w, 22, russ.) berichtet, dass sie im öffentlichen Raum lieber Deutsch als Russisch spricht, da sie nicht „schief an[ge]guckt" werden möchte. Viele der primären Deutschsprecher haben neben Freunden der eigenen Diaspora weitere deutsche und ausländische Freunde, mit denen „in der Regel [...] eigentlich schon eher deutsch" gesprochen wird (Nilgün, w, 33, türk.; siehe auch Liyane, w, 30, marokk.).

Wir finden unter den Ethnoorientierten ebenfalls *primäre Herkunftssprechende*. Kamer (m, 47, türk.) ist ein solcher Fall, wobei in seinem Leben durchaus Momente einer Herkunftsorientierung auszumachen sind. Er berichtet, dass er fast nur innerhalb seiner Diaspora Kontakte hat und dabei Türkisch spricht. Sogar das Interview wollte er auf Türkisch führen, obwohl er sehr gut Deutsch beherrscht. Valerij (m, 68, russ.) spricht nur im beruflichen Umfeld Deutsch, ansonsten fast ausschließlich Russisch. Für die jüngeren Ethnoorientierten, deren Eltern nur wenig Deutsch können, ist es selbstverständlich, nur zuhause in der Herkunftssprache zu sprechen, wie im Fall von Orhan (m, 17, türk.).

Schließlich lassen sich unter den Ethnoorientierten *Gemischtsprechende* ausmachen. Die Alltagskommunikation dieser Ethnoorientierten ist im hohen Maße durch die bereits erwähnte „Mischmasch"-Sprache geprägt, wie Maroune (m, 17, marokk.), Mahmut (m, 30, türk.) und Hana (w, 34, marokk.) sie nennen. Sie meinen damit das abwechselnde Sprechen von Deutsch und der Herkunftssprache in derselben Kommunikationssituation. Ayman (m, 29, marokk.) charakterisiert dies wie folgt: „Manchmal reden wir Französisch, Arabisch, manchmal gemischt". Eldar (m, 17, russ.) und Kristina (w, 24, russ.) berichten ebenfalls, dass sie zuhause Deutsch und ihre Herkunftssprache in fließendem Übergang reden. Und Fadilah (w, 34, marokk.) charakterisiert ihren Sprachgebrauch als „so ein bisschen Deutsch und ein bisschen Marokkanisch". Dies schließt an die von Ulaş genannte Sprachverteilung von „fifty fifty" an, „wies grade kommt" (Ulaş, m, 24, türk.). Die von uns durchgeführten Interviews legen dabei nahe, dass es sich hier weniger um eine Defizitform denn um einen bestimmten *Kommunikationsstil* handelt, durch den die Interviewten ihre ethnische Zugehörigkeit zu einer spezifischen Diaspora ausdrücken (siehe hierzu auch die Analysen von Inci Dirim und Peter Auer 2004).

Ähnlich, wie das bei den Herkunftsorientierten der Fall war, ist die *Berufsausübung* aller Ethnoorientierten deutsch geprägt. Allerdings wird von den Ethnoorientierten die Kenntnis ihrer Herkunftssprache beruflich als eine Chance wahrgenommen, insbesondere im sozialen Bereich. So nutzt Mahmut (m, 30, türk.) in seiner Physiotherapiepraxis seine Türkischkenntnisse, um sich eine mögliche Kundschaft zu erschließen.

„Wenn ältere Kundschaft kommt, die haben's natürlich, wenn sie zum Deutschen geh'n die Sprachbarriere [...]. Sie können nich' erzählen, wie die Schmerzen sind, oder können sich nich' richtig äußern, brauchen jemanden von den Enkeln [...]. Und da hab ich natürlich das Vorteil, dass ich dann in der Muttersprache mit ihnen reden kann oder die mit mir, das ist mein Vorteil." (Mahmut, m, 30, türk.)

Fassen wir die Sprachkompetenzen von Ethnoorientierten in Bezug auf deren Medienaneignung zusammen, *eröffnen sich diesen wenn auch in unterschiedlichen Graden rein sprachlich verschiedene Kommunikationsräume.* Dies ist neben dem (medienvermittelten) Kommunikationsraum der eigenen Herkunft der deutsche Kommunikationsraum sowie der (medienvermittelte) Kommunikationsraum der Diaspora selbst. Je besser die Kenntnisse der Herkunftssprache, desto öfters werden Medien in der Herkunftssprache angeeignet. Sind die Kenntnisse der Herkunftssprache geringer, werden Herkunftsmedien seltener und deutschsprachige häufiger genutzt. Dies verweist darauf, dass wir es wiederum mit einem komplexen Wechselprozess der gegenseitigen Verstärkung von bestehenden Sprachkompetenzen, hierauf basierenden Präferenzen der Mediennutzung und sich dadurch weiter stabilisierenden Sprachkompetenzen zu tun haben. Durchbrochen werden solche Wechselwirkungszusammenhänge dann, wenn gezielt die Kompetenzen in einer Sprache verbessert werden. Und hierbei sind für die Ethnoorientierten wiederum die Medien ein Moment der alltagsweltlichen Sprachpolitik.

Weltorientierte

Wenn man die *allgemeine Sprachkompetenz* der Weltorientierten betrachtet, zeigt es sich, dass diese mit Ausnahme der erst kürzlich migrierten Inaya (w, 29, marokk.) und Amar (m, 28, marokk.) gute bis sehr gute Deutschkenntnisse haben (siehe Abbildung 10). Inaya kann eher schlecht Deutsch, Amar etwas besser, da er bereits vor der Ausreise in seinem Herkunftsland intensiv lernte.

Abbildung 10:   Deutschkenntnisse der Weltorientierten

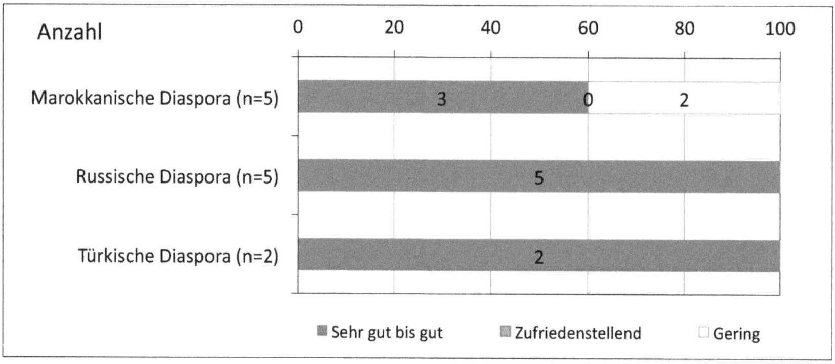

Bei den meisten Weltorientierten verweisen die sehr guten Deutschkenntnisse auf ihre *Migrationsbiografie*. So sind Cagla (w, 27, türk.) und Gökce (w, 33, türk.) in Deutschland geboren, Zhanna (w, 24, russ.), Larissa (w, 28, russ.) und Lada (w, 23, russ.) bereits in jungen Jahren nach Deutschland gekommen. Zusätzlich entspricht die prinzipielle Offenheit der Weltorientierten gegenüber Spracherwerb ihrer bereits beschriebenen ausgeprägten Bildungsorientierung. Für sie ist das Erlernen des Deutschen als Sprache des Studiums und beruflichen Fortkommens sehr wichtig. Dem entspricht, dass viele Weltorientierte – wie bereits ausgearbeitet – aus Familien mit einem ausgeprägten Bildungshintergrund stammen. Hassan (m, 43, marokk.) hat in Marokko ein Gymnasium mit einem deutschen Schwerpunkt besucht. Für den Arztsohn Danil (m, 24, russ.) war es ein Bedürfnis, nach seiner Ankunft schnell Deutsch zu lernen, da er die Sprache als unabdingbar für seine beruflichen Chancen sieht. Und die Eltern von Inaya (w, 29, marokk.) sind Französischlehrer in Marokko, wodurch in ihrer Familie eine selbstverständliche Offenheit gegenüber dem Sprachenlernen bestand.

Die Kompetenzen der Weltorientierten in ihrer *Herkunftssprache* variieren zwar, sind in der Tendenz aber trotz Einzelschwierigkeiten vorhanden. So berichten die beiden Herkunftsorientierten der türkischen Diaspora, dass ihnen die gesprochene Herkunftssprache zwar einige Schwierigkeiten bereitet, sie sich aber in ihr verständigen können. Die mit zehn Jahren migrierte Zhanna (w, 24, russ.), meint, dass sie Russisch nur „passiv" beherrschte, versuchte dies aber durch einen entsprechenden Sprachaufenthalt auszugleichen: „ich wollte unbedingt nach Russland auch, um einfach meine Sprache zu verbessern, um wirklich sehr gut sprechen zu können". Alle weiteren Weltorientierten der russischen und marokkanischen Diaspora haben keinerlei Probleme mit ihrer Herkunftssprache. Sie weisen ein hohes Sprachniveau auf und halten dieses durch eine gezielt aktive Nutzung – auch mittels Medien – aufrecht.

Ähnlich wie herkunfts- und ethnoorientierte Migrantinnen und Migranten, äußern einige Weltorientierte den Wunsch, die Herkunftssprache ihren Kindern zu vermitteln. Allerdings ist das auf Grund des relativ jungen Alters der von uns interviewten Weltorientierten nicht generell ein Thema. Gökce (w, 33, türk.), die bereits Mutter ist, äußert in ihrem Interview den Wunsch, ihrem Kind Türkisch beizubringen, was nicht immer reibungslos möglich sei. Die empfundene Bedeutung der Herkunftssprache bringt auch Alexander (m, 32, russ.) zum Ausdruck, wenn er Jugendliche der russischen Diaspora verurteilt, die ihre Herkunftssprache nicht hinreichend beherrschen. Er ist der Meinung, dass sein regelmäßiger schriftlicher Austausch mit Freunden in Russland die Weiterentwicklung seines Schreibvermögens fördert.

Ein solches Ziel, sprachkompetent zu sein, ist ein nicht zu unterschätzender Moment des Selbstverständnisses der Weltorientierten. Alle von uns interviewten Weltorientierten sprechen neben ihrer Herkunftssprache und Deutsch eine weitere Sprache. Hauptsächlich handelt es sich dabei um Englisch oder Französisch bzw. Arabisch (soweit dies nicht die Muttersprache ist). Zhanna (w, 24, russ.) und Inaya (w, 29, marokk.) stellen in der Kompetenz ihrer dritten Sprache sicherlich Extremfälle dar, indem sie englischsprachige Studiengänge besuchen. Aber auch für das Studium von Larissa (w, 28, russ.) und Cagla (w, 27, türk.) waren Englischkenntnisse unabdingbare Voraussetzungen. Das Beherrschen von „nur" drei Sprachen gilt mitunter als Makel, wenn Larissa (w, 28, russ.) formuliert, „leider sprech' ich nur diese drei".

Die *Sprachlernbiografie* der Weltorientierten ist durch einen institutionell gestützten Spracherwerb gekennzeichnet, entweder – wie wir bereits gezeigt haben – wie bei den marokkanischen Migranten im Herkunftsland oder aber im regulären Bildungssystem in Deutschland. Hier greift nochmals das tendenziell junge Alter der Weltorientierten, durch das es „noch ganz einfach [war], die Sprache zu lernen" (Lada, w, 23, russ.).

Auch bei den Weltorientierten fällt der bereits bei Ethnoorientierten betrachtete Zusammenhang auf, *dass bestimmte Sprachkompetenzen nicht einfach nur die Voraussetzung für die Nutzung bestimmter Medien sind, sondern gezielt Medien auch zur Entwicklung von Sprachkompetenzen genutzt werden.* Hassan (m, 43, marokk.) hat in der Phase seines deutschen Spracherwerbs gezielt eine deutsche Zeitung „zum Perfektionieren [seiner] [...] Sprachkenntnisse" abonniert.

Ähnlich berichtet Danil (m, 24, russ.), sich kein Herkunftsfernsehen angeschafft zu haben, damit dieses seine Deutschkenntnisse nicht „verschlechtert". Und Lada (w, 23, russ.) ist der Meinung, dass sie ihre Deutschkenntnisse durch die Rezeption von auf Deutsch synchronisierten amerikanischen Serien verbessert hat.

Exemplarisch für den *alltagsweltlichen Sprachgebrauch* der Weltorientierten ist Larissa (w, 28, russ.). An ihrer Arbeitsstelle und in ihrem Studium spricht sie ausschließlich Deutsch, in ihrer Freizeit nutzt sie drei Sprachen: Mit ihrem Freund spricht sie Russisch, mit den Mitbewohnern ihrer internationalen Wohngemeinschaft Deutsch sowie Englisch und mit weiteren Freunden Deutsch. Ähnlich ist das bei Lada (w, 23, russ.), die Soziologie studiert. Sie spricht in einer Theatergruppe Russisch sowie Englisch und mit ihren Freunden sowohl Russisch als auch Deutsch. Inaya (w, 29, marokk.) hat mehrere Kollegen, mit denen sie Französisch redet. Ihre Berufssprache ist Englisch, ihre Freunde in der lokalen Umgebung sind eher aus dem arabischen Raum.

Etwas weniger polyglott ist die Sprachnutzung anderer Weltorientierter. Cagla (w, 27, türk.) verwendet in ihrer Alltagswelt hauptsächlich Deutsch und Türkisch, wie Gökce (w, 33, türk.), die mit einem deutschen Partner zusammenlebt. Alexander (m, 32, russ.), ebenfalls mit einer deutschen Partnerin liiert, spricht Deutsch und Russisch. Cagla (w, 27, türk.) erzählt in ihrem Interview, dass sie mit ihrer Schwester Deutsch und Türkisch spricht. Zhanna (w, 24, russ.) meint, dass sie mit ihrer Mutter Deutsch, mit ihrem Vater Russisch redet. Auch wenn ihre Eltern Aussiedler sind, hat ihr Vater Schwierigkeiten Deutsch zu verstehen. Die meisten Weltorientierten wählen also die Sprache situationsbezogen.

Eine polyglotte Orientierung kennzeichnet ebenfalls die Medienaneignung der Weltorientierten, bei der Herkunftssprache, Deutsch und weitere Fremdsprachen eine Rolle spielen. Einige wie Lada (w, 23, russ.) haben zuhause Herkunftsfernsehen, das sie regelmäßig nutzen. Andere wie Alexander (m, 32, russ.) lehnen es grundsätzlich ab und verfolgen Herkunftsmedien über andere Familienangehörige oder Bekannte. Auch wenn ihr aktives Sprachvermögen in der Herkunftssprache nicht vollkommen ausgeprägt ist, liest Cagla (w, 27, türk.) Bücher auf Türkisch und schaut türkische Fernsehserien im Internet. Amar (m, 28, marokk.) rezipiert Herkunftszeitschriften, die ihm ein Bekannter in Berlin schenkt. Weltorientierte sind immer wieder offen für Medienaneignung in einer Sprache, neben dem Deutschen und der Herkunftssprache. Ein Beispiel dafür ist Zhanna (w, 24, russ.), die amerikanische Serien auf Englisch präferiert: „Ich gucke auch wenn, dann lieber auf Englisch, also auf Originalsprache".

4.3 Mediatisierte Vernetzungschancen

Ausgangspunkt dieses Kapitels waren erste Überlegungen zu dem, was wir als *mediatisierte Vernetzungschancen* bezeichnet haben. Gemeint ist damit der Umstand, dass Bildung und Sprache nicht einfach nur *Voraussetzungen* bestimmter kommunikativer Vernetzungen durch Massenmedien bzw. Medien der personalen Kommunikation und einer sich auf die Medienaneignung stützenden Identitätsartikulationen sind. Mit der fortschreitenden Mediatisierung sind die Zusammenhänge komplexer: Indem das Alltagsleben als Migrantin bzw. Migrant umfassend mit verschiedenen Medien durchzogen ist, geschieht der Erwerb von Bildung und Sprache zumindest in Teilen medienvermittelt.

Betrachtet man *Bildung als mediatisierte Vernetzungschance*, fällt ein solcher zirkulärer Zusammenhang bereits bei Herkunftsorientierten auf – wenn auch unter negativem Vorzeichen. Gerade, wenn es *nicht* gelingt, eigene Bildungspotenziale für eine angemessene Beschäftigung nutzbar zu machen, findet eine Idealisierung der eigenen Situation im Herkunftsland statt. Diese wird getragen durch eine weitere Zuwendung zu Herkunftsmedien, wobei durch diese eine informelle Bildung über Herkunftsthemen gestützt wird. Deutlich wird hier eine chancenhafte Ausrichtung der Wechselbeziehung von Medienaneignung und Bildung auf die (vorgestellte) Herkunft und entsprechende Identitätsartikulationen. Bei Ethnoorientierten hingegen kommen Medien insbesondere ins Spiel, wenn es darum geht, bestimmte berufliche Kompetenzen zu halten, aufzufrischen oder sich dort Wissen anzueignen, wo die Berufspraxis in Deutschland eine andere ist. Hierbei geht es insbesondere um die verschiedenen (fachlichen) Informationsangebote des Internets. Kontrastiert man dies mit den – auch, was ihre Familie betrifft – stark bildungsaffinen Weltorientierten, fällt auf, dass deren meist akademische Bildungsbiografie durch eine breite Aneignung unterschiedlicher Medien getragen wird. Aber auch im Hinblick auf informelle Bildung wird deutlich, dass sowohl das Fernsehen als auch das Internet zielorientiert zur Steigerung der eigenen Kompetenz verwendet werden.

Solche Medienspuren werden noch klarer, wenn man sich der *Sprache als mediatisierter Vernetzungschance* zuwendet. Betrachten wir wiederum als Erstes die Herkunftsorientierten. Sie erscheinen als diejenigen, bei denen aufgrund ihrer geringen Grundkompetenz der deutschen Sprache die Barriere sehr groß ist, gezielt (Massen-)Medien zum deutschen Sprachlernen zu verwenden. Es finden sich in den von uns geführten Interviews nur einzelne Hinweise darauf, dass deutsches Fernsehen statt Herkunftsfernsehen genutzt wird oder deutsche Bücher gelesen werden, um Deutsch zu lernen bzw. zu verbessern. Dominierend ist bei Herkunftsorientierten einmal mehr etwas anderes: Durch die kontinuierliche Nutzung verschiedener Herkunftsmedien stützen und fördern sie ihre Kompetenz in der Herkunftssprache. Bei den Ethnoorientierten zeigt sich, dass sie ebenfalls bemüht sind, durch Nutzung von Herkunftsmedien ihre Herkunftssprachkompetenz aufrecht zu halten bzw. in Einzelfällen Herkunftssprachen neu zu lernen. Gleichzeitig machen die Herkunftsmedien aber insbesondere jüngeren Diasporaangehörigen bewusst, dass sich ihre *Diasporasprache* nicht mit der gegenwärtigen Sprache ihrer (vorgestellten) Herkunft deckt. Beim Erlernen des Deutschen fällt auf, dass die Ethnoorientierten gezielt deutsche Massenmedien einsetzen, nicht nur, um Deutsch als Sprache zu lernen, sondern auch, um einen Einblick in „deutsche Lebensgewohnheiten" zu erhalten. Ebenso haben digitale Wörterbücher im zweisprachigen Alltag der Ethnoorientierten ihre Verbreitung. Insgesamt wird in der Alltagswelt der Ethnoorientierten so eine *bilinguale Sprachpolitik* greifbar, mit der sie sich unterschiedliche, auch medienvermittelte Kommunikationsräume erschließen: neben dem der Herkunft und der eigenen Diaspora einen deutschen Kommunikationsraum. Die bessere Kenntnis der Herkunftssprache geht dabei mit einer häufigeren Nutzung von Herkunftsmedien einher. Weltorientierte kennzeichnet hingegen eine polyglotte Orientierung. In dieser wird (wenn auch unterschiedlich ausgeprägt) die Kenntnis von drei Sprachen als Minimum begriffen. Sie erschließen sich darüber weitergehende Kommunikationsräume. Daneben verwenden sie Medien, um eine solch vielfältige Sprachkompetenz stabil zu halten. Es geht nicht nur darum, Deutschkenntnisse zu haben bzw. Sprachkompetenzen in der Herkunftssprache zu halten, sondern darüber hinaus weitere sprachliche Kompetenzen zu entwickeln.

Diese Analysen geben uns weitere Hinweise darauf, was wir bei der Vorstellung der von uns entwickelten Dreiertypologie im letzten Kapitel bereits als Ko-Artikulation bezeichnet haben: *Wir müssen Medien in solchem Maße als umfassenden Teil heutiger migrantischer Alltagswelten begreifen, dass wir deren Sinnhorizonte nicht jenseits von Medienkommunikation begreifen können.* Dies betrifft letztlich ebenfalls Bildung und vor allem Sprache, die als eine zentrale Ressource zur Konstruktion von Ethnizität zu begreifen sind. Entsprechend bilden Bildung und Sprache einerseits Vernetzungs*chancen*, da sie bestimmte Möglichkeiten von kommunikativer Vernetzung und Identitätsartikulation implizieren. Als eine solche Chance sind sie andererseits aber *mediatisiert*, indem sie selbst in Teilen medienbezogen artikuliert werden.

5 Lokalitäten als materielle Aspekte kommunikativer Vernetzung

In diesem Kapitel wenden wir uns einem weiteren Kontext der Medienaneignung medialer Migranten zu, nämlich dem örtlichen. Für die Notwendigkeit einer solchen Betrachtung bestehen verschiedene Gründe. Erstens verschränken sich an Lokalitäten der Medienaneignung verschiedene Kommunikationsnetzwerke medialer Migranten, sowohl der mediatisierten Interaktion durch Medien der personalen Kommunikation als auch der mediatisierten Quasi-Interaktion durch Massenmedien. Zweitens aber – und dies scheint uns in der aktuellen Diskussion der zentrale Punkt zu sein – macht eine solche Analyse die materiellen Aspekte von Kommunikationsnetzwerken greifbar: Diese fußen in den Lokalitäten der Alltagswelt, die die zentralen Bezugsorte der Medienaneignung bleiben, wie stark auch immer eine Diaspora kommunikativ vernetzt sein mag. An ein und demselben Ort konkretisieren sich damit unterschiedliche Kommunikationsräume der Herkunft, der Diaspora, des Migrationslands sowie anderer globalisierter Medienangebote und Kommunikationsbezüge.

Für eine solche Betrachtung ist es hilfreich, sich zu vergegenwärtigen, wie einzelne Lokalitäten auf bestimmte Prozesse kommunikativer Vernetzung bzw. Kommunikationsräume verweisen. In seinen Entwurf einer „Netzwerkgesellschaft" entwickelt Manuel Castells dafür das Konzept eines „Raums der Ströme". Seinen Überlegungen nach ist der „Raum der Ströme" die „materielle Organisation von Formen gesellschaftlicher Praxis, die eine gemeinsame Zeit haben, soweit sie durch Ströme [des Austauschs und der Interaktion] funktionieren" (Castells 2001: 467). Die heutige „Netzwerkgesellschaft" zeichnet sich folglich durch eigene Räume der Interaktion aus, die den physischen Raum des Ortes überlagern. Für diesen „Raum der Ströme" sieht Castells drei Ebenen materieller Grundlagen als charakteristisch an, erstens den Kreislauf elektronischer Vermittlungen, zweitens die Knoten der Kommunikationsnetzwerke und drittens deren Führungseliten. Seine weiteren Beschreibungen dieses „Raums der Ströme" (oder vielleicht konkreter: dieser „Räume der Ströme") endet dann allerdings mit einem bemerkenswerten Abschnitt über den „Raum der Orte":

„Der Raum der Ströme durchdringt nicht den ganzen Bereich menschlicher Erfahrung in der Netzwerkgesellschaft. Vielmehr lebt die überwiegende Mehrheit der Menschen in fortgeschrittenen wie traditionellen Gesellschaften an Orten, weshalb sie ihren Raum auch als ortsgebunden wahrnehmen. Ein Ort zeichnet sich dadurch aus, dass seine Form, seine Funktion und seine Bedeutung innerhalb der Grenzen eines physischen Zusammenhangs eigenständig sind." (Castells 2001: 479)

Im Anschluss beschreibt Castells sehr konkrete Forschungen zu (multikulturellen) Städten bzw. Stadtteilen, die er als charakteristische heutige urbane Lokalitäten begreift. Diese Orte können aber nicht mehr losgelöst vom „Raum der Ströme" gesehen werden: „weil Funktionen und Macht in unseren Gesellschaften im Raum der Ströme organisiert sind, verändert die strukturelle Herrschaft seiner Logik die Bedeutung und die Dynamik von Orten entscheidend" (Castells 2001: 484).

Gerade im Hinblick auf Fragen der Medienaneignung medialer Migranten schneidet Castells mit solchen – sicherlich in einer sehr eigenen Metaphernsprache vorgebrachten – Argumenten einen wichtigen Punkt an: Wir können die Kommunikationsräume, über die sich deterritorial verstreute und in sich hochgradig differenzierte Vergemeinschaftungen wie Diasporas artikulieren, nicht losgelöst sehen von den Orten, an denen ihre verschiedenen Mitglieder leben. Letztlich konkretisieren sich deren Kommunikationsräume an diesen Lokalitäten der Alltagswelt, und hier insbesondere an den Orten der Medienaneignung selbst.

Die verschiedenen Kommunikationsflüsse des diasporischen Kommunikationsraums werden von Migrantinnen und Migranten allerdings nicht nur an spezifischen Lokalitäten angeeignet. Gleichzeitig spielen diese Kommunikationsflüsse bei der *Konstruktion dieser Lokalitäten* eine Rolle. Diasporische Kommunikationsräume sind demnach nicht einfach ein „Raum der Flüsse", für den der Kreislauf elektronischer Vermittlungen, die Knoten der Kommunikationsnetzwerke sowie dessen Führungseliten die materiellen Grundlagen sind. Wir müssen die Lokalitäten der Medienaneignung *selbst* als einen weiteren materiellen Aspekt translokaler kommunikativer Vernetzungen medialer Migranten begreifen. Damit löst sich der scheinbare Gegensatz zwischen dem „Raum der Flüsse" und dem „Raum der Orte" auf: Gerade auf Grund ihrer Trans*lokalität* bestehen deterritoriale diasporische Kommunikationsräume nicht losgelöst von den durch Medien mit konstruierten Orten ihrer Aneignung.

Doch wie sollten wir Lokalitäten der Medienaneignung in eine kommunikations- und medienwissenschaftliche Analyse einbeziehen? Wirft man diese Frage auf, setzt dies voraus, zu klären, was wir uns genau unter einer Lokalität der Medienaneignung vorzustellen haben. Einen Ansatzpunkt für die Klärung dieser Frage bieten die Überlegungen von Doreen Massey, die in Abgrenzung einer objektivistischen Begrifflichkeit von Lokalität Folgendes angemerkt hat:

„[...] all this does mean that localities are not simply spatial areas you can easily draw a line around. They will be defined in terms of the set of social relations or processes in question. Crucially, too, they are about *interaction*. Such interaction, moreover, is likely to include conflict. Localities will ,contain' (indeed in part will be *constituted by*) difference and conflict." (Massey 1994: 39, Herv. i. O.)

Lokalitäten stellen also Bezugsräume für Interaktionen zur Verfügung, die eine materiell-physische Komponente haben. Ihre Bedeutung ist jedoch kulturell vermittelt. Im Sinne von Michel de Certeaus (1988) idealtypischer Unterscheidung von Strategie und Taktik kann man formulieren, dass Lokalitäten im Spannungsverhältnis zwischen strategischer Definition von Örtlichkeit und der taktischen Aneignung derselben in der Alltagswelt zu sehen sind. *Entsprechend ist eine Lokalität ein in Bezug auf materielle bzw. physische Aspekte gefasster, soziokulturell definierter Ort geteilter Räume.* Dieser Ort wird von den Leuten insofern kontrolliert, als sie ihn durch ihre soziokulturellen Alltagspraktiken konstituieren, wobei sie auf ihnen gesellschaftlich zur Verfügung gestellte Ressourcen angewiesen sind. Die Bedeutung, die eine Lokalität hat, ist kulturell und damit diskursiv vermittelt, d. h. kann nicht aus ihrer Materialität hergeleitet werden. Allerdings manifestieren sich spezifische Bedeutungen einzelner Lokalitäten auch in ihren von Menschen geschaffenen oder ausgewählten materiellen Gegebenheiten. Die Ausdehnung, die eine Lokalität hat – ihre kulturellen Grenzen – variieren dabei kontextuell. So ist es sehr wohl sinnvoll, eine häusliche Welt, einen Straßenzug oder einen Stadtteil als Lokalität zu bezeichnen, sicherlich allerdings nicht einen Staat oder Staatenbund. Ganz in diesem Sinne fasst der Begriff des Lokalen, wie wir ihn im Weiteren gebrauchen möchten, *den Raum der Vernetzung der Lokalitäten, die die Alltagswelt einer in einem bestimmten kulturellen Kontext lebenden Person ausmacht.*

Die Kommunikations- und Medienwissenschaft hat sich zunehmend mit dem Stellenwert der Lokalität im Prozess der Medienaneignung auseinandergesetzt. Als zentral kann der so genannte Domestizierungsansatz gelten. Dieser befasst sich – ausgehend von Überlegungen Hermann Bausingers (1983, 1990) – mit der alltagsweltlichen Aneignung „wilder" Technologien und wurde durch die Arbeiten von Roger Silverstone, Eric Hirsch und David Morley (1992) geprägt (siehe überblickend Hartmann 2008; Röser 2007). Im Kern geht der Ansatz von einer „doppelten Artikulation" („double articulation") der Bedeutung von Medien aus, nämlich erstens die technische Dimension der „meaning of the commodity as object" und zweitens die inhaltliche Dimension der „texts and communications of the technologies" (Silverstone/Haddon 1998: 62).

Für beide Dimensionen wird der „Haushalt" (Silverstone et al. 1992: 16) bzw. das „Zuhause" (Morley 2006) als der zentrale Ort der Medienaneignung angesehen: Dort sind Medientechnologien – Fernsehen, Videorecorder, Computer, Telefon – als Objekt lokalisiert, wie auch deren Texte und Kommunikationen nicht nur Gegenstand weiterer (kommunikativer) Aneignung sind, sondern

ebenso dazu genutzt werden, das „Zuhause" als solches – seine Rollen, Grenzziehungen und Sinnbezüge (Moores 2000: 57-94) – zu konstruieren:

> „This is to speak of communication technologies as having the simultaneous capacity to
> articulate together that which is separate (to bring the outside world into the home, via
> television, or to connect family members, via the phone, to friends or relatives elsewhere)
> but, by the same token, to transgress the (always of course, potentially sacred) boundary
> which protects the privacy and solidarity of the home from the flux and threat of the out-
> side world." (Morley 2000: 87)

Das Zuhause ist einerseits eine zentrale Lokalität, *in* der die Aneignung vielfäl-
tigster Medien stattfindet. Im Zuhause werden Medien und ihre Inhalte in der jeweiligen Alltagswelt kulturell lokalisiert. Gleichzeitig wird das Zuhause andererseits *durch* die Medienaneignung mit artikuliert. Mittels verschiedener Medien werden Grenzziehungen des Zuhauses ausgehandelt bzw. interne Strukturen des Zuhauses verhandelt.

Bereits das in dem Zitat von Morley anklingende „elsewhere" macht aber
deutlich, dass die Medienaneignung sicherlich nicht (mehr) in diesem Zuhause
aufgeht – falls dies jemals der Fall war, wenn man historisch an Leseclubs,
Fernsehstuben oder das Kino denkt. Eine Auseinandersetzung mit weiteren Lokalitäten der Medienaneignung hat spätestens seit einer zunehmenden „kommunikativen Mobilität" (Hepp 2006b) an Bedeutung gewonnen: Während bereits
der Walkman und dessen rasante Verbreitung vor allem in Großstädten den
Blick auf die Medienaneignung an öffentlichen Orten lenkte (du Gay et al.
1997), hat eine Auseinandersetzung mit neueren Technologien wie dem
MP3-Player die Sensibilität für „mobile Räume des Sound" (Bull 2004) gestei-
gert.

Solche Forschung hat dazu angeregt, ein größeres Augenmerk auf die Vielfalt der Lokalitäten von Medienaneignung zu richten. David Morley selbst argumentiert, „while the domestic home itself might now be said to have become a
fully technological artefact, it also seems that domesticity itself has now been
dislocated" (Morley 2006: 36). „Domesticity" wird damit zu etwas, das nicht
unbedingt ein spezifischer Aspekt einer Lokalität – des Zuhauses — ist, sondern
das ebenfalls in der Medienaneignung an anderen Lokalitäten hergestellt wird
oder werden kann. In ganz ähnlichem Sinne erweitert Roger Silverstone mit Bezug auf die Arbeiten von Maria Bakardjieva (2006) seine Konzeption des Haushalts:

> „The notion of home is a projection of self, and as something that can be carried with
> you; a notion of home that extends from a place of origin to a dream of redemption; a
> notion of home that attaches to the key pad of a mobile phone or Blackberry, a technical
> extension of the self, and one which means that you are never out of reach, never dis-
> connected. It is a notion of home that is performed on a daily basis through interaction
> rituals both with other individuals and with the technologies that enable those interac-

tions. [...] Home, then, is no longer singular, no longer static, no longer, in an increasingly mobile and disrupted world, capable of being taken for granted." (Silverstone 2006: 242)

Was wir an diesem Zitat ausmachen können, ist eine Bewegung von einem Verständnis von „home" als Lokalität des „Zuhauses" zu einem Verständnis von „home" als „Heimat". Eine solche Umorientierung ist gerade für eine Betrachtung des uns hier interessierenden Gegenstandsbereichs – die Medienaneignung von herkunfts-, ethno- und weltorientierten Migrantinnen und Migranten – von großer Bedeutung, weil die im Englischen bestehende Unschärfe zwischen „home" als Zuhause und Heimat deutlich wird. So wird *Heimat* von Diasporaangehörigen in nicht unerheblichem Maße durch die Artikulation eines Kommunikationsraumes (diasporischer) Medien hergestellt. Dabei geschieht die Aneignung dieser Medien an verschiedenen Lokalitäten, die als bedeutungsgeladene, nichtsdestotrotz aber auch materielle Bezugsorte dieses Kommunikationsraums gelten müssen und unter denen das „Zuhause" nur ein Ort neben anderen ist.

Unsere Forschung zeigt, dass insbesondere drei Arten von Lokalitäten eine besondere Relevanz für die Medienaneignung medialer Migranten haben, die wir mit den Begriffen der häuslichen Welt („domestic world"), des Anderswo („elsewhere") und des Irgendwo („somewhere") fassen möchten. Unter der *häuslichen Welt* verstehen wir die Lokalität des privaten Lebens, das Zuhause im engeren Sinne des Wortes. Das *Anderswo* sind hingegen weitere definierte Lokalitäten der alltagsweltlichen Medienaneignung. Zu denken ist für die von uns untersuchten Migrationsgruppen an solche Lokalitäten wie Telefonläden oder Internetcafés sowie an die Wohnorte von Bekannten und Freunden, die regelmäßig zur Medienaneignung aufgesucht werden. Mit *Irgendwo* fassen wir Lokalitäten, die nicht fester Bestandteil der Alltagswelt sind, die aber situativ als Lokalitäten der Medienaneignung geschaffen und als solche erst definiert werden müssen. Zu denken ist hier an den WiFi-Hot-Spot in einem öffentlichen Gebäude, in dem der Computer genutzt wird, oder die Ecke eines öffentlichen Platzes, in der ein Mobiltelefongespräch stattfindet. Zusammengenommen bilden diese Lokalitäten die materielle, örtliche Basis des „Lokalen" der diasporischen Medienaneignung.

Sicherlich ist die Unterscheidung dieser drei Arten von Lokalitäten der Medienaneignung in der Alltagswelt nichts, was ausschließlich für mediale Migranten charakteristisch wäre. Jedoch gewinnen diese drei Lokalitäten für Angehörige von Diasporas deswegen eine besondere Bedeutung, weil sie die Orte sind, an denen sie den zuerst einmal deterritorialen Kommunikationsraum ihrer Migrationsgemeinschaft lokalisieren. Sie sind ein zentraler materieller oder physischer Aspekt von Kommunikationsräumen der Diaspora. Durch was sich die ‚häusliche Welt', das ‚Anderswo' und das ‚Irgendwo' als *Lokalitäten der Me-*

dienaneignung auszeichnen, möchten wir im Weiteren auf der Basis unseres empirischen Materials zeigen. Hierbei stoßen wir für jeden der betrachteten Orte auf bestimmte Formen des sozialen Managements, d. h. der Gestaltung der jeweiligen Alltagswelt durch medienbezogenes Handeln bzw. Praxis.

5.1　Die häusliche Welt

In gewissem Sinne können wir die ‚häusliche Welt' als die „Nabe" der Medienaneignung medialer Migranten und entsprechend ihrer kommunikativen Vernetzung begreifen – unabhängig davon, ob es sich dabei um Herkunfts-, Ethno- oder Weltorientierte handelt. Das Konzept der „häuslichen Welten" (Hepp 1997) reflektiert einerseits, dass nicht unhinterfragt das Zuhause mit dem einer stabilen Kernfamilie gleichgesetzt werden kann. Für die Mitglieder der marokkanischen, russischen und türkischen Diaspora gilt wie für andere Menschen in Europa, dass sie in verschiedensten Formen (zusammen) leben, angefangen von mehr oder weniger klassischen familiären Lebensformen über andere Lebensgemeinschaften bis hin zu Single-Haushalten. Andererseits zeigen unsere empirischen Daten, dass private Lokalitäten nach wie vor einen herausgehobenen Status in der alltagsweltlichen Medienaneignung haben. Exakt hierauf hebt das Konzept der häuslichen Welt ab, in dem es in Abgrenzung zu dem wesentlich voraussetzungsreicheren des Zuhauses oder des Haushalts die Lokalität des privaten Lebens fasst, ohne diese mit bestimmten Lebensformen gleichzusetzen.

　　Während die Medienaneignung der von uns interviewten Migrantinnen und Migranten an verschiedenen Orten stattfindet, bleibt die häusliche Welt die Lokalität, an der die meisten Medien verfügbar sind und auch genutzt werden. An dieser Stelle decken sich unsere Forschungsergebnisse mit denen anderer Studien: Wie wir bereits im dritten Kapitel gezeigt haben, greift die einfache These des „digital divide" zu kurz, wenn man sie so begreift, dass mediale Migranten in ihren häuslichen Welten einen schlechteren Zugang zu Medien hätten als andere Menschen. Im Schnitt kann die häusliche Medienausstattung der von uns interviewten Personen mit denen der nicht-migrantischen Bevölkerung verglichen werden, bei vielen Ethno- und Weltorientierten ist sie deutlich besser (siehe auch Bonfadelli et al. 2008). In Familien besteht diese Medienausstattung typischerweise aus (Satelliten-)Fernsehen, Radio, Festnetztelefon, Mobiltelefon, Zeitung und Computer mit Internetzugang. Wenn bestimmte Medien nicht in der häuslichen Welt der interviewten Personen zu finden sind, beruht dies zumeist auf bewussten Entscheidungen. Dies betrifft nicht einfach nur die Kostenreduktion (vor allem bei Einpersonenhaushalten), sondern auch die „Risiken" und

„Probleme", die bei bestimmten Medien gesehen werden. Eine erste Einsicht bietet folgendes Zitat des herkunfts- bis ethnoorientierten Anis, der seit fünf Jahren in Deutschland lebt und als Lehrer für arabische Sprache und marokkanische Kultur arbeitet:

„Ich habe Kontakt in Deutschland. Mit die Eltern, mit die Schule auch, mit Freunde, mit Internet im Internet oder mit Telefon [...]. Handy und [...] Festnetz. Wenn ich zuhause bin, zuhause gucke ich nur Fernsehen. Deutschland, Marokko, Ägypten, Filme, Serien, Nachrichten, Sport. Sport in Deutschland immer, mindestens ein Fußball, ja. So man guckt das, im Radio, ich habe nur ein kleine Radio von Deutschland hier. Kann nicht viele Kanalen hören. [Interviewer: dann nur deutsche?] Ja, aber meine Frau bevorzugt, dass sie hört nur Marokko. Was gibt's, ahm? Musik so Sing-Grenien [Gesangswettbewerbe], weißt du ((lacht)), und das gefällt mich nicht. [Interviewer: Echt?] Ja wie mein, in unser, so und raten so. Ich brauche nicht. Ich finde, wir sind in Deutschland, wir müssen viele deutsche Sprache hören. Und meine, eine also Seite zu wissen, was Neues ist, gibt's. Und andere Seite, ein bisschen Deutsch lernen." (Anis, m, 43, marokk.)

Auch über die marokkanische Diaspora hinaus können wir dieses Zitat als charakteristisch begreifen in der in ihm anklingenden Darstellung der häuslichen Welt als Lokalität der Medienaneignung. Es wird deutlich, wie die verschiedenen kommunikativen Konnektivitäten Anis' – sowohl massenmedialer als auch personaler Art – in seiner häuslichen Welt kumulieren. Hierbei ist es ihm wichtig, über die verschiedenen Medien der personalen Kommunikation nicht nur die familiären, freundschaftlichen und beruflichen Beziehungen aufrecht zu halten, sondern auch *gleichzeitig* durch das Fernsehen Bezug zur marokkanischen bzw. ägyptischen (Populär-)Kultur zu bekommen *und* sich die deutsche Sprache und Kultur zu erschließen. Der Verweis auf seine Frau und deren unterschiedliche Medienpräferenzen macht deutlich, in welchem Maße die Medienaneignung in dieser häuslichen Welt auf die Gestaltung der häuslichen Beziehungen verweist. Was wir an diesem Zitat damit an übergreifenden Mustern festmachen können, ist einerseits ein häusliches *Beziehungsmanagement* in der Medienaneignung als solcher, andererseits eine vielschichtige *Grenzziehung des Privaten*, inhaltlich anhand der Auswahl aus der Vielfalt möglicher Kommunikationsbezüge und materiell anhand des Arrangements von Medien als Objekten.

Inwieweit die Aneignung verschiedener Medien(-Inhalte) in der häuslichen Welt in ein *Beziehungsmanagement* verwoben ist, zeigen vielfältige weitere Beispiele unseres Materials. Generell kann als charakteristisch angesehen werden, dass die Aneignung der unterschiedlichen Medien sowohl durch die bestehenden Beziehungen in der häuslichen Welt vermittelt ist, wie diese gleichzeitig in der Medienaneignung selbst artikuliert werden. Hierbei spielt die Selbstpositionierung in der Diaspora gerade in Relation zur Positionierung der anderen Familienangehörigen eine Rolle. Ein Beispiel dafür ist aus der von uns

untersuchten marokkanischen Diaspora Abdoullah (m, 34), der über Satellitenfernsehen verfügt und seinen eigenen Fernsehkonsum mit den Worten „gucken
marokkanisch normal [...] Nachrichten, Filme, Reportage" charakterisiert. Hierin manifestiert sich seine vergleichsweise starke Herkunftsorientierung, die sich
aber nicht mit der kulturellen Orientierung und der entsprechenden Fernsehnutzung seiner Kinder deckt: Auf Grund der geringen arabischen Sprachkompetenz
– und vermutlich auch des geringen Interesses – seiner Kinder ist die Fernsehnutzung mit ihnen durchweg „deutsch". Die Rezeptionssituation als solche –
kontemplative individuelle Rezeption arabischer Inhalte vs. stärker beiläufige
kollektive Rezeption deutscher Inhalte – variiert je nach Beziehungsarrange-
ment vor dem Fernseher erheblich.

Inwieweit das medienbezogene Beziehungsmanagement in der häuslichen
Welt immer wieder die Gestaltung der Beziehungen zwischen Eltern- und Kin-
dergeneration betrifft, macht in der türkischen Diaspora das Beispiel von Aziz
(m, 50) und Aysun (w, 43) deutlich.

In dem gemeinsam geführten Interview berichten die beiden Eltern, dass
sie drei Computer haben, von denen zwei in Gebrauch und einer veraltet ist. Als
LKW-Fahrer verfügt Aziz nur über beschränkte ökonomische Mittel. Gleichwohl ist ihm und seiner Frau eine sehr gute Computerausstattung für die Kinder
wichtig: „es gibt zwei Stück für drei Kinder" (Aysun). Von den beiden verwen-
deten Computern steht ein Gerät im Wohnzimmer, ein weiteres im „Zimmer des
Mädchens" (Aziz). Seine Frau kommentiert dies mit dem Satz „weil wir wissen
wie sie es benutzt, sie ist zuverlässiger" (Aysun).

Dieses Interview macht deutlich, wie komplex das Beziehungsmanagement
in und durch die Aneignung von Computer und Internet in dieser Familie ist:
Die Technikinvestition der Eltern dokumentiert den Wunsch, dass die Kinder
über die Computernutzung etwas lernen und nicht nur spielen. Daneben wird
deutlich, wie über die Positionierung der Geräte in der häuslichen Welt selbst
komplexe Gender-Beziehungen zwischen Eltern und Kindern artikuliert werden:
die „vernünftige" Tochter vs. der eher „unvernünftige" Sohn. Bemerkenswert ist
allerdings, in welchem Maße neuere Kommunikationstechnologien eine Sache
der Kinder bleiben, womit eine weitere Ebene des Beziehungsmanagements der
Medienaneignung in der häuslichen Welt deutlich wird: Computer- und Internetnutzung findet für die Eltern immer wieder vermittelt durch die Kinder statt,
wodurch letzteren eine gewisse, in manchen Fällen deutliche (technische) Kompetenz in der Eltern-Kind-Beziehung zugesprochen wird. Wir werden dies im
dritten Teil dieses Buchs unter der Kategorie Vermittlerrollen diskutieren.

Damit konkretisiert sich ein Muster, das sich durch unser gesamtes Material
zieht: Sind die häuslichen Welten Lebenslokalitäten von Familien, ist typi-

scherweise das Kinderzimmer der Ort der Computernutzung. Unter den Interviews in der russischen Diaspora berichtet der 36-jährige Vitalii folgende Geschichte der Positionierung des Computers in seiner häuslichen Welt:

„[der Computer steht] im Kinderzimmer [...]. Ich meine nicht in dem richtigen Sinne wo die Kleinen schlafen, aber es ist schon, das war das eigene Zimmer von dem ältesten Sohn. Nun, jetzt hat er sich ein anderes Zimmer genommen und der Computer ist da geblieben. Und so ist es dann das Zimmer des mittleren Sohnes da und überhaupt wir haben da alles hingebracht und jetzt steht es da bei ihm." (Vitalii, m, 36, russ.)

Dieses Zitat ist bemerkenswert, weil es für die Stabilität des Beziehungsmanagements in der Medienaneignung steht: Nachdem der älteste Sohn ausgezogen ist, bleibt die Lokalisierung des Computers im „Kinderzimmer" konstant, wenn auch der mittlere Sohn die Rolle des älteren eingenommen hat. Ähnlich berichtet die 47-jährige Viktoria, dass der Computer im Zimmer des Sohnes steht, wobei sie „da rein [darf] ((lacht)), wenn er gute Laune hat". Diese lokale Positionierung des Computers erscheint anderen Diasporaangehörigen ebenfalls als „natürlich" (Swetlana, w, 52, russ).

Das Beispiel von Aziz (m, 50, türk.) und Aysun (w, 43, türk.) mit dem Verbot des Computers im Jungenzimmer macht greifbar, dass (gendergeprägtes) Beziehungsmanagement von Eltern und Kindern in der Medienaneignung auch zum Krisenmanagement werden kann. Einen besonderen Fall aus der marokkanischen Diaspora bilden diesbezüglich Kamila (w, 36, marokk.) und ihre Nichte Aicha (w, 17, marokk.). Kamila berichtet, wegen ihrer Nichte vor sechs Monaten den häuslichen Internetzugang gekündigt zu haben. Ihre Nichte – die sie nach dem Tod ihrer Mutter zwei Jahre zuvor adoptiert und nach Deutschland geholt hatte – nutzte im extremen Maße das Internet. In Aichas eigenen Worten: „ich war sechs Monate nur zuhause und hatte damals Internet, ja, und ich rede nur mit meinen Schwester und meine Freunde". Insgesamt gibt sie selbst an, täglich „fünf Stunden bis sechs" das Internet genutzt zu haben. Das Verbannen des Internets aus der häuslichen Welt verweist insofern auf ein krisenhaftes Beziehungsmanagement, als Kamila hierdurch versucht, die stark herkunftsorientierte kommunikative Orientierung Aichas zu minimieren und sie zu einer stärkeren Öffnung zum aktuellen Lebenskontext zu bewegen.

Diese Beispiele verdeutlichen, in welch komplexes Beziehungsmanagement die Medienaneignung in den häuslichen Welten eingebettet ist. Das Spezifische solcher Prozesse in Diasporagemeinschaften ist, dass über die medienbezogene Artikulation der Beziehungen verschiedener Geschlechter und Generationen ebenfalls Fragen der ethnischen Zugehörigkeit ausgehandelt werden.

Wie eingangs festgestellt, sind die skizzierten Beispiele aber nicht nur im Hinblick auf das in ihnen greifbare Beziehungsmanagement zu sehen. Es geht ebenso um die *Grenzziehung des Privaten.* Indem die gewollten und nicht-gewollten Kommunikationsbeziehungen der häuslichen Welt gestaltet werden. Wie John Tomlinson (1999: 150-180) festgestellt hat, ist die Besonderheit der Globalisierung der Medienkommunikation darin zu sehen, dass alltagsweltliche Lokalitäten in umfassenden, zumindest prinzipiell zum Globalen tendierenden kommunikativen Konnektivitätsgefügen stehen. Greift man diese Überlegungen auf, können wir das in der Medienaneignung konkret werdende Beziehungshandeln der Diasporaangehörigen als eine für sie produktive Gestaltung der kommunikativen Konnektivitäten ihrer häuslichen Welt begreifen.

Dabei geht es nicht einfach nur um die Frage der Anschaffung von Satellitenfernsehen, Internet oder anderen Kommunikationsmöglichkeiten und so um die Steigerung der kommunikativen Konnektivitäten der häuslichen Welt. Es geht ebenso um die Bestimmung der Grenzen solcher Kommunikationsbeziehungen. Wir können diesbezüglich nochmals das Beispiel von Kamila (w, 36, marokk.) und Aicha (w, 17, marokk.) mit der Abschaffung des Internets aufgreifen: Durch ihr Handeln hat Kamila die häusliche kommunikative Konnektivität ihrer Nichte beschränkt, aber nicht den Kommunikationskontakt zu deren Freunden und Schwester in Marokko gänzlich beendet. Aicha nutzt mit Wissen und Akzeptanz von Kamila nach wie vor das Internet für diese Form der Beziehungskommunikation, indem sie einmal pro Woche für zwei Stunden ins Internetcafé geht. Mit Kamilas Kündigung des häuslichen Internetzugangs wird also nicht vollkommen der herkunftsbezogene Familienkontakt gekappt. Dies entspräche auch nicht ihrem Engagement für die Familie in Marokko, das an der Aufnahme der Nichte nach dem Tod ihrer Mutter deutlich wird. Gleichwohl wird eine kommunikative Grenze gezogen, das heißt eine kommunikative Distanz zwischen dem „Hier" der häuslichen Welt in Deutschland und dem „Dort" der Herkunft Marokkos geschaffen.

Über dieses Beispiel hinaus findet man in den zum Teil umfassend kommunikativ konnektierten häuslichen Welten der medialen Migranten vielfältige Grenzziehungen kommunikativer Beziehungen. Hiermit ist nicht nur die Grenzziehung durch die Auswahl bestimmter Inhalte in den Massenmedien gemeint. Bemerkenswert sind daneben die Beispiele für gezielte Verabredungen zu Internet-Chats, durch die die Grenzen solcher Formen der Kommunikation bestimmt werden. Ein Beispiel dafür ist unter der marokkanischen Diaspora Hassan (m, 43), der sich bewusst über Telefon für bestimmte Zeiten zum Chat verabredet, um so seine personale Kommunikation in der Diaspora zu gestalten.

Aber auch andere, nicht unbedingt diasporaspezifische Formen der Grenzziehung des Privaten prägen die Medienaneignung der von uns befragten Migrantinnen und Migranten. Dies ist insbesondere bei zuhause Arbeitenden die

Grenzziehung zwischen beruflichen Kommunikationskontakten einerseits und einer geschützten privaten Sphäre andererseits. Serhat (m, 48, türk.) berichtet über die Problematik, einerseits mit dem (Mobil-)Telefon auf Grund der Arbeit in der Reisebranche immer erreichbar sein zu wollen, andererseits aber hierdurch auch schon um „fast vierundzwanzig Uhr in der Nacht" gestört worden zu sein.

Fassen wir solche Beispiele zusammen, geht es für die Angehörigen der von uns untersuchten Migrationsgemeinschaften in deren häuslichen Welten *nicht* einfach nur darum, umfassende kommunikative Konnektivitäten zu haben. Sie wollen dieses Potenzial vor allem *gestalten*. Auch wenn – so es ökonomisch möglich ist – neben dem Festnetztelefon und regulären Fernseher gezielt Satellitenfernsehen, Computer, Internetzugang usw. angeschafft werden, um in der häuslichen Welt breite Kommunikationsbezüge zur je eigenen Diaspora wie auch darüber hinaus zu haben, gilt es diesen umfassenden kommunikativen Konnektivitäten klare Grenzen des Privaten entgegenzusetzen.

5.2 Das Anderswo

Wie im letzten Abschnitt betont, ist die häusliche Welt die „Nabe" der Kommunikationsbeziehungen der von uns interviewten medialen Migranten. Gleichwohl könnte man deren Kommunikationsraum nicht angemessen fassen, wenn man nicht auch das Anderswo als eine weitere wichtige Art von Lokalität der Medienaneignung im Blick hat. Mit dem Begriff des Anderswo sollen all solche Orte der Alltagswelt bezeichnet werden, die jenseits der häuslichen Welt feste lokale Anlaufpunkte der Medienaneignung darstellen. Die Vielzahl der relevant erscheinenden Lokalitäten lässt sich im Hinblick auf zwei Aspekte näher betrachten, nämlich zum einen den des Kostenmanagements, zum anderen den der lokalen, über die eigene Familie hinausgehenden Vergemeinschaftung: Lokalitäten des Anderswo werden aufgesucht, um die mitunter hohen Kosten für Kommunikationsbeziehungen in der Diaspora zu managen, oder weil sich Angehörige der Diaspora von diesen ein spezifisches Vergemeinschaftungserleben versprechen.

Zuerst einmal fallen die verschiedenen Lokalitäten des ‚Anderswo' als *Orte des Kostenmanagements* auf: Gerade wenn die von uns interviewten Migrantinnen und Migranten sich privat keinen eigenen Internetzugang leisten können, heißt dies nicht, dass sie im Sinne des „digital divide" aus den Möglichkeiten digitaler Kommunikation ausgeschlossen wären. Weit verbreitet ist die Nutzung von Internetcafés als Ort des Internetzugangs, wobei diese Cafés regelmäßig, meist im wöchentlichen Rhythmus besucht werden (Abbildung 11: „Telewelt", „Lift"). Die zweite zentrale Lokalität zum Kostenmanagement ist der Telefonladen, der immer wieder auch in Kombination mit einem rein funktionalen Internetcafé angeboten wird (Abbildung 11: „CallBox", „PPT"). Dieser wird – wiederum in regelmäßigen Rhythmen — auch von Personen aufgesucht, die mit Internet, Festnetztelefon und Mobiltelefon über eine breite häusliche Ausstattung der personalen Kommunikation verfügen. Die Fotografien in Abbildung 11 zeigen, dass es sich dabei zumeist um sehr pragmatische Nutzungslokalitäten handelt, die sich – bis auf die Ausnahme des „Lift" – deutlich von „trendigen" Internetcafés einer „digitalen Bohème" abgrenzen, wie Maren Hartmann (2009) sie beschreibt. Zumeist werden diese Läden und Cafés selbst von Migrantinnen und Migranten betrieben, insbesondere türkischer und asiatischer Diasporas.

Abbildung 11: Internetcafés als Lokalitäten des Anderswo

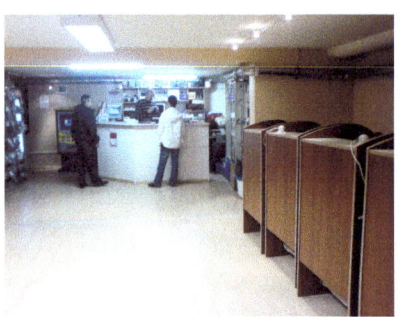
Internetcafé „Telewelt", Züricher Straße

Internetcafé „Lift", Weberstraße

Telefonladen und Internetcafé „CallBox", Bahnhof

Telefonladen und Internetcafé „PPT", Bahnhof

Typische Beispiele für die Nutzung von Telefonläden als Orten des Kostenmanagements sind Olessia (w, 27, russ.), die von dort trotz breiter eigener Medienausstattung in der Ukraine – ihrem Herkunftsland – anruft. Danil (m, 24, russ.), ebenfalls Angehöriger der russischen Diaspora, berichtet wie folgt lachend über die Regelmäßigkeit seiner Telefonladennutzung: „einmal in zwei Wochen, so, aber, dann rufe ich alle an". Ähnliche Berichte finden sich für andere Diasporaangehörige. Malik (m, 32, marokk.) – gebürtiger Marokkaner und ebenfalls sehr gut mit Medien ausgestatteter Studierender – erzählt ebenfalls von seiner mehr oder weniger regelmäßigen Nutzung von Telefonläden zur Kostenreduktion („billig"), wie Amar (m, 28, marokk.) erzählt, in Telefonläden Telefonkarten zu kaufen, um kostengünstig mit dem Mobiltelefon nach Marokko telefonieren zu können: „kauf mir eine Karte für fünf Euro und dann kann/ habe ich sechs Euro Guthaben". In solche Muster des Kostenmanagements fügt sich teilweise die lokale Gestaltung von Kommunikationsbeziehungen zur Familie bzw. zu anderen Migrantinnen und Migranten in Deutschland ein. Adil (m, 43, marokk.) teilt uns mit, dass seine Frau ihn, wenn er unterwegs ist, auf dem Mobiltelefon nur anklingelt, und er dann von „irgendein[er] Telefonzelle oder [vom] Telefonshop" zurückruft, nachdem er ihre Nummer auf dem Display gesehen hat. Für viele Diasporaangehörige sind Telefonläden also zuerst einmal *pragmatische* Lokalitäten des Anderswo, die als fester Bestandteil ihrer Alltagswelt eine kostengünstige Gestaltung ihrer personalen Kommunikationsbeziehungen ermöglichen.

Ähnliches trifft zu, wenn man die Äußerungen der von uns interviewten medialen Migranten zu Internetcafés betrachtet. Viele Formulierungen zeigen, dass es sich hierbei ebenfalls um wichtige Lokalitäten des Kostenmanagements insbesondere beim Mailen, Chatten und Surfen handelt. Exemplarisch für andere lässt sich nochmals auf Amar (m, 28, marokk.) verweisen, der „zweimal pro Woche" ein Internetcafé aufsucht, dann mailt und chattet, denn im „Wohnheim [in dem er lebt] gibt es kein[en] Comp[uter]". Ganz ähnlich berichtet Olessia (w, 27, russ.), über lange Zeit – als sie noch keinen eigenen Internetzugang hatte – regelmäßig ein Internetcafé zum Mailen genutzt zu haben.

In ein solches Kostenmanagement fügt sich ein Set anderer Lokalitäten des Anderswo, an denen – insbesondere durch Beruf und Ausbildung – ein kostenfreier Internetzugang besteht. Soraya (w, 36, marokk.) berichtet, dass sie den Computer mit Internetzugang in dem Juwelierladen, in dem sie arbeitet, zum privaten Mailen nutzt. Nalan (w, 50, türk.) – selbst in einem türkischen Verein ehrenamtlich tätig – arbeitet „sechs Tage von zehn Uhr morgens bis neunzehn Uhr abends" als Selbstständige in einem Abendkleiderladen. Dort nutzt sie aus zeitökonomischen Gründen nebenher das Internet, obwohl sie zuhause über eine Flatrate verfügt. Andere Migrantinnen und Migranten, die gerade in Ausbildung sind, verwenden den Internetzugang in der Bibliothek und der Universität für private Zwecke. Auch hier sehen wir also, dass die Vielzahl öffentlicher Zugangslokalitäten des Anderswo ein breites Kostenmanagement des Internetzugangs gestattet – nicht nur im Hinblick auf ökonomische Ressourcen, sondern auch die Ressource Zeit.

Würde man sich den Telefonläden, Internetcafés und anderen Orten einer regelmäßigen Mediennutzung außer Haus allerdings nur aus einer solchen ökonomischen Perspektive annähern, wäre der Blickwinkel verkürzend. Solche Lokalitäten des Anderswo sind ebenfalls zentrale Orte der medienbezogen, *lokalen* Vergemeinschaftung. Rückt man dies in den Vordergrund der Betrachtung, fallen zuerst einmal Lokalitäten der Nutzung von Massenmedien auf, nämlich Lesecafés – entweder in der Form von Lesemöglichkeiten in lokalen Migrantenvereinen oder aber als kommerzielle Cafés. In den meisten Fällen geht es nicht nur um das kostengünstige Lesen von Zeitungen und Zeitschriften der eigenen Herkunft, sondern auch darum, sich lokal ausgehend von der Lektüre (in der eigenen Diaspora) zu vergemeinschaften. Besonders interessant ist der Fall von Amin (m, 44, marokk.), der berichtet, an seinem Arbeitsplatz in der marokkanischen Botschaft und einem lokalen Verein marokkanische Zeitungen zu lesen. Ähnlich erzählt Erkan (m, 57, türk.), dass ihm in seinem lokalen Migrantenverein neben einer deutschen Zeitung auch zwei türkische zur Verfügung stehen. Aber nicht nur ausgehend von Zeitungslektüre, ebenso ausgehend vom Fernsehen bieten die Vereinsörtlichkeiten Möglichkeiten der Vergemeinschaftung. Ahmet (m, 36, türk.) teilt uns mit, eigentlich nicht gerne in ein türkisches Café zu gehen, weil es dort immer so verraucht ist. Jeden Donnerstag trifft er sich dort aber mit Freunden, um gemeinsam die türkische Serie „Kurtlar Vadisi" (dt. „Tal der Wölfe") anzuschauen. Ein anderes Beispiel wäre Ismail (m, 49, türk.), der – obwohl er selbst bisher in allen seinen Wohnungen türkisches Fernsehen empfangen konnte – ins Café geht, um gemeinsam Fußball anzuschauen.

In solche Formen (migrantischer) Vergemeinschaftung in der lokalen kollektiven Medienaneignung fügen sich Internetcafés als Nutzungsort ein. Besonders anschaulich ist der Fall des 43-jährigen arbeitslosen Adil, der sich in seinen Äußerungen auf das sehr nüchterne Internetcafé „Züricher Straße" (Abbildung 11) bezieht:

„Wie gesagt, ich bin immer damals aus Langeweile oder wenn die Tage zu lang sind ins Internetcafé gegangen, wo Freunde und Bekannte wo sich getroffen haben. Das war e'n Internetcafé. Da hat man Kaffee getrunken oder Zigaretten geraucht. Und das waren mehrere PCs da, waren glaub ich zwölf Stück. Und dann immer, wenn ich jemand kenne, war im Internet, hab ich mich [da]neben gesessen. Und da war ich neugierig und da hab ich immer gesagt ‚so jetzt muss ich auch ein mal machen'. Und seitdem hab ich das, ne. Also wie gesagt, Internet ist für mich das A und O […]. Obwohl ich [mittlerweile] meine

Internet zuhause habe, wenn ich manchmal Züricher Straße bin, da ist auch ein Internet-café, wenn ich Langeweile habe, geh' ich trotzdem da für ein Stunde oder zwei Stunden da, trotzdem Internet obwohl ich eine zuhause habe." (Adil, m, 43, marokk.)

Dieses Zitat untermauert, wie wichtig für Adil nicht nur das Internet ist – er selbst sagt, er würde eher auf den Fernseher denn auf den Computer verzichten –, sondern dass Internetcafés für ihn einen wichtigen Ort der Kontaktbildung und lokalen Vergemeinschaftung darstellen. Dabei stört ihn auch nicht die nüchterne, rein funktionale Einrichtung des besagten Internetcafés; es geht ihm um die Möglichkeit, „Freunde und Bekannte" zu treffen.

Andere Momente von Vergemeinschaftung machen weitere Zitate greifbar. Cagla, eine 27-jährige türkische Studentin, die selbst keinen Internetzugang zuhause hat, berichtet, dass sie regelmäßig das Internetcafé „Lift" (Abbildung 11) nutzt, wenn sie dringend Informationen braucht oder mailen muss. Hierbei ist das Internetcafé für sie über diese funktionale Nutzung hinaus ein Ort, den sie mit den Worten „die Musik [ist] ganz gut" und „die Atmosphäre ist anders", beschreibt. Sie geht in dieses Internetcafé entsprechend auch, „wenn ich einfach sitzen möchte, was trinken möchte". Es wurde eine feste soziale Lokalität in ihrem Wohnviertel. Etwas anders gelagert ist der Fall des 17-jährigen Orhan (m, türk.) zu sehen, der mit seinen Freunden – obwohl sie zuhause über einen Computer verfügen – in einem Internetcafé in deren Wohnbezirk Counterstrike spielt. Als Grund wird das im Internetcafé mögliche Gemeinschaftserlebnis genannt, das einer kleinen LAN-Party gleichkommt: „alleine macht es ke/ nicht so viel Spaß als mit allen zusammen zu spielen". In solchen Fällen wird das Internetcafé als Lokalität des Anderswo zu einem sozialen Ort der Vergemeinschaftung, der weit über die Kostenreduktion in der Alltagswelt eine Bedeutung entfaltet.

Bei einer Gesamtbetrachtung der Lokalitäten des Anderswo darf man aber nicht nur den Blick auf solche öffentlichen bzw. halb-öffentlichen Orte der Mediennutzung lenken. Vielmehr gilt es, darüber hinaus im Blick zu haben, dass die häusliche Welt *von Familienangehörigen bzw. Freunden* eine wichtige weitere Lokalität des Anderswo ist, gerade wenn es um Prozesse der Vergemeinschaftung geht. Typisch dabei ist unter den jungen medialen Migranten – häufig der zweiten oder dritten Generation – die gemeinsame Nutzung des (Satelliten-)Fernsehens in der Herkunftssprache bei den Eltern. Maxim (m, 27, russ.) rezipiert russisches Fernsehen – da er selbst kein Satellitenfernsehen hat – durchweg bei seinen Eltern, wie er auch eine jüdische Zeitung dort liest. Eine solche gemeinsame Fernsehrezeption ist mitunter irritierend, nicht nur wegen der Notwendigkeit der (Wieder-)Ein- und Unterordnung in das Mediennutzungsverhalten der Eltern – „die gucken drei Serien auf einmal, ich weiß nicht mehr, was wo los ist" (Halim, m, 33, türk.) –, sondern auch wegen des so zugänglichen, medienvermittelten Blicks auf die Herkunft. Ganz in diesem Sinne äußert sich die 33-jährige Gökce:

„Wenn ich bei meiner Mutter war, war ich immer sehr schockiert von diesen ganzen komischen Musiksendungen und auch diese komischen Nachrichten. Finde ich, die sind nicht Nachrichten, sondern irgendwelche Popnachrichten, irgendwie so. Und, ähm, was/ was ich gerne im Fernsehen gucken wollte, im türkischen Fernsehen bei meiner Mutter, waren alte türkische Filme. Aber die gibt's anscheinend auch selten." (Gökce, w, 33, türk.)

Dieses Zitat zeigt, dass in der gemeinschaftlichen Rezeption in der elterlichen häuslichen Welt gerade über die Zugänglichkeit des türkischen Fernsehens die interne Vielfalt und Differenz der Diaspora verhandelt wird: Während für die Eltern das türkische Fernsehen unproblematischer Teil des massenmedialen Kommunikationsraums der Diaspora ist, bleibt es für Migrantinnen und Migranten der zweiten oder dritten Generation auf Grund seiner eigenen Ästhetik und Darstellungsweise mitunter irritierend. In der *gemeinsamen* Rezeption an Orten des Anderswo wird auf diese Weise die interne *Differenziertheit* von Diaspora greifbar.

Betrachtet man die bis hierher behandelten Lokalitäten des Anderswo insgesamt, wird die ortsmäßige Breite der Aneignung diasporischer Kommunikationsräume deutlich: Die Alltagswelt medialer Migranten zeichnet sich dadurch aus, dass sie mit verschiedensten Medienaneignungsorten durchzogen ist. Relevant ist dies nicht einfach nur für das Kostenmanagement, durch das bestimmte öffentliche bzw. kommerzielle Nutzungsorte eine spezifische Attraktivität haben. Es geht ebenso um lokale (diasporische) Vergemeinschaftung, die an Orten kollektiver Rezeption wie Internetcafés möglich wird. Anderswo Medien zu nutzen, ist fester Teil des migrantischen Medienrepertoires.

5.3   Das Irgendwo

Eine Abschätzung der Lokalitäten von Medienaneignung in der Diaspora macht neben der ‚häuslichen Welt' und dem ‚Anderswo' noch eine Auseinandersetzung mit einer dritten Art von Lokalität nötig, die wir als Irgendwo („somewhere") bezeichnen möchten. Solche Lokalitäten zeichnen sich dadurch aus, dass sie zwar Bestandteil der lokalen migrantischen Alltagswelt sind, aber keine fest definierten Orte regelmäßiger Medienaneignung bilden. Vielmehr handelt es sich um situativ hergestellte Orte im weitesten Sinne mobiler Medienaneignung. Zu denken ist an die Straßenecke, die als Abschirmung genutzt wird für ein vertrauliches Mobiltelefonat, das Auto, in dem ein spezielles Ethno-Radioangebot gesucht wird, oder das Internetcafé einer fremden Stadt, das für eine schnelle E-Mail aufgesucht wird. Das letzte Beispiel macht bereits deutlich, dass die Grenzen zwischen Lokalitäten des Anderswo und des Irgendwo fließend sind. Im Kern ist deren Differenz darin zu sehen, dass Lokalitäten des Anderswo definierte Lokalitäten einer regelmäßigen, mehr oder weniger habitualisierten Mediennutzung sind, Lokalitäten des Irgendwo solche, die situativ in lokaler Mobilität als Orte der Mediennutzung konstituiert werden.

Diese definitorischen Formulierungen verdeutlichen, dass sich bei Lokalitäten des Irgendwo Ortsmanagement und Mobilität in einer engen Weise ineinander verschränken: Indem es sich bei ihren gerade um keine Orte habitualisierter Mediennutzung handelt, müssen sie als solche auf besondere Weise erst geschaffen werden, was ein Ortsmanagement notwendig macht. Dies verweist auf die „kommunikative Mobilität" (Hepp 2006b), in die Lokalitäten des Irgendwo auf enge Weise verwoben sind: Versteht man unter kommunikativer Mobilität so viel wie den Umstand, dass gegenwärtige Medien zunehmend auf Menschen in Bewegung gerichtet sind, so sind Lokalitäten des Irgendwo die Orte, an denen Menschen in Bewegung Medien nutzen. Ein zunehmendes Maß an situativer lokaler Mobilität ist für viele Menschen kennzeichnend. Zu denken ist hier an Bewegungen in der Stadt (Sheller/Urry 2006) oder das Pendeln zum Arbeitsplatz, das Raymond Williams früh in seinem Konzept „mobiler Privatisierung" (Williams 1990: 26-28) reflektiert hat. Allerdings hat biografische lokale Mobilität – d. h. die örtliche Bewegung über den Lebenslauf hinweg – für Migrantinnen und Migranten über die eigene oder die Eltern kommunizierte Migrationserfahrung einen herausgehobenen Stellenwert der Sinnstiftung. Ausgehend von solchen weitergehenden Überlegungen zu biografischer Mobilität und damit verbundene Erfahrungen als Sinnhorizont geht es im Weiteren also um den Stellenwert von bestimmten Lokalitäten für die Nutzung von migrationsspezifischen Inhalten bzw. das Aufrechterhalten von migrationsspezifischen Kommunikationsbeziehungen in Bewegung.

In einem solchen Blickwinkel fallen zuerst einmal die verschiedenen *Mobiltelefonorte* auf. Der bereits zitierte Atilla (m, 37, türk.) beispielsweise ist Fernfahrer. Er fährt zwei- bis dreimal pro Woche in eine andere, rund 750 Kilometer entfernte deutsche Stadt und ruft vier bis fünfmal täglich bei seiner Familie und Freunden an. Sicherlich handelt es sich bei dem Fall von Atilla um ein berufsbedingtes Extrembeispiel. Gleichwohl findet sich in dem von uns ausgewerteten Material eine Vielzahl von Beispielen dafür, wie das Mobiltelefon über den Tagesverlauf lokaler Mobilität zu einer engen Kommunikationsbeziehung mit nahen Familienangehörigen genutzt wird. Metin (m, 30, türk.) und Ilkay (w, 29, türk.) – ein anderes, von uns interviewtes türkisches Paar – haben beide den gleichen Mobiltelefonanbieter, um im Tagesverlauf intensiv telefonieren zu können. Auch wenn die Interviews und Medientagebücher uns in diesen und den anderen Fällen keine genaueren Informationen darüber geben, wie die Vielzahl von Telefonsituationen an spezifischen Lokalitäten hergestellt wird, können wir doch davon ausgehen, dass die fortlaufende Schaffung solcher Telefonsituationen ein hinreichendes Maß an Ortsmanagement notwendig macht.

Ein bemerkenswerter Fall für die Aneignung diasporischer Medieninhalte an *Warteorten* ist Halim, ein Produktionsingenieur, der beruflich immer wieder unterwegs ist. Halim berichtet Folgendes über die Nutzung eines Personal Digital Assistants (PDA):

„Ich les' auch sehr viel Zeitung unterwegs. Ich hab so ein kleines PDA. Ich schließ das an und dann sag ich, ähm, Start, und dann kommen die Abos dann runter, von türkischen Zeitschriften bis deutsche Zeitschriften alles drin." (Halim, m, 33, türk.)

Interessant an diesem Zitat ist nicht nur, dass Halim über sein PDA regelmäßig sowohl deutsche als auch türkische Zeitschriften und Zeitungen liest, sondern dass es gerade die Wartesituationen sind, die er auf diese Weise produktiv nutzt. Was Halim sich schafft, ist eine technologiegestützte, zumindest in Teilen diasporische Bibliothek aktueller Zeitungen und Zeitschriften, auf die er mobil zurück greifen kann. Die Lokalitäten des Irgendwo bieten Möglichkeiten des situativen Zugreifens auf diese Bibliothek.

Dies verweist auf den vielleicht interessantesten Aspekt von Ortsmanagement und kommunikativer Mobilität, nämlich den der *diasporischen Kommunikationsblase*. Wie Michael Bull in seinen Analysen mobiler Musiknutzung in städtischen Räumen festgestellt hat, ist „Etliches unserer Bewegung durch die Stadt […] Einsamkeit, zwischen Zielorten und Treffen" (Bull 2004: 278). Bei dieser solitären Bewegung durch die Stadt werden mobile Kommunikationstechnologien (Mobiltelefon, mobiles Radio, MP3-Player etc.) verwendet, um die verschiedenen „disparaten Windungen eines Großteils der urbanen Bewegung" (ebd.) in einer eigenen Kommunikationsblase miteinander zu verbinden.

Während dieser Befund eine allgemeine Gültigkeit für urbanes Leben in Großstädten hat (Bull 2000; 2007), erscheint bemerkenswert, in welchem Maße diese „Kommunikationsblase" bei den von uns interviewten Migrantinnen und Migranten auch ethnisch geprägt ist. Wir können als erstes Beispiel die im Autoradio gehörte Musik aufgreifen, die primär lokale Servicewellen umfasst, daneben aber – zumeist ganz bewusst gesuchte – multikulturelle Radioangebote. Die Beispiele, die in unserem Interviewmaterial genannt werden, reichen von Aysel (w, 22, türk.), die nach Feierabend „immer Köln Radyosu" hört – mit der Begründung, über diesen türkischen Radiosender sei „man halt immer auf dem neuesten Stand" –, bis zu Mert (m, 33, türk.). Dieser berichtet, abends und

„eigentlich nur im Auto" den Sender Funkhaus Europa zu hören, da dort „immer die türkischen Nachrichten" empfangbar sind.

Einen weiteren Aspekt dieser diasporischen Kommunikationsblase erfährt man, wenn man mobile Musikabspielgeräte in die Betrachtung einbezieht. Aicha, eine 17-jährige Angehörige der marokkanischen Diaspora, erzählt davon, auf ihr Mobiltelefon regelmäßig arabische und türkische Musik zu laden, um diese unterwegs bzw. in der Schule zu hören – türkische Musik neben der arabischen deswegen, weil sie „viel[e] türkische Freundinnen in der Schule" hat, über die sie Musikdateien erhält. Malik (m, 32, marokk.) geht zwar nicht genau auf die Musiktitel ein, die er auf seinem MP3-Player hört, berichtet aber, „wenn ich keine Musik höre, in der Bahn, dann, ich finde das Zeitverschwendung". Umgekehrt gibt Amar (m, 28, marokk.) an, den MP3-Player dann zu verwenden, wenn er nach Marokko reist, um dort Zugriff auf seine Musikgesamtbibliothek zu haben.

Wir können all die genannten Interviewausschnitte als Beispiele dafür ansehen, dass die von uns interviewten medialen Migranten an verschiedenen Orten des Irgendwo auch in Mobilität unterschiedlichste Medien nutzen. In gewissem Sinne wird es ihnen dadurch möglich, den diasporischen Kommunikationsraum in den mobilen Momenten ihres Alltagslebens zu gestalten. Durch das Mobiltelefon wird ein Herstellen von personalen Kommunikationsbeziehungen von nahezu allen Orten aus möglich. Und mobile Musikabspielgeräte gestatten es, die je eigene, identitätsstiftende Musik an verschiedensten Lokalitäten mit sich zu führen.

Auch die Analyse des Irgendwo zeigt damit, dass wir die kommunikative Vernetzung medialer Migranten und den hierauf fußenden diasporischen Kommunikationsraum nur dann angemessen fassen können, wenn wir die Lokalitäten der ihm zu Grunde liegenden, alltagsweltlichen Medienaneignung im Blick haben. *Dabei ist die häusliche Welt die „Nabe" diasporischer Medienaneignung, die Lokalitäten des Anderswo dienen nicht nur zum Kostenmanagement, sondern ebenso der lokalen Vergemeinschaftung, und an den Lokalitäten des Irgendwo findet insbesondere eine mobile Mediennutzung statt.*

Betrachtet man solche Analysen insgesamt, machen sie einen wichtigen materiellen Aspekt des translokalen Charakters von Diasporas deutlich: Die Kommunikationsbezüge von medialen Migranten lösen sich nicht einfach in einer Virtualität auf. Vielmehr leben die Migrantinnen und Migranten ihr Leben zuerst einmal lokal an den verschiedenen Orten ihres aktuellen Lebensmittelpunkts. Diese Lokalitäten sind auch die Orte der Medienaneignung, eine Aneignung, über die sich mediale Migranten vielfältige Kommunikationsnetzwerke erschließen, deren massenmediale und personale Kommunikationsflüsse so etwas wie einen vielfältigen zur Herkunft, zum Migrationsland und zum Globalen geöffneten diasporischen Kommunikationsraum schaffen. Gerade durch dessen Rückbezüglichkeit auf die Materialität der aktuellen Lebenslokalitäten ergibt sich allerdings eine diasporische Spezifik dieses Kommunikationsraums: *Translokale Kommunikationsbeziehungen zur Herkunft, zum Migrationsland, zum Globalen und zur weiteren Diaspora werden in der aktuellen Alltagswelt lokalisiert – eine Alltagswelt, deren Orte damit selbst zunehmend mediatisiert sind.*

6   Diasporamedien als Vernetzungsfokus

In diesem Kapitel wollen wir uns mit der Aneignung von Diasporamedien befassen. Konkret geht es uns um Migrantenzeitungen wie die Europaausgabe von Hürriyet, um migrantische Internetportale wie Maroczone und weitere von Migranten für Migranten erstellte Medienangebote. Wie bereits betont, handelt es sich dabei im *engeren* Sinne um *keinen* Kontext der Medienaneignung. Wir behandeln Diasporamedien dennoch in diesem zweiten Teil unserer Studie, weil sie unmittelbar auf bestimmte Kontexte einzelner Handlungsfelder der Medienaneignung verweisen: Engagement, Erleben, Geschäft, Glaube und Wissen. Dabei bilden Diasporamedien insofern den *Fokus* der kommunikativen Vernetzung medialer Migranten, als dass durch sie der Kernbestand dessen, was Diaspora ist, medienvermittelt kommuniziert wird. Fokus darf also nicht derart missverstanden werden, dass wir sagen wollten, Diasporamedien seien die *primär* genutzten Medien der von uns interviewten Migrantinnen und Migranten. Alle Angaben zur Nutzungshäufigkeit und -dauer in unserem Interviewmaterial widersprechen dem. Gleichwohl sind Diasporamedien in dem Sinne *fokussierend*, dass vor allem sie es sind, über die Kernverständnisse dessen, was ein Leben in der Diaspora bedeutet, (teil-)öffentlich kommuniziert werden.

Unsere Analyse hebt dabei auf zwei Kernaspekte ab. Erstens wollen wir zeigen, dass sich mit dem Hinzukommen des Internets das Ensemble von Diasporamedien insbesondere bei jüngeren Migrantinnen und Migranten wandelt, dies aber gleichwohl im Gesamtzusammenhang aller Diasporamedien zu sehen ist. Zweitens geht es uns darum herauszuarbeiten, dass dieses Ensemble von Diasporamedien wesentlich widersprüchlicher (und auch weit stärker entgrenzt zu anderen Medien) ist, als es Konzepte der (alternativen) diasporischen Öffentlichkeit nahelegen.

In der Forschung sind unterschiedliche Definitionen von Diasporamedien zu finden. So setzt Sonia Weber-Menges (2006: 123) mit ihrem Konzept der „Ethnomedien" den Akzent auf die Produzenten- und Rezipientenseite. Ethnomedien sind für sie solche Medien(-angebote), die für „Minderheitenangehörige" produziert und von ihnen genutzt werden. Darunter fallen von deutschen Medien produzierte „Ethno-Angebote" und „genuine Diasporamedien". Letztere können als transnationale Angebote bestehen (bspw. im Internet), als Angebote aus Deutschland oder als Angebote aus dem Herkunftsland. Weber-Menges schließt hier auch solche Herkunftsangebote ein, die keine spezifischen „Ergänzungen" (2006: 124) für Migrantinnen und Migranten haben. Ein anderes Verständnis

entwickelt Isabel Awad (2008). Diese betont den Aspekt der Selbstrepräsenta-
tion und argumentiert, konstitutiv für „ethnic media" sei, dass sie Migranten ge-
hörten und von ihnen kontrolliert würden, was sicherstellt, dass sich diese dort
ohne anderweitigen Einfluss repräsentieren könnten. Myria Georgiou (2005:
482) wiederum fokussiert in ihrer Betrachtung von „diasporic media" den Ad-
ressierungszusammenhang. Sie fasst unter Diasporamedien diejenigen Medienangebote, die auf spezifische ethnische, linguistische und/oder religiöse Gruppen in multikulturellen Gesellschaften zielen.

Solche Begriffsbildungen heben auf wichtige Einzelaspekte ab, die unseres
Erachtens in ein zielführendes Verständnis von Diasporamedien zu integrieren
sind. Diese verschiedenen Argumente integrierend wollen wir *als Diasporamedien solche Medien bezeichnen, die von Migrantinnen und Migranten produziert
werden, migrationsspezifische Inhalte verhandeln und von diesen selbst angeeignet werden.* Diasporamedien sind also diejenigen Medien, die sich im Zentrum des Gesamtkreislaufs der diasporischen Medienkultur artikulieren. Dabei
sind sie eine mehr oder weniger relevante Ressource für diasporische Identität.
Wichtig ist im Blick zu haben, dass Diasporamedien gerade nicht nur die „großen" Massenmedien sind, sondern auch vielfältige „kleinere" Medien der mediatisierten Interaktion.

Unter unsere Definition fallen somit massenmediale Angebote wie Diasporaradios, -zeitungen oder -zeitschriften *und* Online-Medienangebote wie Video-
bzw. Musikplattformen, Netzwerkplattformen oder Nachrichtenwebseiten, die
entweder exklusiv diasporisch sind oder ein spezifisches Teilangebot für bestimmte Diasporagruppen haben. Als Beispiele für Online-Diasporamedien
kann man das deutsch-russische Webportal Germany.ru nennen, das unterschiedliche Rubriken wie Nachrichten, Chat, Shopping, Forum u. a. beinhaltet,
oder eine Webseite wie Yabiladi.com, die für marokkanische Migranten in verschiedenen Ländern Musik, Filme und Serien zur Verfügung stellt. *Unserem
Verständnis nach sind Herkunftsmedien aber etwas anderes als Diasporamedien.*

Diasporamedien werden einmal mehr dahingehend problematisiert, dass sie
die Bildung von Parallelgesellschaften bzw. Mediengettos fördern würden. Es
wird befürchtet, dass durch sie isolierte Teilöffentlichkeiten entstehen würden
und eine mediale Segregation stattfände, indem Migrantinnen und Migranten
sich von deutschen Medien abwenden würden (Weber-Menges 2006: 141).
Unsere bisherigen Analysen sprechen jedoch einmal mehr gegen eine solche
Gefahr: Diasporamedien werden eher ergänzend zu deutschen Medien (und Herkunftsmedien) genutzt.

In vielerlei Hinsicht sind die traditionellen Massenmedien nicht hinreichend, um die Vielfalt pluralistischer Gesellschaften zu repräsentieren (Cun-

ningham et al. 2001: 1537; Georgiou 2006: 46). Diasporamedien haben das Potenzial, solche „Lücken" der Medienlandschaften von Migrationsländern zu füllen. Gleichwohl bieten sie keine homogenen, sondern vielfältige Repräsentationen der Diaspora und sind durchaus von Formen des internen Ausschlusses und der Gruppenbildung gekennzeichnet. Wer von wem und wie repräsentiert wird, ist immer eine Frage der Macht sowie ökonomischer (und anderer) Ressourcen, ebenfalls innerhalb der Diaspora (Kosnick 2007b: 166). Diasporamedien sind somit in einer widersprüchlichen Gesamtsituation zu sehen: Einerseits tragen sie zu einer Revitalisierung von Gruppenidentitäten bei. Andererseits müssen sich Diasporaangehörige in einer zumindest ansatzweise gesicherten Position befinden, um solche Medien produzieren zu können (Rigoni 2005: 577).

Wie verschiedene empirische Studien zeigen, sind Diasporamedien bereits seit Jahrzehnten unter Migrantinnen und Migranten verbreitet (Cunningham et al. 2001; Kolar-Panov 1997; Naficy 1993). Immer wieder findet man jedoch die These des Popularitätsgewinns von Diasporamedien, der zumindest dreifach und hierbei nicht ausschließlich medienbezogen begründet wird. Erstens haben sich – auch vermittelt über neue Transporttechnologien – neue Formen von (Trans-)Migration etabliert, wodurch sich ein grundlegendes Interesse an eigenen Migrationsmedien artikulieren kann (siehe bspw. Georgiou 2005). Zweitens ist – und hier kommt insbesondere das Internet ins Spiel – der Zugang zu „alternativen" Formen der Medienproduktion zunehmend einfach möglich. So bieten insbesondere Social-Web-Angebote wie Facebook medialen Migranten die Möglichkeit eigener Medienproduktion jenseits etablierter Medienorganisationen und -unternehmen (siehe bspw. Deuze 2006). Drittens schließlich handelt es sich gerade bei Diasporaangeboten im Internet um auch ökonomisch relevante Inhalte (Miller/Slater 2000: 145-172). Das aktuell entscheidende Stichwort an dieser Stelle ist das des „Ethnomarketing", in dem durchaus auch kleine und von Migranten gegründete Unternehmen aktiv sind. So ist bspw. Vaybee!.de ein Diasporaangebot, das von einem Kleinunternehmen aufgebaut ist, welches im Bereich des Ethnomarketings tätig ist. Andere Beispiele wären Germany.ru, Tikla24.de oder Almadina-bazar.de.

Vor dem Hintergrund einer solchen Argumentation verwundert es nicht, dass es im Folgenden insbesondere um *Online*-Diasporamedien gehen wird. Aussagen dazu, wie deren Etablierung im Hinblick auf eine fortschreitende Mediatisierung einzuschätzen ist, erscheinen uns gleichwohl erst im Anschluss an unsere Analysen möglich. Zuerst einmal geht es uns darum, Diasporamedien anhand unserer Aneignungstypologie einzuordnen. Darauf aufbauend werden wir fünf Handlungsfelder ihrer Aneignung näher betrachten. Dies dient uns als Basis dafür, das (Wandlungs-)Potenzial von Diasporamedien für die von uns untersuchten Migrationsgemeinschaften insgesamt abzuschätzen.

6.1   Diasporamedien in der migrantischen Alltagswelt

Diasporaangebote unterscheiden sich erheblich im Hinblick auf ihre Professionalität und ihre kommerziellen sowie politischen Ziele (Georgiou 2005: 482; Kosnick 2007b: 168). Darüber hinaus haben sie nicht den gleichen Stellenwert in der Alltagswelt der einzelnen Diasporaangehörigen. In einer ersten Annäherung können wir Diasporamedien im Hinblick auf die Nutzungshäufigkeit betrachten (siehe Abbildung 12 und 13). Sprechen wir dabei von *regelmäßiger Nutzung*, so bezeichnet dies eine mindestens einmalige Nutzung pro Woche. *Gelegentliche Nutzung* hingegen fasst, wenn von uns interviewte Migrantinnen oder Migranten Diasporamedien kennen und/oder diese das eine oder andere Mal nutzen, sie aber nicht fester Bestandteil ihres Medienrepertoires sind.

Abbildung 12:   *Nutzung von Diasporamedien nach Aneignungstypen*

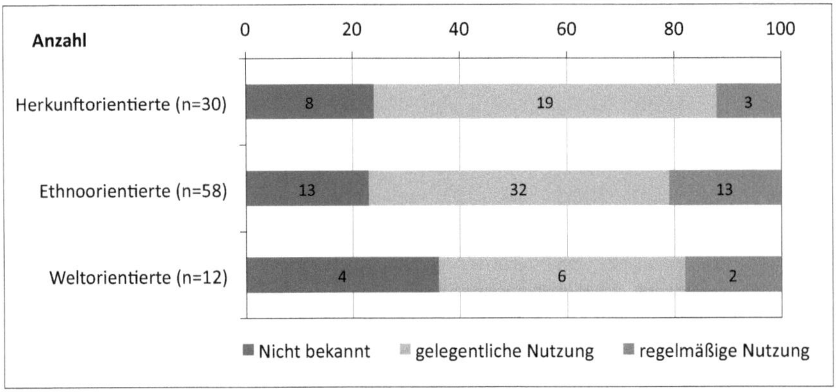

Es fällt auf, dass bei den Ethnoorientierten der Anteil der regelmäßigen Nutzung am größten ist, und zwar sowohl relativ als auch in absoluten Zahlen. Reflektiert man dies im Hinblick auf die Inhalte von Diasporamedien bzw. die in den qualitativen Interviews geschilderten Aneignungsformen, ist durchaus nachvollziehbar: *In Diasporamedien manifestiert sich die doppelte kulturelle Orientierung von Ethnoorientierten, indem sich die Inhalte dieser Medien im weitesten Sinne*

am ethnischen Spannungsverhältnis von Herkunfts- und Migrationskontext ab-
arbeiten. Aus diesem Grund interessieren sich Herkunftsorientierte seltener für
Diasporamedien. Und falls sie Diasporaangebote nutzen, bevorzugen sie solche,
in denen der Bezug auf das Herkunftsland stärker ausgeprägt ist als der Bezug
auf Deutschland. Für die weltorientierten Migranten bilden die Diasporamedien
dagegen einen Teil ihres vergleichsweise breiten Medienrepertoires und haben
keinen derart herausgehobenen Stellenwert. Gleichwohl gibt es sowohl in der
marokkanischen, russischen und türkischen Diaspora Personen, die Diasporamedien gar nicht kennen oder – falls sie ihnen bekannt sind – ein Desinteresse an
bzw. eine Abneigung gegenüber solchen Angeboten zeigen.

Abbildung 13: *Nutzung von Diasporamedien nach Migrationsgemeinschaft*

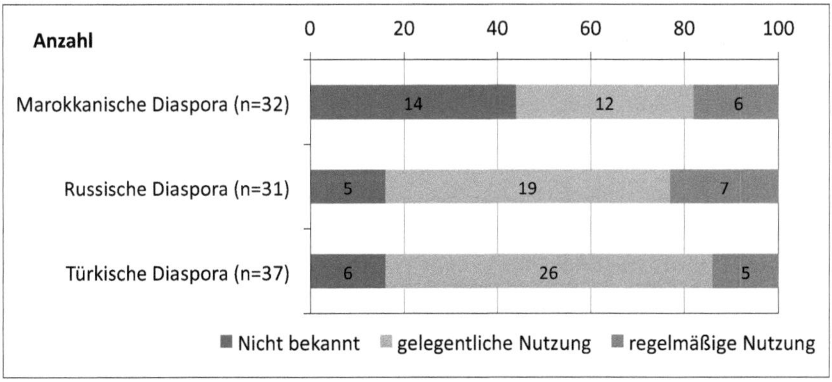

Dies betrifft insbesondere die marokkanische Diaspora. Grund hierfür ist die geringe Zahl von marokkanischen Diasporamedien. Hinter den regelmäßigen Nutzerinnen und Nutzern der marokkanischen Diaspora verbergen sich insbesondere jüngere Marokkaner in Deutschland, die Online-Diasporamedien aus anderen
Ländern nutzen, vor allem aus Frankreich.
    Differenzierter wird unser Blick, wenn wir uns konkreter auf unser Inter-
viewmaterial beziehen. *Erstens zeigt sich, dass eine allgemein distanzierte Haltung gegenüber der Diasporagemeinschaft ein Grund dafür sein kann, sich diesen Angeboten zu verweigern.* Exemplarisch verdeutlichen dies Aussagen des
herkunftsorientierten Metin (m, 30, türk.), der für ein Masterstudium nach
Deutschland gekommen ist. Auf die Frage, ob er deutsch-türkische Webseiten
liest, antwortet er, dass ihm die Unterscheidung zwischen türkischen und
deutsch-türkischen Webseiten nicht bewusst sei und er auch nicht neugierig wäre zu erfahren, was die „Almancilar [Deutschländer] so machen" (bezeichnet

umgangssprachlich und meist abfällig Menschen, die seit den 1960er Jahren als Arbeitsmigranten nach Deutschland kamen). Bemerkenswerterweise liest er allerdings Webseiten, die die türkische Diaspora in unterschiedlichen Ländern adressieren. Seine Abneigung richtet sich also nicht gegen Diasporamedien allgemein, sondern gegen diejenigen der *Deutsch*türken. Vergleichbar distanziert ist der weltorientierte Alexander (m, 32, russ.). Er empfindet das Social-Web-Angebot Odnoklassniki.ru, das bei anderen Deutschrussen beliebt ist und ihnen die Vernetzung mit früheren Klassenkameraden erleichtert, „total bescheuert", letztlich, weil sich dort für ihn kein „Kulturbewusstsein" manifestiert. Die Aneignung von Diasporamedien verweist also stark auf die je eigene Positionierung in der Diaspora.

Zweitens hängt die Aneignung von Diasporamedien von ihrer Verfügbarkeit ab. Beispielsweise hören fast alle unserer Interviewpartnerinnen und -partner der türkischen Diaspora in Berlin zumindest gelegentlich das deutsch-türkische Radio Metropol, das dort und in Nordrhein-Westfalen sendet. Dieses hat sich für Deutschtürken in seinen Sendegebieten zu einer wichtigen Informationsquelle der Diasporagemeinschaft, aber auch über Deutschland und die Türkei entwickelt. Ein ähnlicher Radiosender, das deutsch-russische Radio Russkij Berlin, ist in der dortigen russischen Diaspora ähnlich beliebt. Ein vergleichbares Angebot gibt es in unserer zweiten Untersuchungsregion – Bremen und Umland – nicht. Dort wird allenfalls von einigen höher gebildeten marokkanischen und türkischen Interviewpartnerinnen und -partnern gelegentlich Radio Funkhaus Europa gehört, das zum Zeitpunkt unserer Materialerhebung noch nicht in Berlin sendete. Viele finden dieses sehr „informativ" (u.a. Serhat, m, 48, türk.; Nalan, w, 50, türk.), aber nicht ausreichend. Wie es Erkan (m, 57, türk.) zum Ausdruck bringt: „Über diese Sendung kann man vieles erfahren, die sind informativ, aber [eine] halbe Stunde [am Tag] ist sehr wenig".

Solche Probleme der Verfügbarkeit werden teilweise durch die Distributionsmöglichkeiten des Internets abgefedert. Konkret weisen die von uns interviewten medialen Migranten darauf hin, dass sie einzelne Angebote über das Internet nutzen, die zum Teil auch jenseits der deutschen Grenze produziert werden. So liest Aysel (w, 22, türk.) die Webseite der deutschen Ausgabe der Zeitung Hürriyet (http://www.hurriyet.de), um „jeden Tag mehrere Nachrichten" zu bekommen. Amir (m, 57, marokk.) nutzt Webseiten für Marokkaner, „die europaweit sind". Valerij (m, 68, russ.) liest ebenfalls gerne Zeitungen im Internet, denn „da gibt es viele russische Zeitungen".

Die subjektiv gesehene Qualität der Diasporaangebote ist ein dritter Faktor für ihre (regelmäßige) Nutzung. Zhanna (w, 24, russ.) hat von einigen Diasporawebseiten gehört und diese teilweise für Hausarbeiten in ihrem Studium verwendet. Sie hat weiterhin von Germany.ru durch eine Freundin erfahren, entwickelt aber kein großes Interesse für Diasporamedien. Der Grund ihrer Skepsis ist deren Qualität. Ihrer Meinung nach sind „manche Internetseiten auch wirklich sehr stümperhaft". Ganz ähnlich kennt der 48-jährige Deutschtürke Serhat die Webseite Vaybee!.de, will sie aber nicht weiter nutzen, weil sie ihm zu „boulevardmäßig" gestaltet ist. Oder Oleg (m, 55, russ.) ist der Meinung, dass die meisten deutsch-russischen Zeitungen sehr „tendenziös" sind. Er denkt, dass man sie eigentlich „direkt wegwerfen" kann. Für viele Diasporaangehörige kommt es also nicht allein darauf an, dass Diasporamedien die eigene Diasporagemeinschaft repräsentieren. Darüber hinaus ist die Qualität der Diasporaangebote ein wichtiges weiteres Selektionskriterium. Vielen diasporischen Medienangeboten fehlt jedoch das von den medialen Migranten erwartete Niveau an Professionalität, nicht zuletzt wegen mangelnder materieller Ressourcen.

Wir können also festhalten, dass die drei Kriterien (1.) die je eigene Positionierung in der Diaspora, (2.) die Verfügbarkeit und (3.) deren subjektiv gesehene Qualität je wichtige Momente sind, die den generellen Zugang zu Diasporamedien vermitteln. Aber auch unter denjenigen, die Diasporamedien nutzen, ist die Aneignung sehr vielfältig, wie wir im Folgenden zeigen wollen.

6.2 Praktiken der Aneignung von Diasporamedien

Betrachtet man die verschiedenen Praktiken der Aneignung von Diasporamedien näher, lassen sich diese in fünf Handlungsfeldern systematisieren. Dies ist erstens das Handlungsfeld des *Wissens*, zweitens das des *Erlebens*, drittens das des *Engagements*, viertens das des *Geschäfts* und schließlich fünftens das des *Glaubens*. Auf Basis der von uns geführten Interviews lässt sich argumentieren, dass sich im Kontext dieser fünf Handlungsfelder die sehr vielfältig erscheinenden Praktiken der Aneignung von Diasporamedien konkretisieren.

Wissen: Suchen und Erkundigen

Etliche der von uns interviewten Migrantinnen und Migranten nutzen Diasporamedien erst einmal, um diasporisches Wissen zu erwerben. Die Motivationen, um diasporarelevante Informationen zu suchen, sind unterschiedlich. Greift man die Überlegungen von Uwe Hasebrink und Hanna Domeyer (2010: 54-55) auf, lassen sich vier Arten von Informationsbedürfnissen unterscheiden, nämlich „ungerichtete Informationsbedürfnisse", „thematische Interessen", „gruppenbezogene Bedürfnisse" und „konkrete Problemlösebedürfnisse". Betrachtet man diesbezüglich die Aneignung von Diasporamedien, zeigt sich, dass alle vier Arten relevant sind: Mediale Migranten informieren sich allgemein mittels Diasporamedien über ihre Diasporagemeinschaften, suchen dort Lösungen zu konkreten, migrationsbezogenen Problemen (Aufenthaltsfragen, Flüge, Heirat usw.), und eignen sich bestimmte Informationen an, um ein Teil der Diaspora zu sein. Schließlich bestehen einzelne thematische Interessen z. B. an Integrationspolitik, politischer Repräsentation usw.

Die Interviewpartnerinnen und -partner, die Diasporamedien für Informationszwecke nutzen, sind tendenziell gebildet und interessiert am Geschehen in Politik und Gesellschaft. Betrachtet man das Handlungsfeld des Wissens(-erwerbs) insgesamt, so können wir die primären Informationspraktiken – *Suchen* und *Erkundigen* – nach ihrer geografischen Referenz unterscheiden: Es gibt Informationspraktiken, die sich auf das Lokale, d. h. den aktuellen Lebensort beziehen, solche mit Bezug auf die Herkunft, auf die Diaspora oder auf das Migrationsland. Dies geschieht – und hierin ist das Spezifikum von Diasporamedien zu sehen – stets aus dem Blickwinkel der Diaspora.

Viele Diasporamedien haben einen *Bezug zu den aktuellen Lebensorten* der Migrantinnen und Migranten und sind wichtige Informationsquellen für die diasporaspezifischen Veranstaltungen oder Organisationen in ihrer direkten Umgebung. Der ethnoorientierte Halim (m, 33, türk.) nutzt bspw. eine deutsch-türkische Webseite, die speziell auf Berlin ausgerichtet ist, um sich „auf dem Laufenden zu halten". Boris (m, 22, russ.) erhält ähnliche Informationen über die russischen Veranstaltungen in Berlin durch das Internet und eine „russische Zeitschrift", wobei ihn freizeitbezogene Dinge interessieren, bspw. „welche Festivals [statt finden] oder wann wir Kirmes haben".

Wie die Zitate zeigen, verbreiten lokale Diasporamedien insbesondere Informationen über diasporaspezifische Veranstaltungen vor Ort wie bspw. die Lesung eines Autoren mit Migrationshintergrund, Konzerte von Bands aus dem Herkunftsland, religiöse Feiern etc. und *ermöglichen hierin ein lokales Wieder(er)finden der je eigenen Gruppe der Migrationsgemeinschaft.* Ein Freund von Mert (m, 33, türk.) hat über ein Diasporaradio Karten für die Lesung eines deutsch-türkischen Autors gewonnen. Valerij (m, 68, russ.) und seine Frau haben durch eine deutsch-russische Zeitung von der Neueröffnung eines russischen Ladens in ihrer Stadt erfahren. Diasporamedien haben demnach zuerst einmal eine ausgewiesene lokale Bedeutung. In diesem Sinne formuliert auch Kamer in Bezug auf die Zeitung Türkses, ähnliches gilt aber auch für Post oder Russkaja Germanija:

„Die Personen, die diese Zeitung kaufen, sehen sich selbst dort, zum Beispiel also ihre Fotos. Sie finden eine Verbindung mit sich selbst, sie denken direkt, dass sie nicht ausgeschlossen sind, also ich bin drinne, ich will auch da reinschauen." (Kamer, m, 47, türk.)

Aber nicht nur der lokale Bezug der Diasporamedien ist für mediale Migranten von Relevanz, sondern auch die Möglichkeit der *Information über das Geschehen im Herkunftsland*, und zwar gerade aus Perspektive der Diaspora. Der herkunftsorientierte Aziz (m, 50, türk.) hört bspw. Radio Metropol wegen dessen Berichterstattung über aktuelle Ereignisse in der Türkei, wie auch der ethnoorientierte Orhan (m, 17, türk.). Ähnlich stellt das deutsch-russische Radio Russkij Berlin für die russischen Diasporaangehörigen eine Verbindung zu ihren Herkunftsländern her. Boris charakterisiert eine solche Aneignung im Tagesverlauf wie folgt:

„Insbesondere morgens hören wir [Radio Russkij Berlin]. Ab Mittag wird das dann auf Deutsches umgeschaltet. Hauptsächlich sind das Glückwünsche, die ganze Information, Nachrichten jede Stunde sowie unsere russische Musik wird gespielt, das ist sehr gut gemacht worden, nur leider kann man es nur in Berlin und auch Bernau hören, aber weiter nicht mehr [...]. Man fühlt sich direkt so, als ob Stück Heimat nebenan wäre." (Boris, m, 22, russ.)

Zum Teil sind in einer solchen Aneignung die Grenzen zwischen Diaspora- und Herkunftsmedien fließend. So hört Lada (w, 23, russ.) das kritische Radio Svoboda (Radio Freiheit), das von US-Kongress finanziert wird. Die Sendungen werden in Russland und Prag produziert und innerhalb sowie außerhalb Russlands übertragen. Sie äußert, dass sie durch die Internetübertragung dieses Radios „wenigstens erfahren [kann], [...] was wirklich los ist und nicht das, was die Russen [in den Staatsmedien und vor Ort in Bremen] erzählen". Solche Informationsmöglichkeiten gestatten es Diasporaangehörigen, die in Deutschland aufgewachsen sind, neben Besuchen das eigene Wissen über ihre (vorgestellten) Herkunftsländer aufzubauen, sich über das dortige Geschehen zu *erkundigen*.

Für Angehörige der marokkanischen Diaspora sind Diasporaangebote im Internet eine besonders wichtige Quelle der Information über ihr Herkunftsland, da es in Deutschland für Marokkaner kaum spezifische massenmediale Angebote gibt. Wie der ethnoorientierte Adil (m, 43, marokk.) es zum Ausdruck bringt, hätte man ohne das Internet keine Möglichkeit, sich über Marokko zu *erkundigen*, es sei denn man verfügt zuhause über einen Satellitenanschluss für marokkanische Sender. Fatima (w, 22, marokk.) nutzt deutschsprachige Online-Foren der marokkanischen Diaspora wie die deutschmarokkanische Webseite Dimadima.de. Sie sagt, dass sie durch diese Foren, ihre Freunde und das Satellitenfernsehen erfährt, wenn etwas Wichtiges in Marokko geschieht.

Gerade diese letztgenannten Beispiele verdeutlichen, dass Diasporamedien auch zur *Information über die Diaspora jenseits des eigenen Lebensortes* dienen. Bleibt man hier erst einmal bei der marokkanischen Diaspora, lässt sich diesbezüglich auf Aussagen von Adil (m, 43, marokk.) verweisen, der regelmäßig Nachrichten zur marokkanischen Diaspora im deutschmarokkanischen Webportal Maroczone.de liest und Diasporamedien wie folgt charakterisiert: „die zeigen viele, viele Sachen, was man wirklich nicht nirgendwo hören kann". Ilias (m, 28, marokk.) nutzt die Webseite Marokkoexpress.com, um die aus unterschiedlichen Zeitungen für die marokkanische Diaspora relevanten Nachrichten zu lesen. Hassan(m, 43, marokk.) ist Mitglied des E-Mail-Verteilers der marokkanischen Botschaft sowie eines marokkanischen Vereins, über die er Informationen zur marokkanischen Diaspora in Deutschland erhält.

Online-Diasporaangebote werden ebenfalls in der russischen und türkischen Diaspora als Informationsquellen genutzt. Bspw. *erkundigt sich* Ismail (m, 49, türk.) über die E-Mail-Verteiler unterschiedlicher – wie er sie nennt – „Nachrichtenagenturen", die Themen der türkischen Diaspora in Deutschland behandeln. Aysen (w, 44, türk.) und Hakan (m, 47, türk.) bekommen E-Mails des deutsch-türkischen Nachrichtenportals Ha-ber.com. Oder Valerij (m, 68, russ.) liest regelmäßig die Webseiten der deutsch-russischen Zeitungen, um nur einige Beispiele aus unserem Material zu nennen.

Neben diesen Online-Diasporaangeboten sind es bei der türkischen und russischen Diaspora die bereits im Hinblick auf lokale Information und Herkunftinformation betrachteten Radio- und Printangebote, die zum Diasporageschehen informieren. So hört Aysel (w, 22, türk.) regelmäßig die türkische Sendung „Köln Radyosu" des Funkhaus Europa, damit sie bezogen auf ihre eigene Migrationsgemeinschaft „auf dem neuesten Stand" bleibt. Boris (m, 22, russ.) rezipiert aus dem gleichen Grund die Nachrichten von Radio Russkij Berlin und Vitalii (m, 36, russ.) liest deutsch-russische Zeitungen. Vor allem die Zeitung Kurjer ist für ihn von Relevanz, da in ihr „unsere russischen Leute in Deutschland" Thema sind.

Bemerkenswert ist, welche diasporabezogenen Themen für die von uns interviewten Diasporaangehörigen von Relevanz sind. Machen sie nähere Angaben, fällt auf, dass sie sich für die *Darstellung (erfolgreicher) Einzelschicksale* interessieren. Aysel (w, 22, türk.) bspw. schaut die Sendung „Eurobahn" des Senders EuroStar, in der erfolgreiche türkischstämmige Geschäftsleute in Europa porträtiert werden. Es geht um „türkische Gründer hier in Deutschland" und um „türkische Geschäftsführer [...] überall auf der Welt". Solche Darstellungen haben für sie Vorbildfunktion:

„Da war auch unser Chef letztens, mit unseren Büros, und so haben [wir] uns vorgestellt und wenn ich dann mal sehe, was ha'm dann die Leute geschafft und was könnte ich schaffen, weil bis jetzt war bei mir so, dass ich meinen Chef immer als Vorbild genommen habe. Der wurde vor paar Tagen dreiunddreißig, hat jetzt fünf Büros, ein komplettes Haus, einen Laden, noch in dem Haus und der ist dreiunddreißig. Ein türkischer Mann mit dreiunddreißig hat so viele Sachen geschafft – könnte ich auch." (Aysel, w, 22, türk.)

Für Aysel bietet die Sendung „Eurobahn" Rollenmodelle eines (beruflich) erfolgreichen Handelns in der Diaspora. Wenn sie diese Sendung anschaut, dann ist sie „auch so bisschen stolz drauf", da über Türken in Deutschland sonst „immer schlecht gesprochen" wird. In dieser Sendung kann man ihrer Meinung nach sehen, dass bestehende Vorurteile so nicht stimmen.

Die zweite Art von diasporabezogenen Inhalten, die die von uns interviewten Diasporaangehörigen interessieren, sind *alltagspraktische Themen*. Danil (m, 24, russ.) nutzt zum Beispiel eine deutsch-russische Webseite, um russische Firmen in Deutschland zu finden. Eine ähnliche Webseite für türkische Firmen in Deutschland – td-ihk.de, die Webseite der türkisch-deutschen Industrie- und Handelskammer – wird ebenfalls von mehreren Interviewpartnerinnen und -partnern gelesen. Und auch die Webseite Vaybee!,de interessiert, weil sich darüber alltagspraktisch relevante Adressen finden lassen, so Halim, der das „ganz gut" findet. Anastasia (w, 54, russ.) nutzt deutsch-russische Zeitungen als Quellen der Beratung russischer Migrantinnen und Migranten im Verein, in dem sie arbeitet. Kristina (w, 24, russ.) hat mit ihren Kollegen Broschüren und eine Webseite vorbereitet, die nützliche Informationen über Deutschland zur Verfügung stellt. Es geht hier wiederum um sehr alltagspraktische Themen wie Schule, Ausbildung, Studium, soziales Jahr etc. – aufbereitet für Migrantinnen und Migranten aus Russland.

Schließlich sind Diasporamedien eine diasporaspezifische *Informationsquelle über das Migrationsland*, hier konkret Deutschland. Kamer (m, 47, türk.) glaubt, dass Diasporamedien in der Herkunftssprache für Menschen sehr hilfreich sein können, die kommunikativ intensiv mit dem Herkunftsland vernetzt sind. Konkret nennt er das Beispiel von Euro Türk Star: „Sie senden Nachrichten aus Europa, das ist wirklich gut für die Menschen hier, weil andersrum würden sie über Deutschland nie informiert sein." Solche Aussagen werden vom herkunftsorientierten Hamit (m, 40, türk.) bestätigt. Er verfügt über geringe Deutschkenntnisse und nutzt deutsche Medien kaum. Er liest aber die Nachrichten auf der Webseite der europäischen Ausgabe der Zeitung Hürriyet und begründet dies damit, dass er durch diese Webseite „über Europa [und] was dort passiert Informationen erhalten" kann.

Betrachtet man die bis hierher analysierten Beispiele der Aneignung von Diasporamedien zu Wissenszwecken insgesamt, wird deutlich, dass diese einerseits einen spezifischen diasporischen Informationshorizont eröffnen. Es geht gerade um solche Informationen, die – ob in Bezug auf das Lokale, die Herkunft, die eigene Migrationsgemeinschaft oder das Migrationsland – den diasporischen Blickwinkel betreffen. Andererseits machen diese unterschiedlichen räumlichen Bezüge, in Kombination mit der Vielfalt der verschiedenen Diasporamedien deutlich, dass dieser Wissenshorizont nicht homogen ist, sondern ein in sich widersprüchliches Gesamt darstellt. Es sind solche Momente der Widersprüchlichkeit, die auch im Weiteren greifbar werden.

Erleben: Besorgen, Sich-Vergnügen und Spielen

Mediale Migranten eignen sich Diasporamedien an, um alleine bzw. mit anderen Diasporaangehörigen etwas zu erleben. Ein solches *medienvermitteltes Erleben* durch Diasporamedien wird angestrebt, „wenn es langweilig wird" (Orhan, m, 17, türk.), um zu „entspannen" (Feraye, w, 35, türk.), kurz um „Spaß" zu haben (Zhanna, w, 24, russ.). Die Nähe der diasporischen Inhalte zum eigenen (Migrations-)Alltag kann dabei ein wichtiger Faktor sein, sich zu vergnügen.

Die von unseren Interviewpartnerinnen und -partnern in diesem Zusammenhang genannten Angebote sind Filme, Fernsehsendungen, Videos, Musik und Online-Spiele. Einen besonderen Stellenwert haben dabei – insbesondere bei jüngeren Migrantinnen und Migranten – Diasporawebseiten bzw. -plattformen, die auf die Distribution solcher Medieninhalte spezialisiert sind. Es geht erst einmal darum, sich die Vergnügen bereitenden Inhalte zu *besorgen*. Dies geschieht über die Musik- und Videoplattformen Stepashka.com der russischen Diaspora, Yabiladi.com in der marokkanischen Diaspora oder die Serienplattform Diziizle.net der türkischen Diaspora. Die meisten dieser Plattformen haben Diskussionsforen zum Austausch über die angebotenen Inhalte. Insgesamt nehmen diese (Diaspora-)Plattformen damit eine Zwischenstellung zwischen Herkunftsmedien (deren Inhalte sie primär verbreiten) und Diasporamedien (deren Adressaten sie teilen) ein.

Solche Internetplattformen lassen sich als *herkunftsorientierte Unterhaltungsarchive der Diaspora* begreifen. Insbesondere junge, internetaffine mediale Migranten finden es „sehr bequem" (Karina, w, 21, russ.), durch diese Webseiten Filme, Musik und Fernsehinhalte über die Grenzen nationaler Kommunikationsräume hinweg *besorgen* zu können. Beispielsweise ist Mahmut (m, 30, türk.) regelmäßiger Nutzer von Webseiten, in denen „alle Serien drin sind". Ayman (m, 29, marokk.) schätzt die Webseite Casavie.com, um „ganz viele Radiosender" aus dem arabischen Raum zu finden, oder Yabiladi.com für marokkanische Musik. Für Karina (w, 21, russ.) dient die Netzwerkplattform vKontakte.ru, um Musik zu finden. Darüber hinaus werden auf diesen Webseiten auch „alte" Medieninhalte gespeichert, die im Rahmen eines erinnernden Erlebens angeeignet werden. Ahmet (m, 36, türk.) hat Filme von Saban – einer türkischen Figur, die von Kemal Sunal gespielt wird – gefunden, die er in seiner Jugend häufig rezipierte. Aylin (w, 48, türk.) war begeistert, als sie auf einer deutsch-türkischen Webseite Lieder und Videoaufnahmen von „einem Sänger [fand], den [sie] so gerne mit sechzehn siebzehn" hörte. Kristina (w, 24, russ.) berichtet, dass ihr

Freund die Webseite Coolerussen.de verwendet, um „alte Lieder [aus den] achtziger, neunziger Jahren" zu finden. Jalal (m, 26, marokk.) hört gerne nordafrikanische Musik über entsprechende Internetseiten.

Diese Beispiele zeigen, dass Internetplattformen und Diasporawebseiten insbesondere für junge Migrantinnen und Migranten wichtige „Verzeichnisse" (Boris, m, 22, russ.) bilden, über die sie die von ihnen präferierten Angebote zu Zwecken des unterhaltenden Erlebens laden. Dabei ermöglichen Webplattformen zusätzlich eine zeitlich flexible Nutzung. Generell bieten Diasporaplattformen also zusammen mit Serien- und Videoportalen den medialen Migranten eine probate Möglichkeit zum *Besorgen* von im weitesten Sinne migrationsbezogenen Erlebnisinhalten.

Diese Analysen machen bereits deutlich, dass ein solches ‚Besorgen' auf ein *Sich-Vergnügen* in unterschiedlichen Unterhaltungshorizonten zielt. Hier ist zuerst einmal der *Erlebnishorizont der eigenen Herkunft* zu nennen. Ein Beispiel dafür ist Zhanna (w, 24, russ.). Sie hört gerne mit ihren Freunden zusammen über Internet-Radiosender die russische Band Ljube. Ihrer Meinung nach ist deren Musik „sehr schön", weil sie die „russische Seele [...] so widerspiegelt": „man fühlt sich wie auf einem russischen Dorf". Das Internetradio gestattet ihr die imaginäre Beteiligung an der ‚Erlebniswelt' der eigenen Herkunft. Oder Boris (m, 22, russ.) liest die Webseite Stepashka.com wegen der „Neuigkeiten, [...] welche Filme jetzt neu in Russland rausgekommen" sind. Auch hier geht es um die Teilhabe an den Erlebnishorizonten der (vorgestellten) Herkunft.

Die *Erlebnishorizonte betreffen daneben diejenigen der Diaspora* als solcher. Ein gutes, in diesem Fall nicht auf Internetplattformen als Verbreitungswege beziehendes Beispiel sind einmal mehr die Sendungen des deutsch-türkischen Radios Metropol FM, die zunehmend bilingual produziert werden. Daneben interessieren sich von uns befragte Migrantinnen und Migranten für Filme, die von migrationsrelevanten Themen handeln. Beispielsweise zählt Cagla(w, 27, türk.) den deutsch-türkischen Filmemacher Fatih Akin zu ihren Lieblingsregisseuren, da in dessen Geschichten von Menschen mit Migrationshintergrund erzählt wird. Oder Ayman (m, 29, marokk.) ist begeistert von dem „traurigen" Film „The Road to Guantanamo", der von drei britischen Muslimen erzählt, die verhaftet und ins Gefängnis in Guantanamo geschickt werden. Ein anderes Beispiel kann dem Interview mit Fatima entnommen werden:

„Es gibt 'ne Seite, da werden so Sketsche gemacht, zum Beispiel läuft dann da [...] so was wie ‚Deutschland sucht den Superstar'. Und das wird dann auf eigener Spr/ auf Berbisch halt eben gemacht, aber so im witzigen Sinne. Von wegen ‚Ja hei, ich bin der und der', und das hört sich aber total lustig an. Wenn man das versteht, lacht man sich wirklich tot. Da wird natürlich nicht das Original, was da gesprochen wird, sondern einfach irgend'n Typ kommt und erzählt irgend'n Mist so von wegen ‚Hi, ich bin die Tussi von da und da', wenn das jetzt'n Typ ist und dann macht der einen auf Schwulette oder irgendwie so, wenn ich das so sagen kann." (Fatima, w, 22, marokk.)

Dieses *Sich-Vergnügen* an und in unterschiedlichen Erlebnishorizonten kann auch Online-Spielwelten betreffen. Ein gutes Beispiel dafür ist die Aneignung von diasporaorientierten Spielwebseiten, die von einigen unserer Interviewpartnerinnen und -partner erwähnt werden. Cagla (w, 27, türk.) spielt bspw. „wirklich gerne" Spiele im Internet und sucht deswegen gezielt Webseiten, auf denen sowohl Menschen aus der Türkei und auch Deutschtürken spielen. Neben dem Spiel wird gechattet, wobei dieser Austausch „zum Spaß" geschieht. Vitalii (m, 36, russ.) erzählt über die Online-Spielplattform Rambler.ru: „besonders abends, also wenn es schon ordentlich funktioniert, findet man einen Partner und spielt dann mit ihm". Für Nalan (w, 50, türk.) sind Computerspiele eine Freizeitaktivität, bei der sie sich abends entspannen kann. Spielen hilft ihr, „dass [der] Kopf ohne zu überlegen einfach beschäftigt ist, das heißt, dass der Kopf sich mit nicht[s] Andere[m] beschäftigen soll."

Wie lassen sich solche Analysen nun zusammenfassen? Zuerst einmal können wir festhalten, dass Diasporaplattformen im Internet zunehmend wichtige Ressourcen zum *Besorgen* mediatisierter Erlebnisangebote und einem davon ausgehenden (individuellen oder gemeinsamen) *Sich-Vergnügen* sind. Dies geschieht entweder darüber, dass sich unterhaltende Inhalte auf diesen Seiten selbst finden. Oder aber darüber, dass Online-Diasporaangebote Archive des Zugangs zu Download-Möglichkeiten bilden. Durch ein solches *Besorgen* ist – gewissermaßen als zweites Moment von unterhaltungsorientierter Aneignungspraxis – ein *Sich-Vergnügen* in und an unterschiedlichen Erlebnishorizonten möglich, nämlich dem der Herkunft und dem der Diaspora, wobei beide stets vor dem durch andere Medien vermittelten Erlebnishorizont der Migrationsländer zu sehen sind. Schließlich können wir als eine letzte Aneignungspraxis das *(Computer-)Spielen* mit Migrations- und Diasporabezug ausmachen.

Engagement: Bekanntmachen, Mobilisieren, Organisieren und Produzieren

Diasporamedien haben einen nicht zu unterschätzenden Stellenwert beim zivilgesellschaftlichen Engagement von medialen Migranten. Hierunter verstehen wir jegliche gemeinwesenorientierte Beteiligung an nicht-staatlichen Organisationen wie Vereinen, Netzwerken und Projekten (Huth 2005: 37; Weiss/Thränhardt 2005: 29-30). Sprechen wir von *diasporischem* zivilgesellschaftlichem Engagement, bezeichnen wir damit nicht jede Art einer entsprechenden Aktivität von Migrantinnen und Migranten, sondern solche, die innerhalb der Diasporagemeinschaft entstehen und diese adressieren.

Ist der Stellenwert von Medien für das diasporische zivilgesellschaftliche Engagement Gegenstand der Forschung, so insbesondere im Hinblick auf *ausschließliche* Internet-Projekte (Goel 2009; Hanafi 2005; Mitra 2005). Dies erscheint uns insofern problematisch, als „technologiebezogenes zivilgesellschaftliches Engagement" und „traditionales zivilgesellschaftliches Engagement" (Bimber 2000: 329) in unseren empirischen Daten fließend ineinander übergehen. Beide haben erhebliche Unschärfebereiche.

Zum Beispiel ist Aysen (w, 44, türk.) in mehreren deutsch-türkischen Vereinen aktiv und berichtet, dass der größte Teil der Kommunikation zwischen den Mitgliedern über das Internet läuft. Dies betrifft aber nicht nur das *Organisieren*, sondern ebenso das *Bekanntmachen* von Aktivitäten. So bekommen bspw. Serhat(m, 48, türk.) und Erkan (m, 57, türk.), die sich in zwei lokalen Migrantenvereinen engagieren, Newsletter unterschiedlicher Migrantenorganisationen, mit relevanten Informationen für ihr Engagement. Sie leiten diese und ähnliche Informationen über verschiedene E-Mail-Verteiler weiter, um so andere Migrantinnen und Migranten zu *mobilisieren*. Das Internet ist also *generell* wichtig für zivilgesellschaftliches Engagement, auch jenseits von Internetprojekten eines technologiebezogenen Engagierens im engeren Sinne des Wortes.

Es lassen sich hierfür weitere Beispiele anführen. Fatima (w, 22, marokk.) engagiert sich über das Internet bei verschiedenen Hilfsaktionen sowie einem interkulturellen Verein der marokkanischen Diaspora. Darüber hinaus beteiligt sie sich an der Vorbereitung eines Frauentreffs für Migrantinnen und ist in einem muslimischen Verein ehrenamtlich als Sozialhelferin tätig. In all diesen Fällen findet sowohl das *Organisieren* als auch das *Bekanntmachen* in erheblichen Teilen über das Internet statt. Hassan (m, 43, marokk.), der sowohl an diasporabezogenen als auch weitergehenden politischen und sozialen Projekten beteiligt ist, hat ebenfalls unterschiedliche Newsletter abonniert, die sich mit Themen wie Migration, Bildung und Integration beschäftigen. Er leitet diese – teilweise mit mobilisierender Intention – weiter. Olessia (w, 27, russ.) arbeitet ehrenamtlich in einer russischen Kirche, in der sie für Öffentlichkeitsarbeit zuständig ist. Sie betreibt die Webseite der Gemeinde, die über die Kirche, die Gottesdienste und weitere Veranstaltungen auf Deutsch und Russisch informiert, was sowohl der Bekanntmachung als auch der Selbstorganisation dient.

Diese Beispiele verdeutlichen einen generellen Befund unserer Forschung: Der Übergang zwischen einer reinen *Organisationskommunikation* als Teil des zivilgesellschaftlichen Engagements und einem weitergehenden *Bekanntmachen* und *Mobilisieren* ist fließend. Aus einer erst einmal auf *Selbstorganisation* bezogenen, internetbasierten Kommunikation kann im günstigsten Fall ein Online-Diasporamedienangebot werden, das die breitere Migrationsgemeinschaft adressiert, für diese relevante Inhalte *zur Verfügung stellt* und so *mobilisiert*. Insbesondere gebildete Migrantinnen und Migranten sind an einer solchen medien-vermittelten Mobilisierung beteiligt. Ein Beispiel ist Fatima, die seit zwei Jahren in einer muslimischen Gruppe in StudiVZ aktiv ist, die sie mit anderen gegründet hat. Diese Gruppe beschreibt sie wie folgt:

> „Das ist so 'ne Gruppe, die nennt sich ‚Hand in Hand for Allah' und wir haben uns halt... Irgendwie kam das so, dass das war zu Ramadan, wir wollten halt eben im Waisenhaus in Marokko [...] Geschenken sozusagen. Und da [...] kam so ein Schulkarton-Projekt raus für Schulsachen, mit Kindern. Das haben wir dann soweit organisiert. Haben das alles, haben versucht, Werbung dafür zu machen und alles und. Ja und dann sind wir zu der Überlegung [gekommen,] dass wir halt ein Verein werden wollen, irgendwann zukünftig." (Fatima, w, 22, marokk.)

In ihrer Gruppe sammeln Fatima und ihre Freunde, die alle aus arabischen Ländern stammen, Spenden für Kinder in ihren Heimatländern. Ihr Migrationshintergrund und ihre religiöse Orientierung sind der Faktor, der sie zusammenbringt. Fatima hat weiterhin zusammen mit den anderen Aktiven eine eigene Webseite für ihre Gruppe aufgebaut, die nicht nur Hilfsaktionen bekannt gibt, sondern auch über politische Themen berichtet, bspw. über den Konflikt im Gaza-Streifen.

Ähnlich hat Halim (m, 33, türk.) eine eigene Gruppe in StudiVZ gegründet, die er mithilfe weiterer Moderatoren betreibt. Übersetzt lautet deren Name „Türkische Arbeitsvermittlung", was auf den Gegenstand ihres Engagements verweist: Sie sehen sich als „so 'ne Art [...] Arbeitsvermittlung, aber auf persönlicher Basis" (Halim). Die Gruppe hat mittlerweile über 3.000 Mitglieder und dient der wechselseitigen informellen Vermittlung von Arbeitsmöglichkeiten für Migrantinnen und Migranten mit türkischer Herkunft. Halim will die Freundeskommunikation ausschließlich auf Türkisch halten, weil es ihm zusätzlich wichtig ist, Türkischkenntnisse zu stützen. Gleichzeitig geht es ihm aber auch um eine weitergehende *Mobilisierung* von türkischen Diasporaangehörigen für den deutschen Arbeitsmarkt. So vermittelt diese StudiVZ-Gruppe – neben reinen Jobangeboten – Informationen über türkische Firmen in Deutschland, über korrekte Bewerbungsschreiben usw. Halim plant auf Grund des großen Erfolgs, die „Türkische Arbeitsvermittlung" jenseits von StudiVZ als eine eigene Webseite aufzubauen. Das *Organisieren* von Engagement, dessen *Bekanntmachung* und eine weitergehende *Mobilisierung* liegen auch hier eng beieinander.

Zivilgesellschaftliches Engagement kann daneben Formen *alternativer Medienproduktion* einschließen. Hierbei gibt es ausgeprägte Übergangsbereiche zwischen aus eigenem Engagement entstandenen Angeboten und etablierten diasporischen Medienangeboten. Beispielsweise wurde Nalan (w, 50, türk.), die durch ihre Aktivitäten in unterschiedlichen Vereinen in der lokalen Diasporagemeinschaft bekannt ist, von den Produzenten der örtlichen deutsch-türkischen

Zeitung Türkses angefragt, ob sie für die Zeitung schreiben würde. Ergebnis dieser Anfrage ist das nun feste Engagement über eine regelmäßige Kolumne. Am Anfang hatte Nalan über Mode geschrieben. Nach einer Weile wollte sie aber ihr Thema wechseln und begann, über das Leben der in Deutschland lebenden Türken zu schreiben, was sie als relevanter empfand. Mittlerweile führt sie jeden Monat Interviews mit Mitgliedern der türkischen Diaspora und berichtet so über unterschiedliche Lebensgeschichten.

Alternative journalistische Praktiken als Teil des zivilgesellschaftlichen Engagements können an Vorerfahrungen in der Herkunft anknüpfen. Anton (47, m, russ.) hat bspw. vor seiner Migration als professioneller Journalist in Russland gearbeitet und jetzt in einem deutsch-russischen Verein im Bereich der Öffentlichkeitsarbeit eine Anstellung gefunden. Neben seinem Beruf verfasst er freiberuflich Texte in der russischen Ausgabe der Moskauer Deutschen Zeitung, die in der russischen Diaspora relativ beliebt ist. Aus subjektiver Sicht ist Antons aktuelle journalistische Tätigkeit – obwohl er für seine Beiträge Geld erhält – eher eine Form des Engagements für die Migrationsgemeinschaft. In seiner Freizeit schreibt er daneben Romane, die sich ebenfalls mit migrantischen Themen auseinandersetzen und teilweise bereits veröffentlicht sind.

Anton ist sicherlich ein Extrembeispiel. Unter den von uns interviewten Personen finden sich gleichwohl immer wieder Migrantinnen und Migranten, die sich als *alternative Medienproduzenten* engagieren. Beispielsweise interessiert sich Metin (m, 30, türk.) für türkische Geschichte und recherchiert häufig in internationalen Online-Archiven dazu, besonders zur Geschichte der Armenier in der Türkei. Durch seine Recherchen ist er auf ein englischsprachiges Blog zugestoßen, das sich Armenian Genocide Resource Center nennt. Auf der Webseite schreiben insbesondere Akademiker der türkisch-armenischen Diaspora in unterschiedlichen Ländern, aber auch Menschen mit nicht-türkischer Herkunft. Metin hat ebenfalls begonnen, Dokumente und Artikel auf dieser Webseite zu veröffentlichen, wenn er etwas in historischen Archiven entdeckt hat. Er versteht sich dabei eher als kritischer Multiplikator „des armenischen Genozids", denn im engeren Sinne als Journalist.

Betrachten wir unser Interviewmaterial weiter, finden wir verschiedene Beispiele des diasporischen Bloggings als einer Form des *alternativen Produzierens* der medialen Migranten. Layla (w, 20, marokk.) nutzt den besonders in Frankreich beliebten Blogdienst Skyblog, um ihr eigenes (deutschsprachiges) Blog zu führen. Zumeist stellt sie Fotos ihrer Herkunft ein, die von anderen kommentiert werden können. Weitere Inhalte sind Gedichte und Artikel zu diesen Fotos. Sie beschreibt das Bloggen als ihr „Hobby". Sie „bastelt" an ihrer Webseite, wenn sie die Zeit dafür findet, weil es ihr „Spaß macht". Hierdurch ist sie sowohl mit Menschen „aus der Heimat" als auch „von hier" in Kontakt gekommen.

Die verschiedenen, in diesem Abschnitt diskutierten Beispiele machen vor allem den Stellenwert des Internets für das zivilgesellschaftliche Engagement einzelner Diasporaangehöriger deutlich. Die Übergänge zwischen einer (diasporischen) Nutzung bestehender Internetkommunikationsmöglichkeiten einerseits und dem Entstehen von (Online-)Diasporamedien andererseits sind dabei fließend. So werden E-Mail und WWW zur *Organisation* verwandt. Indem die medialen Migranten solche Informationen schnell weiterleiten, tragen sie zu einer *Bekanntgabe* und weiteren *Mobilisierung* bei. Schließlich finden wir verschiedene Ansätze *alternativer Medienproduktion*, durch die mediale Migranten selbst zu produzierenden Akteuren von Diasporamedien werden. Das Internet macht es möglich – Interesse und entsprechende Medienkompetenzen bzw. finanzielle und zeitliche Ressourcen vorausgesetzt –, sich *organisierend, bekanntmachend, mobilisierend* und *produzierend* am Diskurs der Diaspora zu beteiligen.

Geschäft: Kaufen, Verkaufen und Werben

Diasporamedien haben neben den bisher beschriebenen Aspekten eine Stellung in der so genannten Migrationsökonomie. Hierunter wollen wir in einem breiten Verständnis nicht einfach eine migrantische Schattenwirtschaft verstehen, sondern den gesamten Bereich des diasporabezogenen Gewerbetreibens und ökonomischen Handelns. Konkret sind dabei im Hinblick auf Diasporamedien vor allem drei Aneignungspraktiken von Relevanz, nämlich erstens das *Werben* für eigene Produkte, zweitens das im weitesten Sinne zu verstehende *Verkaufen* und drittens das *Kaufen*.

Diasporamärkte sind nicht erst durch das Internet entstanden, sondern existieren in unterschiedlichen Formen historisch als Teil von Migration. Migrantinnen und Migranten suchen nach Produkten oder Diensten, die für ihre Diaspora kulturspezifisch sind und die sie im regulären Markt des Migrationslandes nur schwer finden. Die ethnospezifischen Nachfragen werden zumeist durch andere Diasporaangehörige befriedigt. Auch unter den von uns Interviewten gibt es verschiedene Personen, die beruflich in dieser Migrationsökonomie tätig sind. Ein Beispiel ist Serhat (m, 48, türk.), der ein Reisebüro betreibt, das insbesondere Landsleute adressiert. Mahmut (m, 30, türk.) gibt an, dass unter den Kunden seiner Praxis für Krankengymnastik „sehr viele türkische oder ausländische" sind. Und Ayman (m, 29, marokk.) hat ein Reisebüro für Reisen nach Marokko, das ebenfalls vor allem an Diasporaangehörige gerichtet ist.

Kommerzielle Diasporamedien können selbst als Teil der Migrationsökonomie angesehen werden, indem sie spezifische Medienprodukte für bestimmte Migrationsgruppen anbieten. Bemerkenswert ist allerdings die enge wechselseitige ökonomische Beziehung zwischen weitergehenden Migrationsgeschäften und Diasporamedien. Dies ergibt sich dadurch, dass die Geschäfte über Diasporamedien für ihre Produkte *werben* und sich in der Diasporagemeinschaft bekannt machen. Serhat (m, 48, türk.) wirbt für sein Reisebüro über die Webseite des deutsch-türkischen Vereins, in dem er ehrenamtlich arbeitet. Oder die deutsch-türkische Zeitung Türkses wird vornehmlich durch die Werbung von türkischen Firmen in Bremen und Hamburg finanziert. In vielen diasporischen Medien ist ähnliche Werbung zu finden. Letztlich kann man sogar so weit gehen zu konstatieren, dass viele Diasporamedien ohne diese migrationsspezifischen Einnahmequellen nicht überlebensfähig wären.

Neben dem *Werben* geht es aber auch um das *Kaufen* und *Verkaufen*. Online-Verkaufsplattformen (zum Teil eingebettet in einzelne Diasporawebseiten) sind relevant für die Migrationsökonomie, indem durch sie entsprechende Waren translokal angeboten werden können. Die Zunahme der Zahl der diasporaspezifischen Online-Shops kann als ein Zeichen für eine zukünftige Entwicklung eines diasporischen Online-Markts angesehen werden. Beispiele für diese Angebote sind die Verkaufsplattform Tikla24.com der türkischen Diaspora, die türkische sowie deutsche Filme, Musik und Bücher vermarktet, Posylka.de der russischen Diaspora, die viele unterschiedliche Artikel wie Filme, Musik und Haushaltswaren verkauft, und Almandina-Bazaar.de, der „orientalische" und teilweise marokkanische Produkte anbietet und einen Flohmarkt für Bücher und Videos enthält.

Bemerkenswert erscheint auf Basis unseres Interviewmaterials allerdings, dass diese Online-Verkaufsangebote von unseren Interviewpartnerinnen und -partnern über alle drei Migrationsgemeinschaften hinweg nur gelegentlich genutzt werden. Dies liegt nicht an einem Desinteresse an diasporischen Produkten. Die meisten präferieren jedoch lokale Diasporaläden, um Produkte wie türkische Filme (Aysel, w, 22, türk.) oder „marokkanische Minze" (Malik, m, 32, marokk.), kurz „das, was man im deutschen Geschäft nicht kaufen kann" (Olessia, w, 27, russ.), zu erwerben. Wenn diasporabezogenes Kaufen medienvermittelt geschieht, erfolgt es tendenziell über klassischen Versandhandel mit entsprechenden Katalogen und Anzeigen, letztere wiederum in Diasporazeitungen.

Viele der von uns interviewten Diasporaangehörigen bestellen gerade Medienprodukte der eigenen Migrationsgemeinschaft und Herkunft – Bücher, CDs, Filme, Zeitschriften – auf diese Weise. Die Nicht-Nutzung von Online-Diasporashops verweist demnach nicht unbedingt auf ein Desinteresse an den angebotenen Produkten, sondern hängt neben dem Vergemeinschaftungsaspekt des lokalen Einkaufens auch mit einem gewissen Misstrauen gegenüber Online-Einkäufen zusammen, das bspw. Nilgün (w, 33, türk.) und Esin (w, 22, türk.) explizit äußern. Generell zeigt sich so für den Bereich des Geschäftetreibens und der darauf bezogenen Praktiken des *Werbens*, *Verkaufens* und *Kaufens*, inwieweit

die verschiedenen Diasporamedien in ihrer Verschränkung mit der Migrationsökonomie ihre Relevanz entfalten.

Glauben: Praktizieren, Suchen und Austauschen

Diasporamedien werden schließlich von einigen Diasporaangehörigen genutzt,
um Religion zu *praktizieren* bzw. sich mit anderen Menschen über Religion
auszutauschen. Wie bereits in Kapitel vier anklang, gibt es in jeder Diasporagemeinschaft unterschiedlich ausgeprägte religiöse Orientierungen und es kann
keineswegs von einer generellen Religiosität ausgegangen werden. Bei denjenigen, die sich allerdings als religiös einstufen, haben Diasporamedien zumindest
einen bedingten Stellenwert für die Religionsausübung.

Die Aneignung von Diasporamedien als Teil des *Praktizierens von Religion*
betrifft vor allem Diasporawebseiten. Obwohl es zum Beispiel im türkischen
Fernsehen religiöse Sendungen gibt, rezipieren unter den von uns Interviewten
nur Ferda (w, 39, türk.) und ihr Mann Hamit (m, 40, türk.) solche Angebote. Sie
interessieren sich für religiöse Musiksendungen, Nachrichten über Aleviten in
Deutschland wie „die Eröffnung von einem Cemevi" (Gebetshaus) oder für entsprechende Podiumsdiskussionen.

Verbreitet ist das Lesen von „Islamwebseiten [...] auf türkisch", wie es Halim (m, 33, türk.) macht. Auf diesen Seiten kann man den „Koran runterladen
oder auch vorlesen lassen", das „Leben von Mohammed [...] [ist] beschrieben,
man kann MP3s runterladen auch Gebete runterladen, den Koran komplett
runterladen oder nur als PDF, um selber zu lesen, und da gibt's auch mehrere
Programme, [die] einem das Lesen beibring[en]". Halim speichert islambezoge-
ne Webseiten, die ihn „richtig interessier[en] und schön aufgebaut" sind. Vergleichbar nutzt Noureddin (m, 28, marokk.) Diasporawebseiten, wenn er ein
„bisschen Koran" hören will. Und Mouad (m, 33, marokk.) ist Rezipient der
Webseite Islamaway.com: „wenn ich Koran hören möchte, dann geh' ich auf
diese Seite". Aysel (w, 22, türk.) hingegen tauscht religiöse Inhalte wie Texte
und Videos über Facebook.

Wir sehen anhand solcher Beispiele, dass religiöse Diasporaangebote in das
Praktizieren von Religion eingebunden sind. Dies schließt die *Suche* nach vertiefenden Informationen über Religion ein. So recherchiert Anis (m, 43, marokk.), der in Marokko Islamwissenschaft studiert hat, nach unterschiedlichen
Interpretationen des Koran:

„Islamweb und es gibt andere Seite, die Sultan, Sultan Punkt Org. Es gibt [dort] 'nen Koran, es gibt Erklärungen über'n Islam. Aber man muss aufpassen, weil es gibt [...] einige,
die Extremisten sind. Und der Islam ist hoffentlich ist nicht, wie viele Leute [ihn] verstehen." (Anis, m, 43, marokk.)

Es finden sich in unserem Interviewmaterial daneben weitere Beispiele des *Suchens* religiöser Online-Diasporaangebote als Teil des *Praktizierens* von Religion. Esin (w, 22, türk.) bspw. recherchiert über das Internet für die Frauengruppe, in der sie sich jeden Monat trifft, um religiöse Themen zu diskutieren. Ljudmila (w, 45, russ.) liest auf unterschiedlichen Webseiten nach, wenn sie religiöse Fragen hat, wie „welcher Tag zum Beispiel Sankt Barbara" ist. Weiterhin suchen Migrantinnen und Migranten nach praktischen Informationen zu Gebetszeiten in Deutschland (Orhan, m, 17, türk.) oder wann das tägliche Fasten im Ramadan endet (Aysel, w, 22, türk.).

Bei der Aneignung von religiösen Diasporamedien geht es aber nicht nur darum, die je eigene Religion zu *praktizieren* und als Teil dessen nach religiösen Informationen *suchen*. Ebenso zentral sind diese, um sich über *Religion auszutauschen*. Beispielsweise stieß Ahmet (m, 36, türk.) vor einigen Jahren während des Ramadan auf eine Webseite, auf der sich „nur religiöse Menschen" trafen. Durch diese Webseite hat er „viele Leute kennen gelernt", mit denen er im Nachhinein über Chatprogramme regelmäßig Kontakt hatte. Einigen von ihnen ist er sogar persönlich begegnet. Halim (m, 33, türk.) tauscht sich mit anderen Angehörigen der türkischen Diaspora über eine Gruppe auf StudiVZ aus. Dies dient einem gemeinsamen religiösen Klärungsprozess, d. h. sich wechselseitig bewusst zu machen, was das „Denken" jeweils auszeichnet und „was unsere Unterschiede sind". Einen solchen Austausch bewertet er nachdrücklich positiv, indem er „durch die Gruppe auch sehr viel gelernt" hat. Fatima (w, 22, marokk.) wiederum beteiligt sich an den Diskussionen in dem marokkanisch-arabischen Forum Dimadima.de. Der Austausch dort findet „zu vielen Themen, zum Islam" statt. Hierdurch versucht sie, ihr „eigenes Wissen zu erhöhen oder [sich] ein besseres Wissen anzueignen".

Diese Analysen zeigen, dass zwar nicht alle Diasporamedien religiös sind, wie auch nicht alle Mitglieder der von uns untersuchten Diasporagemeinschaften. Religiösen Migrantinnen und Migranten bieten entsprechende Online-Diasporaangebote aber eine wichtige Ressource für ihre Glaubensausübung. Diese erleichtern es, sich ortsübergreifend über Religion *auszutauschen*, nach religiösen Informationen zu *suchen* und Religion zu *praktizieren*. Während die primäre religiöse Verortung in der Diaspora in lokalen religiösen Gemeinden (Kirche, Moschee, Cemevi usw.) geschieht, bietet das Internet medialen Migranten somit ergänzende Möglichkeiten der religiösen Verortung. Die eigene lokale Religionspraxis erfährt so eine zusätzliche Sinndimension.

6.3   Diasporamedien im Kontext von Handlungsfeldern

Betrachtet man unsere bisherigen Analysen in diesem Kapitel, stellt sich die Frage, wie deren Ergebnisse insgesamt einzuordnen sind. In der bisherigen Forschung zu Medien und Migration fällt auf, dass Diasporamedien entweder in enger Beziehung zu Vorstellungen von Medienöffentlichkeit diskutiert werden, oder aber als alternative Medien.

Als exemplarisch für eine Betrachtung von *Diasporamedien als Artikulationsinstanzen von Öffentlichkeit* kann die Position von Charles Husband angesehen werden. Husband betrachtet Diasporamedien im Gesamt der „Öffentlichkeit in multi-ethnischen Gesellschaften" (2000: 199), als deren Spezifikum er eine Differenz zwischen „citizenship" und „ethnicity" ansieht. Wie er formuliert, hängt der Patriotismus für ein Land nicht von einer geteilten nationalen Identität ab, sondern kann sich in verschiedenen ethnischen Zugehörigkeiten konkretisieren (Husband 2000: 206). Entsprechend sieht er drei Anforderungen an eine „multi-ethnische Öffentlichkeit". In einer solchen Gesamtsicht, die sich an Vorstellungen deliberativer politischer Öffentlichkeit orientiert, kommt den hier betrachteten Diasporamedien die Rolle der Artikulationsinstanz von ethnischer Vielfalt im Rahmen der gesamtgesellschaftlichen Öffentlichkeit zu, während die Mehrheitsmedien Prozesse der gesamtgesellschaftlichen Verständigung sicherstellen.

Eine etwas andere Akzentsetzung findet sich in der Argumentation von Stuart Cunningham, Gay Hawkins, Audrey Yue, Tina Nguyen und John Sinclair (2001). Sie verwenden vielmehr in Anlehnung an Todd Gitlin (1998) das Konzept der „public sphericules", um deutlich zu machen, dass mit fortschreitendem Medienwandel und Globalisierung der Medienkommunikation das Ideal *einer* Öffentlichkeit eines Staates nicht mehr den empirischen Gegebenheiten entspricht. Cunningham et al. setzen dem, bezogen auf Diasporamedien, entgegen, „dass das Aufkommen von ethno-spezifischen, globalen mediatisierten Vergemeinschaftungen nahelegt, dass Elemente, die wir in Öffentlichkeiten erwarten würden, in dem Mikrokosmos dieser ‚public sphericules' gefunden werden können" (Cunningham et al. 2001: 153). Diese Annahme sehen sie in ihrer eigenen Forschung bestätigt, eine Position, die auch andere Forscherinnen und Forscher vertreten. So charakterisiert bspw. Donald Browne in impliziter Anlehnung an Jürgen Habermas die Kommunikationsräume von Diasporamedien als „minispheres" (Browne 2005: 204), oder Mark Deuze spricht von „dispersed public spheres" (Deuze 2006: 274).

Ein anderer Zugang ist, *Diasporamedien als alternative Medien zu konzeptionalisieren*. Dieses Verständnis kann in Form des Postulats „alternativer Öffentlichkeit" durchaus in Verbindung zu dem der Öffentlichkeit stehen. Ausgehend von übergreifenden Verständnissen alternativer Medien (bspw. Atton 2002, 2004) haben sich kürzlich Olga Bailey, Bart Cammaerts und Nico Carpentier (2008) für eine entsprechende Einordnung auch von Diasporamedien starkgemacht. Clemencia Rodríguez (2001: 18-21) wiederum argumentiert, Diasporamedien nicht als Alternativmedien, sondern als „Bürgermedien" aufzufassen. Ihrer Überlegung nach geht es bei diesen Medien darum, dass ein Kollektiv seinen Status als Bürgerinnen und Bürger einfordert, indem es in einer etablierten „mediascape" (Appadurai 1996) interveniert und dieser damit transformiert wird.

Tabelle 6:   *Diasporamedien und ihre Aneignungspraktiken*

Handlungsfeld	Art der Diasporamedien	Aneignungspraktiken
1) Wissen	- Diskussionsforen - Diasporawebseiten - Mailinglisten und Newsletter - Nachrichtenportale - Radiosender - Zeitungen und Zeitschriften	- Erkundigen - Suchen
2) Erleben	- Diasporawebseiten - (Online-) Radiosender - Serien- und Videoportale - Spielwebseiten	- Besorgen - Sich-Vergnügen - Spielen
3) Engagement	- Blogs - Mailinglisten - Radiosender - Social-Web-Gruppen - Zeitungen - WWW-Seiten	- Bekanntmachen - Mobilisieren - Organisieren - Produzieren
4) Geschäft	- Diasporawebseiten - Verkaufsplattformen	- Kaufen - Verkaufen - Werben
5) Glaube	- Diasporawebseiten - Videoportale	- Austauschen - Suchen - Praktizieren

Wie können wir also ausgehend von einer solchen Diskussion unsere Forschungsergebnisse zu Diasporamedien einordnen? Wie wir argumentieren wollen, ist gerade auf Grund der Vielfalt von Diasporamedien wie auch der Widersprüchlichkeit ihrer Aneignungspraktiken eine einfache Charakterisierung derselben als Träger einer (alternativen) Öffentlichkeit nicht hinreichend. Gerade hier erscheint uns die eingangs gewählte Metapher, *Diasporamedien insgesamt als Vernetzungsfokus der Diaspora zu begreifen* zielführender, wobei wir auf Basis unserer Analyse nun das Verständnis von *Vernetzungsfokus* weiter füllen können. Wie wir bereits formuliert haben, geht es uns mit dieser Formulierung zuerst einmal darum zu fassen, dass Diasporamedien in dem Sinne *im Fokus* der migrantischen kommunikativen Vernetzung stehen, dass sich in ihnen die spezifische kommunikative Vernetzung der Diaspora konzentriert. Dies ist – wie unsere Analysen zur Aneignung von Diasporamedien im Kontext der migrantischen Alltagswelt gezeigt haben – nicht in dem Sinne misszuverstehen, dass alle medialen Migranten diese Medien am intensivsten nutzen würden. Gleichwohl sind es Diasporamedien, über die die *diasporaspezifische* Freundeskommunikation stattfindet. Auf diese Weise konstituieren Diasporamedien Kommunikationsräume, die tragend für die jeweilige Migrationsgemeinschaft sind. Gleichwohl sind die Kommunikationsräume aber weder als Teilmenge (nationaler) Öffentlichkeiten des Migrationslandes zu begreifen noch als eine eigenständige (alternative) Öffentlichkeit. Dies wird anhand eines Gesamtblicks auf die verschiedenen Handlungsfelder deutlich, die den Kontext der Aneignung von Diasporamedien bilden (siehe Tabelle 6).

Aneignungspraktiken, die man im weitesten Sinne einer alternativen Öffentlichkeit zuordnen kann, betreffen allenfalls die Handlungsfelder des Engagements und des Wissens. Hier geht es darum, für die jeweilige Migrationsgemeinschaft (bzw. deren lokale Gruppierungen) relevanten Informationen *bekannt zu machen*, zivilgesellschaftliches Engagement zu *organisieren* bzw. für dieses zu *mobilisieren*. Aber bereits das *Produzieren* eigener Angebote macht deutlich, dass diese zum Teil aus individuellen Erlebnisbedürfnissen entstehen. Ähnlich können wir festhalten, dass das Wissen, das in Diasporamedien gesucht wird, sehr vielfältig ist. Sowohl in Bezug auf Herkunftsland als auch in Bezug auf das Migrationsland und die Diaspora betrifft das *Erkundigen* nach und *Suchen* von Information sehr unterschiedliche Belange. Wir sehen hier die auch von Nico Carpentier (2007) betonte „rhizomatische Struktur" von Diasporamedien mit ihrer Entgrenzung zu kommerziellen Medien bzw. öffentlichen (oder staatlichen) Medien.

Solche Entgrenzungen werden noch deutlicher, wenn wir uns die Handlungsfelder des Erlebens und des Geschäfts vergegenwärtigen. Gerade im Hinblick auf Unterhaltung geht es darum, Diasporamedien, nicht nur zu nutzen, um sich an ihnen migrationsbezogen *zu vergnügen*, sondern insbesondere um sich über diese Inhalte (kommerzieller wie staatlicher) Medien *zu besorgen*. Ähnlich hat die Betrachtung des Handlungsfelds des Geschäfts gezeigt, wie sehr Diasporamedien in Verbindung zu einer migrantischen Ökonomie stehen, die sich eher in einem Ethnomarketing konkretisiert, als in alternativen (Produktions-)Strukturen. Und auch beim Handlungsfeld des Glaubens geht es eher um individuelles *Praktizieren* von Religion und den medienvermittelten Einbezug in eine Glaubensgemeinschaft denn um (alternative) Öffentlichkeit in einem wie auch immer gearteten Sinne.

Diasporamedien als Vernetzungsfokus der Diaspora sind demnach weder exklusiv auf Formen von alternativer Medienproduktion und Öffentlichkeit gerichtet noch einfach ein kommerzialisiertes Pendant zu weiteren Medien einer nationalen Öffentlichkeit des Migrationslandes. Vielmehr müssen wir diese in ihrer Gesamtheit als eine Vielfalt sehr unterschiedlicher Einzelmedien begreifen, die thematisch-organisationell ihre Ausrichtung auf die Diaspora teilen und hierüber für deren kommunikative Vernetzung fokussierend sind. Sie sind der Träger einer bestimmten Verdichtung von Kommunikation. Darüber hinaus handelt es sich bei ihnen um keine einheitlichen Zusammenhänge von Medien.

Zu klären bleibt damit die Frage, wie wir abschließend den *Wandel dieser Diasporamedien* im Hinblick auf eine fortschreitende Mediatisierung reflektieren können. Diesbezüglich lässt sich festhalten, dass Diasporamedien zuerst einmal kein Spezifikum des letzten Mediatisierungsschubs der digitalen Medien sind. An den betrachteten Interviewpassagen wurde deutlich, dass nach wie vor traditionelle Massenmedien eine gesicherte Position unter den Diasporamedien haben. Zu nennen sind an dieser Stelle insbesondere Radiosender (Radio Metropol, Radio Ruskij) und Zeitungen (Post, Türkses, Russkaja Germanija). Bezogen auf das Internet fällt ein anderer Punkt auf: Unsere Analysen zeigen, dass sich *bestimmte* Kommunikationsformen und Zugangsweisen ins Internet verlagern.

Im Handlungsfeld Wissen haben Diskussionsforen, Diasporawebseiten und Mailinglisten bzw. Newsletter ihre feste Position. Bezogen auf das Erleben sind diasporische Serien- und Videoportale wichtige Zugangsmöglichkeiten zu spezifischen (massenmedialen) Angeboten in digitaler Form. Radio wird ebenfalls online gehört oder Spielwebseiten werden auf eine migrationsspezifische Weise angeeignet. Ebenso sind rein internetbasierte Angebote wie Blogs, Mailinglisten, Social-Web-Gruppen und WWW-Seiten zentraler Bezugspunkt des Engagements der von uns interviewten Diasporaangehörigen. Ähnliches lässt sich für die Handlungsfelder Geschäft und Glaube sagen.

Verallgemeinert man solche Ergebnisse und bezieht sie darauf, dass vor allem die jüngeren Interviewten sich zu einer Internetaffinität bekennen, können wir Folgendes festhalten: *Internetbasierte Angebote entwickeln sich zunehmend zum Kernbestand der Diasporamedien, über den zusätzlich traditionelle (Massen-)Medienangebote erschlossen werden.*

Ausgehend von unseren Analysen können wir diesen relativen Relevanzgewinn internetbasierter Angebotsformen zumindest dreifach begründen:

- Erstens zeichnen sich diese durch eine *geringe Produktionsbarriere* aus, d. h. sie ermöglichen auch weniger geschulten Personen, eigenständig bestimmte Inhalte zu produzieren. Die Verwendung von Social-Web-Seiten wie Facebook bzw. StudiVZ oder (Foto-)Blog-Seiten wie Skyblog bzw. Photodom als Portale zur Präsentation von migrationsspezifischen Inhalten sind dafür ein Beispiel.

- Zweitens ermöglicht das Internet den Aufbau von *länderübergreifenden Vernetzungsangeboten*. Dies kommt von uns interviewten Diasporaangehörigen insofern entgegen, weil die Diaspora selbst jenseits einfacher territorialer Bezüglichkeiten besteht. Dabei sind zumindest einzelne Interessen an Diasporamedien nicht auf den aktuellen lokalen Aufenthaltsort der Migrantinnen und Migranten bezogen, sondern gehen darüber hinaus. Es geht bspw. darum, sich in Diasporamedien *auch* über die Herkunftsregionen zu *erkundigen* oder sich zur Unterhaltung Inhalte gänzlich anderer Regionen zu *besorgen* bzw. Inhalte in der Diasporagemeinschaft länderübergreifend *bekannt zu machen*. All dies ist mit dem Internet im Gegensatz zu anderen Distributionswegen von Diasporamedien gut realisierbar.

- Drittens schließlich *sind internetbasierte Diasporaangebote kostengünstig*. Dieser Punkt ist insbesondere – wie unsere Analysen gezeigt haben – für (in Deutschland) kleine Migrationsgemeinschaften wie die der marokkanischen Diaspora zentral. Bei dieser ließen sich jenseits des Internets keine Diasporamedien ausmachen, letztlich weil sich solche Angebote (bspw. in Form von Diasporazeitungen oder Diasporaradios) in keiner deutschen Stadt tragen würden. Online-Angebote, die – siehe hierzu den vorherigen Punkt – Diasporagemeinschaften insgesamt über Ländergrenzen hinaus adressieren können, sind in einem solchen Fall wesentlich tragfähiger.

Umgekehrt dürfen wir allerdings den Status des Internets für mediale Migranten auch nicht überbewerten. Wie wir gesehen haben, verweisen alle Praktiken der Aneignung von Diasporamedien auf sehr grundlegende menschliche Handlungsfelder. Entsprechend macht es mehr Sinn, die Aneignung von Diasporamedien – ob internetbasiert oder nicht – im weiteren Zusammenhang des Lebens medialer Migranten zu sehen. Dies wollen wir im folgenden dritten Teil dieses Buchs leisten, in dem es um eine differenzierte Beschreibung der von uns unterschiedenen Typen von herkunfts-, ethno- und weltorientierten Diasporaangehörigen geht.

Teil 3: Aneignungstypen

7   Herkunftsorientierte

Bereits im letzten Teil des vorliegenden Buchs war die von uns getroffene Unterscheidung von herkunfts-, ethno- und weltorientierten medialen Migranten der Rahmen unserer Argumentation. Wir haben dabei – was die Lokalitäten der Medienaneignung und die Kontexte der Aneignung von Diasporamedien betrifft– Gemeinsamkeiten dieser Typen gezeigt. Im Hinblick auf Bildung und Sprache fielen insbesondere Differenzen auf. Im nun folgenden dritten Teil unserer Studie wollen wir uns nun intensiver mit den einzelnen Typen an sich befassen. Dabei beginnen wir mit den Herkunftsorientierten. Unser zentrales Argument ist, dass sie über einzelne individuelle und diasporaspezifische Varianzen und Differenzen hinweg in ihrer Medienaneignung eine herkunftsorientierte Identität artikulieren. Hiermit knüpft unsere empirische Forschung an bisherige Arbeiten zu herkunftsbezogenen Kommunikationsbeziehungen von Migrantinnen und Migranten an, führt diese allerdings in einem weitergehenden analytischen Blickwinkel fort.

Bereits in ihrer frühen Untersuchung zur Medienaneignung von Londoner Jugendlichen aus dem Pandschab macht Marie Gillespie (1995; 2002) auf die komplexe Rolle des Hindu-Herkunftsfernsehens aufmerksam – und hier insbesondere auf die Rolle solcher Sendungen, die zentrale nationale Mythen thematisieren. Ein Beispiel dafür ist die 94-teilige Fernsehserie „Mahabharat" (1988-1990) als Neuverfilmung des bekannten indischen Epos. In den von Gillespie interviewten Familien bereitete die Serie deswegen ein besonderes Vergnügen, weil die Befragten während der Rezeption „eine enge Beziehung zu den zuhause zurückgelassenen Verwandten fühlten" (Gillespie 2000: 173), die sie nahezu zeitgleich sahen. Diese und andere Ende der 1980er und Anfang der 1990er Jahre über Videokassetten und Satellitenfernsehen zugänglichen Sendungen ermöglichten es, „mit der indischen und pakistanischen Populärkultur in Verbindung zu bleiben". Dabei kam diesen Produktionen „eine bedeutende Rolle beim Wieder-Hervorbringen und Wieder-Repräsentieren von ‚Tradition'" zu (Gillespie 1993: 71).

Die Komplexität dessen, was *Herkunft* ist, akzentuieren Asu Aksoy und Kevin Robins (2000; Robins/Aksoy 2001) in ihrer Forschung zur Aneignung von Satellitenfernsehen durch türkische Migrantinnen und Migranten in Deutschland, Frankreich und Großbritannien. Detailliert zeichnen sie die Charakteristik eines „neuen türkischen Medienraums quer durch Europa" (Aksoy/Robins 2000: 344) nach. Dieser wird nicht nur vom türkischen staatlichen Fernsehen TRT

INT geprägt, sondern ebenso durch private türkische und kurdische Sender. Seit den 1990er Jahren besteht eine Vielfalt unterschiedlicher Repräsentationen jenseits der „offiziellen' nationalen Kultur" (Aksoy/Robins 2000: 352). Repräsentationsmöglichkeiten erhielten vor allem diejenigen Gruppen (Kurden, Aleviten, Homosexuelle etc.) und Themen (Arabesk, türkischer Pop, etc.), die dem offiziellen Türkeibild widersprechen (siehe auch Kosnick 2007a: 105-118). Was im türkischen Herkunftsfernsehen greifbar wird, ist also nicht einfach die Ausdehnung einer homogenen nationalen Identität von der Türkei nach Europa. Wir haben es vielmehr mit einem vielschichtigen deterritorialen Kommunikationsraum zu tun, in dem sich eine komplexe Auseinandersetzung „um die gegenwärtige Bedeutung von türkischer Kultur und Identität" (Aksoy/Robins 2000: 356) manifestiert.

Auf diese Komplexität von im weitesten Sinne herkunftsorientierten Kommunikationsbeziehungen machen ebenfalls andere Forschungen aufmerksam. Myria Georgiou (2006: 69-83) spricht in ihrer Studie zur Medienaneignung der griechisch-zypriotischen Diaspora in London und New York davon, dass die Medien des „Heimatlands" eine Ressource der Konstruktion von Herkunft sind – dies gleichwohl in wesentlich stärkerem Maße für ältere Migrantinnen und Migranten denn für deren Kinder. Sonja de Leeuw und Ingegerd Rydin (2007) argumentieren auf Basis einer empirischen Untersuchung in Schweden, dass für eine Betrachtung der „,mediated' identities" migrierter Personen deren Kommunikationsbezüge zur Herkunft sowohl durch Massenmedien als auch das Internet berücksichtigt werden müssen. Insbesondere das Satellitenfernsehen ermöglicht, einen Bezug zu den zentralen politischen und populärkulturellen Ereignissen zu halten. Beim Internet geht es darüber hinaus um ein „in Verbindung bleiben" mit Verwandten und Bekannten (Rydin/Sjöberg 2008). Entsprechend folgern die beiden Wissenschaftlerinnen, dass im Prozess der migrantischen „Identitätskonstruktion und Rekonstruktion alle Medien genutzt zu werden scheinen, sowohl um einen Kontakt zur Vergangenheit aufrecht zu halten, als auch um eine Verbindung zu schaffen zur neuen Zukunft" (de Leeuw/Rydin 2007: 192).

Insgesamt lässt sich also festhalten, dass Kommunikationsbeziehungen zur Herkunft von Diasporaangehörigen durch verschiedene Medien gehalten werden. Die damit verbundenen Prozesse der Identitätsartikulation lassen sich allerdings nicht als einfache Verlagerung der (nationalen) Identität der Herkunftsländer verstehen, sondern es geht um durchaus widersprüchliche Imaginationen bzw. Bilder dessen, was die Herkunft sei.

Unser an dieser Stelle ansetzendes Kernargument ist, dass die Kommunikationsbeziehungen zur Herkunft nicht für alle Diasporaangehörigen den gleichen Stellenwert besitzen: Während (nahezu) *alle* von uns interviewten Personen über solche Kommunikationsbeziehungen verfügen, haben sie für einen *be-*

stimmten Teil von ihnen – den der Herkunftsorientierten – eine *besondere Bedeutung*. Diese ergibt sich dadurch, dass für sie solche Bezüge einen *herausgehobenen Status* bei der Artikulation ihrer Identität haben – ja erst die herkunftsorientierte Identitätskonstruktion ermöglicht. Es sind solche Zusammenhänge, die wir mit dem Begriff der *mediatisierten Herkunft* fassen möchten. Dies verweist auf das, was wir bereits als Ko-Artikulation von Herkunftsvernetzung und herkunftsorientierter Zugehörigkeit charakterisiert haben (siehe Kapitel 3.3): In der kommunikativen Vernetzung zum Herkunftsland, aber auch am Lebensort und in der Diasporagemeinschaft wird eine herkunftsorientierte Identität konstituiert, wie gleichzeitig eine solche Identitätsausrichtung ein besonderes Interesse an einer entsprechenden kommunikativen Vernetzung stabilisiert.

Um diese Zusammenhänge greifbar zu machen, wollen wir zuerst die Spezifika herkunftsorientierter kultureller Identität beschreiben, um dann die mit dieser Artikulation einhergehenden Herkunftsvernetzungen näher zu fassen und so ein Verständnis der mediatisierten Herkunft zu entwickeln. Es handelt sich bei einer solchen Abfolge der Darstellung um eine notwendige analytische Systematisierung. Ko-Artikulation meint jedoch, dass die Artikulation von Identität und kommunikativer Vernetzung zusammen gedacht werden muss.

7.1 Die Heimat mitnehmen

Als einen wichtigen Aspekt ihrer Identitätsartikulation kann man das *Selbstbild* der Herkunftsorientierten betrachten. Die von uns interviewten Herkunftsorientierten bezeichnen sich typischerweise als „Marokkaner" (Ilias, m, 28) „Türkin" (Feraye, w, 35) oder „Russe" (Pawel, m, 59). Genadij, der erst mit 25 Jahren nach Deutschland kam, bringt dies wie folgt zum Ausdruck:

> „Eigentlich bin ich in Kasachstan geboren, also gehöre ich mehr zu dem russischen Kulturkreis als zum Deutschen [...]. Ich habe ja fünfundzwanzig Jahre in Kasachstan gelebt." (Genadij, m, 30, russ.)

Wie Genadij zählen die meisten Herkunftsorientierten zur ersten Migrationsgeneration, haben einen großen Teil ihrer Jugend in ihren Herkunftsländern verbracht und sind dort sozialisiert. Bemerkenswert an dem Interview mit Genadij ist, dass er sich nicht nur zum „russischen Kulturkreis", sondern allgemeiner „zu der sowjetischen Kultur" zugehörig erklärt. Mit einem solchen Rückbezug auf „das Sowjetische" ist er kein Einzelfall in der russischen Diaspora. So ist bspw. Wadim (m, 42, russ.) stolz darauf, dass er einen sowjetischen Lenin-Wimpel (gekauft auf dem Flohmarkt in Bremen) in seiner Küche hängen hat. Das Selbstbild kann demnach auf durchaus historische Formen von Herkunft verweisen.

Momente herkunftsorientierter Identitätsartikulationen

Herkunftsorientierte Identitätsartikulation ist nicht widerspruchsfrei. Besonders deutlich wird dies, wenn Herkunftsorientierung bedeutet, dass Herkunftskonflikte in das Migrationsland mitgenommen werden. Konkret wird dies an der türkischen Diaspora, die durch Unschärfen bzw. Spannungsverhältnisse zur kurdischen Diaspora wie auch durch (zum Teil damit verbundene) religiöse Konflikte geprägt ist. Exemplarisch verdeutlicht dies folgendes Zitat von Ferda:

„Wir durften nicht auf Kurdisch reden, ich bin eigentlich Kurdin. Dazu konnten wir nicht darüber reden, dass wir Aleviten und Kurden waren, wir wurden immer ausgeschlossen, verachtet [...]. Hier zum Beispiel lebe ich mein Kurdentum in Freiheit. Ich lebe hier mein Bewusstsein, dass ich Kurdin bin, ich bin bewusst, ich fühle, dass ich Alevite bin, ich lebe hier in Freiheit. Es gab dort ständig Druck auf uns, sowohl in der Schule als auch auf der Straße, also wenn wir irgendwo mit den anderen Menschen waren, könnten wir das nicht so einfach äußern, dass wir Aleviten waren. Wir haben das verborgen" (Ferda, w, 39, türk.)

Für Ferda war der Grund, 1992 nach Deutschland zu migrieren, dass sie in der Türkei ihre kulturelle und religiöse Identität nicht leben konnte. Aber auch die gegenteilige Position findet sich unter den herkunftsorientierten Migrantinnen und Migranten aus der Türkei. In einem informellen Gespräch nach dem Interview bezeichnet sich Feraye (w, 35, türk.) als türkische „Nationalistin". Sie kritisiert stark die separatistischen Kurden im Osten. Dass Herkunftskonflikte in der Identitätsartikulation in Deutschland Bestand haben, kann soziale Aspekte einschließen. Exemplarisch dafür steht Wadim (m, 42, russ.). Dieser distanziert sich als Studierter von den „dörflichen" Mitgliedern seiner Migrationsgemeinschaft, die vorher „Kühe gezüchtet" oder als „Traktoristen" gearbeitet haben.

Eine solche Identitätsartikulation zeigt sich ebenfalls in den *Freizeitpraktiken* der von uns interviewten Herkunftsorientierten. Ruslan (m, 34, russ.) und Vitalii (m, 36, russ.) gehen bspw. mit anderen Diasporaangehörigen in derselben Form von Geselligkeit zum Angeln, wie es in der ehemaligen UdSSR üblich war. Oder Ferda (w, 39, türk.) singt im Chor des alevitischen Vereins in ihrer Stadt Volkslieder der Heimat.

Solche Beispiele dürfen aber wie gesagt nicht missverstanden werden, dass es um eine einfache Verlängerung der nationalen Identität der Herkunft geht. Teil des Selbstbildes der Herkunftsorientierten ist, dass sie sich bei einer fortlaufend bestehenden Herkunftsorientierung mit der Migration verändert haben. Fatih (m, 28, marokk.), ein marokkanischer Migrant, weist auf die Übernahme von „deutschen" Karrierevorstellungen hin: „Wenn man hier lebt und wenn man hier weiter lebt [...] muss man was erreichen". Noch deutlicher stellt Metin (m, 30, türk.) fest, „einerseits verändert sich die Türkei selbst. [...] Andererseits hast du dich auch verändert." Die Migrationserfahrung und der dadurch bestehende Kontakt mit Menschen unterschiedlicher Kulturen tragen bei Herkunftsorientierten also zu einer Veränderung ihrer Identitätsartikulation bei – allerdings ohne, dass die primäre Orientierung auf die (vorgestellte) Herkunft infrage gestellt wird.

Wenn man die *religiöse Orientierung* der Herkunftsorientierten betrachtet, fällt auf, dass fast alle (außer Polina, w, 31, russ.) sich als „gläubig" charakterisieren. Der Stellenwert der Religion variiert jedoch zwischen den drei Diasporagemeinschaften. Herkunftsorientierte der marokkanischen Diaspora nehmen vergleichsweise häufig Bezug auf Religion, wenn sie über sich selbst sprechen, und sehen den „muslimischen Lebensstil" und die „Werte des Islams" als einen Teil ihrer Herkunftskultur an (u.a. Malik, m, 32 und Mbarek, m, 63). Unter den Herkunftsorientierten der anderen Diasporas ist dies seltener der Fall.

Entscheidend ist aber nicht die Religion, sondern das Herkunftsland als die „eine Heimat" (Noureddin, m, 28, marokk.), die es bleibt, „egal wo" (Fatih, m, 28, marokk.) man lebt. Ein solches *Herkunftsbild* als vorgestellte Heimat wird auf verschiedene Weise stabilisiert. Die meisten Herkunftsorientierten besuchen ihre Herkunftsländer regelmäßig, wenn auch im Einzelfall aus finanziellen Gründen nicht jedes Jahr (z. B. Kamila, w, 36, marokk.; Genadij, m, 30, russ.; Ferda, w, 39, türk.). Daneben ist das Bild des eigenen Herkunftslands medial geprägt, ein Punkt, auf den wir im Weiteren noch eingehen werden.

Herkunft wird immer wieder mit Gefühlen der Wehmut verbunden. Dabei zeigt sich, dass die Menschen, die in Deutschland finanzielle und soziale Probleme haben, eher dazu tendieren, ihr Herkunftsland zu idealisieren als andere. Exemplarisch wird das in folgender Aussage Ruslans deutlich:

„Wie soll ich sagen trotzdem lockt es mich nachhause. Da hatte ich alles, hier habe ich keine Arbeit. [...] Vielleicht wäre es mit einer Arbeit einfacher also. Und da sofort nach dem Abschluss der Berufsschule gleich bin ich arbeiten gegangen. Und das ist irgendwie ohne Arbeit ist es schwer. Hier siehst du lebe ich von der Sozialhilfe." (Ruslan, m, 34, russ.)

Vergleichbar glaubt Pawel (m, 59, russ.) „die Lebensqualität der Menschen ist in der Ukraine gestiegen", darunter auch in Dnepropetrovsk, seiner Herkunftsstadt. Noureddin (m, 28, marokk.) berichtet, mit einer entsprechenden Arbeit als Ingenieur könne er in Marokko „wie ein König" leben und „nicht wie hier, hier du bist [ein] ganz normale[r] Mensch". Ein kritisches Herkunftsbild ist bei Herkunftsorientierten eher die Ausnahme. Verweisen kann man diesbezüglich allenfalls auf die Aussage Metins (m, 30, türk.), der bezugnehmend auf das Armenviertel Esenyurt in Istanbul die aktuelle soziale Entwicklung in der Türkei wie folgt charakterisiert: „Dann denke ich mir, ist das mein Land? Man fühlt so eine Entfremdung und jetzt weißt man auch, dass diese Masse den Staat regiert".

Aber hier muss man festhalten, dass es eher um ein konkretes Einzelproblem geht, als dass Metin seine grundsätzlich positive Haltung gegenüber der Türkei infrage stellt.

Die Identität der Herkunftsorientierten wird von Prozessen der *Abgrenzung* gegenüber „den Deutschen" getragen. Herkunftsorientierte sehen sich als „Ausländer" (Salim, m, 43, türk.; Malik, m, 32, marokk.), als „ausländischer Student" (Fatih, m, 28, marokk.), als „Gast" (Noureddin, m, 28, marokk.) oder in ihrem Aufenthalt als „vorübergehend" (Ilkay, w, 29, türk.) an. Ruslan (m, 34, russ.) erklärt eine solche abgrenzende Selbstpositionierung dadurch, dass die deutsche „Mentalität [...] wohl irgendwie anders" ist. Er äußert sich nicht negativ über „die Deutschen", konstatiert aber: „irgendwie haben wir kein Verhältnis zueinander". Eine ähnliche Haltung wird im Interview mit Aziz greifbar:

„Du gehst nicht zu dem Theater der Deutschen. Wieso? Weil du nicht viel davon bekommst [lernst]. Vielleicht liegt es daran, dass du es nicht verstehst, aber in einem Sinne, auch wenn du verstehen würdest, wärst du nicht hingegangen. Weil Theater, Theater, Kultur ist [...]. Du kannst sprachlich verstehen, aber du kannst nicht die Tradition verstehen [...]. Wir sind nicht hier nicht Menschen, deren Großväter auch hier gelebt haben. Wie gut kennen wir uns mit der deutschen Geschichte, Kultur?" (Aziz, m, 50, türk.)

Vergleichbar sagt Malik (m, 32, marokk.), dass er „aus [einer] andere[n] Kultur" kommt. Der Unterschied wird für ihn allerdings vor allem medienvermittelt greifbar. Für ihn machen deutsche Zeitungen deutlich, „die Deutschen denken anders".

Eine Differenz zu „den Deutschen" wird neben dem (medienvermittelten) öffentlichen Bereich des Lebens auch im Bereich des Privaten gesehen. So hält Noureddin (m, 28, marokk.) bezogen auf die jeweils alltagsweltliche Wertschätzung der Familie fest: „Bei uns diese Familie, die halten es [so] zu sagen also, Familie Stimmung weißt du, nicht wie in Deutschland, jeder geschlossen". Auch Pawel (m, 59, russ.) spricht von Schwierigkeiten im alltagsweltlich-privaten Umgang. Er sieht den Unterschied zur Sowjetunion vor allem in der dort (historisch) größeren Bereitschaft, sich an gesellschaftliche Normen zu halten:

„Also hier in Deutschland raucht man überhaupt viel, sie rauchen und werfen die Kippen einfach unter die Füße, obwohl daneben ein Mülleimer steht." (Pawel, m, 59, russ.)

Das Gefühl „anders" zu sein, scheint ein wichtiger Grund für einen fortlaufenden Prozess der Abgrenzung gegenüber der „deutschen Kultur". Oder anders formuliert: In der fortlaufenden kollektiven Selbstbestätigung des Gefühls von Anderssein ist ein kontinuierlicher alltagsweltlicher Prozess der Schaffung von herkunftsorientierter Differenz zu sehen.

Ein solcher Prozess ist allerdings bemerkenswerterweise nicht mit einer ungebrochenen Identifikation mit der Diasporagemeinschaft gleichzusetzen. Insbesondere distanzieren sich die herkunftsorientierten Interviewpartnerinnen und

-partner von Mitgliedern ihrer Diasporagemeinschaft, die die Bemühung einer kohärenten Verortung in der Herkunft infrage stellen. So kritisieren Metin (m, 30, türk.) und Ilkay (w, 29, türk.) die „Almancis" (Deutschländer) der türkischen Diaspora. Ein anderes Beispiel ist wiederum Pawel (m, 59, russ.). Er wohnt mit seiner Familie „in einem Haus mit vierzig Wohnungen und Russischsprachige sind in diesem Haus nur zu dritt." Er hat „mit den anderen Russischsprachigen wenig Kontakt" und ist deswegen „nicht traurig", letztlich, weil sie seine Form der Herkunftsorientierung nicht teilen.

Solchen Selbstverortungen steht das *Fremdbild* gegenüber, mit dem die Herkunftsorientierten konfrontiert sind. Feraye (w, 35, türk.) erzählt, dass sie trotz deutscher Staatsbürgerschaft immer als „Ausländer" bzw. „Kanake" oder „Türke" wahrgenommen wird. Auch marokkanische und russische Diasporaangehörige sind mit solchen Fremdbildern konfrontiert. Dabei werden nicht nur ethnische, sondern ebenfalls religiöse Stereotype bedient. Malik bringt dies zum Ausdruck, wenn er bezogen auf die Medienberichterstattung formuliert:

> „Ich finde, die Deutschen wissen nicht ganz genau, was heißt das, und was heißt, dass ich ich komm' zum Beispiel, ich komm' aus Marokko und da gibt's Islam bei uns und und wie du weißt jetzt, Islam hat ein schlechtes Bild wegen Medium. Medien, die Medien sprechen schlecht über Islam." (Malik, m, 32, marokk.)

Was in solchen Zitaten greifbar wird, ist ein komplexer Konstruktionsprozess, mit dem herkunftsorientierte Diasporangehörige nicht nur konfrontiert sind, sondern in den sie auch unwiderruflich und in der Form nicht intendiert involviert sind: Trotz aller Varianz ihrer Migrationsgemeinschaft und der gegebenenfalls bestehenden eigenen Abgrenzung gegenüber anderen Mitgliedern derselben, werden Herkunftsorientierte in Deutschland – so ihre eigene Außenwahrnehmung – als „Prototypen" der Diaspora wahrgenommen. Sie sind mit entsprechenden Zuschreibungen konfrontiert, tragen zu diesen durch ihre fortlaufende Artikulation von Differenz aber auch bei. Herkunftsorientierte sind demnach nicht der *Kern* der kulturellen Verdichtung der Diaspora, in ihrer Herkunftsorientierung aber fester Teil ihrer Konstruktion.

Herkunftsorientierter Lebenskontext und Migrationserleben

Festmachen lassen sich solche Konstruktionsprozesse neben dem Identitätsbild am Lebenskontext der Herkunftsorientierten, konkret ihren Wohnorten und Diasporaläden, ihren materiellen Verhältnissen und ihrem Migrationserleben. Im Hinblick auf *Wohnorte* fällt auf, dass Herkunftsorientierte in Stadtteilen leben, in denen viele andere Migrantinnen und Migranten wohnen (z. B. Hayrettin, m, 67, türk.; Feraye, w, 35, türk.; Malik, m, 32, marokk.; Abdoullah, m, 34, marokk.; Wadim, m, 42, russ.; Vitalii, m, 36, russ.). Nur wenige sind damit unzufrieden. Bestehen Gründe für eine Unzufriedenheit, geht es um einen spezifischen Umgang mit der eigenen Migration. Aziz (m, 50, türk.) bspw. wollte seine „Kinder von dem Gebiet bisschen rausholen, wo es viele Ausländer gab, damit sie besser Deutsch lernen", weswegen er und seine Familie in einen anderen Stadtteil umzogen. Noureddin (m, 28, marokk.) beschwert sich im Interview darüber, häufig nach der Arbeit keine Ruhe zu finden. Grund ist für ihn nicht nur der Autolärm, sondern auch die „laute Musik", die „Türke, Araber" spielen.

Herkunftsorientierte besuchen regelmäßig *Diasporaläden*, um Lebensmittel zu kaufen, die man in deutschen Geschäften nicht erwarten kann. Manche besorgen sogar fast alle Produkte in diesen Läden. So kauft Malik (m, 32, marokk.) „Öl, Olivenöl [...] marokkanische Minze, Tee, die Sachen, die [es] nicht überall gibt, [...] nur in einem marokkanischen Laden". Genadij (m, 30, russ.) berichtet von der Enttäuschung, dass die Produkte aus deutschen Läden „anders" schmecken, als er es aus dem Herkunftsland gewöhnt ist. Er kauft „zum Beispiel „gesalzene Tomaten, Gurken auch, manchmal [...] einen Kuchen, auch russisch". Bei solchen Einkäufen ist durchaus Nostalgie im Spiel, wie der folgenden Ausschnitt des Interviews mit Boris zeigt:

„Wir fahren, nun ich kann zweimal im Monat dahinfahren, da was einkaufen, etwas Nostalgisches so, was nicht Deutsches. Es gibt ja unterschiedliche Essen. Es gibt das und das, [...] nun beispielsweise unsere Wurstwaren, unsere Käsesorten, unsere Konserven, die nach unseren Rezepten gemacht worden sind, Obstprodukte. Man kann da auch Produkte aus Russland, beispielsweise Wassermelonen, Bananen, so was also." (Boris, m, 22, russ.)

Und wieder geht es auch um Medien: Neben Lebensmitteln werden in diesen Geschäften Medienprodukte aus dem Herkunftsland gekauft – bspw. aktuelle Bücher, Presseerzeugnisse, DVDs oder CDs. In der russischen Diaspora ist es üblich, diese per Versandkatalog zu bestellen, wobei diese Kataloge in den russischen Läden ausliegen. Telefonkarten, mit denen man günstig ins Herkunftsland telefonieren kann, sind weitere medienbezogene Artikel, die von Herkunftsorientierten in Diasporaläden (oder Telefonläden) gekauft werden.

Einige der von uns interviewten Herkunftsorientierten sind selbst in Diasporageschäften oder migrationsbezogenen Berufen tätig. Beispielsweise arbeitet Feraye (w, 35, türk.) in einer Organisation, die Veranstaltungen für Frauen mit Migrationshintergrund organisiert. Sie und ihr Mann betreiben außerdem einen türkischen Backwarenladen. Abdoullah (m, 34, marokk.) hatte eine Zeit lang ein „marokkanische[s] Restaurant" geführt. Jetzt besitzt er ein Café mit einem marokkanischen Namen, das von vielen Marokkanern in Berlin besucht wird.

Eine solche auch anhand der Gestaltung der eigenen Lebensorte greifbare kulturelle Verortung verweist auf ein sehr spezifisches *Migrationserleben*. Typischerweise haben Herkunftsorientierte seit ihrer Einreise nach Deutschland in derselben Stadt gewohnt (z. B. Salim, m, 43, türk.; Hayriye, w, 40, türk.; Abdoullah, m, 34, marokk.; Hayrettin, m, 67, türk.). Von dieser Tendenz zu einer starken lokalen Verbundenheit nach der Migration weichen nur herkunftsorientierte Bildungsmigranten ab. Malik (m, 32, marokk.) hat bspw. zuerst in Leipzig gewohnt und ist dann studienbedingt nach Bremen gezogen. Mouad (m, 33, marokk.) ist nach Mainz migriert, wo sein Cousin wohnt. Im Anschluss hat er jedoch studien- und berufsbedingt in Bonn und schließlich Berlin gelebt.

Hieran zeigt sich, dass das eigene Migrationserleben durch die Migration der Familien geprägt ist. Von Ruslans (m, 34, russ.) Familie bspw. „sind mehr als dreißig Leute zusammen nach Deutschland" migriert und „der größte Teil ist im nördlichen Teil Deutschlands". Ferda (w, 39, türk.) hat sechs Geschwister in Deutschland, in Bremen, Düsseldorf, Solingen und Wuppertal. Vitaliis (m, 36, russ.) zahlreiche russischsprachige Freunde leben „im Süden" Deutschlands. Obwohl es in der marokkanischen Diaspora im Vergleich zur türkischen und russischen seltener vorkommt, dass ganze Familien in der gleichen deutschen Stadt angesiedelt sind, gibt es einige Migranten in dieser Diaspora wie Mbarek (m, 63, marokk.), dessen Kinder fast alle im gleichen Stadtteil wohnen wie er.

Die *Bewertung der Lebenssituation* der Herkunftsorientierten ist unterschiedlich. Während sich einige an ihr Leben in Deutschland „gewöhnt" haben (z. B. Noureddin, m, 28, marokk.; Malik, m, 32, marokk.; Boris, m, 22, russ.; Salim, m, 43, türk.), gibt es andere, die mit ihrem Leben in Deutschland nicht sehr zufrieden sind (z. B. Wadim, m, 42, russ.; Soraya, w, 36, marokk.). Vielen herkunftsorientierten Diasporaangehörigen fiel besonders die Anfangsphase der Migration schwer, nicht zuletzt durch geringe Deutschkenntnisse, die Abwesenheit eines stabilen sozialen Netzwerkes oder die Sehnsucht nach der „Heimat Herkunft" (vgl. auch Kapitel 4.2). Persönliche Beziehungen zu anderen Migranten der gleichen Herkunft – im besten Fall: zu Verwandten – werden von fast allen von uns interviewten Herkunftsorientierten als zentral bewertet, um die ersten Schwierigkeiten ihrer Migration überwinden zu können. Das Beispiel von Mouad (m, 33, marokk.) haben wir bereits erwähnt. Noureddin (m, 28, marokk.) hatte einen guten marokkanischen Freund in Berlin, der ihm nach seiner Ankunft viel geholfen hatte. Manchmal sind es aber auch persönliche Beziehungen zu Deutschen, die helfen: Malik (m, 32, marokk.) kannte eine deutsche Familie bei Chemnitz, bei der er ein Jahr lang wohnte, bevor er einen Studienplatz bekommen hat. Durch diese Bekannten hat er sich in Deutschland von Anfang an wohlgefühlt.

Die *materiellen Verhältnisse* sind bei der Bewertung der Lebenssituation wichtig. Mit finanziellen Problemen ist eine Enttäuschung über Deutschland verbunden, die bei einigen Herkunftsorientierten stärker ausgeprägt ist als bei anderen. Beispielsweise berichten uns Mbarek (m, 63, marokk.), Ferda (w, 39, türk.) und Malik (m, 32, marokk.) über ihre Geldsorgen, als wir sie auf die Qualität ihres Lebens in Deutschland ansprechen. Stanislaw (m, 31, russ.) ist enttäuscht, dass er wenig verdient, und stellt seinem aktuellen Leben ein idealisiertes Leben in Russland gegenüber: Er lebe fast schlechter als seine Familie dort.

Zum Teil hängt die Enttäuschung mit den hohen Erwartungen der Herkunftsorientierten zusammen. Ruslan (m, 34, russ.) glaubt zum Beispiel, Menschen in Russland stellen sich Deutschland „wie ein Märchenland vor", das sich dann aber als „goldener Käfig" entpuppt: „alles ist begrenzt, so ist es. Es scheint mir, als wäre alles in Russland etwas lockerer in den Handlungen, in den Möglichkeiten".

Eine dieser sozialen Begrenzungen ist die häufige Nicht-Anerkennung von Bildungsabschlüssen aus der Herkunft. Herkunftsorientierte berichten immer wieder, dass ihre dort erreichten Abschlüsse in Deutschland nicht anerkannt werden, was die beruflichen Chancen in Deutschland erheblich verringert (z. B. Wadim, m, 42, russ.; Hayriye, w, 40, türk.). Genadij (m, 30, russ.), der schon in Kasachstan keinen Berufsabschluss hatte, ist traurig, dass er wegen seines Alters in Deutschland keine Ausbildung mehr machen kann, um seine Chancen auf dem Arbeitsmarkt zu verbessern. Hayriye (w, 40, türk.) hatte in der Türkei Jura studiert, was nicht anerkannt wurde, weswegen sie ihren Beruf nicht ausüben kann.

Herkunftsorientierte sind aber nicht generell von Deutschland enttäuscht. Salim (m, 43, türk.) sieht seine private wie berufliche Zukunft in Deutschland und hat deswegen die deutsche Staatsbürgerschaft angenommen, insbesondere um wählen zu können. Die Annahme der deutschen Staatsbürgerschaft hängt in vielen Fällen jedoch nicht vom Wohlbefinden in Deutschland ab, sondern der gesetzlichen Lage. So haben die von uns interviewten (Spät-)Aussiedler fast durchweg und trotz Unzufriedenheiten eine deutsche Staatsbürgerschaft. Andere Herkunftsorientierte der russischen Diaspora haben eine doppelte Staatsangehörigkeit (bspw. Anton und Vitalii), was in der marokkanischen und türkischen Diaspora aus gesetzlichen Gründen nicht möglich ist. Während in der türkischen Diaspora viele Herkunftsorientierte über eine deutsche Staatsbürgerschaft verfügen, gibt es in der marokkanischen Diaspora nur zwei Personen, auf die das zutrifft – und zwar durch die Heirat mit Deutschen.

Nicht nur die allgemeine wirtschaftliche und soziale Situation ist relevant für das Wohlbefinden im Migrationsland. Ebenso sind dies alltagsweltliche Faktoren – und hier kommt einmal mehr „die Kultur" ins Spiel. So findet Boris (m, 22, russ.), „in der Hinsicht von Kultur hier ist alles ruhig in Deutschland im Vergleich zu Weißrussland". Ferda (w, 39, türk.) glaubt – wie wir bereits gesehen haben –, dass sie als Alevitin und Kurdin im Vergleich zur Türkei in Deutschland mehr kulturelle Freiheit hat. Hayriye (w, 40, türk.) sagt, dass das Leben in der Türkei ein „bisschen unordentlicher" sei und verbindet ein Gefühl des „Wohlhaben[s]" mit Deutschland.

Einige andere Herkunftsorientierte berichten von dem Gefühl, sie seien nicht gewollt und könnten dies spüren. So erzählen Genadij (m, 30, russ.) und Pawel (m, 59, russ.), wie sie sich bei Ämtern und im Alltagsleben wegen ihrer Herkunft ungleich behandelt fühlen. Genadij berichtet, „ein genauso alter Deutscher geht vor mir rein und bekommt alles, ich gehe hinterher und bekomme gar nichts, so eine Behandlung. Vielleicht mögen die Leute da keine Russen".

Greifbarer werden solche Berichte der Herkunftsorientierten vor dem Hintergrund einer konkreten Betrachtung der *Migrationsbiografie*. Wie wir bereits betont haben, sind sie tendenziell Migrantinnen und Migranten der ersten Generation und in ihren Herkunftsländern sozialisiert. Darüber hinaus verweisen die Migrationsgeschichten stark auf die jeweilige Diasporagemeinschaft. Im Allgemeinen kann man sagen, dass die Mehrheit der marokkanischen Herkunftsorientierten Bildungsmigranten sind, in der türkischen Diaspora hingegen Arbeitsmigranten. In der russischen Diaspora sind die von uns interviewten Herkunftsorientierten meist als arbeitsmigrierende (Spät-)Aussiedler nach Deutschland gekommen, um ihre wirtschaftliche Lage oder Lebensqualität zu verbessern.

Arbeitsmigration geht mit dem Wunsch nach besseren ökonomischen Aussichten einher. So gehört Hayrettin (m, 67, türk.) zu den ersten „Gastarbeitern", die durch das Abkommen zwischen der Türkei und Deutschland einreisten. Salim (m, 43, türk.) ist mit 16 Jahren im Rahmen einer Familienzusammenführung zu seinen Eltern gekommen und hat die Berufsschule besucht. Während Aziz (m, 50, türk.) selbst über einen Bekannten migrierte, um in Deutschland einen Job zu suchen, kam seine Frau Aysun (w, 43, türk.) als 16-Jährige mit ihrer Familie. Ähnlich ist Boris (m, 22, russ.) „wegen [seinem] Vater hierher gekommen". Wadim (m, 42, russ.) reiste mit seiner Familie 1998 ein. Amin (m, 44, marokk.) kam durch seine Tätigkeit in der marokkanischen Botschaft nach Deutschland, wo er jetzt seit 18 Jahren arbeitet. Weitere Herkunftsorientierte – wie Abdoullah (m, 34) und Kamila (w, 36) aus der marokkanischen Diaspora, oder Hayriye (w, 40), Feraye (w, 35) und Ilkay (w, 29) aus der türkischen Diaspora – sind wegen ihrer Ehepartnerinnen und -partner nach Deutschland eingewandert.

Neben den Arbeits- und Liebesmigranten finden sich wie bereits gesagt unter den Herkunftsorientierten Bildungsmigranten. Metin (m, 30, türk.) ist bspw. für das Masterstudium nach Deutschland gekommen, derzeit arbeitet und promoviert er an der Universität. Sorayas (w, 36, marokk.) Motivation war, Betriebswirtschaft zu studieren. Noureddin (m, 28, marokk.) nahm in Deutschland das Studium auf, weil er von einem „Kumpel" aus Marokko gehört hatte, „das Diplom in Deutschland ist sehr anerkannt". Es fällt jedoch auf, dass die Bildungsmigranten nur einen kleinen Anteil der Herkunftsorientierten bilden. Und nur zwei der von uns interviewten Herkunftsorientierten kamen als Asylanten nach Deutschland: Ferda (w, 39, türk.) reiste 1992 als Asylbewerberin in Deutschland ein. Anton (m, 47, russ.) wurde 1980 aus politischen Gründen aus der Sowjetunion 1980 ausgewiesen.

Falls für die Herkunftsorientierten ein weiteres *Migrationsziel* infrage kommt, dann ist dies tendenziell die „Heimat" (so u. a. Ruslan, m, 34, russ.; Noureddin, m, 28, marokk.; Feraye, w, 35, türk.). Anton (m, 47, russ.) würde zum Beispiel „vielleicht nach Russland oder nach Sankt Petersburg", seine Heimatstadt zurück migrieren, wenn er es „schaff[t]". Die Möglichkeit zur „Rückkehr" hängt für viele Herkunftsorientierte mit ihren finanziellen Ressourcen zusammen. Während Aziz (m, 50, türk.) der Meinung ist, dass er als LKW-Fahrer in der Türkei leben könnte, erklärt Metin (m, 30, türk.), dass er nicht sagen könne, ob er als Neurobiologe in der Türkei eine befriedigende Stelle fände. Feraye (w, 35, türk.) würde „sofort" zurückkehren, wenn sie es sich „leisten" könnte.

Die herkunftsorientierten Interviewpartnerinnen und -partner, die sich in Deutschland eingelebt haben und mit Deutschland ihre Zukunft verbinden, sehen ihr Herkunftsland eher als Urlaubsziel und schließen die Möglichkeit aus, dahin zurückzuziehen. Am Anfang empfand Boris (m, 22, russ.) „Nostalgie, nach [s]einer Heimat zurück[zu]fahren". Er hat sich aber an Deutschland „gewöhnt", sieht für sich dort nun eine finanziell gesicherte Zukunft und möchte deshalb nicht „zurück" nach Weißrussland.

Bei Herkunftsorientierten mit Familie spricht vor allem eines gegen eine „Rückkehr": die Kinder. Hayriye (w, 40, türk.) glaubt nicht, dass sie in die Türkei zurückkehren würde, weil ihre Töchter (4 und 7 Jahre alt) „nicht langfristig dort leben" wollten. Soraya (w, 36, marokk.), die seit 1996 in Deutschland ist, würde zwar gerne wieder nach Marokko. Sie könne es aber „nicht jetzt mit zwei Kindern" realisieren. Ruslan (m, 34, russ.) überlegt sich nach Russland zurückzukehren, aber erst „wenn der Sohn erwachsen wird". Die Kinder von Hayrettin (m, 67, türk.) sind schon erwachsen, verheiratet und arbeiten in Deutschland. Wegen des Kontakts zu den Kindern migriert er nicht zurück. Hayrettin hat – wie viele andere Rentner der ersten Generation – eine Lösung darin gefunden, dass er je ein halbes Jahr in Deutschland bzw. der Türkei wohnt.

Fassen wir solche Aussagen zusammen, erhalten wir nun ein klareres Bild von dem, was das Leben einer herkunftsorientierten kulturellen Identität ausmacht: Es geht hier um eine herkunftsorientierte, aber nicht mit der vorgestellten Herkunft deckungsgleiche Identitätsartikulation. Eine herkunftsorientierte Zugehörigkeit in der Diaspora ist – auch aus Binnenperspektive der Migrantinnen und Migranten – anders als die Identität davor. Zwar lebt man primär mit Migrantinnen und Migranten derselben Diaspora an gleichen Wohnorten, bewegt sich in unterschiedlichen Graden in einer Migrationsökonomie, führt alte Hobbys fort und will wenn dann zurück in die Heimat migrieren. Die gefühlte Zugehörigkeit als Kernaspekt von kultureller Identität ist aber eine in Teilen nicht einfache Konstruktion einer Herkunfts*orientierung* und gerade nicht das selbstverständliche und unproblematische Leben dieser Herkunft. Dies kann als Spezifikum der Migrationserfahrung gewertet werden.

7.2 Medien als Brücken

Die bisher umrissene kulturelle Identität der Herkunftsorientierten geht mit einer Medienaneignung einher, die sich als eine Herkunftsvernetzung konkretisiert. Medienkompetenz und Medienausstattung bzw. die Vermittlung von bestimmten Zugangsmöglichkeiten zu Medien können als wichtige Voraussetzung einer solchen Herkunftsvernetzung angesehen werden.

Medienkompetenz, Ausstattung und Kommunikationsnetzwerke

Rückt man die *Medienkompetenz* der Herkunftsorientierten, also ihre Fähigkeit zum selbstbestimmten Umgang mit Medien in den Blick, wird deutlich, dass insbesondere bei digitalen Medien immer wieder Unsicherheiten und Ängste bestehen. Salim (m, 43, türk.) erzählt, er besuche nur die Webseiten, die seine Frau ihm empfohlen hat, da er Angst vor Computerviren habe. Die Angst, beim Umgang mit dem Internet Fehler zu machen, kommt auch bei anderen Herkunftsorientierten vor, die wenig Erfahrung mit digitalen Medien haben. Gleichwohl sind sie mit ihren zum Teil geringen Medienkenntnissen zufrieden und empfinden sie als für ihre Bedürfnisse der Herkunftsvernetzung ausreichend.

Nur eine kleine Gruppe der von uns interviewten Herkunftsorientierten verfügt über eine breite Kompetenz digitaler Medien, erworben unter anderem im beruflichen bzw. schulischen Umfeld. Dies trifft auf Wadim (m, 42, russ.), Genadij (m, 30, russ.), Ilkay (w, 29, türk.), Metin (m, 30, türk.), Abdoullah (m, 34, marokk.) und Soraya (w, 36, marokk.) zu. Im Unterschied zu anderen Herkunftsorientierten, sind diese Personen offen gegenüber neuen Technologien. Genadij (m, 30, russ.) bspw. sucht im Internet immer wieder neue Anwendungen wie etwa Chatprogramme, Internettelefonieanwendungen oder Internetradios, die ihm eine Herkunfts- bzw. diasporainterne Vernetzung erleichtern.

In einem Gesamtblick kann man sagen, dass bei den Herkunftsorientierten eine Affinität zu und entsprechend eine größere Kompetenz bei Massenmedien besteht. Die meisten nutzen selbstverständlich unterschiedliche fernsehbezogene

Technologien bis hin zu komplexen Satelliteninstallationen. Dies gilt auch für Analphabeten unter den Herkunftsorientierten. So berichtet Amin (m, 44, marokk.) ausführlich, welche Herkunftssender man über welche Satelliten empfangen kann. Ähnlich verhält es sich im Bereich des Festnetz- bzw. Mobiltelefons. Herkunftsorientierte kennen die günstigsten Wege für die Vernetzung ins Herkunftsland – für einige sind das Telefonkarten, für andere Internet-Flatrates, spezielle SIM-Karten oder (seltener) die Videotelefonie im Internet.

Es sind die *migrantischen Vermittler*, die für Herkunftsorientierte die weniger ausgeprägte Medienkompetenz im Bereich digitaler Medien kompensieren. Insbesondere sind hier Familienangehörige oder enge Bekannte zu nennen. Migrantische Vermittler fungieren oft gleichzeitig als Vermittler der Technik, der Kommunikation und der Inhalte. Bei Vitalii (m, 36, russ.), Ruslan (m, 34, russ.) und Salim (m, 43, türk.) helfen die Ehefrauen, ältere Kinder oder Geschwister als *Technikvermittler*. Sie brachten ihnen die Computer- und Internetnutzung auf einer rein technischen Ebene bei. Aicha (w, 17, marokk.), Ferda (w, 39, türk.), Pawel (m, 59, russ.) und andere haben von ihren Freunden den technischen Umgang mit Computern und Internet gelernt.

Migrantische Vermittlung kann daneben heißen, eine herkunftsorientierte *Kommunikationssituation* vorzubereiten, indem bspw. das Internettelefonieprogramm und die Webcam angeschaltet werden, wie das bei Mbarek (m, 63, marokk.), Gönül (w, 35, türk.), Fatoş (w, 40, türk.) Aziz (m, 50, türk.), Aysun (w, 43, türk.) und anderen der Fall ist. Solche *Kommunikationsvermittler* sind für Personen relevant, die sehr geringe Medienkenntnisse haben.

Darüber hinaus fungieren die migrantischen Vermittler als *Inhaltsvermittler*. Insbesondere in der Anfangsphase der Internetnutzung fragten mehrere Herkunftsorientierte ihre Familienmitglieder oder Bekannten konkret nach Unterstützung, bestimmte Inhalte zu finden: Boris (m, 22, russ.) hat von seinen Mitschülern im Integrationskurs von dem russischen Social-Web-Angebot Odnoklassniki.ru erfahren, über die er jetzt intensiv mit seinen Freunden kommuniziert. Ferda (w, 39, türk.) wird immer wieder von ihren Verwandten auf neue Webseiten aus dem Herkunftsland hingewiesen. Sie berichtet begeistert, es sei ihr dadurch zum ersten Mal gelungen, einen Film aus der Türkei im Internet zu schauen.

Die Vermittlerrollen weisen bereits darauf hin, dass das Vorhandensein einer spezifischen *Medienausstattung* zentral ist für eine Herkunftsorientierung. In vielen Fällen ist diese Medienausstattung Familienausstattung. Damit haben auch Herkunftsorientierte mit einer geringeren digitalen Medienkompetenz eine relativ reichhaltige Medienumgebung. Nahezu alle Herkunftsorientierten verfügen über einen oder mehrere Computer in ihrer häuslichen Welt, bei geringer eigener Medienkompetenz häufig durch ihre Kinder. Genauso hat ein großer

Teil der Herkunftsorientierten eine häusliche Internetflatrate. Die Ausstattung mit Medien ist an die Herkunftsvernetzung orientiert. Dies betrifft zuerst einmal das Fernsehen.

Abbildung 14:   *Netzwerkkarte von Vitalii, russische Diaspora (08.12.2008)*

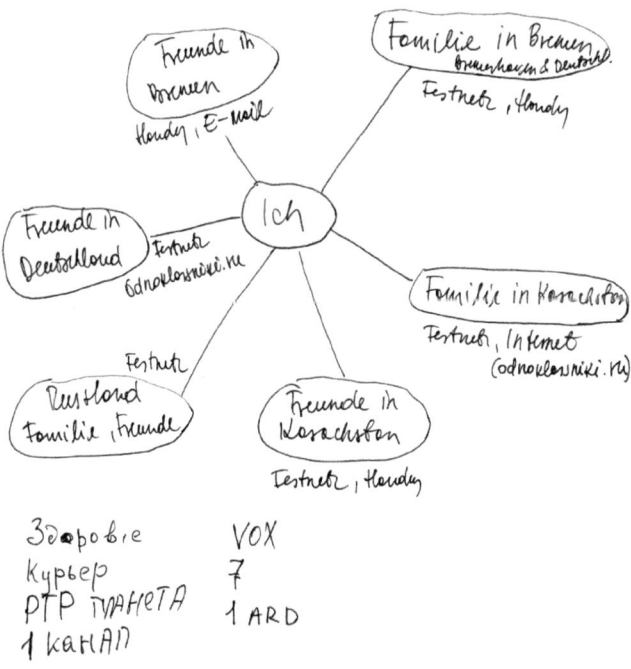

Herkunftstaugliches Fernsehen mit Satelliten- bzw. Kabelanschlüssen ist üblich, wofür folgende Aussage von Boris steht: „Alle Russen, egal wo du hingehst, hauptsächlich stellen gerade Russen diese Schüsseln auf" (Boris, m, 22, russ.) Die Herkunftsorientierten (insbesondere der türkischen Diaspora) besitzen teilweise mehrere Satelliten- bzw. Kabelanschlüsse für den Empfang von Fernsehsendern aus dem Herkunftsland. Einige Personen wie Pawel (m, 59, russ.) rezipieren Herkunftsfernsehen aus Kostengründen über das Internet. Möglich ist es daneben, den Satelliten- und Kabelempfang für das Herkunftsradio zu nutzen. Dies ist bspw. bei Ferda (w, 39, türk.) und einigen weiteren türkischen Herkunftsorientierten der Fall. Wadim (m, 42, russ.) berichtet begeistert von seinem neuen Internetradio, mit dem er Programme aus seinem Herkunftsland hören kann.

Abbildung 15:   *Netzwerkkarte Metin, türkische Diaspora (24.09.2008)*

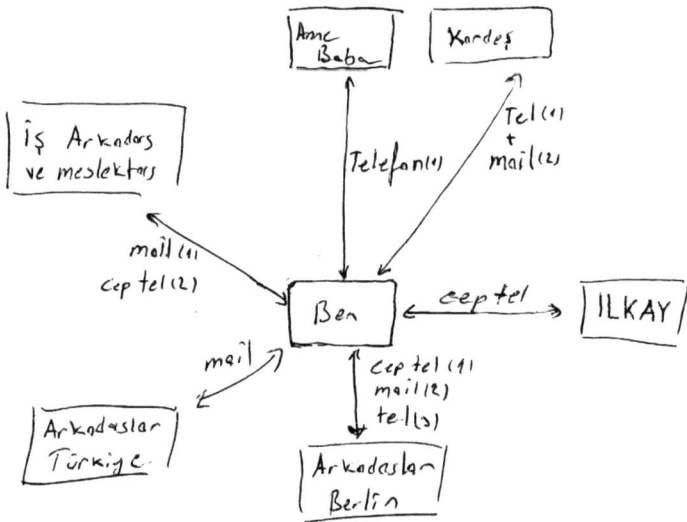

Viele Haushalte, die über einen Internetanschluss verfügen, haben Technik für Internettelefonie samt Bildübertragung. Pawel (m, 59, russ.) berichtet, dass er fast täglich mit drei engen Familienmitgliedern im Herkunftsland via Skype und Webcam kommuniziert. Genauso ist die Ausstattung mit Mobil- und Festnetztelefon auf die Herkunftsvernetzung (bzw. zum Teil auf die diasporainterne Vernetzung) ausgerichtet. Alle interviewten Herkunftsorientierten besitzen ein Mobiltelefon.

Diasporaangehörige aus der Türkei haben typischerweise eine Telefonflatrate (Mobil sowie Festnetz), die günstige Anrufe ins Herkunftsland und in der lokalen Diaspora (dann über eine Deutschlandflatrate) ermöglicht. Die Herkunftsorientierten der russischen Diaspora verwenden für ihre Herkunftsvernetzung eher spezielle Telefontarife oder Vorwahlen für das Festnetztelefon. Anders als bei der türkischen und russischen Diaspora gibt es für die marokkanische Diaspora wenig kostengünstige Telefontarife der Herkunftsvernetzung. Am häufigsten wird daher in dieser Diaspora neben Telefonkarten die in der türkischen Diaspora ebenfalls verbreitete Mobiltelefonkarte „Ortel" genutzt. *Über solche Differenzen der technischen Möglichkeiten hinweg ist aber generell kennzeichnend, dass sich Herkunftsorientierte eine Medienumgebung der möglichst kostengünstigen kommunikativen Herkunftsvernetzung schaffen.*

Abbildung 16:   *Netzwerkkarte Fatih, marokkanische Diaspora (23.08.2008)*

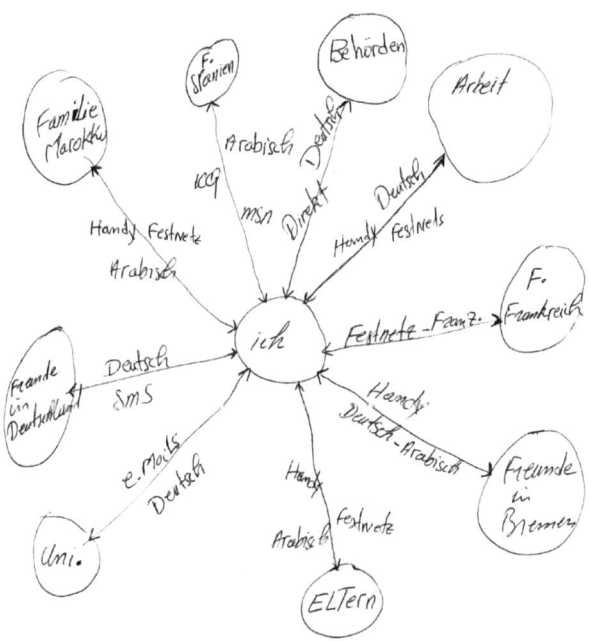

Der Wunsch nach einer Herkunftsvernetzung prägt auch die Ausstattung mit und die Aneignung von weiteren technischen Endgeräten wie DVD-Playern. Letztere werden vor allem von russischen Diasporaangehörigen zum Rezipieren von Herkunftsfilmen genutzt. Stanislaw (m, 31, russ.) schaut regelmäßig die in Russland populäre russische Serie „Die Soldaten", deren DVDs er in einem Diasporaladen erworben hat. Pawel (m, 59, russ.) berichtet von russischen Serien und Filmen auf DVD, die er mehr oder weniger regelmäßig sieht. Daneben werden Internet und Computer genutzt, um Zugang zu Herkunftsfilmen und -serien zu erhalten (siehe dazu auch Kapitel 6).

Eine solche Herkunftsvernetzung wird weiter anhand der von den interviewten Herkunftsorientierten erstellten *Netzwerkkarten* konkret, unter denen wir für jede der von uns untersuchten Migrationsgemeinschaften eine exemplarische ausgewählt haben: von Vitalii (m, 36, russ.), Metin (m, 30, türk.) bzw. Ilkay (w, 29, türk.) und Fatih (m, 28, marokk.) (siehe dazu die Abbildungen 14 bis 16; die Netzwerkkarte von Vitalii wurde wegen Hemmnissen gemeinsam mit der Interviewerin gezeichnet). Betrachtet man die Netzwerkkarten vergleichend, fällt zuerst einmal deren relativ parallele Grundstruktur auf. Eine herausgehobene Stellung hat in allen drei Karten der gegenwärtige Lebensort, an dem aktuelle Freunde und Familie wohnen, mit denen man – so nicht Face-to-Face – via Mobiltelefon, Festnetztelefon bzw. E-Mail kommuniziert.

Abbildung 17: *Gegenüberstellung Medientagebücher Ilkay und Pawel*

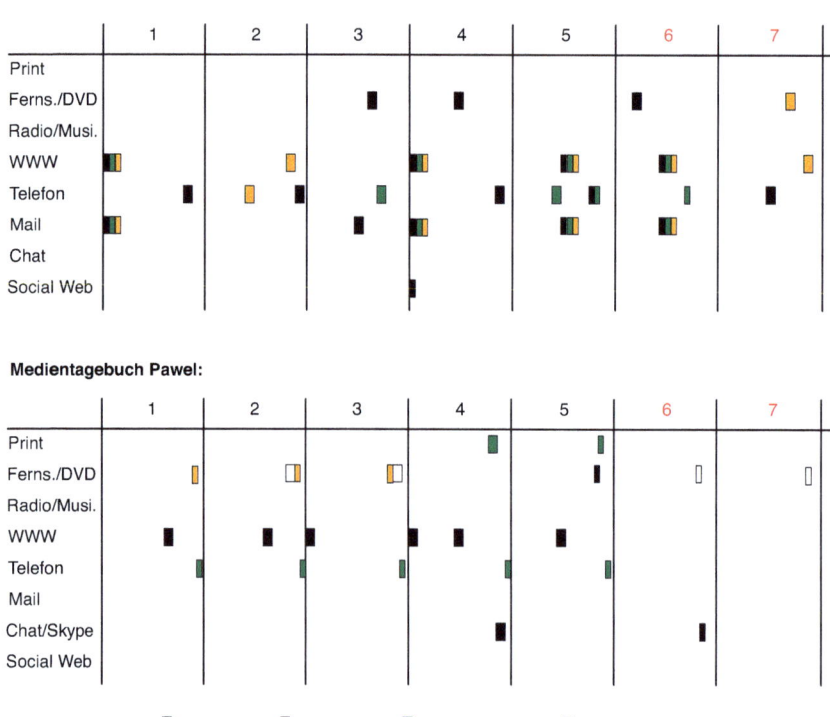

Dies ist auch der Ort, an dem insbesondere über Arbeitskontexte und Behörden direkte Kommunikationsbeziehungen zu Deutschen (und Migranten anderer Herkunft) bestehen. Daneben wird deutlich das Herkunftsland hervorgehoben, in dem weitere Familienmitglieder und Freunde leben, mit denen man ebenfalls über Festnetz- und Mobiltelefon in Verbindung steht, aber auch mittels Social-Web oder Chat. Deutschland ist in den Netzwerkzeichnungen vor allem als Lebensort von Freunden derselben Herkunft dargestellt, greifbar daran, dass der Kontakt durch Social-Software in der Herkunftssprache gehalten wird, so bei Vitalii (m, 36, russ.). Andere Länder werden – wie im Falle von Fatih (m, 28, marokk.) Spanien und Frankreich – als Lebensort weiterer Familienmitglieder dargestellt (markiert in diesem Fall durch das „F.", das für Familie steht). Sind wie in der Netzwerkkarte von Vitalii Massenmedien aufgeführt, tauchen zwar deutsche auf, dominant sind jedoch Angebote in der Herkunftssprache.

Ein solcher Charakter der Herkunftsvernetzung wird weiter an der Gegenüberstellung von Auswertungen der *Medientagebücher* Ilkays (w, 29, türk.) und Pawels (m, 59, russ.) deutlich (siehe Abbildung 17). Die Visualisierung gibt über den Verlauf von sieben Tagen (das Wochenende ist farblich hervorgehoben) die grob gerundeten Zeiten der Nutzung einzelner Medien wieder. Der Farbton markiert jeweils den Referenzraum des genutzten Mediums, nämlich die Herkunft, die Diaspora, das Migrationsland oder Europa bzw. die restliche Welt.

Das Verlaufsmuster bei Ilkay, die mit Metin (m, 30, türk.) verheiratet ist, erscheint insofern bemerkenswert, weil es den Stellenwert der kontinuierlichen Vernetzung zur Herkunft im gesamten Wochenverlauf greifbar macht. Hinter den Herkunftstelefonaten (sowohl Festnetz- als auch Mobiltelefon) verbergen sich solche mit der Mutter, Schwester und Schwiegermutter in Istanbul bzw. Mobiltelefonate mit einer Freundin und dem Ehemann als Gespräche innerhalb der eigenen Migrationsgemeinschaft. Ähnlich stabil ist die Nutzung des Internets über den Wochenverlauf, mittels dessen auf Herkunftsseiten zugegriffen wird, E-Mails mit Verwandten in Istanbul ausgetauscht werden oder mit Herkunftsfreunden über Facebook Kontakt gehalten wird. Und da, wo es um Angebote des Migrationslandes im Internet geht, sind es insbesondere solche wie Berlin.de, die auf den eigenen aktuellen Lebensort zielen. Fernsehen ist fast durchweg Herkunftsfernsehen (Kanal D), gebrochen nur durch das einmalige Sehen einer deutsche Soap, nämlich „Frauentausch" auf RTL II.

Ähnlich sieht das Verlaufsmuster der Herkunftsvernetzung bei Pawel (m, 59, russ.) bezogen auf Printmedien (konkret: Zeitung), WWW, Skype und Mobiltelefon aus. Auf den ersten Blick weicht aber seine Fernsehnutzung mit starkem Europa- bzw. Weltbezug ab. Dies erklärt sich durch eine nähere Betrachtung: Dahinter verbergen sich insbesondere die Rezeption von Eurosport und Euronews. Beide Angebote bieten (Sport-)Nachrichten und Magazinsendungen, die *nicht* auf Deutschland zentriert sind und insbesondere auch Herkunftsinformationen zugänglich machen. Hinzu kommt, dass Pawel über das Internet täglich Herkunftsfernsehen sieht. Ein Bruch mit einer Herkunftsvernetzung im Wochenverlauf ist also nicht gegeben.

Herkunftsbilder als Medienrepräsentationen in der mediatisierten Quasi-Inter-aktion

Konkretisieren wir solche Zusammenhänge mit unserem Interviewmaterial wei-ter, erscheint als Erstes ein Blick auf Massenmedien oder konkreter Medien der *mediatisierten Quasi-Interaktion* sinnvoll (siehe zu diesem Konzept einmal mehr unsere Darstellungen in der Einleitung). Dies können traditionelle Mas-senmedien wie Fernsehen und Zeitungen sein, aber auch ihre Online-Pendants wie Web-Zeitungen oder Internetradio. In den Medienrepertoires der Herkunfts-orientierten haben *Herkunftsangebote* einen herausgehobenen Stellenwert. Vor allem vermitteln diese im Kontinuum der Alltagswelt das Gefühl der unmittel-baren Nähe zum Herkunftsland. Es geht nicht einfach nur darum, Zugang zu Herkunftsinformationen zu haben, sondern um ein *Beteiligt-Sein an einem fort-laufenden Kommunikationsfluss*. Exemplarisch macht dies folgendes Zitat deut-lich, das sich auf medienvermitteltes Erzählen der eigenen Herkunft bezieht:

„Ich habe mir [ein] Internetradio gekauft. Ich habe mir da auch fünfundvierzig oder fünf-zig russische Sender eingestellt und ich habe dann bitte russischsprachige. Da gibt es sehr viele unterschiedliche Sender, Radio Echo Moskaus. Da habe ich sogar einen Radiosen-der aus Harkow gefunden. Ich bin selber aus Harkow und ich sitze am Sonntag beim Frühstück und sie erzählen mir da auf der und der Straße und unweit von da, wo ich frü-her wohnte, kommen sie in diesem Laden vorbei." (Wadim, m, 42, russ.)

Dass ein solches Beteiligt-Sein am fortlaufenden mediatisierten Kommunika-tionsprozess den Herkunftsorientierten finanzielle Ressourcen wert ist, zeigen nicht nur Wadims Investitionen in ein Internetradio. Mit einem Blick zurück stellt Aziz (m, 50, türk.) fest, dass er bereits in den frühen 1990er Jahren eine Satellitenschlüssel angeschafft hat, obwohl es ihn damals „eine sehr große Men-ge Geld" gekostet habe.

Über dieses allgemeine Gefühl des Erlebens kultureller Nähe hinaus geht es den Herkunftsorientierten sehr konkret darum, sich über die (politischen, wirt-schaftlichen und sozialen) Geschehnisse im Herkunftsland fortlaufend zu infor-mieren. Hayrettin (m, 67, türk.) sagt bspw., dass er seit 1958 „verrückt nach Hürriyet" ist. Schon in der Türkei habe er die Zeitung gelesen und sein Interesse an dieser in Deutschland beibehalten. Neben Zeitungen ist für Hayrettin – wie für andere Herkunftsorientierte – das Herkunftsfernsehen eine wichtige Nach-richtenquelle. Um ein Beispiel aus einer anderen Migrationsgemeinschaft zu nehmen; Ruslan verfolgt russische Fernsehnachrichten durchaus mit Sorgen über die Entwicklungen in der Herkunft:

„Man macht sich doch schon Sorgen irgendwie, wegen allen Ereignissen. Jetzt ist beispielsweise dieser Aleksej, dieser Kirchenoberhaupt gestorben, hast du es mitgekriegt? [...] Man sieht, wie ganz Russland deswegen besorgt ist." (Ruslan, m, 34, russ.)

Neben dem Fernsehen und Zeitungen nutzen viele Herkunftsorientierte – wie bereits die Analysen der Netzwerkkarten und Medientagebücher verdeutlichten – zusätzlich das Internet für Nachrichten aus dem Herkunftsland. Pawel (m, 59, russ.) meint sogar, dass man „in Deutschland mehr darüber wissen [kann], was in Dnepropetrovsk und in der Ukraine passiert, als sie dort, also dank dem Internet." Salim (m, 43, türk.) liest primär Zeitungen und schaut Fernsehen, um sich regelmäßig über Geschehnisse in der Türkei zu informieren. Geht es allerdings um ein herausragendes politisches Ereignis dort, über das er mehr erfahren möchte, recherchiert er detailliert im Internet nach unterschiedlichen Positionen.

Einen besonderen Stellenwert unter den internetbasierten Medien der mediatisierten Quasi-Interaktion haben die Angebote traditioneller Medienhäuser der Herkunftsländer. So rezipiert Pawel (m, 59, russ.) Nachrichtensendungen aus Russland und der Ukraine online. Genutzt werden dabei spezielle Portalseiten, über die man entsprechende Webangebote finden kann. Zum Beispiel verwendet Salim (m, 43, türk.) die Webseite Aypa.net als Zugang zum Webangebot verschiedener türkischer Zeitungen. Aus Sicht der von uns interviewten herkunftsorientierten Diasporaangehörigen sprechen drei Gründe für die Nutzung internetbasierter Medienangebote zur Information: Erstens sind diese kostengünstig. Zweitens besteht so die Möglichkeit des Zugangs zu einer gewissen Meinungspluralität. Und drittens sind vor allem WWW-Zeitungen aktueller als die in Deutschland erwerbbaren Printausgaben.

Die Analysen der Netzwerkkarten haben bereits gezeigt: Das Fernsehen aus dem Herkunftsland ist tendenziell das wichtigste Unterhaltungsmedium der Herkunftsorientierten. Boris (m, 22, russ.) berichtet, dass er regelmäßig mehrere Serien im russischen Fernsehen schaut. Die Orientierung an der Populärkultur des Herkunftslands wird ebenfalls an den Musikpräferenzen der Herkunftsorientierten deutlich: Neben Boris präferiert auch Genadij (m, 30, russ.) den russischen Sender Russkij Berlin, der fast nur russische Lieder sendet. Ruslan (m, 34, russ.) sagt, dass er „am meisten die eigene russische Pop-Rock" hört. Ferda (w, 39, türk.) berichtet, dass sie am liebsten Musik aus ihrer „eigenen Kultur" mag, weswegen sie Radio aus der Türkei hört. Oder Polina (w, 31, russ.) schaut Musiksendungen in russischen Satellitensendern. Einen deutlich geringeren Stellenwert hat ,westliche' Popmusik oder klassische Musik, und falls diese gehört wird, dann *neben* Herkunftsmusik.

Betrachtet man die Ausschnitte der Interviews, in denen die von uns befragten Herkunftsorientierten über die von ihnen genutzten *deutschen Angebote* berichten, lassen sich die Ergebnisse unserer Analysen der Netzwerkkarten und

Medientagebücher weiter vertiefen. So bestätigt sich nicht nur die im Vergleich zu Herkunftsangeboten niedrigere Intensität der Nutzung. Auch zeigt sich, dass Herkunftsorientierte deutsche Medien zumeist verwenden, um sich allgemein über die Geschehnisse in Deutschland zu informieren, vor allem aber um zweckorientiert bestimmte (lokale) Informationen zu erhalten. Amin (m, 44, marokk.) sieht immer die deutschen *Lokalnachrichten* des Rundfunks Berlin Brandenburg (RBB) um 19:30 Uhr sowie die *allgemeinen* Nachrichten um 21:30 Uhr im marokkanischen Fernsehen. Bei der gelegentlichen deutschen Radionutzung von Aysun (w, 43, türk.) und Hayriye fällt auf, wie lokal diese ist, wenn insbesondere der stark stadtbezogene Diasporasender Radio Metropol genannt wird:

„Radio, also nur ein bisschen, wenn ich in der Küche bin und was mache, dann höre ich Radio, manchmal auf Deutsch, also um deutsche Nachrichten zu hören, schalte ich die deutschen an, manchmal Metropol FM." (Hayriye, w, 40, türk.)

Die von uns interviewten Herkunftsorientierten nutzen demnach deutsche und Herkunftsmedien, wenn es um Nachrichten geht. Weitere Medieninhalte – wie Serien, Filme, Magazine –, entstammen überwiegend dem Herkunftsland. Eine der wenigen Ausnahmen ist Metin (m, 30, türk.), der neben türkischsprachigen auch englischsprachige Medien wie BBC und CNN verfolgt, aber wiederum mit einer Herkunftsorientierung: Ihm geht es darum, wie „ein großes Ereignis in der Türkei [...] im Ausland wahrgenommen" wird.

Deutsche Webseiten mit massenmedialem Charakter werden wenn dann instrumentell angeeignet. Beispielsweise liest Wadim (m, 42, russ.) in deutschen Foren, wenn er ein Technikproblem mit einem in Deutschland gekauften Gerät lösen möchte. Ilkay (w, 29, türk.), Metin (m, 30, türk.) und Aysun (w, 43, türk.) rezipieren deutsche Webseiten, falls sie Informationen über Fahrpläne, Wetter oder bestimmte Produkte suchen. Preisvergleiche und Produktsuche sind bei den Herkunftsorientierten generell häufig erwähnte Tätigkeiten im Internet, wobei die Grenzen zwischen massenmedialer und personaler Kommunikation verschwimmen. Die Beispiele sind hier nicht anders, als sie bei Deutschen wären: Stanislaw (m, 31, russ.) und Boris (m, 22, russ.) suchen in deutschen Automärkten nach Gebrauchtwagen, Ruslan (m, 34, russ.) und Polina (w, 31, russ.) nutzen das Web, um eine Wohnung zu finden, etc.

Außer Herkunftsmedien und deutschen Medien rezipieren die herkunftsorientierten *Diasporaangebote* unterschiedlicher Art (siehe hierzu Kapitel 6). Dies geschieht aber nicht so intensiv wie bei Ethnoorientierten und überwiegend mit Fokus auf Inhalte, die sich auf das Herkunftsland beziehen.

Mediatisierte Interaktion als Reden und Schreiben mit der Herkunft

Wie unsere Analyse der Netzwerkkarten bereits gezeigt hat, hat die mediatisierte Interaktion – also all solche Formen der personalen Kommunikation, die mittels technischer Medien wie Telefon, Chat oder E-Mail geschehen – der Herkunftsorientierten untereinander wie auch zur Herkunft eine große Relevanz in deren Alltagsleben. Hieran wird wiederum die Spezifik ihrer Herkunftsvernetzung konkret, wobei ein Spannungsverhältnis zwischen umfassenden translokalen Kommunikationsbeziehungen zum Herkunftsland und lokaler kommunikativer Vernetzung am Lebensort besteht. Im lokalen Umfeld ist das personale Kommunikationsnetzwerk der Herkunftsorientierten primär diasporaintern ausgerichtet. Diasporaexterne Vernetzung besteht vergleichsweise seltener. Ortsübergreifend hat vor allem die (Herkunfts-)Familie eine herausgehobene Stellung.

Betrachtet man die personale Herkunftsvernetzung, lohnt sich deshalb zuerst einmal ein Blick auf die *Familienkommunikation*. Für diese werden insbesondere solche (digitalen) Medien gewählt, die eine Kommunikation in Echtzeit ermöglichen. Zentral für alle Herkunftsorientierten ist – wie wir bereits dargestellt haben – das reguläre Telefon inkl. bestimmter Telefonkarten, Vorwahlen, Verträge oder über den Zugang durch Telefonläden. Einen zunehmenden Stellenwert hat daneben die Internettelefonie u. a. mittels Webcam. Feraye (w, 35, türk.) telefoniert „jeden Tag" sowohl per Festnetz als auch Internet und Webcam mit ihrer Familie in der Türkei, „so Gesicht an Gesicht über Mikrofon, reden und Webcam, gucken und so alles" (Feraye, w, 35, türk.). Es geht durch diesen fortlaufenden Kontakt darum, Heimweh und Sehnsucht nach der Familie zu überwinden. In diesem Sinne beschreibt ebenfalls Ilkay (w, 29, türk.) Aufforderungen aus der Türkei, online zu gehen: „Meine Mutter schickt mir eine SMS, also geht ins Internet, wir wollen euer Gesicht sehen". Ganz ähnliche Zwecke hat das Online-Stellen von Fotos, wie es Vitalii (m, 36, russ.), beschreibt, der Bilder seiner Kinder über das russische Social-Web-Portal Odnoklassniki.ru für Familie und Freunde veröffentlicht und anschließend seiner im Herkunftsland lebenden Mutter per SMS Bescheid gibt. Gleichwohl erlebt ein Teil der von uns Interviewten, insbesondere der marokkanischen und russischen Diaspora, eine technische Begrenzung der Herkunftsvernetzung: Sie haben keine Möglichkeit, mit ihrer Familie visuell zu kommunizieren, da die in der Herkunft Lebenden keinen Computer oder Internetanschluss besitzen.

Jenseits der Familie geht es darum, durch eine *herkunftsorientierte Freundeskommunikation* den Kontakt zu alten Bekannten und guten Freunden zu pflegen. Typischerweise werden diese im Herkunftsland nicht nur zu besonderen Anlässen wie Hochzeiten, Geburtstagen oder ähnlichen Anlässen angerufen. Das Telefonieren im Freundeskreis ist aber deutlich seltener als das Telefonieren in der Familie. Genadij (m, 30, russ.) berichtet, dass er ab und zu die Flatrate seiner Eltern nutzt und „alle" Freunde in Kasachstan anruft. Das einfache Kontakthalten der herkunftsorientierten Freundesgruppe geschieht daneben mit dem herkunftsorientierten Social-Web. Für die russische Diaspora ist eine intensive Herkunftsvernetzung mit Odnoklassniki.ru kennzeichnend. Alle Herkunftsvernetzten der russischen Diaspora nutzen diese zumindest gelegentlich. Bei der türkischen und marokkanischen Diaspora erfüllt Facebook diese Funktion.

Das Social-Web dient daneben der *Diasporakommunikation* der Herkunftsorientierten. Mehrere Diasporaangehörige berichten, dass sie über diese Anwendungen Freunde und Bekannte aus dem Herkunftsland in Deutschland ausfindig gemacht haben und den Kontakt zu diesen weiter pflegen. Boris erzählt uns:

„Ich habe beispielsweise [bei Odnoklassniki.ru] Menschen gefunden, die vor mir weggefahren sind. Ich wusste einfach nicht, wie man sie finden kann und dann trifft man sich direkt im Internet. [...] Es stellt sich heraus, dass es in Deutschland auch sehr viele Bekannte gibt." (Boris, m, 22, russ.)

Noureddin (m, 28, marokk.) hat über das deutsche Social-Web-Angebot StudiVZ einige frühere marokkanische Freunde gefunden, zu denen er längere Zeit keinen Kontakt mehr hatte. Die Aneignung von Social Software hat aber auch eine lokale Dimension. Insbesondere von jüngeren Herkunftsorientierten wird diese genutzt, um neue Kontakte am Lebensort zu knüpfen.

Dem entspricht, dass die diasporainterne Vernetzung der Herkunftsorientierten primär *lokal* bleibt. Eine Ausnahme bilden die von uns Interviewten der marokkanischen Diaspora: Diese pflegen mehr oder weniger intensive Kommunikationsbeziehungen zu Landsleuten in Europa und außerhalb, was letztlich auf die breite Streuung dieser Migrationsgemeinschaft verweist. Der Sohn von Mbarek (m, 63, marokk.) lebt in Spanien oder die beste Freundin von Aicha (w, 17, marokk.) in Frankreich.

Für lokale diasporische Kommunikationskontakte werden insbesondere das Festnetz- und Mobiltelefon genutzt. Ausnahmen bestehen allenfalls bei jüngeren Diasporaangehörigen, die zusätzlich auch lokal in ihrem Freundeskreis über das Internet kommunizieren. Genadij (m, 30, russ.) tauscht sich fast jeden Nachmittag mit seinen russischen Freunden vor Ort in einer Skype-Konferenz über letzte Neuigkeiten aus.

Dieses und vergleichbare Beispiele dürfen aber nicht über einen Punkt hinwegtäuschen: Entscheidend für die lokale diasporainterne Vernetzung sind *Face-to-Face-Gespräche*. Diese können durchaus einen institutionalisierten Charakter haben, bspw. in Kulturvereinen oder religiösen Gemeinden. Ferda (w,

39, türk.) besucht regelmäßig die Veranstaltungen des alevitischen Vereins ihrer Stadt, in dem sie auch – wie wir bei unserer Darstellung von Herkunftshobbys gezeigt haben – singt. Abdoullah (m, 34, marokk.) nimmt an Treffen eines marokkanischen Vereins teil, in dem er viele Marokkaner seiner lokalen Umgebung kennen gelernt hat. Mbarek (m, 63, marokk.) geht regelmäßig zu einem Verein, um mit anderen Marokkanern Karten zu spielen oder sich zu unterhalten. Hayrettin (m, 67, türk.) betont, dass er über einen lokalen türkischen Verein nicht nur Zugang zu anderen Diasporaangehörigen hat, mit denen er sich unterhält. Er trifft sich dort ebenfalls zum gemeinsamen Herkunftsfernsehen, insbesondere Fußball, wenn es um „wichtige Spiele" geht.

Wie wir bereits betont haben, ist die lokale Alltagswelt der Herkunftsorientierten daneben durch eine *diasporaexterne Vernetzung* geprägt. Allerdings ist diese bei Weitem nicht so intensiv wie die innerhalb der Diaspora und zur Herkunft sowie nicht zwangsläufig deutsch: Diasporaexterne Vernetzung heißt häufig eine kommunikative Vernetzung mit Migrantinnen und Migranten anderer Herkunft. Es fällt aber auf, dass die Interviewten der russischen Diaspora seltener diasporaexterne Kontakte zu anderen Migrantinnen und Migranten haben, als die Angehörigen der türkischen und marokkanischen Diaspora.

Typischerweise entstehen die Kontakte zu anderen Migrantinnen und Migranten bei Sprachkursen oder in Bildungseinrichtungen wie der Schule. Aicha (w, 17, marokk.) charakterisiert ihre Schulklasse wie folgt: „In meine Klasse waren nur Ausländer, die keine Deutsch können". Kamila (w, 36, marokk.) berichtet, dass sie an ihrem Arbeitsplatz in einem Café fast nur migrantische Kolleginnen und Kollegen hat, die neben migrantischen Freunden aus der Schulzeit zumindest zum Teil zu lokalen Freunden werden.

Solche Face-to-Face-Kommunikationsbeziehungen werden mit durch die Wohnorte der Herkunftsorientierten gestützt. Malik (m, 32, marokk.) berichtet, dass in seinem Stadtteil „viele Ausländer" wohnen, unter denen er entsprechende Bekannte hat. Auch Ruslan (m, 34, russ.) meint, er habe Kontakt zu den in der Nachbarschaft lebenden polnischen Migranten. Einige marokkanische Diasporaangehörige sind durch Moscheen mit türkischen Migrantinnen und Migranten im Kontakt. Malik (m, 32, marokk.) erzählt, dass er in einem interkulturellen Verein anderen Personen mit Migrationshintergrund begegnete. Genadij (m, 30, russ.) spielt in einer ethnisch gemischten Volleyballmannschaft. Zwei von den marokkanischen Herkunftsorientierten sind mit anderen Migranten verheiratet: Soraya (w, 36, marokk.) ist mit einem Pakistaner und Abdoullah (m, 34, marokk.) mit einer Rumänin verheiratet. Insgesamt muss aber betont werden, dass die lokalen (Kommunikations-)Kontakte der Herkunftsorientierten vor allem auf die eigene Migrationsgemeinschaft gerichtet bleiben. Herkunftsorientierte sind eben *nicht* weltorientiert.

Eine noch niedrigere Intensität lokaler Kommunikationsbeziehungen haben Herkunftsorientierte zu Deutschen. Sie basieren primär auf beruflichen und (halb-)öffentlichen Kontakten. Angesprochen auf ihre Kommunikation mit Deutschen, verweist Ilkay (w, 29, türk.) auf das Einkaufen: „Wenn ich in einen Laden reingehe, rede ich Deutsch, ansonsten haben wir sowieso keine deutschen Freunde". Ähnlich sind die Äußerungen von Ruslan (m, 34, russ.) gelagert: „Mit den Deutschen, nun bei der Arbeit, als ich noch gearbeitet habe, so ein wenig hatte ich Kontakt." Darüber hinaus kommuniziert man mit deutschen Behörden, teilweise auch mittels Telefon. Allein Malik (m, 32, marokk.) und Noureddin (m, 28, marokk.) haben eine deutsche Freundin bzw. Ehefrau und so gewisse private Kommunikationsbeziehungen mit Deutschen.

Die nur ansatzweise bestehenden Kommunikationsbeziehungen der Herkunftsorientierten mit Deutschen hängen u. a. mit ihren geringen Kenntnissen der deutschen Sprache (siehe Kapitel 4.2), aber auch mit Fremdheitsgefühlen zusammen. Gleichwohl äußern einige Herkunftsorientierte wie Vitalii (m, 36, russ.) oder Hayriye (w, 40, türk.) Bedauern, dass sie so wenig Kontakt zur deutschen Bevölkerung haben.

7.3   Die mediatisierte Herkunft

Wie lassen sich nun solche Analysen zur kulturellen Identität und kommunikativen Vernetzung von Herkunftsorientierten zusammenfassen? Grundlegend hoffen wir, die von uns eingangs konstatierte Varianz dessen, was Herkunftsorientierung bedeutet, deutlich gemacht zu haben: Herkunftsorientierung meint nicht, dass alle diesem Typus Zugerechneten eine identische Identität artikulieren würden – im Gegenteil: Neben Differenzen bspw. im Hinblick auf das Alter konnten wir zeigen, dass auch Herkunftskonflikte ins Migrationsland getragen werden, die sich dort u. a. in Konflikten um die Definition von Identität konkretisieren. Daneben bestehen selbstverständlich auch Differenzen zwischen den einzelnen Diasporagemeinschaften. Trotz solcher Unterschiede macht es aber Sinn, von einem Typus der Herkunftsorientierung zu sprechen, weil alle ihm zugerechneten Diasporaangehörigen eine bestimmte Ausrichtung der Identitätsartikulation teilen: *Auch wenn die im Migrationsland gelebte kulturelle Identität nicht identisch mit der (vorgestellten) nationalen Identität der Herkunft ist, bleibt eine herkunftsorientierte Zugehörigkeit der Hauptbezugspunkt von Identitätsartikulation.* Im Einzelfall kann dies mit einem gebrochenen Verhältnis zur eigenen Diasporagemeinschaft einhergehen, deren anderen Mitgliedern keine hinreichende Herkunftsorientierung unterstellt wird.

Unsere detaillierteren Analysen zeigen darüber hinaus, warum wir eine solche Identität in ihrer Ko-Artikulation zur kommunikativen Vernetzung begreifen müssen: Bereits bei der Betrachtung von Ausschnitten unseres Interviewmaterials, die sich mit Fragen von Identität befassten, kamen wir nicht umhin, immer wieder auf Medienspuren einzugehen. Ging es um das aktuelle Bild des Herkunftslandes, entpuppte sich dieses auch als medial geprägt. Selbiges gilt für das Bild der Deutschen und ihre Kultur, wie für Auseinandersetzung um den Islam als eine für die Deutschen andere Religion. Und schließlich fiel bei einer Betrachtung der Diasporaläden auf, dass sie nicht nur dem Kauf von Lebensmitteln dienen, sondern ebenfalls *Medienorte des Anderswo* sind: Lokalitäten des Kaufs bestimmter Herkunftsmedienprodukte wie Bücher, Zeitungen, Zeitschriften, DVDs und CDs – oder über den Erwerb von Versandkatalogen Lokalitäten des Zugangs zu einem Kauf derselben.

Herkunftsidentität verweist in diesem Sinne auf Herkunftsvernetzung, wobei wir die Spezifik der Letzteren nun ebenfalls genauer fassen können. Ein erster Ansatzpunkt dafür war die Betrachtung von *Medienerfahrung*, *Vermittlerrollen* und *Medienausstattung*. Eine, was Fernseh- und Telefontechnologie betrifft, ausgeprägte Medienkompetenz als Voraussetzung der Herkunftsvernetzung haben nahezu alle von uns interviewten Herkunftsorientierten. Und wo Defizite insbesondere im Bereich der digitalen Medien bestehen, werden diese von migrantischen Vermittlern kompensiert. Durch Technik-, Kommunikations- und Inhaltsvermittler finden auch Diasporaangehörige Zugang zu einer herkunftsorientierten kommunikativen Vernetzung mittels digitaler Medien, die in diesem Bereich keine ausgeprägte Medienkompetenz haben.

Auch die Ausstattung mit verschiedenen Medien ist dadurch gekennzeichnet, dass sie den Interessen einer Herkunftsvernetzung entspricht: Satelliten- und Kabelanlagen für den Zugang zu Herkunftsfernsehen und -radio, eine Telefonanlage mit Flatrate oder Vorwahlen zum kostengünstigen Telefonieren in die Herkunft, zum Teil für Festnetz- und Mobiltelefone in Kombination. Computer mit Flatrates und technischen Erweiterungen wie Webcams für ein bildbasiertes Telefonieren via Internet sind ebenso anzutreffen wie DVD-Abspielgeräte, auf denen bspw. in Diasporaläden ausgeliehene Filme angeschaut werden.

Die *Netzwerkkarten* der von uns interviewten Herkunftsorientierten visualisieren vor allem deren Beziehungen der personalen Kommunikation. Während diese deutlich machen, dass sie an ihrem Lebensort auf verschiedene Weise kommunikativ eingebunden sind und translokal auch Kommunikationsbeziehungen über Ländergrenzen hinweg haben, wird doch die *Dominanz der Herkunftsorientierung* greifbar: Es manifestiert sich ein Kommunikationsnetzwerk der Kommunikationskontakte zur Herkunft bzw. zu anderen Herkunftsorientierten in der Diaspora.

Dies wird weiter unterstrichen durch die Auswertung der *Medientagebücher*, die den kontinuierlichen Charakter der Herkunftsvernetzung deutlich machen. Der gesamte Verlauf der Woche ist immer wieder geprägt nicht nur durch das Schauen von Herkunftsfernsehen bzw. das Lesen von Herkunftszeitungen. Regelmäßig, im Einzelfall täglich, sind in diese Verläufe Telefonate mit Familienangehörigen in der Herkunft eingebettet. Im Internet werden Herkunftsseiten gelesen bzw. mehr oder weniger kontinuierlich E-Mails mit Verwandten und Bekannten in Diaspora und Herkunft ausgetauscht sowie Kontakte über das Social-Web gehalten. Daneben bestehen zwar auch Kommunikationsbeziehungen zu Deutschen bzw. anderen Migrantinnen und Migranten, die These einer kommunikativen Abschottung bestätigt sich einmal mehr nicht. Solche Kommunikationsbeziehungen sind aber wie gesagt vor allem lokal orientiert und haben einen in der reinen Häufigkeit im Wochenverlauf *untergeordneten Stellenwert*. Selbiges gilt für deutsches Fernsehen und andere deutschen Massenmedien.

Die weitere Betrachtung unseres Interviewmaterials differenziert solche Aussagen zu den Strukturen und Prozessen einer herkunftsorientierten kommunikativen Konnektivität weiter aus. So fiel uns für die *mediatisierte Quasi-Interaktion* auf, dass herkunftsorientierte, massenmediale Angebote nicht nur wegen ihres Informationsgehalts rezipiert werden, sondern ebenfalls wegen des Gefühls eines Beteiligt-Seins an dem fortlaufenden massenmedialen Kommunikationsfluss der Herkunft.

Für Informationszwecke werden sowohl deutsche als auch herkunftsorientierte Angebote genutzt. Die deutschen dienen vor allem der Informationen zu lokalen Geschehnissen am eigenen Lebensort bzw. der eigenen (migrantischen) Alltagswelt. Im Bereich der Unterhaltung – insbesondere bei der Musik – dominieren klar Herkunftsangebote. Spielen Diasporaangebote eine Rolle (siehe Kapitel 6), dann zumeist in Bezug auf Herkunftsthemen. Solche Tendenzen gelten übergreifend für jede Form der mediatisierten Quasi-Interaktion, also unabhängig davon, ob es sich um traditionelle Massenmedien wie Fernsehen, Radio oder Zeitung handelt oder ihre Pendants im Internet: Internet-Fernsehen und -Radio bzw. Online-Zeitungen und WWW-Seiten.

Im Hinblick auf die *mediatisierte Interaktion* – d. h. die personale Kommunikation mittels technischer Medien – fällt auf, dass die Herkunftsorientierten bemüht sind, ihre Kommunikationskontakte sowohl in die Herkunftsregionen als auch innerhalb der Diaspora zu halten. Einmal mehr fallen die regelmäßigen Telefonate im Familienkreis zwischen aktuellem Lebensort und Herkunftsorten auf, aber auch, dass das Internet zunehmend für solche Kommunikationsbeziehungen angeeignet wird. Ein markantes Beispiel dafür ist in unseren Analysen die Familienkonferenzschaltung via Internettelefonie und Webcam, ein anderes die Nutzung von verschiedenen Social-Web-Anwendungen zum Management der translokalen Kontakte eines herkunftsorientierten Freundeskreises. Es ist wiederum vor allem die lokale Kommunikation, in der die Grenzen der Migrationsgemeinschaft in der personalen Kommunikation durchschritten werden – hier im Privaten wie im Beruflichen tendenziell eher zu anderen Migrantinnen und Migranten als zu Deutschen.

Wir können damit sagen, dass Herkunftsorientierte in dem Sinne mediale Migranten sind, dass deren alltagsweltliche Konstruktion von Herkunft umfassend auf Praktiken der Medienaneignung verweist: das (gemeinsame) Schauen von Herkunftsfernsehen, das regelmäßige Telefonieren mit Verwandten in der Heimat, das Lesen von Nachrichtenportalen und Zeitungen, das Organisieren von Herkunftskontakten über Social-Software-Anwendungen usw. *Diasporische Herkunftsorientierung basiert auf einer umfassend mediatisierten Herkunft.* Damit meinen wir nicht nur, dass das Bild von Herkunft neben eigenen, direkten Erfahrungen (in der Vergangenheit oder bei den jährlichen Besuchen) durch die Inhalte der Medienberichterstattung konstruiert wird. Darüber hinaus sind verschiedene Medien der personalen Kommunikation zentral, um das herkunfts orientierte Kommunikationsnetzwerk aufrecht zu halten. Erst dieses ermöglicht es den Herkunftsorientierten translokal ihre jeweilige Form von Herkunftsorientierung zu artikulieren.

8 Ethnoorientierte

Wie wir bereits in unserer ersten Annäherung an den Typus der Ethnoorientierten formuliert haben, steht dessen kulturelle Zugehörigkeit im Spannungsverhältnis von Herkunft und Migrationskontext. Ethnoorientierte definieren sich dementsprechend als „Deutschmarokkaner", „Deutschrussen" oder „Deutschtürken" und können in einem solchen Sinne als Kern dessen charakterisiert werden, was man in der Wissenschaft als Diaspora bezeichnet. Da die Frage der *ethnischen* Verortung für diesen Typus ein zentrales Moment (und in manchen Fällen auch Problem) der alltagsweltlichen Identitätsartikulation ist, haben wir die Bezeichnung Ethnoorientierte gewählt. Hiermit bewegt sich dieser Typus im Diskussionsfeld dessen, was in der Forschung zu Medien und Migration immer wieder als die (medienbasierte) hybride Identitätsartikulation von Diasporaangehörigen beschrieben wird.

Stimuliert wurde diese Forschungsdiskussion durch das Buch „The Black Atlantic" von Paul Gilroy (1993; siehe überblickend Düvel 2009). Gilroy arbeitet heraus, dass der von ihm so benannte „black atlantic" eine transnationale Identitätsformation darstellt, die Afrika, Amerika, Europa und die Karibik verbindet. Durch die Überfahrt im Schiff wurden aus zunächst ethnisch sehr unterschiedlichen Menschen *eine* Gruppe schwarzer Sklaven. Entsprechend sollte der „black atlantic" als eine eigenständige kulturelle Verdichtung angesehen werden, nämlich als Diaspora. Dabei argumentiert Gilroy, dass diasporische Identitäten in einer höheren Komplexität als nicht-diasporische gesehen werden müssen, wobei er auf unterschiedliche Konzepte verweist: Kreolisierung, Métissage, Mestizaje und Hybridität. Gleichwohl bleiben all diese Konzepte für ihn jedoch „unzufrieden stellende Arten der Benennung des Prozesses der kulturellen Mutation und rastloser (Dis-)Kontinuität" (Gilroy 1993: 2), der für das Leben von Diasporaangehörigen kennzeichnend ist.

Es ist dann vor allem das Konzept der *Hybridität* geworden, das in der empirischen Forschung zu Medien und Migration Einzug hielt. Wir können diesbezüglich auf verschiedene, zum Teil in unserer bisherigen Argumentation bereits zitierte Studien verweisen. Marie Gillespie (1995) charakterisiert die Identitäten aus dem Pandschab stammender, britisch-asiatischer Jugendlicher als „neue pluralistische, hybride kulturelle Formen" (Gillespie 1995: 56). Chris Barker (1998, 1999: 108-140) hat diesen Ansatz weiter vertieft und die kommunikative Aushandlung dieser „hybriden Identitäten" näher erforscht. Er kann zeigen, wie sich in einer solchen Identitätsartikulation Ethnizität und Gender überlagern. Roger

Bromley (2000, 2002) verwendet die Begriffe von Hybridität und Synkretismus, um aktuelle diasporische Filme als „Erzählungen neuer Zugehörigkeit" zu beschreiben. Hanna Adoni, Dan Caspi und Akiba Cohen argumentieren, dass viele Angehörige der von ihnen untersuchten russischen und arabischen „Minderheit" in Israel „ein gewisses Maß dualer oder hybrider Identität entwickelt haben, das es ihnen ermöglicht, sich selbst als Mitglieder der eigenen Gruppe und des größeren [israelischen] Kollektivs zu sehen und entsprechend zu handeln" (Adoni et al. 2006: 151f.). Vielfache weitere Beispiele ließen sich aufzählen.

Solche Arbeiten wie auch eigene Untersuchungen aufgreifend, hat Marwan Kraidy eine umfassende Theoretisierung von Hybridität in Zeiten fortschreitender Globalisierung von Medienkommunikation vorgelegt. Grundlegend definiert er Hybridität in Anlehnung an Michel Foucault als eine „diskursive Formation", die durch „eine Gesetzmäßigkeit (eine Ordnung, Korrelationen, Positionen und Funktionen, Transformationen)" (Kraidy 2005: 13) von Objekten, Typen von Statements, Konzepten oder Themenwahlen gekennzeichnet ist. *Hybridität erscheint also als nichts Beliebiges bzw. rein Situatives, sondern als ein musterhaft beschreibbares Phänomen der Rekombination von Ressourcen verschiedener kultureller Kontexte zu etwas Neuem.*

Folgt man den Argumenten von Kraidy weiter, basiert Hybridität auf transkultureller Kommunikation als einem zentralen Moment gegenwärtiger globalisierter Medienkulturen. In Bezug auf diese können – Überlegungen Michail Bakthins (1981) aufgreifend – zwei Arten von Hybridität unterschieden werden, nämlich „intentionale Hybridität" und „organische Hybridität". Der Unterschied zwischen beiden ist darin zu sehen, dass „intentionale Hybridität" das Ergebnis einer diskursiv bewussten Entscheidung ist, organische Hybridität hingegen nicht diskursiv bewusst. Diese von Bakhtin anhand literarischer Werke vollzogene Unterscheidung lasse sich sinnvoll auf heutige Formen medienvermittelter Hybridität beziehen:

„Intentional hybridity is therefore primarily a communicative phenomenon. Its intentionality increases the possibility that it will become a process of othering, whereas identities are projected by powerful social agents onto others who are less powerful. The necessity of translation, of rendering meaning cross-culturally, raises the issue of who controls the means of translation. Communication is central in the formation of hybridities because its strengthens the agency of those with the means to translate and name the world, while weakening the agency of other participants. In other words, whether hybridity is self-described or ascribed by others is primarily a communicative process. The means and ability to communicate are therefore an important determinant of agency in intercultural relations that form the crucible of hybridtity." (Kraidy 2005: 152)

Wir können ethnoorientierte Diasporaangehörige als solche begreifen, die im Zentrum dieses von Marwan Kraidy beschriebenen Spannungsverhältnisses der hybriden Identitätsartikulation stehen. Auf der einen Seite sind verschiedene Positionierungen ihrer hybriden Identität durch *andere* auszumachen: „Deutsche" oder „andere Migrantinnen und Migranten" positionieren Ethnoorientierte in der Face-to-Face-Kommunikation; weitere Positionierungen finden in den Massenmedien der Herkunft wie des Migrationslandes statt. Auf der anderen Seite bestehen verschiedenste Versuche, die *eigene* hybride Identitätsartikulation zu kommunizieren. Hier kommen wiederum vielfältige Medien ins Spiel. Letztlich ist dies der Grund, warum „das Ethnische" für die Ethnoorientierten ein Thema ist.

Im Weiteren wollen wir nun auf Grundlage der von uns geführten Interviews, der erhobenen Netzwerkkarten und Medientagebücher nachzeichnen, wie die ethnoorientierte Ko-Artikulation von Zugehörigkeit und kommunikativer Vernetzung zu fassen ist. Dabei versteht es sich mit Bezug auf das bisher Gesagte von selbst, dass weder Herkunft noch Migrationskontext kulturell als homogen oder monolithisch gedacht werden können. Es bleibt gleichwohl ein auf unterschiedliche Weise konstruiertes bikulturelles Spannungsverhältnis, an dem sich die Ethnoorientierten abarbeiten. Und einmal mehr geschieht dies in mediatisierten Alltagswelten.

8.1 Sich im Dazwischen positionieren

Pointiert zugespitzt artikulieren Ethnoorientierte ihr *Selbstbild* im Spannungsverhältnis von (nationaler) Herkunft und (nationalem) Migrationskontext. Hierfür stehen die Kurzcharakterisierungen, die die Ethnoorientierten für ihre eigene kulturelle Selbstverortung in den von uns geführten Interviews wählen: Aynur (w, 20, türk.) versteht sich als „Deutsche mit türkische Blut". Mahmut (m, 30, türk.) meint, er empfände „genauso Türkei als eine Heimat wie Deutschland", Amir (m, 57, marokk.) sieht sich als „Mischling [...] von beiden Kulturen" und Valerij (m, 68, russ.) äußert, „ich kann mich zu der deutschen Kultur nicht zählen alleine". Ümran (w, 36, türk.) sieht sich als „halb Bayer, halb Berliner, halb Türkin". Kiril (m, 30, russ.) bezeichnet sich als „deutscher Russe", fügt allerdings hinzu, dass er „kein Deutscher, aber auch nicht ein echter Russe" sei. Ähnlich sagt Mahmut (m, 30, türk.), dass er „in der Türkei eher der Deutsche, und in Deutschland eher der Türke, also so [ein] Zwischenwelter" sei. Während manche Ethnoorientierte wie Kiril und Mahmut sich keiner der zwei Kulturen richtig zugehörend fühlen und ihre Lebenslage tendenziell als negativ wahrnehmen, erklären sich andere in einem positiven Sinne beiden Kulturen verbunden. Trotz dieser *Varianzen der Bewertung* der eigenen Situation bleibt jedoch eines konstant, nämlich der Umstand, dass sich die entsprechenden Migrantinnen und Migranten an ihrer ethnischen Verortung abarbeiten, dass „das Ethnische" als Thema für sie relevant ist.

Momente ethnoorientierter Identitätsartikulationen

Im Hinblick auf den Wohnort der Ethnoorientierten manifestiert sich das bisher umrissene *Selbstbild* insofern, als die Stadt bzw. Region ein im Vergleich zur Herkunft weit deutlicheres Moment der Identitätsartikulation wird. Dies ist besonders bei Personen der Fall, die den Großteil ihres Lebens an einem Ort in Deutschland verbracht haben. Beispielsweise definiert sich Mert (m, 33, türk.) neben seiner allgemeinen bikulturellen Verortung als „eingefleischte Bremer". In diesen, zusätzlich was den Ortsbezug betrifft spannungsgeladenen Identitätsartikulationen ist *Religion* mitunter wichtig, gleichwohl mit der Varianz, die man von Deutschen ohne Migrationshintergrund kennt. Verschiedene Ethnoorientierte sind in unterschiedlichen Graden religiös. Atilla (m, 37, türk.) versteht sich schon als „religiösisch", würde aber nicht sagen, dass er „das so ernst" nimmt. Serhat (m, 48, türk.), Aysel (w, 22, türk.) und Halim (m, 33, türk.) bekennen sich zum Islam und lesen häufig über diesen im Internet. Fatima (w, 22, marokk.) sieht sich ebenfalls als gläubige Muslimin und ist in einer islamischen Hilfsorganisation aktiv. Eldar (m, 17, russ.) sagt, dass er zwar „getauft und konfirmiert katholisch" sei. Seine religiöse Distanz kommuniziert er uns dann auf ironische Weise, indem er fortfährt, dass ihm „der Glaube auch nicht" helfe, „sonntags [...] früh aufzustehen." Religion ist entsprechend *kein* konstitutives Element der Identitätsartikulation dieser Diasporaangehörigen – konstitutiv ist deren *Ethno*orientierung.

Konkreter wird das Spannungsverhältnis von Herkunft und Migrationskontext in den *Freizeitpraktiken* der Ethnoorientierten, angefangen von Sport, über Kunst bis hin zu anderen Aktivitäten. Atilla (m, 37, türk.) verfolgt die türkische *und* die deutsche Fußball-Liga in gleichem Maße. Er erzählt, dass er in Deutschland Fan von Bayern-München, in der Türkei von Fenerbahce ist. Maxim (m, 27, russ.) sieht Sportkurse als eine gute Möglichkeit, um Deutsche kennen zu lernen, spielt *gleichzeitig* aber in einem deutsch-russischen Theater. Letzteres kann als ein Beispiel dafür gewertet werden, dass sich unter den Freizeitaktivitäten der Ethnoorientierten solche finden, die für ihre Diasporagemeinschaft spezifisch sind. Fatima (w, 22, marokk.) ist in einer marokkanischen und Esin (w, 22, türk.) in einer türkischen Frauengruppe aktiv. Layla (w, 20, marokk.) schreibt ein deutschsprachiges Blog auf einer Webseite, die bei marokkanischen Migranten beliebt ist (detaillierter hierzu siehe Kapitel 6). Nalans (w, 50, türk.) Hobby ist die Mitarbeit an einer deutsch-türkischen Zeitung. In ihrer Freizeit geht es den Ethnoorientierten demnach unter anderem darum, sich der (vorgestellten) Herkunftskultur (wieder) anzunähern. Während Herkunftsorientierte die Herkunftskultur als einen *selbstverständlichen* Teil ihres Lebens wahrnehmen, ist dies für Ethnoorientierte nicht unbedingt der Fall: *Herkunft muss wesentlich aktiver in der Freizeit hergestellt werden und steht dabei immer in Spannung zum aktuellen Lebenskontext.*

An dieser Stelle kommen schon in erheblichem Maße Medien ins Spiel, wenn mittels Buch, Fernsehen, Zeitung und Internet versucht wird, den Herkunftsbezug zu halten bzw. aufzubauen. Beispielsweise schaut Swetlana regelmäßig russisches Fernsehen, sobald sie in der Küche ist:

„Zuhause in der Küche was, und Fernsehen läuft, mir gefällt das einfach, russische Sprache zuzuhören, russische Schauspieler, alte Schauspieler, die ich früher gekannt habe. Ja, und einfach gucken, diese kulturelle RTR ist auch gut einige kulturelle, theatralisch, Theater, gucke ich auch gerne." (Swetlana, w, 52, russ.)

Gerade für die Ethnoorientierten der zweiten und dritten Migrationsgeneration ist das Herkunftsland ein Ort, den sie nur über die Erzählungen von Anderen, ihre Besuche und vor allem Medienvermittlungen kennen.

Die Aneignung von Medien prägt dabei das *Herkunftsbild* der Ethnoorientierten. Ihre Meinungen zum Herkunftsland sind gleichwohl vielfältig. Auf der einen Seite gibt es Personen, die ihr Herkunftsland idealisieren. Auf der anderen Seite gibt es Ethnoorientierte, die eher ein negatives Bild von ihrem Herkunftsland zeichnen. Was das Herkunftsbild der Ethnoorientierten allerdings allgemein kennzeichnet, ist der auf ethnische Momente abhebende Vergleich mit dem Migrationsland. Das Zitat von Saib ist exemplarisch dafür:

„Bloß was mir wehtut, dass ich in meine Heimat, ich fühl mich fremd [...] in Marokko, [...] ja warum? Weil man, wenn man hier vierzig Jahre in ein Land lebt, kannst. Ich mein, Leute sind korrekt, also ich, was heißt korrekt? Auf jeden Fall nich wie bei uns, nech? Geht Moschee fünfmal am Tag. Und trotzdem es ein Betrüger ist. Und das ist meisten, was mir wehtut, wirklich wahr, nech? Und und solche, solche Mist gibt nich nich in Deutschland." (Saib, m, 68, marokk.)

Es ist nicht selbstverständlich, dass das Herkunftsland als Heimat wahrgenommen wird. Viele der von uns interviewten Ethnoorientierten empfinden Deutschland als „gewohnter" (Orhan, m, 17, türk.) und begreifen ihr Herkunftsland als „Urlaubsland" (Mert, m, 33, türk.; Ahmet, m, 36, türk.). Saib, der seit 1965 in Deutschland wohnt, spricht von Marokko zwar als seiner „Heimat", fügt aber hinzu, dass er sich dort „fremd" fühlt. Die meisten Ethnoorientierten betrachten ihre Herkunftsländer und dortige Konflikte mit einer gewissen Distanz. Beispielsweise sagt Eldar (m, 17, russ.) in Bezug auf die militärischen Auseinandersetzungen in Georgien: „Ist nicht mein Krieg. Ich wohn hier in Deutschland." Atilla (m, 37, türk.) stellt ebenfalls fest, dass ihn die „Innenpolitik in der Türkei" nicht sehr interessiert: „Für mich is' nur so wichtig, für Türken, die hier leben, was für uns ist."

Selbst wenn Ethnoorientierte ein idealisierendes Bild ihrer (vorgestellten) Herkunft haben, werden *Prozesse der Abgrenzung* von derselben greifbar. Kamer (m, 47, türk.) sagt, dass die Menschen in der Türkei stark ihre eigenen Interessen verfolgen und dass er von ihnen „ausgenutzt wird". Dies kann durchaus finanzielle Implikationen haben: Immer wieder wird von Angehörigen verschiedener Diasporas in unseren Interviews darauf hingewiesen, dass die Verwandten und Freunde in ihren Herkunftsländern die Erwartung haben, mit Geld unterstützt zu werden. Allgemeinere Abgrenzungen gegenüber Menschen in der Herkunft setzen daran an – wie es Adil (m, 43, marokk.) formuliert –, dass „die Menschen da [...] anders als hier" sind. Eine solche Grenzziehung über das generelle Anderssein ist allerdings nicht bei allen Ethnoorientierten negativ markiert. Beispielsweise äußert Aynur, die einen Freund in der Türkei hat:

„Man merkt schon, dass da ein Unterschied zwischen Deutschland und Türkei auf jeden Fall ist, nicht. Ich sage mal nicht Türkei, sondern Trabzon [eine Stadt im Nordosten der Türkei], sag ich mal direkt da. Das ist schon anders auf jeden Fall da. Wo ich mich vielleicht auch gar nicht angewöhnen kann, aber halt ich werd's versuchen, also im Urlaub macht's Spaß." (Aynur, w, 20, türk.)

Während bei Ethnoorientierten im Vergleich zu Herkunftsorientierten eine deutliche Abgrenzung bezogen auf Menschen in ihren Herkunftsländern zu beobachten ist, erscheint die Abgrenzung gegenüber Deutschen nicht stark wie bei diesen. Generell gilt für Ethnoorientierte – wie wir bereits gezeigt haben –, dass sie sich zumindest in Teilen „deutsch" fühlen. Differenzen in der „Mentalität" bleiben dennoch in ihrer Sicht bestehen:

„Wir haben verschiedene Mentalitäts. Ich weiß nicht, ich habe viel deutsche Freunde, und trotzdem. Wir denken an welche, an verschiedene Sachen, wie anders. Zum Beispiel für uns Kinder, das ist am wichtigsten. Und für Deutsche, wie habe ich gemerkt, Arbeit ist am wichtigsten. Und das kann ich nicht verstehen." (Elena, w, 31, russ.)

Auch wenn Ethnoorientierte den Kern der von uns untersuchten Migrationsgemeinschaften bilden, ist deren Verhältnis zum Status des Diaspora-*Daseins* nicht ungebrochen. Es werden vielfältige interne Differenzierungen und Widersprüchlichkeiten von Diasporas greifbar, wobei die Herkunftsregion und die hierauf bezogene (ethnische) Verortung durchaus eine Rolle spielen können. In diesem Sinne grenzt sich Alla gegenüber den Mitgliedern der lokalen russischen Diaspora aus Kasachstan ab und charakterisiert diese als „kasachische Deutsche", obwohl sie in der UdSSR einen russischen Migrationshintergrund haben:

„Vielleicht welche mir über den Weg gelaufen sind, kasachische Deutsche, ja ich kann nicht mit ihnen unterhalten, ja, das ist sehr niedrige Niveau. Für mich ganz wichtig, mit wem spreche ich." (Alla, w, 47, russ.)

Ähnlich betont Nilgün (w, 33, türk.), dass sie keine „typische Türkin" ist und ihre „Art von Leben" sowohl von deutschen als auch von türkischen Lebensstilen beeinflusst wird. Wie Nilgün äußern zahlreiche Ethnoorientierte in den von uns geführten Interviews, dass sich in ihrem Leben Aspekte der Herkunftskultur und der Kultur des Migrationslandes mischen, was spezifische Horizonte des Lebens eröffnet.

Viele glauben wie Saib (m, 68, marokk.), dass es *bestimmte* „Ausländer" sind, die das *Fremdbild* von Migrantinnen und Migranten negativ beeinflussen. Ayman (m, 29, marokk.) beschreibt diesen Umstand mit der marokkanischen Redewendung, „ein kaputte Tomate macht die ganze Sack Tomate kaputt." Anders als die Herkunftsorientierten sehen sich Ethnoorientierte aber nicht nur im Migrationsland mit negativen Fremdbildern konfrontiert, sondern ebenso im Herkunftsland. Bei Hana (w, 34, marokk.) konkretisiert sich dies dahingehend, dass sie sich in Deutschland als „die Ausländerin" empfindet und in Marokko als „die Deutsche". Und Orhan stellt fest:

„Wenn ich hier in Deutschland bin, bin ich Ausländer. Wenn ich in der Türkei bin, bin ich auch wieder Ausländer. Also hier sagen die ‚Türke', da sagen die ‚eh aus Deutschland', also von daher." (Orhan, m, 17, türk.)

Einige der Ethnoorientierten empfinden sich durch diese negativen Fremdbilder diskriminiert. Aylin (w, 48, türk.) wurde in der Schule „Stinktürke" hinterhergerufen und sie war deswegen „sehr traurig". Serap (w, 20, türk.) findet, dass man „in Deutschland als Türkin, Araber, was auch immer, als Ausländer so an zweiter Stelle" steht. Sie schätzt es jedoch als normal ein, da sie glaubt, dass sich „die Türken" in ihrem Land gegenüber „Ausländern" genauso verhalten. Fadilah fühlt sich in Deutschland in manchen Momenten unwohl, weil ihr auf Grund ihres Kopftuchs nachgeschaut wird:

„Seit diese Terroristensache, sag ich mal, obwohl wir damit nichts zu tun haben. Zum Beispiel, das ist ja: jeder folgt sein Religion. Aber ich fühl mich wirklich manchmal nicht wohl, sag ich mal. So ehrlich, weil also diese Blicke und so, das ist schon ein bisschen so. Würd' ich mal gerne, sag ich, mein Land lieber, mein Heimat. Obwohl, ich kann mir das nicht vorstellen auch, in meine Heimat jetzt zu leben." (Fadilah, w, 34, marokk.)

Der Umstand, dass sich Ethnoorientierte gleichzeitig ihren Herkunftsländern nicht (mehr) zugehörig fühlen, provoziert in Momenten der Diskriminierung ein Gefühl der Verzweiflung. Manche Ethnoorientierte haben allerdings einen Weg gefunden, mit diesen „negativen Bildern" umzugehen. Hier ist das *Ironisieren durch ein Spiel mit der Hybridsprache* eine Möglichkeit. Halim (m, 33, türk.)

erzählt, dass er teilweise bewusst mit einem deutsch-türkischen Akzent spricht, um die Menschen zu ärgern, die ein negatives Bild von türkischen Migranten haben. Eine andere Umgangsweise ist das *explizite Einfordern von Respekt*. Deniz (w, 19, türk.) konstatiert, dass ihre Freunde mittlerweile „eingetürkt" sind und sie „respektieren [...], so wie du bist". Ein solcher „Respekt" impliziert die Anerkennung von Differenz. Kiril (m, 30, russ.) meint in diesem Sinne, dass seine deutschen Freunde ihn meistens als „Russe" betrachten, was er aber „ganz okay" findet. Neben dem *Einfordern von Respekt* geht es darum, *Fremdbilder zu verändern*, wobei dies ebenfalls auf Respekt und Anerkennung zielt. Das Zitat von Atilla ist exemplarisch dafür:

„Der erzählte mir dann, weißt du was, sagt er, hier meine Tochter, ick hab, meine Tochter sagt er, is mit einem Kurden zusammen. Ich weiß nich, sagt er, der is komischer Typ. Du bist ganz anders, verstehste? Ich sag, ich sag, ey komisch, weil er dich nicht kennt. Vielleicht traut er sich nicht, hab ich gesagt, verstehste? Bei mir war es nicht anders, hab ich gesagt. Bei meine Fraus Eltern, wo ich kennen gelernt, da hab ich mich auch immer gebückt und immer geschämt, weißte? Und jaaa, er isst kein Schweinefleisch und so, ich sag normal, sag ich, er ist Möslem wie ich, sag ich, wird kein Schweinefleisch essen, auch wenn die ihn zwingen würdest, sage ich, musst du Respekt haben, sag ich." (Atilla, m, 37, türk.)

Ethnoorientierter Lebenskontext und Migrationserleben

Menschen in ihrer Umgebung zu haben, die Respekt gegenüber ihrem Lebensstil zeigen oder den gleichen Lebensstil teilen, ist der naheliegende Grund dafür, dass Ethnoorientierte sich tendenziell *Wohnorte* aussuchen, an denen weitere Migrantinnen und Migranten unterschiedlicher Herkunft leben bzw. die einem Diasporaleben gegenüber offen sind. Die meisten Ethnoorientierten wohnen nahe bei Familienangehörigen. Beispielsweise wohnt Maxim (m, 27, russ.) in Oldenburg, wo ebenfalls etliche seiner Verwandten sind. Mehrere Ethnoorientierte wie Nilgün (w, 33, türk.) oder Fatima (w, 22, marokk.) leben in Stadtteilen, in denen sich ihre Verwandtschaft konzentriert. Aysel (w, 22, türk.) zog nach ihrer Heirat in ein neues Viertel, in dem nur wenige Familienmitglieder zuhause sind. Nach einem Jahr entschied sie sich zum Rückzug, weil ihr der Kontakt zur Familie fehlte. Anastasia (w, 54, russ.) will nicht „alleine irgendwohin wegzuziehen", sondern in der Nähe ihrer Schwester und ihres Sohns bleiben. In der lokalen Umgebung ist der Kontakt zur Verwandtschaft, zu weiteren Diasporaangehörigen und Migrantinnen und Migranten anderer Herkunft wichtig für die Ethnoorientierten. Dies kann auf Momente der Kettenmigration verweisen. So sind zwei Brüder von Mouad (m, 33, marokk.) nach ihm nach Bonn gezogen, da er damals dort studierte.

Die Ethnoorientierten haben nicht nur in ihrer Stadt Freunde und Familienangehörige aus der Diaspora. Daneben bestehen Kontaktnetzwerke in weitere Städte in Deutschland, selten(er) in andere Länder jenseits der Herkunft. In der Tendenz konzentrieren sich die Kontakte auf bestimmte Orte, an denen viele Diasporaangehörige leben. Beispielsweise hat Anis (m, 43, marokk.) Freunde in Frankfurt, Stuttgart und Düsseldorf, wo generell etliche marokkanische Migrantinnen und Migranten wohnen. Ähnlich hat Nilgün (w, 33, türk.) Familienangehörige in Nürnberg und Duisburg. Der Großteil der Ethnoorientierten der türkischen und russischen Diaspora hat nur einzelne Bekannte bzw. Verwandte in anderen Ländern. In der marokkanischen Diaspora ist dies wiederum abweichend, indem viele der migrierten Familienangehörigen und Freunde in Frankreich, Spanien, Belgien oder Holland leben.

Die Wohnorte im Herkunftsland spielen für die Ethnoorientierten nicht eine so große Rolle, wie es bei Herkunftsorientierten der Fall war. Die Familienangehörigen ersten Grades sind bei Ethnoorientierten zumeist ebenfalls Migrantinnen und Migranten und wohnen nicht mehr in den Herkunftsländern. Beispielsweise leben die Eltern und Geschwister von Ümran in Deutschland, alle außer ihrem Bruder in der gleichen Stadt. In solchen Momenten werden für die Ethnoorientierten die Städte in Deutschland, in denen enge Familienangehörige wohnen, wichtiger als die Herkunftsorte:

„Wenn meine Eltern zum Beispiel in der Türkei leben würden und ich bin ja hier, na klar würde ich meine Eltern vermissen. Darum verreise ich ja nicht so oft in der Türkei. Nur ich verreise zum Beispiel einmal oder zweimal nach Bremen, weil meine Bruder da ist." (Ümran, w, 36, türk.)

Wie bei Ümran sind die Besuche im Herkunftsland bei Ethnoorientierten nicht jährlich, sondern deutlich seltener. Finden jährliche Reisen statt, sind diese zunehmend ausschließliche Urlaubsreisen. So geht es Aylin (w, 48, türk.), die seit mehreren Jahren eine Ferienwohnung in Izmir besitzt, oder Amir (m, 57, marokk.), der jedes Jahr einige Monate in Agadir lebt, dort aber keine Verwandten hat.

Die meisten Ethnoorientierten kaufen mehr oder weniger regelmäßig in *Diasporaläden* ein. Diese Läden sind für sie aber nicht dermaßen zentral und nostalgisch aufgeladen, wie es bei Herkunftsorientierten der Fall ist. Insbesondere in der türkischen Diaspora haben Ethnoorientierte und ihre Familienangehörigen immer wieder selbst Diasporläden – Boutiquen, Lebensmittelgeschäfte, Reisebüros usw. Einige Ethnoorientierte sehen ihre migrantische Lebenserfahrung auch jenseits dieser *Migrationsökonomie* als einen Vorteil in der Berufswelt an. Fatima bringt das wie folgt auf den Punkt:

„Dadurch, dass man hier in Deutschland lebt, sollte man halt sein Migranten. Dadurch, dass man jetzt Migrant jetzt in Anführungsstrichen 'ne ist, sollte man das auf jedem Fall sich zu Nutze machen für sein Berufsweg." (Fatima, w, 22, marokk.)

Die konkreten Beispiele für diese Nutzbarmachung hatten wir bereits in Kapitel 4.1 näher betrachtet.

Ethnoorientierte sind unterschiedlicher Meinung, was die Bewertung ihrer *Lebenssituation* in Deutschland betrifft. Die meisten fühlen sich „wohl" (Alla, w, 47, russ.) und „zuhause" (Valerij, m, 68, russ.) bzw. sehen dort ihre Zukunft. Dies ist vermutlich ein Grund, weshalb Ethnoorientierte häufig die deutsche *Staatsangehörigkeit* besitzen oder anstreben. Es gibt nur wenige Ethnoorientierte in den von uns untersuchten Diasporagemeinschaften, die die deutsche Staatsangehörigkeit nicht haben oder wollen, wie Yasemin, die sich nicht sicher ist, ob diese ihr Vorteile bringen würde:

„Ich weiß nicht, ob das jetzt Sinn und Zweck macht. Warum sollte ich das jetzt nehmen? Nur wegen Wahlen wäre das jetzt interessant, ansonsten gut, wenn man jetzt viel verreist, aber überlege ich und weil ich noch nicht schlüssig bin, ob ich hier bleibe oder rüber gehe, was also, es hat mehr mehr Nachteile als Vorteile für mich im Moment." (Yasemin, w, 44, türk.)

Ethnoorientierte sind wie gesagt in der Tendenz zufriedener mit ihrem Leben in Deutschland als die Herkunftsorientierten. Dennoch gibt es auch neben den bereits diskutierten Diskriminierungen einzelne Punkte, an denen sie sich über unterschiedliche Aspekte ihres Daseins in Deutschland beschweren. In den von uns geführten Interviews berichten sie von Anfangsschwierigkeiten nach der Migration – insbesondere mit Ämtern und Behörden, von Visum- und Sprachproblemen, Kulturunterschieden, Einsamkeit, dem schlechten Wetter usw. In der Sicht von Maxim hört sich das folgendermaßen an:

„[…] von jetzigem Standpunkt nicht bereue, weil ich es, obwohl es unglaublich schwierig war, in ein Amt zu kommen, ohne die Sprache zu können. Ich persönlich hab, hatte so ein Angst. Ich stehe da vor der Berater und da stehen hinter mir noch die Leute und man muss was sagen." (Maxim, m, 27, russ.)

Bedeutend für das Wohlbefinden der Ethnoorientierten sind – wie bereits an anderer Stelle dargelegt – ihre Deutschkenntnisse (siehe Kapitel 4.2). Falls die Sprachkenntnisse nicht hinreichend sind, um das Alltagsleben zu bewältigen bzw. sich in ihm zu orientieren, steigen Unzufriedenheiten.

Die *materiellen Verhältnisse* der Ethnoorientierten sind deutlich besser als die der Herkunftsorientierten. Fast alle Ethnoorientierten haben eine Arbeitsstelle und dadurch ein gesichertes Einkommen, oder sie sind in Rente bzw. leben als Hausfrauen. Ausnahmen sind allein die Arbeitslosen Adil (m, 43, marokk.) und Ümran (w, 36, türk.). Insgesamt werden die Lebensjahre in Deutschland als positive Entwicklung gesehen. Beispielsweise hatte Kristina (w, 24, russ.) anfangs als Putzfrau gearbeitet und konnte sich nicht „so viel leisten". Nun ist sie als Schneiderin in einem Brautkleidladen tätig und ihre (materielle) Lebenssituation hat sich klar verbessert.

Die relative Verbundenheit der Ethnoorientierten mit Deutschland kann auf bestimmte Momente ihrer *Migrationsbiografie* bezogen werden: Die meisten Ethnoorientierten haben – so sie nicht in Deutschland geboren und aufgewachsen sind – einen großen Teil ihres Daseins in Deutschland verbracht. Sami bringt dies zum Ausdruck, wenn er uns im Interview Folgendes sagt:

> „Ich mein Marokko ist ein schönes Land zum Leben, aber ist ganz schwer sich da, da einzuleben, weil wie gesagt, ich hab jetzt zwei Drittel meines Lebens hier in Deutschland gelebt." (Sami, m, 39, marokk.)

Ähnlich wie bei Herkunftsorientierten dominieren in den drei Diasporagemeinschaften unterschiedliche Migrationsmotive. In der marokkanischen Diaspora sind etliche für ein Studium nach Deutschland gekommen. Die Ethnoorientierten der türkischen Diaspora sind tendenziell Kinder von Arbeitsmigranten, die in den 1960er, 1970er Jahren nach Deutschland einwanderten. Und in der russischen Diaspora finden sich viele, die aus ökonomischen Gründen als (Spät-)Aussiedler nach Deutschland kamen.

Anders als bei Herkunftsorientierten kommt das Herkunftsland als *(Rück-)Migrationsziel* nicht infrage. In unserem Interviewmaterial existieren dazu nur drei Fälle: Ulaş (m, 24, türk.) glaubt, in der Türkei gute Berufschancen zu haben, nachdem er in Deutschland einen Hochschulabschluss erworben hat. Ähnlich überlegt Karina (w, 21, russ.), ob sie mit ihren Eltern nach St. Petersburg zieht, weil sie die Stadt als sehr schön ansieht. Liyane (w, 30, marokk.) kann sich vorstellen, irgendwann nach Marokko zurückzukehren. Sie will aber zuerst, dass ihre Kinder eine Ausbildung in Deutschland abgeschlossen haben.

Überhaupt wünschen sich Ethnoorientierte nur in Ausnahmefällen, weiter zu migrieren. Kristina (w, 24, russ.) sagt uns dazu im Interview Folgendes:

> „Ich wohne hier – wie gesagt – seit neun Jahren schon und ich kenn Bremen, is' wie mein Heimatstadt schon geworden. Ich kenn alles hier. Ich kenn sehr viele Leute hier. Ich fühl mich sehr wohl hier und ich würde auch schon hierbleiben, weil meine meine Verwandten sind auch hier, Freunde, Bekannte und wenn ich jetzt woanders umzieh, ist alles fremd." (Kristina, w, 24, russ.)

Die meisten Ethnoorientierten glauben, dass sie sich nicht mehr in ihren Herkunftsländern einleben könnten. Valerij (m, 68, russ.), Sami (m, 39, marokk.) und Orhan (m, 17, türk.) erklären, dass sie es in ihren Herkunftsländern außerordentlich schön finden, sobald sie im Urlaub dort sind. Sie können sich jedoch nicht ausmalen, dort zu wohnen, weil sie eher Deutschland als ihr Zuhause emp-

finden. Entsprechend sind auch Überlegungen zur Transmigration der Ausnah-
mefall. Wir finden in unserem Datenmaterial unter den Ethnoorientierten nur
zwei Hinweise : Mesoud (m, 22, marokk.) möchte gerne in die USA und Ayman
(m, 29, marokk.) in ein anderes europäisches Land migrieren. Bei beiden Inter-
viewpartnern fällt jedoch auf, dass sie in ihrer kulturellen Orientierung stark zu
den Weltorientierten tendieren.

8.2   Medien als bikulturelle Aushandlungsräume

Wie wir bereits mehrfach haben anklingen lassen, erfolgt die bisher umrissene
Identitätsartikulation auch in Bezug auf und durch die Aneignung von Medien.
In ihrer bikulturellen kommunikativen Vernetzung unterscheiden sich die Eth-
noorientierten klar von den Herkunfts- und Weltorientierten.

Medienkompetenz, Ausstattung und Kommunikationsnetzwerke

Vergleicht man die *Medienkompetenz* der ethnoorientierten Diasporaangehörigen mit der der Herkunftsorientierten, tritt eine qualitative Differenz zu Tage.
Bis auf wenige Ausnahmen haben die von uns befragten Ethnoorientierten eine
vergleichsweise umfassende Medienerfahrung. Kennzeichnend ist die Nutzung
eines breiten Ensembles unterschiedlicher Massenmedien und digitaler Medien.
    Gleichwohl berichtet etwa ein Drittel der Ethnoorientierten, sie hätten kein
Interesse an Massenmedien aus dem Herkunftsland. Andere wissen um diese
Angebote und eignen sie sich neben deutschen an. Diese abonnieren oder kaufen von Zeit zu Zeit ebenfalls diasporische Printerzeugnisse. Auffallend ist die
im Vergleich zu Herkunftsorientierten deutlich ausgeprägtere Kompetenz bezogen auf digitale Medien. Ein Extrembeispiel dafür ist Halim, der seine Computerkenntnisse wie folgt beschreibt:

„Ich kann schon fast sagen, dass ich [ein] genauso guter Anwender bin wie ein Informatiker. Ich kann zwar nicht programmieren, Programmiersprachen kann ich, geht ja noch,
aber andere Anwendungen, bin ich eigentlich, so auf einem guten Stand" (Halim, m, 33,
türk.)

Ähnlich berichten Valerij (m, 68, russ.) und Orhan (m, 17, türk.), dass sie „auch
mal so selber PCs zusammen" (Orhan) bauen. Valerij stellt Computer aus gekauften Einzelteilen her und hat bereits mehrere an seine Familie in Russland
verschenkt. Orhan möchte in der Zukunft seinen Beruf mit seiner digitalen Medienkompetenz verbinden. Kiril (m, 30, russ.), Mouad (m, 33, marokk.) und Ka-
mil (m, 32, marokk.) verfügen über Programmierkenntnisse. Von einer solchen

Aufgeschlossenheit und allgemeinen Kompetenz wird eine zumindest in Teilen stärker auf den Migrationshintergrund ausgerichtete Aneignung von Computern und anderen digitalen Medien getragen. Immer wieder geht es um die *sprachliche Aufbereitung* der Geräte für eine ethnospezifische Kommunikation. Maxim (m, 27, russ.) hat sich Aufkleber für seinen Laptop besorgt, um die russischen Sprachzeichen auf der Tastatur aufbringen zu können. Andere wie Olessia (w, 27, russ.) und Kira (w, 22, russ.) nutzen die Transliteraturfunktionen der Webseite Translit.ru und schreiben so mit kyrillischen Buchstaben.

Sicherlich sind das Extrembeispiele und nicht alle Ethnoorientierten sind Computerexperten. Eine wirkliche Unsicherheit, was den Umgang mit digitalen Medien betrifft, kann allerdings nur bei sehr wenigen Ethnoorientierten wie Viktoria (w, 47, russ.), Ayman (m, 29, marokk.), Elena (w, 31, russ.) oder Kamer (m, 47, türk.) ausgemacht werden. Dem entspricht eine generelle *Aufgeschlossenheit gegenüber (digitalen) Medien*, die Ayyuub (m, 39, marokk.) in folgende Äußerung fasst: „Es geht ja auch heutzutage alles nur noch mit PC".

Diese Aufgeschlossenheit und Kompetenz bezogen auf sehr unterschiedliche Medien verweist nicht zuletzt darauf, dass die Grenzziehung zwischen traditionellen Massenmedien und dem Internet zunehmend unscharf wird. Nilgün (w, 33, türk.) berichtet, dass sie wiederholt im Internet nach vertieften Informationen zu Fernsehinhalten sucht. Ähnlich erzählt Mert (m, 33, türk.), dass er abends aktuelle Nachrichten im Videotext nachliest und gleichzeitig bei „N24 [schaut], was in der Welt hier passiert ist". Je nach Nutzungszweck wird eine andere technische Angebotsform ausgewählt. Ulaş (m, 24, türk.) findet bspw., dass „Sport besser im Internet" dargestellt wird, weil er dort detaillierter ist, „so im Fernsehen ist das immer nur so von Nachrichten, grade am Ende die letzten zwei Minuten, und das ist dann zu kurz."

Gefördert werden diese Medienkompetenzen über einen *beruflichen Zugang zu (digitalen) Medien*. Anastasia (w, 54, russ.) betreut in dem Kulturverein, in dem sie tätig ist, ein Archiv russischsprachiger Zeitungen. Mouad (m, 33, marokk.) arbeitet als Informatiker in einer Firma. Serhat (m, 48, türk.) erledigt im Reisebüro das aktuelle Tagesgeschäft an Computer und Telefon. Swetlana (w, 52, russ.) und Liyane (w, 30, marokk.) arbeiten bei einer Beratungsstelle für Migrantinnen und Migranten, ebenfalls gestützt durch digitale Medien.

Waren viele Herkunftsorientierte auf *migrantische Vermittler* angewiesen, sind die Ethnoorientierten häufig diese Vermittler. Orhan (m, 17, türk.) schildert die Situation für seinen Familien- und Bekanntenkreis, in dem er als *Technikvermittler* fungiert: „Falls es ein technisches Problem ist, dann muss ich das immer machen". Ähnlich berichtet Layla (w, 20, marokk.), dass sie die Expertin ihrer Familie bezüglich digitaler Medien ist. Swetlana (w, 52, russ.) setzt ihre beruflichen Erfahrungen als Sozialarbeiterin im privaten Bereich ein und hat dort die Rolle der *Kommunikationsvermittlerin*, etwa um Antwortschreiben oder Bewerbungen zu verfassen. Und selbst wenn die eigenen technischen Kompetenzen nicht weiter reichen als die der Herkunftsorientierten, finden sich unter den Ethnoorientierten immer wieder *Inhaltsvermittler*. So bucht Ayman (m, 29, marokk.) für andere Diasporaangehörige (aber auch Deutsche), die keine Kreditkarte haben, Flugtickets nach Marokko.

Dem entspricht, dass nur etwa ein Drittel der von uns interviewten Ethnoorientierten auf migrantische bzw. deutsche Vermittler angewiesen ist. In solchen Fällen sind es wiederholt die Kinder, die helfen. Alla (w, 47, russ.) erhält Tipps für die Nutzung des Internets von ihrem Sohn. Daneben hat ihr eine Freundin eine Annonce in einer deutschen Onlinepartnerbörse erstellt. Oder Kamers (m, 47, türk.) und Hakans (m, 47, türk.) Kinder bereiten die Kommunikationssituation am Computer zur (Heimat-)Videotelefonie vor.

Charakteristisch für Ethnoorientierte ist vor allem eine *wechselseitige Hilfestellung*, bei der es darum geht, sich insbesondere auf ethnobezogene Inhalte aufmerksam zu machen. Ein Beispiel dafür wäre Kristina (w, 24, russ.), die durch ihren Bruder von der Diasporawebsite Stepashka.com erfahren hat, über die sie mittlerweile regelmäßig russische, sowjetische und amerikanische Filme online schaut. Ähnlich hat Deniz (w, 19, türk.) dank ihrer Schwester vom deutschen Social-Web-Angebot StudiVZ und anderen Websites gehört. Einen solchen beidseitigen Hilfediskurs bringt Issak auf den Punkt:

> „Manchmal so, wenn telefoniert man jetzt gerade mal, und da sagt, aje ich hab bei bei Internet habe auf diese Seite was gesehen, irgendwo, das ja. Und dann schau ich mal und guck mal so alles zuhause, paar lustige Sachen oder so. Halt irgendwie so ne ja aber gibt's ja viele so halt marokkanische Sachen, so als Clips oder Filme oder so. Halt ja viele Sachen auch." (Issak, m, 35, marokk.)

Den bisher umrissenen Kompetenzen entspricht die *Medienausstattung* der Ethnoorientierten. Im Vergleich zu den Herkunftsorientierten fällt der deutlich geringere Stellenwert der herkunftsorientierten Technik auf. Einen Satelliten- bzw. Kabelanschluss zu haben, ist für die Ethnoorientierten der drei Migrationsgemeinschaften nicht generell selbstverständlich. Viele begründen dies mit mangelndem Interesse am Herkunftsfernsehen. Beispielsweise schaut Liyane (w, 30, marokk.), wenn sie Zeit für Fernsehen hat, lieber gemeinsam mit ihrer Tochter deutsche Sendungen. Ähnlich ist es bei anderen Ethnoorientierten, für die eher das deutsche Fernsehen denn das Herkunftsfernsehen der Normalfall ist.

Von einer expliziten Ablehnung des Herkunftsfernsehens unter den Ethnoorientierten auszugehen, wäre jedoch verfälschend. Es geht vielmehr um dessen *untergeordnete Relevanz*. Swetlana (w, 52, russ.) hat sich erst einen Satellitenanschluss angeschafft, als sie mit ihrem Deutschniveau zufrieden war und russischsprachiges Fernsehen nicht mehr als Bedrohung ihrer Deutschkenntnisse ansah. Mehrere Ethnoorientierte der türkischen Diaspora haben einen Satellitenanschluss zuhause, nutzen ihn allerdings selten für Herkunftsfernsehen. Hana (w, 34, marokk.) wünscht sich einen Satellitenanschluss, damit sie die marokkanischen Serien mitverfolgen kann, über die sich ihre Freunde regelmäßig unterhalten – dies freilich wiederum nur in Ergänzung zu ihrer Rezeption von deutschem Fernsehen. Ein Satellitenzugang kann darüber hinaus dem Rückbezug auf den deutschen Kommunikationsraum dienen, was das Beispiel von Saib (m, 68, marokk.) verdeutlicht. Dieser hat sich in Marokko, wo er mehrere Monate im Jahr lebt, einen Satellitenanschluss angeschafft, um deutsche Sender empfangen zu können. Der Satellitenanschluss steht bei Ethnoorientierten demnach für eine vielfältige Aneignung sowohl deutschsprachiger als auch Diaspora- und Herkunftssender. Zugespitzt formuliert Ayyuub in diesem Sinne:

> „Ich habe auch einen Satellit zuhause, aber hin und wieder schaut man auch schon da. Sei es jetzt am Wochenende, wo ich dann halt kulturelle Veranstaltungen [sehe]. [...] Aber hauptsächlich eigentlich Deutsche." (Ayyuub, m, 39, marokk.)

Der engere Familien- und Freundeskreis der Ethnoorientierten dient daneben als *ereignisbezogene Zugangsquelle* zum Herkunfts- bzw. Diasporafernsehen. Viktoria (w, 47, russ.) und Ljudmila (w, 45, russ.) berichten, dass sie ausgewählte russische Serien bei ihren Eltern schauen. Wie wir an anderer Stelle gezeigt haben, geht es bei einem solchen Fernsehen an Orten des *Anderswo* aber um herausgehobene Vergemeinschaftungsmomente (siehe Kapitel 5).

Lenkt man den Blick auf andere Medien, so konkretisiert sich die bikulturelle Medienausstattung weiter. Viele Ethnoorientierte der russischen Diaspora haben DVD-Abspielgeräte zum Rezipieren von russischen bzw. sowjetischen Filmen, die sie neben dem deutschen Fernsehen verfolgen. Oder es haben einige Ethnoorientierte sowohl deutsche Zeitungen wie die „Berliner Morgenpost" (Oleg, m, 55, russ.) als auch Diasporazeitungen wie die „Russkij Berlin" (Vera, w, 22, russ.) abonniert.

Betrachtet man die Medienausstattung der Ethnoorientierten mit digitalen Medien, fällt auf, dass alle bis auf Saib (m, 68, marokk.) in ihrer häuslichen Welt neben dem Mobiltelefon mindestens einen Computer zur Verfügung haben. Viele besitzen sogar mehrere Computer, um allen Familienmitgliedern einen hinreichenden Zugang zu ermöglichen. Dies trifft hauptsächlich auf größere türkische und marokkanische Familien zu. Fatima (w, 22, marokk.) hat sich ein eigenes Notebook besorgt, als sie ihr Studium aufgenommen hat, damit sie ungestört daran arbeiten kann. Serhat (m, 48, türk.) hat insgesamt fünf Computer, damit er und seine drei Kinder gleichzeitig ins Internet können.

Dies verweist bereits darauf, dass ein Internetanschluss (meistens als Flatrate) für Ethnoorientierte mehr oder weniger selbstverständlich ist. Diejenigen, die keinen Internetzugang zuhause haben, wie Anastasia (w, 54, russ.) oder Aysel (w, 22, türk.), nutzen das Internet entweder am Arbeitsplatz, bei ihren Verwandten, im Internetcafé, in Telefonläden oder in anderen öffentlichen Einrichtungen. Im Unterschied zu den Herkunftsorientierten hat für die Ethnoorientierten die Möglichkeit der Internettelefonie bei der Entscheidung für einen Internetzugang nur einen geringen Stellenwert. Viele verfügen gar nicht über die notwendige Webcam.

Abbildung 18:   Netzwerkkarte von Anastasia, russische Diaspora
(29.09.2008)

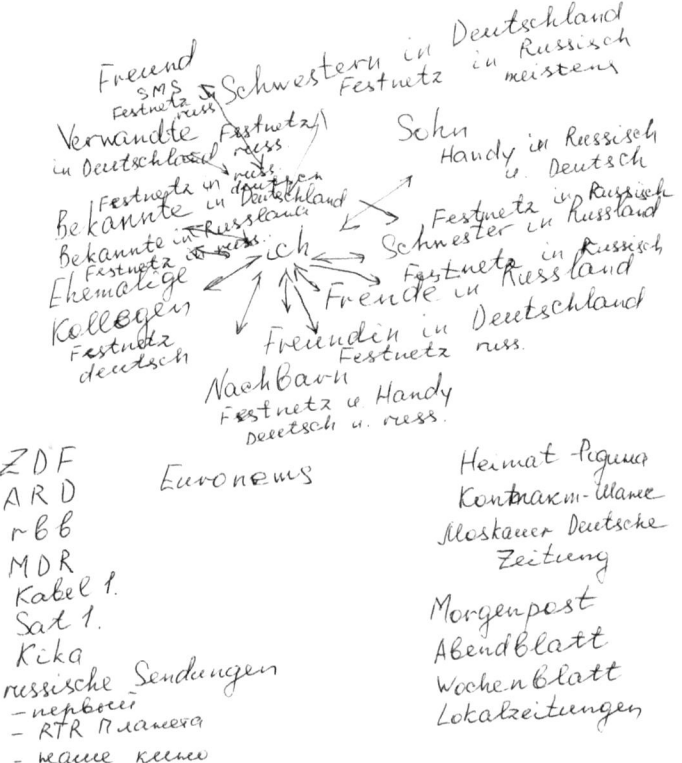

Was die weitere Medienausstattung betrifft, fällt auf, dass die Ethnoorientierten (mit der Ausnahme der türkischen Diaspora) keine besonderen Telefonanschlüsse für die Kommunikation ins Herkunftsland besitzen. *Ihre Tarifwahl ist auf die kommunikative Vernetzung am Lebensort bzw. im Migrationsland ausgerichtet.*

Flatrates ins Herkunftsland finden sich fast ausschließlich in der türkischen Diaspora, was sich über das relativ breite Angebot in Deutschland erklären lässt. Nalan (w, 50, türk.) sowie Serhat (m, 48, türk.) nutzen eine Türkeiflatrate für dienstliche und private Anrufe. Olessia (w, 27, russ.) hat sich einen Festnetzanschluss besorgt, mit dem sie mehrere Stunden monatlich ohne Zusatzkosten in ihr Herkunftsland telefonieren kann.

Abbildung 19:   Netzwerkkarte von Aysel, türkische Diaspora (15.12.2008)

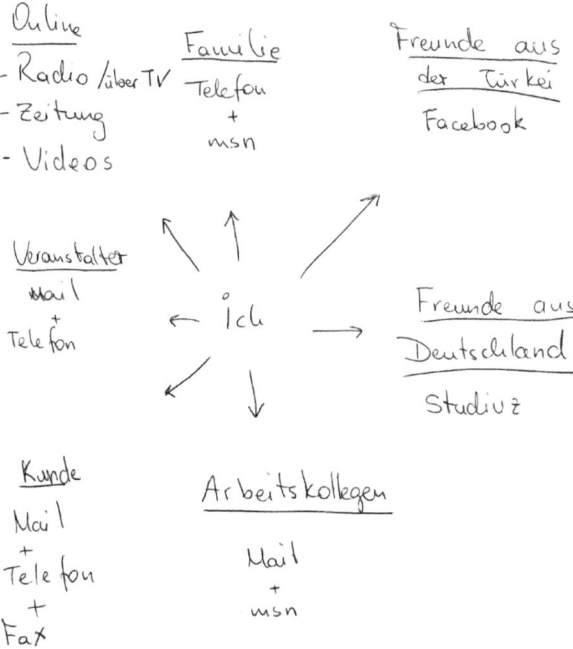

Diese Medienausstattung der Ethnoorientierten wird zusätzlich in den *Netzwerk-karten* der von uns Interviewten konkret, was wir exemplarisch anhand von drei Netzwerkkarten zeigen wollen. Die erste dieser Karten ist von Anastasia (w, 54, russ.). Diese gibt insofern einen vertiefenden Einblick, als sie nicht nur Medien der personalen Kommunikation, sondern auch solche der Massenkommunikation visualisiert. Deutlich wird eine Gesamtsicht auf eine breite bikulturelle Vernetzung: Einerseits hält Anastasia auf Russisch telefonisch Kontakt zu Familienangehörigen, Freunden und Bekannten in der Herkunft. Andererseits hat sie

einen ausgeprägten migrantischen und nicht-migrantischen Familien-, Freundes-
und Bekanntenkreis in Deutschland, mit dem sie – jenseits direkter Gespräche –
per Mobiltelefon und Festnetztelefon in Verbindung bleibt.

Eine solche bikulturelle Vernetzung konkretisiert sich in ihrer Nutzung von
Massenmedien, insbesondere Fernsehen und Zeitungen. Ersteres bedeutet für sie
außer lokalem und regionalem Fernsehen die Rezeption nationaler deutscher
Fernsehangebote, privat wie öffentlich. Daneben steht gleichzeitig russisches
Fernsehen – isoliert und nur am Rande liegen die Euronews, ein Sender, den sie
wegen des russischsprachigen Angebots RTR Planeta und Nashe Kino gelegentlich sieht. Selbiges bikulturelles Spannungsverhältnis wird bei den von Anastasia genannten Zeitungen konkret: Über lokale Angebote hinaus nennt sie russischsprachige Diasporazeitungen als wichtige Informationsmedien.

Abbildung 20:   *Netzwerkkarte von Sami, marokkanische Diaspora*
                (14.09.2008)

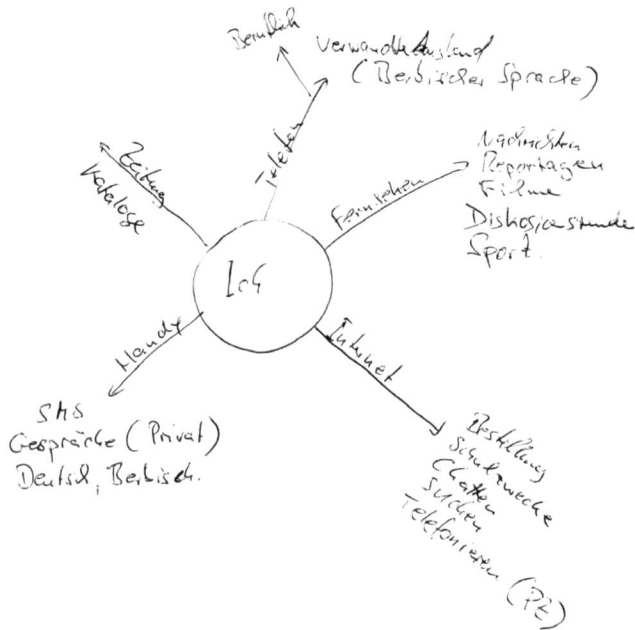

Diese Bikulturalität konkretisiert sich auf eine etwas andere Weise in der kommunikativen Vernetzung (Abbildung 19) von Aysel (w, 22, türk.): Während Aysel zu ihren türkischen Freunden mittels Facebook Kontakt hält, ist sie mit ihren

deutschen Freunden via StudiVZ vernetzt. Bikulturell ist ebenfalls ihre kommunikative Vernetzung am Arbeitsplatz: Nachdem ihr Stiefvater sie zu einer Heirat
mit einem Neffen drängen wollte, hat Aysel das Elternhaus verlassen, musste
die Schule abbrechen und hat eine Ausbildung in einem deutsch-türkischen Reisebüro angefangen, wo sie nun arbeitet.

Abbildung 21:   Gegenüberstellung Medientagebücher Ljudmila und Nilgün

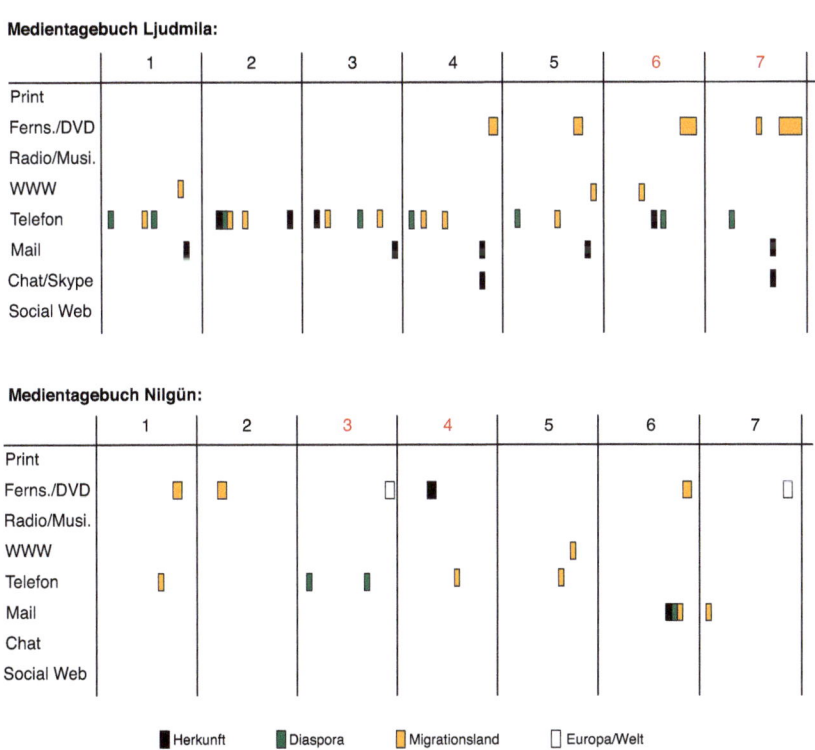

Neben einem kulturell unterschiedlichen Kunden- und Veranstaltungsmanage-
ment, das sie mittels verschiedener Medien (E-Mail, Telefon, Fax) organisiert,
kann sie an ihrem Arbeitsplatz das Internet nutzen, um türkische Zeitungen
online zu lesen bzw. um sich zu Religion und zum Islam zu informieren. Ebenso
liest sie regelmäßig die Webseite der deutsch-türkischen Industrie- und Handelskammer, wo sie sich über beruflich erfolgreiche Laufbahnen von Deutschtürken
informiert. Fernsehen ist für Aysel ebenfalls eine bikulturelle Erfahrung, indem

sie und ihr Mann regelmäßig türkische Serien schauen *und* deutsches Fernsehen verfolgen.

Bikulturelle Vernetzungen lassen sich auch an der Netzwerkkarte (Abbildung 20) von Sami (m, 39, marokk.) zeigen. Auf den ersten Blick fällt an dieser wiederum auf, dass Kontakte in zwei Sprachen gehalten werden – einerseits deutschsprachig zu anderen Migrantinnen und Migranten bzw. zu Deutschen, vornehmlich im direkten Lebensumfeld (PZ steht dabei für das Kostenlosangebot „Peter zahlt"). Daneben wird das Verhältnis zur eigenen marokkanischen Diaspora in Berberisch gepflegt – sowohl lokal in Bremen, wo viele Familienmitglieder von Sami leben, als auch translokal zu den im Ausland bzw. der Herkunft verstreuten Verwandten von Samis Frau Fadilah (w, 34 marokk.). Ferngesehen wird vor allem auf Deutsch, wobei sich Sami besonders für Informationssendungen und Familienfilme interessiert. Arabisch wird nur von Fadilah gesehen, Berberisch gelegentlich in Form von Komödien auf DVDs, die ein Onkel mitbringt. Die Bikulturalität der kommunikativen Vernetzung ist im Falle von Sami folglich vor allem auf die personale Kommunikation bezogen.

Wiederum ergeben die Analysen der *Medientagebücher* einen weiteren Blick auf die bikulturelle Vernetzung der Ethnoorientierten im Zeitverlauf, hier exemplarisch gezeigt an den Auswertungen der Medientagebücher (Abbildung 21) von Ljudmila (w, 45, russ.) und Nilgün (w, 33, türk.). Deutlich fällt an diesen – gerade im Vergleich zu denen der Herkunftsorientierten – auf, dass kommunikativ klar das Migrationsland dominiert. Dort, wo wie bei Ljudmila ausgeprägte Bezüge zum Kommunikationsraum der Herkunft bestehen, sind diese im Wochenverlauf vor allem durch personale Kommunikation gestützt: Anrufe bei der Familie in der Herkunft, E-Mails und Chats dorthin. Umgekehrt werden diese Kommunikationsbezüge aber auch nicht aufgegeben, wie medienvermittelte Kommunikation in der Diaspora selbst im Wochenverlauf einen durchaus bemerkenswerten Stellenwert hat. Das Herkunftsfernsehen scheint wiederum ein eher sonntägliches Ausnahmeerlebnis sein.

Um Aussagen dazu zu machen, welche Aneignungsprozesse hier im Detail ablaufen, ist allerdings eine zusätzliche Analyse unseres Interviewmaterials in Bezug auf mediatisierte Interaktion (personale Kommunikation) und Quasi-Interaktion (Massenkommunikation) notwendig.

Fremdpositionierungen, bikulturelle Einblicke und Vergleiche in der mediatisierten Quasi-Interaktion

Betrachtet man auf der Basis des bisher Gesagten die Aneignung von massenmedialen Inhalten – die mediatisierte Quasi-Interaktion –, wird weiter konkret, was bikulturelle Vernetzung bedeutet: einerseits eine verminderte Relevanz der Herkunftsmedien in der Identitätsartikulation, andererseits ein in unterschiedlichen Graden zu sehendes, inhaltliches Abarbeiten an den ethnischen Spannungsverhältnissen, in denen man lebt.

Die typische Medienaneignung der Ethnoorientierten ist durch *bikulturelle Einblicke und Vergleiche* gekennzeichnet, wobei deren Gewichtung variiert. Viele Ethnoorientierte wechseln zwischen *deutschen* und *Herkunftsangeboten,* bei einer Schwerpunktsetzung auf Erstere, selbstverständlich hin und her. Dies wird in einem Zitat von Nalan deutlich:

„Beides, [...] je nachdem. Gestern Beispiel, am Anfang war türkisches Fernsehen, so eine Serie, was ich geguckt hab und danach war alles für mich Quatsch. Dann hab ich eine schöne Film, sehr schöne Film in in bayerische, glaube ich gesehen. Das war eine authentisches Kind, mit eine Hund. Wie der Hund geholfen hat oder so das war ein so rührendes Film Beispiel, ne?" (Nalan, w, 50, türk.)

Die Gründe der Entscheidung für deutsche und Herkunftsangebote sind vielfältig. Genannt werden typischerweise die Qualität der Medieninhalte, die Themeninteressen sowie die zeitlichen und örtlichen Rahmenbedingungen. Mahmut (m, 30, türk.) hört zuhause immer türkisches Radio, da er durch den Satellitenanschluss die Möglichkeit hat, und im Auto hingegen deutsche Sender. Elena (w, 31, russ.) zählt die Angebote von Sat1, RTL2 und Pro7 zu ihren „Lieblingssendungen". Nach ihrem Deutschunterricht kann sie aber eine bestimmte Zeitspanne kein deutsches Fernsehen sehen und bevorzugt Russisches. Serap (w, 20, türk.) schaut „vormittags deutsch, abends türkisch", weil sie im deutschen Fernsehen die Gerichtssendungen, und im türkischen die Abendserien präferiert. Auch im Internet werden deutsche neben anderen Angeboten benutzt. Beispielsweise nutzt Karina die deutsche Version von Wikipedia und die russische, je nach Zweck der (vergleichenden) Informationssuche:

„Wenn ich die Informationen für russische Literatur brauch, ich natürlich benutze ich russische Wikipedia. Wenn es etwas auf Deutsch sein muss, dann natürlich auf Deutsch, weil übersetzen ist sehr schwer." (Karina, w, 21, russ.)

Liegt ein Interesse an *Herkunftsmedien* vor, entsteht es nicht zwangsläufig durch eine Sozialisation im Herkunftsland, sondern kann das *Resultat einer intensiven Beschäftigung mit der Herkunftskultur sein.* Etwa schaut Layla (w, 20, marokk.), die in Deutschland geboren und aufgewachsen ist, „mehr so arabische" Fernsehsendungen an, um erst einen Bezug zur (vorgestellten) Herkunft aufzubauen. Die Herkunftskultur und -medien sind also nicht zwingend die *zentrale Quelle* der Identitätsbildung von Ethnoorientierten. Sie bleiben aber ein *wichtiger Referenzpunkt* der kulturellen Verortung der Ethnoorientierten, was sich insbesondere im kontinuierlichen Vergleich von Herkunfts- und Migrationskulturen zeigt. Für solche bikulturellen Vergleiche sind Inhalte von Massenmedien immer wieder eine relevante Ressource.

Das Interesse an Herkunftsmedien wird durch den weiteren Lebenskontext gestützt. Ein Freund Ulaş' (m, 24, türk.) spielt in einer türkischen Mannschaft professionell Fußball. Sein Transfer in die Türkei hat Ulaş' Interesse an türkischem Fußball geweckt und er verfolgt mittlerweile dortige Sportnachrichten regelmäßig via Internet und türkischem Fernsehen. Ähnlich interessiert sich Deniz (w, 19, türk.) verstärkt für türkische Kultur und Sprache, seitdem sie in einem deutsch-türkischen Theater mitspielt. Sie liest nun häufiger die türkische Zeitung, die ihr Vater kauft.

Im bikulturellen Vergleich sind immer wieder auch *Fragen der Qualität* relevant. Serhat (m, 48, türk.) etwa meint als ein engagierter, politisch aktiver Mensch, dass die Landesmedienanstalten eine wichtige Aufgabe bei der Gewährleistung der Qualität der deutschen Medien spielen. Bei den türkischen Medien wirke sich die niedrigere öffentliche Kontrolle negativ aus. Olessia (w, 27, russ.) ist ebenfalls der Meinung, dass das Herkunftsfernsehen eine geringe Qualität hat. Ähnlich berichten andere Ethnoorientierte wie Kamer (m, 47, türk.) oder Oleg (m, 55, russ.), dass sie wegen der hohen Qualität deutsche TV-Sender denen ihrer Herkunft vorziehen.

Neben traditionellen Massenmedien wie Satellitenfernsehen, -radio und Zeitung rezipieren viele der von uns interviewten Ethnoorientierten massenmediale Herkunftsinhalte, die mittels Internet erreichbar sind. Layla (w, 20, marokk.) schaut arabisches Fernsehen über das Internet und liest marokkanische Online-Zeitungen. Gerade für Ethnoorientierte der marokkanischen Diaspora ist das Internet der einzige Zugang zu Herkunftsmedien, wenn sie keinen Satellitenanschluss haben, da marokkanische Medien in Deutschland anderweitig nicht verfügbar sind. Außer Ayman (m, 29, marokk.), der ab und zu arabische Zeitungen im Bahnhof kauft, lesen alle marokkanische Zeitungen online. *Aber auch bei Ethnoorientierten anderer Migrationsgemeinschaften verlagern sich erhebliche Teile der Herkunftsmediennutzung ins Internet.*

Bei der Aneignung des Internets geht es für Ethnoorientierte daneben immer wieder um die konkrete Suche nach Herkunftsinformationen. Beispielsweise sucht Ismail (m, 49, türk.) nach Informationen über „[s]ein Dorf" in der Türkei, „wo [er] geboren wurde". Ähnlich liest Fatima (w, 22, marokk.) „berbische Seiten [...] über Städte, wenn man sich über die Stadt informieren möchte, wenn man sich Musik runterladen möchte." Oder Fadilah (w, 34, marokk.) recherchiert nach Schnittmustern für Kaftans aus Marokko.

Festzuhalten bleibt jedoch eines: *Deutsche Medien* spielen im Alltag der Ethnoorientierten eine deutlich zentralere Rolle, als Herkunftsangebote. *Die Aneignung von deutschen Medien durch Ethnoorientierte ist genau wie die Aneig-*

nung von Herkunftsmedien in der Tendenz geprägt durch eine Gegenüberstellung von Kulturen und Medienangeboten des Herkunfts- und Migrationslandes. Auch wenn deutsche Massenmedien in den Vordergrund der Aneignung rücken, geschieht dies aber im (impliziten) Spannungsverhältnis zu Herkunftsmedien. Inwieweit ein solches im Hinblick auf die Identitätsartikulation relevant ist, wird vor allem deutlich, sobald diesbezüglich Konflikte in Beziehungen oder Familien entstehen. Anis schilderte uns folgenden Fall:

„Meine Frau bevorzugt, dass sie hört nur Marokko, was gibt's, Musik, so Sing(gremien), weißt du? Und das gefällt mich nicht [...]. Ich brauche nicht. Ich finde, wir sind in Deutschland, wir müssen viele deutsche Sprache hören und meine eine also Seite, zu wissen, was Neues ist, gibt's und andere Seite ein bisschen deutsch lernen." (Anis, m, 43, marokk.)

Auffallend ist in diesem Gesamtzusammenhang aber wieder die *Tendenz zum Lokalen.* So verfolgen die von uns interviewten Ethnoorientierten die Geschehnisse in ihrer Umgebung mehr oder weniger regelmäßig in lokalen Zeitungen, Radios und über entsprechende Webseiten. *Falls* Mahmut (m, 30, türk.) Zeitung liest, dann die *lokale* deutsche Zeitung oder die *lokale* deutsch-türkische. Viele wie Viktoria (w, 47, russ.) und Erkan (m, 57, türk.) lesen kostenlose deutschsprachige Stadtteilzeitungen oder -anzeiger. Mert (m, 33, türk.) rezipiert die Webseite Citybeat, „um mal zu gucken, was in Bremen dann los ist". Ähnlich liest Vera (w, 22, russ.) die Webseite Berlin030, da sie so „wirklich alles auf einen Blick" hat, was in Berlin passiert.

Unterstützung und die Aushandlung des Bikulturellen in der mediatisierten Interaktion

Solche Ergebnisse zur bikulturellen Identitätsartikulation in der Aneignung von Massenmedien werden weiter untermauert, wenn wir uns die mediatisierte Interaktion der Ethnoorientierten näher anschauen. Auch hier fällt auf, dass diese – im Unterschied zu Herkunftsorientierten – weniger stark auf eine Herkunftsvernetzung ausgerichtet sind, sondern auf eine lokale bzw. translokale diasporainterne und diasporaexterne.

Betrachtet man die *kommunikative Vernetzung in der Diaspora* bei den Ethnoorientierten, wird deutlich, dass diese bis auf die Ausnahme der marokkanischen Diaspora national gerahmt ist. Das heißt, Diaspora bedeutet so viel wie die in Deutschland lebende Migrationsgemeinschaft der Deutschtürken und Deutschrussen. Im Zentrum steht dabei die Familien- und Freundeskommunikation.

Wie im ersten Abschnitt dieses Kapitels ausgearbeitet, ist es für die Ethnoorientierten der türkischen und russischen Diaspora kennzeichnend, dass große

Teile der engsten Familie in Deutschland und dort in beträchtlichen Teilen in der gleichen Stadt leben. Die *Familienkommunikation* ist folglich für die meisten Ethnoorientieren von diasporischem Charakter und hohem Stellenwert. Aysel (w, 22, türk.) sagt zu ihrer Verwandtschaft in Bremen: „meine Schwester, meine Mutter und Vater sind wirklich mein Ein und Alles". Deswegen telefoniert sie mit den unterschiedlichen Angehörigen der Familie täglich. Sie fühlt sich für die Zukunft der Familie mitverantwortlich und versucht, medienvermittelt ihre Geschwister zu motivieren, mehr für deren Bildung zu tun:

„also ich muss mindestens am Tag mit denen telefonieren [...] Was halt bei uns, bei den türkischen Familien, finde ich, bisschen fehlt ist diese Motivation für die Kinder [zur Bildung]. Weil die Eltern kümmern sich halt nicht so viel um die Kinder, sodass mein Bruder jetzt – der wird neunzehn – die Schule abgebrochen hat. Aber meine beiden Schwestern, also eine ist in der neunten, und die andere ist in der vierten, gut in der neunten klasse kann man noch versuchen zu retten. Aber die andere ist noch ganz jung, ich versuche sie auch noch zu motivieren." (Aysel, w, 22, türk.)

Der regelmäßige Austausch via Telefon unter den Familienmitgliedern dient der *Absicherung* und *Unterstützung* des migrantischen Lebens in der lokalen Alltagswelt. Viktoria (w, 47, russ.) stellt fest: „unbedingt rufe ich meine Eltern an, einen Tag, wo ich nicht anrufe, gibt es gar nicht". Ihre Eltern wohnen ebenfalls in Bremen und sind altersbedingt kränklich. Das regelmäßige gemeinsame Telefonieren hilft den seit Längerem im Deutschland lebenden Eltern, mit deren Krankheiten umzugehen und der erst später migrierten Viktoria, sich in Deutschland einzuleben. Außerdem berät Viktoria per Telefon und E-Mail ihre in Hamburg lebende Tochter in medizinischen Fragen, da sie selbst im Herkunftsland als Ärztin arbeitete und ihre Tochter eine medizinische Ausbildung angefangen hat. Ähnliches berichten andere Ethnoorientierte: *Ein gegenseitiges Absichern und Unterstützen ist eine breit verbreitete Praxis der diasporainternen Kommunikation.*

Die innerdeutsche Familienkommunikation verläuft primär über das Telefon, weil, wie es Nilgün (w, 33, türk.) formuliert, „Telefonieren persönlicher" ist. Das gewährleistet ihrer Meinung nach eine intensive Nähe zu in weiteren deutschen Städten wohnenden Familienmitgliedern. Nilgün (w, 33, türk.) berichtet, dass sie mit ihrer Schwester, die in Nürnberg wohnt, „alle zwei Tage" spricht. Sie und ihre Schwestern sind wie Freundinnen, wobei sie diese innige Beziehung translokal über Telefon und E-Mail aufrecht halten: Sie tauschen Informationen zum aktuellen Tagesgeschehen, dem persönlichen Wohlbefinden, zu neusten Links sowie zum Wohnungsmarkt aus. Ähnlich ist es für Aysen (w, 44, türk.) wichtig, mit der in Deutschland lebenden Verwandtschaft „fast täglich" zu telefonieren. So kann sie die gewohnte enge Verbindung zu ihrer Familie halten. Durch den regelmäßigen Austausch am Telefon, „weiß jeder Bescheid, was bei denen passiert und was bei uns passiert und das Familienverhältnis ist ja sehr eng".

In diesem Beispiel klingt bereits an, dass bei Jüngeren eine diasporainterne, (trans-)lokale Familienkommunikation verstärkt durch digitale Medien erfolgt. Aynur (w, 20, türk.) tauscht sich abends mit ihrer Cousine Serap (w, 20, türk.) via Chat oder Mobiltelefon über die aktuellsten alltagsweltlichen Geschehnisse aus. Oder Olessia (w, 27, russ.) ist mit ihrem Mann tagsüber mehr oder weniger kontinuierlich via Schreiben von Kurznachrichten über die russische Social-Software Odnoklassniki.ru vernetzt. Hieran zeigt sich, in welchem Maße eine Absicherung und Unterstützung auch über digitale Medien *fortlaufend* geschieht.

Betrachtet man die Freundeskommunikation, fällt auf, dass diese bei Ethnoorientierten im Unterschied zu den Herkunftsorientierten diasporaintern *und* diasporaextern ausgerichtet ist. Die *diasporainterne Freundeskommunikation* erfolgt – so sie translokal und medienvermittelt ist – per Telefon und per digitale Medien der personalen Kommunikation (E-Mail, Internettelefonie oder Social-Software). Durch die diasporainterne kommunikative Vernetzung wird eine Nähe vermittelt, die über die konkrete Lokalität hinausgeht. Nilgün (w, 33, türk.) erzählt uns von einer „Freundin in Hamburg", mit der sie sich per E-Mail über Themen wie Kindererziehung und Ähnliches austauscht. Auch Kiril (m, 30, russ.) und Maxim (m, 27, russ.) halten regelmäßigen Kontakt mit ihren russischen Freunden in Berlin und Bremen. Kiril begründet dies mit dem Wunsch, „ab und zu [...] mal so richtig auf Russisch [zu] sprechen", gerade vor dem Hintergrund gewisser Entfremdungsgefühle, die er in seiner zunehmend deutsch geprägten Alltagswelt hat. Im russischen Austausch mit seinem Freund „versteht man sich auch besser".

Solche Aussagen können bereits als Hinweis darauf gewertet werden, dass das Spannungsverhältnis der bikulturellen Identitätsartikulation nicht nur in der Familie, sondern ebenfalls im (gleichaltrigen) Freundeskreis *ausgehandelt* wird. Obwohl er bereits seit fast zehn Jahren in Deutschland wohnt, berichtet Maxim (m, 27, russ.) von gewissen Eingewöhnungsproblemen. Er hat Kontakt zu einer ehemaligen Klassenkameradin aufgenommen, die mittlerweile ebenfalls in Deutschland lebt. In ihren Gesprächen geht es um „gemeinsame Freunde, einfach, wie es da jetzt in Russland geht, und so weiter". Diese Erinnerungen findet er nicht nur „wirklich schön". Hierüber werden wiederum Vergleiche zwischen dem Jetzt und dem Früher gezogen und so die aktuelle Identität in einem ethnobezogenen Aushandlungsprozess positioniert.

Ein anderes Beispiel ist Ayman (m, 29, marokk.). Dieser informiert sich beim Chatten und Telefonieren mit seinen in Deutschland lebenden Freunden über das soziale und politische Leben in Marokko, wobei diese Informationen für ihn identitätsrelevant und entsprechend von hoher Priorität sind: „Manchmal ich höre von Leute, was passiert. [...] Und dann komm ich und ich will ganze Detail hören." Solche Auskünfte vergleicht Ayman mit Nachrichten via Internet oder Fernsehen, insbesondere von Al Jazeera. Über diese Vergleiche verhandelt Ayman Aspekte seiner kulturellen Identität.

Wie in der Familienkommunikation geht es in der *Freundeskommunikation* darum, sich kommunikativ wechselseitig zu stützen. Ljudmila (w, 45, russ.) pflegt mittels Skype und Telefon regen Kontakt mit einer Studienkommilitonin, die etwas länger in Deutschland lebt als sie. Auf Grund der geteilten Migrationserfahrung und der früheren gemeinsamen Tätigkeit in einem deutschen Verein im Herkunftsland empfindet Ljudmila eine enge Freundschaft mit dieser und sieht in ihr eine verlässliche Hilfe im Problemfall. Kira (w, 22, russ.) erhält Unterstützung von ihrer Freundin, falls sie Sprachprobleme hat. Insbesondere bei Bewerbungen – gelegentlich aber auch spontan, wenn ihr ein Wort nicht einfällt – bittet sie ihre Freundin per Mobiltelefon um Rat. Wir haben solche Unterstützungen bereits im Hinblick auf die verschiedenen Vermittlerrollen diskutiert.

Die zwei gängigen russischen Social-Web-Angebote Odnoklassniki.ru und vKontakte.ru werden von der jüngeren Ethnoorientierten intensiv für ihre diasporainterne Freundeskommunikation genutzt. Vera (w, 22, russ.) betrachtet *vkontakte.ru* als Stabilisator der russischen Momente ihrer kulturellen Identität, „dieses Russische", das fest zu ihr gehört. Sie nimmt eine bewusste *bikulturelle Trennung ihrer deutschen und russischen Freundeskreise* vor und möchte nicht, dass ihre Freunde aus der russischen Diaspora ihre deutsche Social-Web-Plattform Yappy.de nutzen und umgekehrt. Dem entspricht, dass Vera zwei unterschiedliche E-Mail-Adressen verwendet: für die Kommunikation innerhalb der Diaspora eine russische Adresse, für die diasporaexterne Kommunikation diejenige eines deutschen Anbieters. Eine solche medienvermittelte Trennung der Identitätsaspekte kommt bei den türkischen und marokkanischen Ethnoorientierten seltener vor. Diese trennen eher zwischen der Herkunftsvernetzung und der Vernetzung im Migrationsland. Aysel (w, 22, türk.) nutzt – wie wir bereits anhand der Analyse ihrer Netzwerkkarten gezeigt haben – für die deutschen Kontakte StudiVZ, für die Kontakte ins Herkunftsland Facebook.

Die *diasporaexterne Freundeskommunikation* der Ethnoorientierten ist sowohl auf Deutsche als auch auf andere Diasporaangehörige ausgerichtet. Ein Extremfall ist hier Nilgün (w, 33, türk.), die ihren Freundeskreis als „total gemischt" charakterisiert: „also arabische Freunde, griechische, spanische, türkische und aber auch deutsche Freunde".

Die *Kontakte zu Deutschen* haben zum Teil instrumentelle Zwecke. Mehrere Ethnoorientierte der russischen Diaspora halten Verbindung zu einem oder mehr Deutschen, die ihnen sprachlich helfen. Ljudmilas (w, 45, russ.) deutsche

Freundin korrigiert deutschsprachige Texte, die sie ihr zumailt. Zentral sind daneben *Face-to-Face-Gespräche*: Viktoria (w, 47, russ.) und Alla (w, 47, russ.) treffen sich regelmäßig mit einer deutschen Frau, mit der sie als Sprachübung über aktuelle Themen aus Zeitungen diskutieren. Alla erklärt den Zweck dieser Treffen wie folgt: „für mich das ist ganz wichtig, weil ich spreche auf Deutsch und sie korrigiert meine Fehler". Ähnlich berichtet auch Aysel (w, 22, türk.) von der fördernden Unterstützung ihrer deutschen Lehrerin, der sie ihre schulische und berufliche Entwicklung verdankt. Dank der Aufforderung der Lehrerin hat sie sich für den Wettbewerb „Miss Technik 2003" beworben und gemeinsam mit einer ebenfalls türkischstämmigen Freundin den Hauptpreis gewonnen. Diese Förderung versucht Aysel zurück zu geben. Sie beteiligt sich bei Infoveranstaltungen zu Ausbildungschancen in ihrer alten Schule und unterstützt diese bei Problemen mit türkischen Schülern:

„meine Lehrerin erzählt mir denn auch immer wieder, hier dieses Kind wird zur Ehe gezwungen oder halt jenes. Dann sag ich, sagen sie mal kurz Bescheid, ich komme, ich rede gerne mit den Eltern." (Aysel, w, 22, türk.)

Wie der Fall von Aysel deutlich macht, verweisen solche erst einmal helfenden instrumentellen direkten wie medienvermittelten Kontakte mit Deutschen auf eine eigene Identitätsarbeit als Ethnoorientierte. So reflektiert Aysel auf der Basis dieser Erfahrungen, welche Chancen sie als Türkin in Deutschland im Vergleich zu ihrer Mutter hat. Hierzu zählt für sie neben Bildungsmöglichkeiten die Unabhängigkeit des Lebens.

Das Beispiel von Aysel verweist bereits darauf, dass viele Ethnoorientierte ihre Erstkontakte mit der deutschen Bevölkerung insbesondere im beruflichen und schulischen Umfeld aufbauen. Diese Erstkontakte gehen im Laufe der Zeit immer wieder in Freundschaften über, die dann auch mediengestützt gehalten werden. Hana (w, 34, marokk.) berichtet von Freundschaften, die an ihrem Arbeitsplatz entstanden sind. Sie freut sich auf ihre Arbeit nach dem Mutterschutz und die vielen sich so wieder intensivierenden Kontakte zu ihren Kolleginnen und Kollegen. Vera (w, 22, russ.) hat zwei enge deutsche Freundinnen aus ihrer Schulzeit. Mit ihnen pflegt sie regen Kontakt über das Mobiltelefon: „die erzählen halt, wie ihr Tag war, ich erzähl es". Bei Treffen, an denen sowohl Jugendliche der russischen Diaspora als auch deutsche Jugendliche anwesend sind, wählt Vera bewusst Deutsch als gemeinsame Konversationssprache. Sie versucht, auf diese Weise ihre deutschen Freunde in ihren stark bikulturellen Freundeskreis einzubeziehen. In anderen Fällen sieht sich aber wiederholt mit Vorurteilen von Deutschen konfrontiert: Diese „gucken komisch, [...] [weil sie] gegen russische Nationalität sind".

Ähnlich erzählt uns Atilla, dass er in der Face-to-Face-Kommunikation mit Deutschen seine Identität als Ethnoorientierter immer wieder unter Beweis stel-

len muss. Er berichtet von verschiedenen Begegnungen mit ausländerfeindli-
chen Deutschen, ebenso jedoch vom Gegenbeispiel eines Arbeitskollegen:

„Auch ich hab auch überall gestaunt, wie er zu mir freundlich war, weil ich Türke bin.
Doch hätt ich nicht erwartet. Der ruft von selber an und sagt ‚ey Atilla, mein Freund wie
geht's' und so. ‚Ich hab dich vermisst, wann kommst'e mal vorbei? Können wir beide
Kaffee zusammen trinken?' So 'ne Freunde gibt's auch, wo du nicht erwartest und die
werden dann Freunde weißte gute Freunde dann auch." (Atilla, m, 37, türk.)

Neben der diasporaexternen Freundeskommunikation sind mehrere Ethnoorientierte der türkischen und marokkanischen Diaspora durch familiäre Verbindung
mit Deutschen in Kontakt. So hat Atilla (m, 37, türk.) eine deutsche Ehefrau mit
entsprechendem Familien- und Freundeskreis. Issak (m, 35, marokk.) hat ebenfalls eine deutsche Ehefrau. Aylin (w, 48, türk.) hält den Kontakt zur deutschen
Familie der Ex-Ehefrau ihres Mannes.

Die *kommunikative Vernetzung mit anderen Migrantinnen und Migranten*
bildet einen weiteren Aspekt der diasporaexternen personalen Kommunikation
der Ethnoorientierten. Viele berichten von Kontakten zu anderen Diasporaangehörigen, wobei gemeinsame Arbeit und Fortbildung die zentralen Möglichkeiten
des Kennenlernens sind. Viktoria (w, 47, russ.) und Ljudmila (w, 45, russ.) erzählen von ihrem früheren Deutschkurs als einer Chance, Kontakte zu anderen
Migrantinnen und Migranten aufzubauen. Viktoria ist der Meinung, dass so
diaspoauübergreifend Unterstützung besteht, die medienvermittelt auch am Ende
des Kurses gehalten wird:

„Ja und so telefonieren wir alle. Lusie hatte Geburtstag, sie arbeitet in einem Eiscafé, also
haben wir es abgesprochen und sind vorbeigekommen, haben ihr gratuliert. Man muss
sowieso die Kontakte pflegen, man braucht doch irgendeine Kommunikation, man kann
nicht leben. Ich bin es überhaupt nicht gewohnt, alleine zu leben. Das erste Jahr fiel mir
schwer, und es fühlte sich für mich so an, als wäre mein Leben stehen geblieben und alle
leben und alles an mir vorbei, weil ich aus einem sehr regen Leben weggefahren bin
((lacht)). Wahrscheinlich machen das alle Aussiedler durch Ausländer, das Gefühl, dass
du in ein Vakuum hineingeraten bist." (Viktoria, w, 47, russ.)

Neben der diasporainternen und diasporaexternen personalen Kommunikation
bleiben die meisten Ethnoorientierten kommunikativ ins *Herkunftsland vernetzt*,
allerdings – wie die Analyse der Netzwerkkarten und Medientagebücher bereits
gezeigt hat – mit stark variierender und im Vergleich zu Herkunftsorientierten
untergeordneter Intensität. Wiederum geschieht die Herkunftsvernetzung am intensivsten in der *Familienkommunikation*. Insbesondere ist dies für Diasporaangehörige kennzeichnend, die einen Teil ihrer engsten Familie im Herkunftsland
haben. Nalan (w, 50, türk.) telefoniert jeden Tag mehrmals mit ihrer Tochter,
die in der Türkei lebt. Auch Ljudmila (w, 45, russ.) ist bemüht, regelmäßig ihre
Kinder in Russland per Skype oder Telefon zu erreichen, um Nähe zu ihnen her-
zustellen.

Gleichwohl fällt es auf, dass bei Herkunftsvernetzung die *Verlagerung des Lebensmittelpunkts* vom Herkunftsland ins Migrationsland mental explizit nachvollzogen wird. Mehrere Ethnoorientierte wie Serhat (m, 48, türk.) oder Galina (w, 51, russ.) beschränken ihren Kontakt zum Herkunftsland auf Anrufe anlässlich Geburtstage, Silvester oder Todesfälle. Serhat meint bezüglich seiner Herkunftsvernetzung, „gut, es ist natürlich nicht mehr so wie früher".

Die Familienmitglieder im Herkunftsland fungieren als Informationsquelle über die aktuellen sozialen und politischen Geschehnisse im Herkunftsland. So erkundigt sich Olessia (w, 27, russ.) bei ihren Eltern zur politischen Situation in ihrem Herkunftsland Ukraine. Allerdings hält sich das Interesse vieler Ethnoorientierter an solchen Geschehnissen in Grenzen und bezieht sich auf Katastrophen oder andere außergewöhnliche Ereignisse. Dies verdeutlicht die stärkere *Verortung* der Ethnoorientierten im lokalen Alltagsleben des Migrationslandes. Fadilah (w, 34, marokk.) bringt das wie folgt auf den Punkt: „Ich lebe ja nicht da, ich lebe ja hier".

Für die Ethnoorientierten, die keine Familienangehörigen im Herkunftsland haben, nimmt die herkunftsorientierte *Freundeskommunikation* eine größere Stellung ein. Allerdings ist diese eher episodisch, vor allem wenn Informationen benötigt werden oder Momente des Heimwehs aufkommen. Aylin berichtet, wie wichtig ihr diese Telefonate emotional sind:

„Aus der Türkei rufen sie an und sagen: Guck mal, wo wir jetzt sind und wo mal zusammengesessen haben. [...] Man braucht nur die Augen zumachen und davon träumen, dann fühlt man sich, als ob man selber einmal kurz da war." (Aylin, w, 48, türk.)

Aylin meint, dass es so möglich ist, Heimweh abzuarbeiten. Solche Kontakte ermöglichen gleichzeitig einmal mehr den *Vergleich* zwischen Herkunfts- und Migrationsland. Nalan (w, 50, türk.) hat über Facebook und Festnetztelefon ihre alten Kontakte im Herkunftsland wieder aufgefrischt. Dadurch ist für sie ein Vergleich zwischen Jetzt und Damals möglich, den Nalan als angenehm empfindet. Sie ist mit dem von ihr Erreichten in Deutschland zufrieden. Maxim (m, 27, russ.) stellt fest, dass ihm beim Telefonieren mit einer Freundin im Herkunftsland die zunehmende Differenz deutlich wird „vielleicht, was fehlt, was Gemeinsames". Er erklärt diese Entfremdung mit den zehn Jahren, die seit seiner Migration vergangen sind. Maxim fühlt sich in dem Herkunftsland nicht mehr ganz zugehörig, ist aber zugleich seiner Meinung nach in Deutschland noch nicht ganz „angekommen". Auch hier wird das bikulturelle Spannungsverhältnis der ethnoorientierten Ko-Artikulation von kultureller Identität und kommunikativer Vernetzung greifbar.

8.3   Die mediatisierte Ethnizität

Ausgangspunkt unserer Argumentation in diesem Teilkapitel war, dass Ethnoorientierte im Zentrum dessen stehen, was man als hybride Identitätsartikulation
der Diaspora charakterisieren kann. Hierbei handelt es sich um eine Hybridität,
deren Artikulation nicht nur intentional – d. h. in einem bewussten Prozess – geschieht, sondern die auch von verschiedenen Formen medienvermittelter Kommunikation getragen wird. Die Mediatisierung der Alltagswelt konkretisiert sich
gleichwohl auf eine andere Weise als bei Herkunftsorientierten, indem die medienvermittelte bikulturelle Vernetzung einen zusätzlichen Raum für eine Identitätsartikulation im Spannungsverhältnis von Herkunft und nationalem Migrationskontext eröffnet.

   So haben unsere Analysen ethnoorientierter Identitätsartikulation gezeigt,
wie diese von verschiedenen Medienspuren durchzogen ist. Ihre Freizeitpraktiken sind auch Medienpraktiken, wenn beispielsweise Fußball sowohl in
Deutschland als auch der Herkunft verfolgt wird. Immer wieder ist das Herkunftsbild von Ethnoorientierten nicht einfach ein erinnernder Rückblick, sondern eine Konstruktion, die neben eigenen Erinnerungen und Reisen über Me-
dienbilder entwickelt wird. Ebenso ist die Abgrenzung zu anderen Deutschen
oder weiteren Migrantinnen und Migranten von medienvermittelten Positionierungen durchzogen, wie beim Beschreiben der Wohnorte und personalen Kontakte wiederholt Hinweise auf Medien auftauchen.

   Konkreter wurde eine solche Mediatisierung durch eine detaillierte Betrachtung der Medienaneignung und bikulturellen Vernetzung der Ethnoorientierten.
Medien wurden in einem doppelten Sinne als *Aushandlungsräume* greifbar: erstens als Aushandlungsräume der mediatisierten Quasi-Interaktion mit den in dieser erfolgenden *Fremd*positionierungen, zweitens als Aushandlungsräume der
mediatisierten Interaktion mit ihren *Selbst*positionierungen der Alltagskommunikation. Getragen wird dies von einer bemerkenswerten *Medienkompetenz* und
Medienausstattung der Ethnoorientierten. Die Kommunikationsmöglichkeiten
zur Herkunft haben allerdings einen untergeordneten Stellenwert und spielen
eher bei herausgehobenen Kommunikationsanlässen eine Rolle: das Telefonat
zum Geburtstag, die sonntägliche Familienrezeption der türkischen Serie usw.

   Betrachtet man die *mediatisierte Quasi-Interaktion* – die Aneignung massenmedialer Angebote – genauer, fällt auf, dass die Fremdpositionierungen
letztlich mit vielfältigen bikulturellen Einblicken und Vergleichen konfrontiert
sind. D. h. die Ethnoorientierten eignen sich sowohl deutsche als auch Her-

kunftsinhalte mit einer gewissen *Distanz des fortlaufenden Vergleichs an*. Hierbei wird deutlich, dass Fragen der Qualität der Angebote ebenso ein Gewicht haben, wie ein Interesse an lokalen Bezügen der Berichterstattung besteht. Eine Aushandlung der kulturellen Identität der Ethnoorientierten ist gerade über die Frage vermittelt, welchen Status Herkunftsmedien und deutsche Medien in der jeweiligen Alltagspraxis haben: Indem die ethnoorientierten Diasporaangehörigen in ihrer Alltagswelt solche Fragen diskutieren und verhandeln, positionieren sie sich in ihrer eigenen auf Ethnizität bezogenen Identität.

Betrachtet man die *mediatisierte Interaktion* der personalen Kommunikation näher, geht es vor allem um die Selbstpositionierung und Kommunikation des Bikulturellen der Ethnoorientierten. Selbstpositionierung heißt, dass in der Familie wie im Freundeskreis Medien dazu angeeignet werden, eine translokale Kommunikation der *Absicherung* und *Unterstützung* zu pflegen. Es werden in Momenten der Unsicherheit, des Heimwehs oder des Hilfsbedarfs Menschen der eigenen Migrationsgemeinschaft kommunikativ gestützt. Daneben finden sich in der mediatisierten Interaktion der Ethnoorientierten verschiedene Hinweise auf das Aushandeln der Identität. Insbesondere in der Kommunikation unter engen Freunden ist wiederholt die Frage virulent, was das je eigene aktuelle Leben kennzeichnet, wo die Bezüge zur (vorgestellten) Herkunft bestehen, welche Herkunftsmomente der eigenen Identität auszumachen sind, aber auch welche anderen Momente hinzugekommen sind. In der Kommunikation mit Deutschen sind andere Fragen wichtig, die dennoch auf das Spannungsverhältnis verweisen, in dem die Identitätsartikulation der Ethnoorientierten steht – nämlich das Einfordern von Respekt als Deutschtürke, Deutschrusse und Deutschmarokkaner.

Wir können also festhalten, dass die alltagsweltliche Artikulation von Identität durch die Ethnoorientierten nicht alleinig in ihrer Medienaneignung aufgeht: Fragen des Lebensortes, an dem viele Migrantinnen und Migranten der eigenen Diaspora leben, spielen ebenso eine wichtige Rolle wie die Diasporaökonomie oder vielfältige Face-to-Face-Kontakte. Gleichzeitig ist die Alltagswelt der Ethnnoorientierten aber durchdrungen von unterschiedlichen Prozessen der Medienaneignung, indem Herkunftsbilder auch medial vermittelt sind oder Kontakte zur Diaspora über Internet, Telefon und andere Medien gehalten werden. Gerade die Bikulturalität der eigenen Identitätsartikulation verweist auf das Spannungsverhältnis zwischen Kommunikationsräumen, welche Medien eröffnen. *In diesem Sinne können wir auch Ethnoorientierte als mediale Migranten begreifen: Ihre Ethnizität artikuliert sich als mediatisierte Ethnizität.*

9   Weltorientierte

In diesem Kapitel möchten wir uns mit dem dritten Typus von Diasporaangehörigen näher befassen, den wir Weltorientierte nennen. Diese zeichnen sich dadurch aus, dass sie ihre kulturelle Zugehörigkeit in erheblichen Teilen jenseits des Nationalen definieren – sowohl bezogen auf den Herkunfts- als auch Migrationskontext. Entsprechend breit und transkulturell sind sie kommunikativ vernetzt. Mit einer näheren Betrachtung dieses Typus fokussieren wir eine Gruppe von Diasporaangehörigen, die in den letzten Jahren nachhaltig für eine Diskussion gesorgt hat. Exemplarisch kann man diesbezüglich auf die Arbeiten von Kevin Robins verweisen. Robins argumentiert, dass es notwendig ist, die Komplexität der „transkulturellen Verschiedenheiten" in den Blick zu rücken, wenn man das gegenwärtige, zunehmend durch Migration gekennzeichnete Europa erfassen möchte. Einen solchen Zugang begründet er damit, dass eine zunehmende kommunikative Konnektivität und transnationale Mobilität den Status von Migrantinnen und Migranten in Europa geändert hat. In seinen eigenen Worten:

„What is distinctive, then, is the nature and degree of transnational connectivity and connectedness between what are variously referred to as ‚transnational communities' (Portes et al. 1999), ‚transmigrants' (Glick Schiller et al. 1995), or ‚new global diasporas' (Cohen 1997). Migrant populations are connected to each other, and commonly also in close connection to their country of origin. This is precisely the transnational dimension of their lives. Absolutely crucial here, of course, is the technological and communications infrastructure that now makes this kind of inter-connection possible, and even routine, whether it be cheap and easy air travel or new communications media (for example, satellite television, the Internet)." (Robins 2006: 23)

Unsere bisherigen Analysen ermöglichen es bereits, diese Einschätzungen von Robins differenzierter zu sehen: Nicht alle Diasporaangehörigen sind auf die selbe Weise identisch kommunikativ miteinander vernetzt: Herkunftsorientierte viel stärker in Richtung des von Kevin Robins so bezeichneten „country of origin", Ethnoorientierte in schwächerem Maße zur Herkunft und vor allem in das Migrationsland. *Wie wir in diesem Kapitel argumentieren wollen, sind es aber insbesondere die von uns so bezeichneten Weltorientierten, die unter den Diasporaangehörigen die von Robins konstatierte transkulturelle europäische Konnektivität sichern.* Wir haben es also mit einer ganz besonderen Gruppe von Menschen zu tun. Um deren Besonderheit zu diskutieren, erscheinen uns zumindest zwei Felder der jüngeren Forschung hilfreich. Dies ist erstens die Forschung zur (neuen) europäischen Mobilität, zweitens die zum alltagsweltlichen Kosmopolitismus.

Als eine ethnografische Beschreibung der aktuellen *europäischen Mobilität* sind insbesondere die Arbeiten von Adrian Favell (Favell 2008; Recchi/Favell 2009) zu nennen. Vor allem hervorzuheben ist dabei seine qualitative Studie zu „Eurostars und Eurocities". Diese basiert auf 60 Interviews mit Personen und Paaren in Amsterdam, Brüssel und London, die sich als Europäer zeitweise oder dauerhaft im europäischen Ausland aufhalten. Fast alle Interviewten antworten auf die Frage, ob sie Migrantin bzw. Migrant seien, mit „Nein" (Favell 2008: 101). Die innereuropäische räumliche Mobilität wird nicht als Grenzübertritt im klassischen Sinne von Migration wahrgenommen und die Möglichkeit, provisorisch in einer der europäischen Städte zu leben, erscheint als Kernaspekt der eigenen Freiheit, die fester Bestandteil einer europäischen Identität ist. Die „Eurostars" sagen entsprechend von sich: „Wir sind keine Migranten, wir sind Europäer" (Favell 2008: 103). Bemerkenswerterweise konstatiert Favell dann, dass ein solches Selbstverständnis wohl nur für Westeuropäer kennzeichnend wäre, für Polen, Rumänen oder Türken allenfalls irgendwann in der Zukunft.

Ähnlich wie Favell argumentieren andere. Ettore Recchi (2006) konstatiert bezogen auf die Mobilität innerhalb der EU eine Entwicklung vom „migrant" zum „mover". Gemeint ist nicht nur die Änderung des Bezeichnungsstatus der Inner-EU-Migranten in den EU-Verträgen, sondern ebenso der Wandel des Selbstverständnisses dieser Personen. Oder Thomas Risse (2010: 46-49) sieht in der innereuropäischen Mobilität ein Moment des Entstehens einer „Community of Europeans". Er argumentiert, dass die meisten Europäer die EU insbesondere mit freier Mobilität verbinden, d. h. der Möglichkeit, in jedes europäische Land zu reisen, dort zu studieren, zu arbeiten usw. Gleichzeitig zeigt sich, je mobiler die Menschen sind, desto eher identifizieren sie sich mit Europa (siehe auch Rother/Nebe 2009). Wie es Risse mit Bezug auf solche Daten selbst formuliert: „Im Schnitt ist es viermal so wahrscheinlich, dass sich ‚movers' ausschließlich mit Europa identifizieren als ‚stayers'; ebenso ist es wesentlich unwahrscheinlicher, dass sich erstere nur mit dem Heimatstaat definieren, im Gegensatz zu den letzteren" (Risse 2010: 48). Entsprechend lassen sich die „movers" als diejenigen ansehen, bei denen eine alltagsweltliche europäische Identität entsteht.

Diese Argumente sind eng gekoppelt mit der *jüngeren Diskussion um Kosmopolitismus*, wie sie in den Sozial- und Kulturwissenschaften seit der Beschäftigung mit Globalisierung aufkam. Ulf Hannerz (1990: 238) stellt bei seiner frühen Analyse der „global complexity" den „locals" die „cosmopolitans" gegenüber. Für die „Lokalen" bleibt der Sinnhorizont trotz aller Globalisierung stets der Lebensort. „Kosmopoliten" fühlen sich hingegen ungebunden in ihrer Bewegung in der Welt und tendieren dazu, in verschiedene andere Kulturen einzutauchen (Hannerz 1990: 240f.). Hierbei stellt er bemerkenswerterweise fest, dass Arbeitsmigranten kaum dazu tendieren, „Kosmopoliten" zu sein.

Konzepte des Kosmopolitismus wurden in der Globalisierungsforschung zunehmend erweitert. John Tomlinson begreift den Kosmopolitismus als einen „ethischen Glokalismus" (Tomlinson 1999: 194-198). Er zeichne sich aus durch einen aktiven Sinn der Zugehörigkeit zu einer weitergehenden Welt, durch die Fähigkeit eine Identität zu leben, die gerade nicht im Lokalen aufgeht, und durch ein Verständnis dessen, was die Menschen vereint – die gemeinsamen Risiken und Möglichkeiten sowie wechselseitigen Verantwortlichkeiten. Ulrich Beck (2004) wiederum unterscheidet Kosmopolitismus als eine (lebens-)philosophische Orientierung und die Kosmopolitisierung als einen real existierenden, sozialen Prozess: „Meine Existenz, mein Körper, mein ‚eigenes Leben' werden Teil einer anderen Welt, fremder Kulturen, Religionen, Historien und globaler Interdependenzrisiken, ohne dass ich es weiß und ausdrücken will." (Beck 2004: 32) Für die Beschreibung solcher Zusammenhänge ist ein „kosmopolitischer Blick" (Beck 2004: 35) notwendig, d. h. eine Sozial- und Kulturforschung jenseits des „methodologischen Nationalismus" (Wimmer/Glick Schiller 2002): Nur wenn man die Nation nicht unhinterfragt zum Bezugspunkt nimmt, kann man Kosmopolitisierung als einen sozialen Prozess angemessen erfassen.

Im Rahmen eines solches übergreifenden Diskurses hat sich die Forschung in den letzten Jahren wieder konkreter dem zugewandt, was der Ausgangspunkt der Arbeiten von Hannerz gewesen ist, nämlich einem alltagsweltlichen Kosmopolitismus oder – wie es Magdalena Nowicka und Maria Rovisco (2009) nennen – dem „Kosmopolitismus in Praxis". Fragen, die dabei in den Vordergrund rücken, lauten beispielsweise: Wie formen kosmopolitische Ideen, Erzählungen und Werte alltagsweltliche Erfahrungen und Praktiken? Wie artikulieren gewöhnliche Gruppen von Menschen ihre Identitäten und Begegnungen mit Bezug auf das, was Kosmopolitismus genannt wird? Hier wird wiederum der Lebenssituation von Migrantinnen und Migranten ein besonderes Potenzial eingeräumt (siehe bspw. Falzon 2009; Georgiou 2007; Kosnick 2009).

Solche Argumente verweisen direkt auf unsere Analysen der Identitätsartikulation und Medienaneignung von Weltorientierten. Wie wir argumentieren wollen, handelt es sich dabei um sehr spezifische Diasporaangehörige. Zwar treten Weltorientierte in allen von uns untersuchten Diasporas auf. Dabei unterscheiden sie sich in Einigem grundlegend von Herkunfts- und Ethnoorientierten.

9.1 Jenseits der Nation

Der Begriff des Weltorientierten hebt darauf ab, dass die subjektiv gefühlte kulturelle Zugehörigkeit jenseits des Nationalen liegt. Dies artikuliert sich in einem

Selbstbild als „Europäer" (Danil, m, 24, russ.), als „Weltmensch" (Gökce, w, 33, türk.) oder „einfach [als] ein Mensch" (Karim, m, 28, marokk.). Ein solches Selbstbild wird als „ziemlich neutral" begriffen, vor allem nicht einfach als national: „nicht türkisch, nicht deutsch" wie es Cagla (w, 27, türk.) formuliert. Für Weltorientierte sind Herkunfts- und Migrationsland nicht die zentralen Referenzpunkte ihrer Identifikation, bleiben aber wichtige kulturelle Kontexte. Dies verweist auf ein vielschichtiges Konzept von Heimat, das sich von einfachen Verständnissen der *Heimat des Nationalen* löst. In den Worten Hassans:

„Die Herkunft ist meine Herkunft, stehe ich dazu gerne und und hier ist auch genauso, genauso meine wertvolle Heimat, wie die marokkanische Heimat. Ich hab eine deutsch-marokkanische Heimat, gar nicht zwei Heimaten ((lacht)). Nur eine und das ist überall, überall, soweit Sauerstoff sauber ist, überall ist angenehm." (Hassan, m, 43, marokk.)

Weltorientierte interessieren sich für andere Kulturen und legen Wert darauf, dass sie gegenüber Menschen offen sind. In einer solchen Offenheit manifestiert sich ihre Erfahrung der Migration. Wir haben es hier mit einer Verschiebung von Sinnhorizonten zu tun, die sich durch die je eigene biografische (Migrations-)Erfahrung ergibt. Ilias bringt dies zum Ausdruck, indem er die sich verändernde Kommunikation mit seiner Mutter beschreibt:

„Ja, als ich in Marokko war. Und da sagt mir meine Mutter, ‚wie geht's?' Wie vor sechs Jahren. Und ich jetzt, ich werde ein ganz unterschiedliche Antworten geben [...]. Das is durch natürlich jetzt die Erfahrung. Ich hab viele Sachen gesehen, hier. Viele Dinge besser verstanden, ja. Und von daher, also werde ich aus eine andere Sicht antworten, ander Ausgansposition auch als Mensch, als Person. [...] Die Kommunikation ja mehr oder weniger anders geworden. Nicht nur Ilias, der in Marokko lebt und (nur die Menschen) in Marokko kennt und nur die Kultur in Marokko kennt, sondern (als ander[e] Person), die auch Südamerikaner kennen gelernt hat und Franzosen, Spanier, Deutsche, Belgier und Chinesen." (Ilias, m, 28, marokk.)

Ilias glaubt, dass er sich durch seine Migration und seinen Aufenthalt in Deutschland nachhaltig geändert hat. Im Kern führt er dies auf seine Begegnungen mit Menschen anderer Kulturen zurück. Durch diese habe er eine „Fähigkeit" entwickelt, anderen Kulturen gegenüber offen zu sein und sich selbst anders zu positionieren, als er noch in Marokko lebte. Dies sieht er als eine Voraussetzung für eine „interkulturelle Kompetenz" an, eine Fähigkeit, die „extrem gefragt [ist], heutzutage".

Momente weltorientierter Identitätsartikulation

Das Interesse der Weltorientierten an verschiedenen Kulturen, Sprachen und Ländern konkretisiert sich in deren *Freizeitpraktiken*. Im Unterschied zu Herkunfts- und in Teilen Ethnoorientierten bilden Herkunfts- und Migrationsland *keinen* alleinigen Bezug des Interesses. Das Interesse ist wesentlich weitläufiger: Inaya (w, 29, marokk.) besucht einen Mosaikkurs, der von Lateinamerikanern initiiert wurde. Hassan (m, 43, marokk.) setzt sich mit antiken Hochkulturen auseinander. Cagla (w, 27, türk.) schreibt Artikel über Politik und Religion. Sie interessiert sich generell für Linksgruppen „nicht nur in der Türkei, sondern auch in Deutschland, also überhaupt auf der ganzen Welt." Lada (w, 23, russ.) ist neben einer russischen in einer interkulturellen Theatergruppe tätig, in der Menschen unterschiedlicher Herkunft gemeinsam Theaterstücke entwickeln und einstudieren, „so ganz verschiedene [Menschen], aber das ist wirklich witzig, also ich find' das ne tolle Sache." Danil (m, 24, russ.) ist in einem Verein „Sport für Integration" in einem so genannten „Problemviertel" in Bremen engagiert, wo er gemeinsam mit anderen Migrantinnen und Migranten das Boxen trainiert. *Die Freizeitperspektiven der Weltorientierten sind also durchaus kulturorientiert – aber eben nicht einfach auf die Herkunfts- oder Migrationskultur.*

Ähnliche Momente zeigen sich, wenn wir die Äußerungen der von uns interviewten Weltorientierten zum Thema *Religion* betrachten. Wie bei anderen Diasporaangehörigen finden wir sehr unterschiedliche Haltungen zu Religion. Diese reichen von einer eher diffusen Religiosität bis hin zum erklärten Atheismus. Zu Letzterem bekennt sich Lada mit folgenden Worten: „Das Glauben ist nicht mein Ding. Es, das ist wirklich das Letzte, wo ich irgendwas unternehmen würde" (Lada, w, 23, russ.). Für Larissa (w, 28, russ.) ist Religion ebenfalls „überhaupt nicht wichtig." Anders sehen es Danil (m, 24, russ.), Alexander (m, 32, russ.), Ilias (m, 28, marokk.) und Inaya (w, 29, marokk.). Diese bezeichnen sich als „religiös", leben diese Religiosität aber eher beiläufig. Charakteristisch für die von uns interviewten Weltorientierten ist über solche Differenzen der eigenen Religionspraxis hinweg ein Interesse an „Religionen im Allgemeinen" (Zhanna, w, 24, russ.; Inaya, w, 29, marokk.). Es sind die transkulturellen Momente von Religion, die interessieren. Konkret wird dies an Caglas (w, 27, türk.) allgemeiner Beschäftigung mit „Christentum und Judentum [...] im Islam zum Beispiel auch zum Beispiel Aleviten oder oder in der Türkei die Yeziden".

Wenn man das *Herkunftsbild* der Weltorientierten betrachtet, fällt besonders auf, dass sie eine kritische Perspektive auf ihr Herkunftsland entwickeln. Es gibt sicherlich Ausnahmefälle wie Cagla (w, 27, türk.), die die Türkei an sich als „angenehm" und „warm" empfindet. Typisch für Weltorientierte ist aber eine skeptische Haltung gegenüber dem Herkunftsland, die sich zum Teil in einer Kritik des politischen Systems äußert. Lada (w, 23, russ.) sieht den Expräsidenten Russlands Putin als eine sehr problematische Figur an. Inaya (w, 29, marokk.) schätzt die Situation in Marokko nicht „very optimistic" ein und fügt hinzu: „Morocco is one of this developing countries, like: things happen differently from the democratic countries." Trotz kritischer Grundhaltungen bemühen sich Weltorientierte, im Rahmen ihres allgemeinen kulturellen Interesses mehr über ihr Herkunftsland, dessen Politik, Kultur und Sprache zu erfahren. Zhanna ist deswegen als Austauschstudentin nach Russland gegangen. Die Widersprüchlichkeit und Differenz des dortigen Lebens war jedoch irritierend für sie:

„Ich fand's also Sankt Petersburg ist wirklich eine tolle Stadt, ich fand's super, super schön. Aber halt auch, ich hab auch gesehen, ich könnte da auch nicht leben. Also es war echt, die Armut jeden Tag zu sehen und den Dreck also und das war schon, also im Vergleich zu Deutschland schon sehr extrem und auch die Kriminalität und sodass man sich auch gar nicht so richtig sicher fühlt." (Zhanna, w, 24, russ.)

Wie für die Ethnoorientierten sind für die Weltorientierten Medien eine wichtige Hilfe zur Entwicklung dessen, was man Herkunftsbild nennen könnte. Allerdings ist das Interesse am Herkunftsland bei diesen nicht selbstverständlich und viel stärker ausgerichtet auf individuelle thematische Interessen. Karim (m, 28, marokk.) informiert sich bezogen auf Marokko fast nur über Fragen der Menschenrechte und liest deswegen nur „sehr wenig" Zeitungen von dort.

Wie wir bereits gesagt haben, ist die kulturelle Identität der Weltorientierten durch eine *Abgrenzung* gegenüber einfachen Konstruktionen von nationalen Identitäten geprägt. So protestiert Karim (m, 28, marokk.), als er gefragt wird, ob er weiterhin „im Ausland" leben möchte, dass er sich nicht „im Ausland" fühlt. Er ist der Meinung, er als „Mensch" habe „das Recht, überall zu leben." Ähnlich sagt Gökce:

„Ich mag diesen Nationalstolz zum Beispiel nicht, überhaupt nicht. Und ich denke auch immer, ich brauche nicht irgendwo hingehören. Also es ist mir egal, ich bin ein Weltmensch, sag ich dann so. Aber trotzdem hat man natürlich diese türkische Tradition, ein bisschen auch mal, und diese Deutsche natürlich auch mehr." (Gökce, w, 33, türk.)

Wie in dem Zitat von Gökce zu erkennen ist, leugnen die Weltorientierten ihre kulturellen Bezüge nicht. Sie lehnen es aber ab, sich im engen Rahmen der Grenzen von (vorgestellten) Nationalkulturen zu definieren. Weltorientierte distanzieren sich von anderen Menschen – egal welcher Herkunft –, die geschlossene Nationalkulturen präferieren und nicht offen gegenüber anderen Kulturen sind. Dies kann auch andere Diasporaangehörige treffen. Beispielsweise kritisiert Alexander (m, 32, russ.), dass die meisten russischen Migrantinnen und Migranten in Deutschland eine „geschlossene Gesellschaft" bilden. Seiner Meinung nach „sieht man, wenn du eine russische Siedlung irgendwo siehst, dass dass sie genau alles, was sie dort hatten in Kasachstan oder was weiß ich wo mitgebracht haben und aufbewahrt haben. [...] Da findet keine, keine Entwicklung statt." Ähnlich äußert sich Ilias zu Deutschen, die nie im Ausland waren. In seinem kulturell vielfältigen Freundeskreis fühlt er sich wohl, weil sich seine Freunde untereinander trotz kultureller Unterschiede respektieren und verstehen:

„Die drei oder die vier waren in Australien, eine war im Sahara, in Sport also Motorradsport, und der andere war in der Bundeswehr so fünf Jahre, drei vier fünf Jahre, hat viel

Erfahrung. Ja, der hat viel Erfahrung. Einfach die Gruppe hat viel Erfahrung und von daher kann die Menschen verstehen, kann kann mich als Ausländer verstehen, mein Kommunikation verstehen, mein Kultur. Ja auch mein Religion meine Meinung akzeptieren, natürlich, mit mir diskutieren und immer mich nicht falsch verstehen, ja das ist das beste daran." (Ilias, m, 28, marokk.)

Wie bei Ilias ist es für die Weltorientierten wichtig, dass sie Menschen „nicht falsch" verstehen und dass sie nicht mit simplen, klischeehaften *Fremdbildern* konfrontiert werden. Lada (w, 23, russ.) ärgert sich, dass sie immer wieder gefragt wird, warum sie als „Russin" keinen „Wodka" trinkt. Sie denkt, dass „die Leute, die kulturell ein bischen ausgebildet sind, die wissen schon bescheid, dass Russland nicht nur aus Wodka und Balalaika besteht." Die Weltorientierten lehnen negative Fremdbilder nicht nur sich gegenüber, sondern generell ab. Beispielsweise erzählt Karim (m, 28, marokk.), dass er bei seiner ehrenamtlichen Arbeit in einer Beratungsorganisation für Flüchtlinge merkt, wie „krass die Gesellschaft gegenüber Immigranten und gegenüber das Andere" eingestellt ist. Zhanna thematisiert hingegen problematische Fremdbilder in ihrer Herkunft:

„Ich wurde schon angeguckt, weil man alleine und so und dann oah und dann trotzdem mit russischen Wurzeln und so und aber guckt man immer. Die Leute sitzen da. Man hat nichts zu tun, ne, und so. Aber was viele Probleme hatten, was ich gesehen habe, so Turkmenen, Usbeken und so. Die haben immer Probleme gehabt, das habe ich mitbekommen." (Zhanna, w, 24, russ.)

Weltorientierter Lebenskontext und Migrationserleben

Im Vergleich zu den beiden anderen Typen sind die Weltorientierten bei der Wahl ihrer *Wohnorte* wesentlich mobiler. Sie sind gewöhnlich (nach der Erstmigration) mehrfach und über weite Distanzen umgezogen bzw. verreisen eher als die anderen Typen jenseits ihres Herkunftslandes. Unabhängig davon, ob die von uns Interviewten in ihren Herkunftsländern oder Migrationsländern aufgewachsen sind, geschah dies in Großstädten. Amar (m, 28, marokk.) und Karim (m, 28, marokk.) stammen aus Casablanca. Alexander (m, 32, russ.) hat lange Zeit in Moskau gelebt, wohnt jetzt in Berlin und hat zuvor in Bremen gearbeitet. Lada (w, 23, russ.) kommt aus St. Petersburg, Larissa (w, 28, russ.) aus Karaganda, einer großen Stadt in Kasachstan. Hassan (m, 43, marokk.) hat in Casablanca sein Abitur gemacht, ist dann zum Studium nach Mainz umgezogen und wohnt seit seinem Studienabschluss in Berlin. Er reist mehrmals im Jahr in verschiedene europäische Länder und nach Marokko. Inaya (w, 29, marokk.) ist beruflich und privat regelmäßig in England, Kanada oder China. Sie hat ein Jahr in Großbritannien verbracht. Zhanna (w, 24, russ.) war ein Jahr in den USA und über einen Erasmusaustausch ein halbes Jahr in St. Petersburg. *Indem die Weltorientierten in verschiedenen Orten bzw. Ländern gelebt haben, entwickeln sie*

multiple Zugehörigkeitsgefühle, was die Zentralität des Herkunftslands für deren Zugehörigkeit in den Hintergrund treten lässt.
Diasporaläden, die Produkte der *Migrationsökonomie* anbieten, haben deswegen für Weltorientierte nur eine geringe (nostalgische) Bedeutung. Wenn sie gelegentlich in diesen Läden einkaufen, geschieht dies mit einer ironischen Distanz. Zhanna (w, 24, russ.) war bspw. ein paar Mal mit ihren Freunden in einem russischen Laden und findet es „lustig, einfach zu sehen, dass da alle auf russisch sprechen, wie die Leute da aussehen und so, so typisch russisch alles." Alexander (m, 32, russ.) war in einem russischen Café, das er „irgendwie klischeehaft eingerichtet" fand. Falls es um tiefere Bezüge zu einer im weitesten Sinne zu verstehenden Migrationsökonomie geht, betrifft dies eher Herkunftsmusik, an der auch Weltorientierte Interesse haben (vgl. Hepp et al. 2010). Danil (m, 24, russ.) und Lada (w, 23, russ.) bestellen russische Musik-CDs sowie Bücher über Kataloge. Cagla (w, 27, türk.) zeigt sich im Interview interessiert, als sie von Webseiten hört, über die man türkische Produkte kaufen kann. Selbst kam sie aber bisher nicht auf die Idee, nach diesen zu suchen.

Die Weltorientierten fühlen sich in Deutschland gemeinhin wohl und sicher. Dies gilt sowohl in ökonomischer und sozialer als auch kultureller Hinsicht. Sie haben nicht das Gefühl, dass sie unerwünscht sind bzw. diskriminiert werden. Da, wo sie nach ihrer Ankunft sprachliche Schwierigkeiten bzw. Eingewöhnungsschwierigkeiten hatten, überwanden sie diese im Laufe der Zeit. Entsprechend ist die *Bewertung ihrer Lebenssituation* im Vergleich zu den Ethnoorientierten nochmals deutlich positiver. Dies wird exemplarisch an der folgenden Äußerung von Inaya greifbar:

„I really didn't think that Germany is like this before I came. It was a bit, yeah, I always thought that it's full of crazy people, and. But yeah, when I came or I think Bremen has a bit of a, it's different from other cities. I don't know but when I came, people are very open and very friendly and very nice. No, I really, I really like the way how people behave and how they are nice and smiley." (Inaya, w, 29, marokk.)

Wie Inaya mit Bremen verbinden andere der Weltorientierten ihr „Wohlgefühl" mit bestimmten Städten. Larissa (w, 28, russ.) sagt, dass sie sich in Berlin „sauwohl" fühlt. Hassan (m, 43, marokk.) ist ebenfalls der Meinung, dass Berlin eine „tolle Welt" ist. Alexander (m, 32, russ.) präferiert Berlin als Lebensort, weil die Stadt „Gott sei Dank nicht so kapitalistisch" geprägt ist wie viele andere Hauptstädte.

Die meisten Weltorientierten leben in guten *materiellen Verhältnissen*, was ihr Wohlbefinden in Deutschland weiter steigert. Hassan (m, 43, marokk.) sagt, dass „wirtschaftliche Vorteile" wichtig dafür sind, warum er in Deutschland bleibt. Karim (m, 28, marokk.) glaubt, dass er in Deutschland in beruflicher Hinsicht „viele Möglichkeiten" hat, die ihm sonst nicht offen stünden. Nachdem

Zhanna (w, 24, russ.) Omsk – die Herkunftsstadt ihrer Eltern – gesehen hat, ist sie der Meinung, dass sie dort „nie die Möglichkeiten" gehabt hätte, wie in Deutschland.

Die Weltorientierten fühlen sich nicht nur wohl in Deutschland, sondern streben gewöhnlicherweise auch *aus pragmatischen Gründen* die deutsche *Staatsbürgerschaft* an. Cagla (w, 27, türk.) hat diese beantragt, da sie sich so „sicherer" fühlt. Lada (w, 23, russ.) will diese sobald wie möglich, ebenfalls, weil sie sich dadurch „sicherer" fühlen würde. Hassan (m, 43, marokk.) hat die deutsche Staatsbürgerschaft, um „juristisch, rechtlich" in Deutschland „gut anzukommen." Zusätzlich glaubt er, dass er dadurch Privilegien und Vorteile im Alltagsleben hat. Da er selbst in Deutschland politisch sehr aktiv ist, war es ihm daneben wichtig, wählen zu können. Es gibt aber auch andere wie Danil (m, 24, russ.), die nicht unbedingt die deutsche Staatsbürgerschaft wollen. Danil glaubt nicht, dass sie ihm etwas bringen würde, weswegen er als russischer Diasporaangehöriger seinen lettischen Pass behält. Karim (m, 28, marokk.) oder Ilias (m, 28, marokk.) wissen noch nicht, wo sie zukünftig wohnen wollen, weswegen sich für sie die Frage der Staatsbürgerschaft nicht stellt.

Die *Migrationsbiografien* der Weltorientierten sind unterschiedlich. Zhanna (w, 24, russ.) und Larissa (w, 28, russ.) sind mit ihren Familien Anfang der 1990er Jahre als Aussiedler nach Deutschland gekommen. Die Eltern migrierten, um ihre materiellen Verhältnisse zu verbessern. Danil (m, 24, russ.) und Lada (w, 23, russ.) sind Kontingentflüchtlinge und seit 1997 bzw. 2001 in Deutschland. Cagla (w, 27, türk.) und Gökce (w, 33, türk.) wurden in Deutschland geboren. Alexander (m, 32, russ.) und alle Weltorientierten der marokkanischen Diaspora sind Bildungsmigranten. Das Interesse an anderen Kulturen trug bei einigen Weltorientierten zur Migrationsentscheidung bei. Karim (m, 28, marokk.) sagt, dass er „ein bisschen Abenteuer" suchte und deswegen nach Deutschland kam.

Wenn man die künftigen *Migrationsziele* der Weltorientierten betrachtet, wird deutlich, dass sie viel flexibler in der Wahl ihres Wohnortes sind als die Vertreterinnen und Vertreter der anderen beiden Typen. So träumt Danil (m, 24, russ.) von einem Leben als Geschäftsmann, der zwischen Deutschland und seinem Herkunftsland pendelt. Genauso kann er sich aber vorstellen, zu seinem Freund nach Norwegen zu ziehen und mit ihm gemeinsam eine Firma aufzumachen. Zhanna (w, 24, russ.) ist zur Zeit des Interviews „auf einem Sprung" nach London, wo sie ihr Masterstudium beginnt. Es ist aber schon absehbar, dass sie in einem Jahr nach Wien umziehen wird, da das internationale Studienprogramm an den Universitäten dieser beiden Städte realisiert wird. Lada (w, 23, russ.) würde gerne in Dänemark wohnen. Karim sagt in Bezug auf seinen zukünftigen Wohnort, dass er „noch nicht satt" sei, und entsprechend offen ist für eine weitere Migration:

„Ich habe ehrlich gesagt viel Vorteile hier und ich habe viele, also in mein, für mein berufliche Ebene, habe ich viele Möglichkeit. Aber ich kann mir so gut vorstellen, dass ich wo anderes in die Welt weiter mache. Das ist nicht für mich das Problem. Also ich sehe das eher positiv, und ich sehe mich offen einfach. Ich sehe mich als freier Mensch schon, dass ich überall leben kann." (Karim, m, 28, marokk.)

Einzelne Weltorientierte wollen eher in Deutschland bleiben. Amar (m, 28, marokk.) würde dort im Theater arbeiten, weil er der Meinung ist, „die beste[n] Theater in Europa" seien in Deutschland. Cagla (w, 27, türk.) stellt sich ihre Zukunft ebenfalls in Deutschland vor. Aber auch wenn so die Zukunft an Wohnorten in Deutschland ausgemalt wird, bleibt die je eigene Identitätsorientierung „zur Welt" geöffnet.

9.2   Transkulturelle digitale Medienwelten

Die Medienaneignung der Weltorientierten unterscheidet sich in Teilen erheblich von der der Herkunfts- und Ethnoorientierten. Differenzen sind nicht nur im Hinblick auf die Form der kommunikativen Vernetzung zu sehen, die bei Weltorientierten stärker transkulturell orientiert ist. Gleichzeitig sind Weltorientierte digitalen Medien gegenüber weit offener eingestellt.

Medienkompetenz, Ausstattung und Kommunikationsnetzwerke

Alle Weltorientierten haben eine ausgeprägte *Medienkompetenz*. Massenmedien werden von ihnen oft in digitaler Form genutzt: Sowohl deutsche als auch transkulturelle Fernsehprogramme, Radiosender oder Zeitungen werden online rezipiert. Mehrere Weltorientierte der marokkanischen Diaspora wie Ilias (m, 28, marokk.) und Inaya (w, 29, marokk.) kompensieren die Zugangsschwierigkeiten zu gedruckten Zeitungen und Fernsehsendern aus Marokko durch Online-Angebote.

Wegen ihres jungen Alters und der Art ihrer Medienaneignung kann man die meisten weltorientierten Migrantinnen und Migranten als *digital natives* (Prensky 2001; Palfrey et al. 2008) bezeichnen: Sie sind selbstverständlich in eine digitale Medienwelt hineingewachsen. Alexander (m, 32, russ.) bezeichnet sich diesbezüglich als „Autodidakt". Oder Danil schildert sein Hineinwachsen in eine digitale Welt wie folgt:

„Mit Computer, ich hab alles selbst gelernt. Ich bin sehr gut. Ich kann sehr gut mit Technik umgehen. Also ich hab kein Problem mit Technik und Computer. Habe ich alles selbst gelernt und ziemlich schnell. In drei Monate war ich schon so wie die Leute in einem Jahr lernen. Weil ich hatte noch nicht Computer. Und das war für mich was Neues. Ich wollte alles wissen. Ich war ganze Zeit nur am Computer." (Danil, m, 24, russ.)

Insgesamt berichten die Weltorientierten von einem sehr frühzeitigen Zugang zu den unterschiedlichen Medien. *Sie sind technikaffin und neuen Technologien gegenüber aufgeschlossen.* Sie binden diese gerne in ihre Alltagswelt ein, typischerweise in einer breiten Palette. Karim (m, 28, marokk.) möchte seine Terminplanung optimieren und nutzt daher seit Neuestem sein iPhone, über das er auch auf das Internet zugreift. Wie für ihn ist es für die meisten Weltorientierten wichtig, auf dem neusten Stand der Technik zu sein, „am Ball" zu bleiben, um es mit den Worten von Alexander (m, 32, russ.) zu formulieren.

Betrachtet man die Medienbiografie der weltorientierten Diasporaangehörigen fällt auf, dass diese stark auf die Vernetzungsbedürfnisse des *beruflichen bzw. schulischen Alltags* verweist. Cagla (w, 27, türk.) hat einen erheblichen Teil ihrer Computerkenntnisse „an der Arbeitsstelle gelernt und auch jetzt während des Kulturwissenschaftsstudiums". Alexander (m, 32, russ.) hat in Russland in einer Nachrichtenagentur gearbeitet. Er betont, er habe gerade dort den Umgang mit digitalen Medien und elektronischen Daten erlernt. Larissa (w, 28, russ.) beherrscht für ihre Arbeit als Grafikdesignerin spezifische Grafikprogramme. Und Karim (m, 28, marokk.) kann unterschiedliche Programmiersprachen, die er während seines Informatikstudiums gelernt hat.

Ähnlich wie einzelne Ethnoorientierte sind die Weltorientierten in ihren Familien- und Freundeskreisen *Technik-* und *Kommunikationsvermittler.* Zhanna (w, 24, russ.) hat ihren Eltern die Verwendung der Videotelefoniesoftware Skype beigebracht, damit sie kostengünstig während ihres Auslandsstudiums mit ihr in Kontakt bleiben können. Sie erhoffte sich für ihre Eltern daneben einen weiteren Nutzen des Internetanschlusses: für ihren Vater Zugang zu Herkunftsmedien, für ihre Mutter eine Erleichterung ihrer Ahnenforschung.

Gleichzeitig sind die Weltorientierten auf eine weitere Optimierung ihrer Medienkompetenz ausgerichtet und profitieren selbst von *Profivermittlern.* Beispielsweise sind die technisch geschulten Freunde von Alexander (m, 32, russ.) meistens online und können ihm Fragen schnell beantworten. Karim (m, 28, marokk.) nutzt bei Problemen in seiner Arbeit als Informatiker unterschiedliche Hilfefunktionen der Software oder entsprechende Foren im Internet. Er bevorzugt, die Problemfälle so zuerst selbst zu lösen, hat aber daneben kompetente Bekannte, die er fragen kann, falls ihm das nicht gelingt. Zhanna (w, 24, russ.) tauscht sich in ihrem durchaus kompetenten Freundeskreis über Computerfragen aus: „jeder kennt halt andere Tastaturgriffe und dann sammelt sich das".

Die Medienerfahrung der Weltorientierten korrespondiert mit einer entsprechenden *Medienausstattung*. Alle bis auf Amar (m, 28, marokk.) besitzen einen Computer. Einige Weltorientierte wie Danil (m, 24, russ.), Alexander (m, 32, russ.) oder Hassan (m, 43, marokk.) haben sogar mehrere zuhause. Hassan hat sich zwei Rechner und einen Laptop angeschafft, damit er seine unterschiedlichen Tätigkeiten organisieren und voneinander trennen kann:

„Ich brauche einen Rechner für meine Sachverständigensachen, sind so die, die in einem geschlossenen System nur ohne Internet. Und dann habe ich einen anderen Rechner, mit wo auch alles, so viel privates Kram auch viele Sachverständigenangelegenheiten so und so auch halt eben nicht besonders sensibel. Und dann mache ich auf diesem anderen Rechner und für's Surfen, also im Internet recherchieren oder so." (Hassan, m, 43, marokk.)

Für die Weltorientierten ist es wichtig, einen Internetzugang zu haben. Alle bis auf Amar (m, 28, marokk.) und Cagla (w, 27, türk.) haben zum Zeitpunkt des Interviews Internet in ihrer häuslichen Welt. Daneben werden andere Zugänge zum Internet genutzt: im Internetcafé, bei Freunden oder an der Universität.

Wie schon angedeutet, verwenden mehrere Weltorientierte ihren Computer zum Fernsehen und haben dafür kein eigenes Endgerät mehr. Dies trifft auf Larissa (w, 28, russ.), Alexander (m, 32, russ.), Karim (m, 28, marokk.) und Amar (m, 28, marokk.) zu. Für sie war das eine bewusste Entscheidung, die zum Teil mit einer Abneigung dem Medium Fernsehen gegenüber zusammenhängt. Alexander begründet dies wie folgt:

„Vor allen Dingen haben wir keinen Fernseher. Wir haben das ganz absichtlich gemacht und alles läuft per Internet. Wir kommunizieren nur per Internet. Ich finde es total klasse. Du brauchst nicht jetzt, seit dieses Scheißding wieder, diesen Fernseher, es ist echt boah. Alles, was im Fernseher läuft ist echt boah." (Alexander, m, 32, russ.)

Wenn diese Weltorientierten eine Fernsehsendung oder einen Film ansehen wollen, geschieht dies an ihrem Computer. Larissa (w, 28, russ.) schaut immer wieder deutsch- oder englischsprachige Kurzfilme auf Youtube. Zhanna (w, 24. russ.) rezipiert regelmäßig amerikanische Serien auf Englisch via Internet. Oder Alexander (m, 32, russ.) hat eine digitale Sammlung russischer, deutscher, englischer, französischer und andenssprachiger Filme. Inaya (w, 29, marokk.) besitzt zwar einen Fernseher, hat aber keinen TV-Anschluss. Sie verwendet das Gerät nur, um DVDs zu schauen.

Ein anderer Teil der Weltorientierten schaut relativ intensiv Fernsehen, wie Lada (w, 23, russ.) und Danil (m, 24, russ.). Danil fängt jeden Tag mit deutschen Börsennachrichten im Fernsehen an. Lada verfolgt unterschiedliche amerikanische Fernsehserien im deutschen Fernsehen. Nur wenige der Weltorientierten haben jedoch einen Satelliten- bzw. Kabelanschluss mit Sendern aus dem Herkunftsland. Ausnahmen sind Lada und Hassan, wobei sich vor allem bei

Letzterem auch im Satellitenfernsehen seine Weltorientierung manifestiert: Hassan (m, 43, marokk.) legt neben deutschen Sendern Wert auf transnationale Nachrichtensender wie Al Jazeera oder BBC. Aus diesem Grund – und nicht wegen des Herkunftsfernsehens – hat er sich eine Satellitenanlage besorgt.

Abbildung 22:   *Netzwerkkarte von Larissa, russische Diaspora (07.10.2008)*

Im Bereich der Printmedien haben einige der Weltorientierten deutsche Zeitungen abonniert wie Karim (m, 28, marokk.) die taz. Die meisten kaufen aber ab und an Zeitungen am Kiosk. Cagla (w, 27, türk.) berichtet, hin und wieder Die Zeit oder den Stern zu erwerben, Hassan (m, 43, marokk.) die Frankfurter Rundschau oder Süddeutsche Zeitung und Alexander (m, 32, russ.) liest gerne die Neue Zürcher Zeitung. Eine Orientierung auf Qualitätszeitungen wird deutlich. Dem entspricht die Medienausstattung der Weltorientierten für personale Kommunikation. Mehrere weltorientierte Diasporaangehörige besitzen kein Festnetztelefon oder eine Flatrate für Auslandsgespräche mit dem Mobiltelefon, wie dies bei den Herkunftsorientierten üblich ist. Zhanna (w, 24, russ.) und Larissa (w, 28, russ.) haben eine Deutschland-Flatrate für das Mobiltelefon. Beide besitzen kein Festnetztelefon. Fast alle haben hingegen eine Webcam und ein installiertes Internet-(Video-)Telefonie-Programm.

Abbildung 23:   *Netzwerkkarte von Cagla, türkische Diaspora (06.11.2008)*

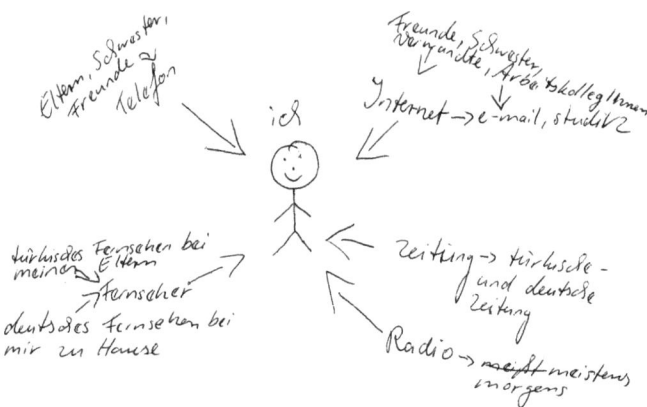

Karim (m, 28, marokk.) pflegt seine Kontakte ins Herkunfts- und Ausland über Skype, denn das ist „wesentlich billiger als normales Telefon". Ähnliches gilt für Alexander (m, 32, russ.). Hassan (m, 43, marokk.) verwendet das Internet oder unterschiedliche Vorwahlen für die Vernetzung ins Herkunfts- und Ausland. Wiederum andere nutzen neben dem Internet die Möglichkeiten von Prepaid-Karten.

All dies konkretisiert sich in den *Netzwerkkarten* der von uns interviewten Diasporaangehörigen (siehe Abbildung 22 bis 25). Betrachtet man die Netzwerkkarten von Larissa (w, 28, russ.), Cagla (w, 27, türk.) und Ilias (m, 28, marokk.), wird – gerade in der Differenz zu Netzwerkkarten von Herkunfts-, aber auch Ethnoorientierten – die breite kommunikative Vernetzung mit verschiedenen Medien deutlich. Insbesondere bei den Karten von Larissa und Ilias wird die Intensität der kommunikativen Vernetzung allein schon durch den visuellen Eindruck derselben greifbar: Vielfältige Medien werden für sehr unterschiedliche Zwecke angeeignet, was insgesamt ein sehr verdichtetes Kommunikationsnetzwerk der personalen wie massenmedialen Kommunikation ergibt.

Ein zweiter Blick untermauert dann klar die weiteren Besonderheiten der Kommunikationsnetzwerke von Weltorientierten, wie sie bereits bei unseren

Analysen der Medienausstattungen anklangen: Die Kommunikationsbeziehungen der Weltorientierten sind in nicht unerheblichen Teilen internetbasiert.

Abbildung 24:   *Netzwerkkarte von Ilias, marokkanische Diaspora (11.12.2008)*

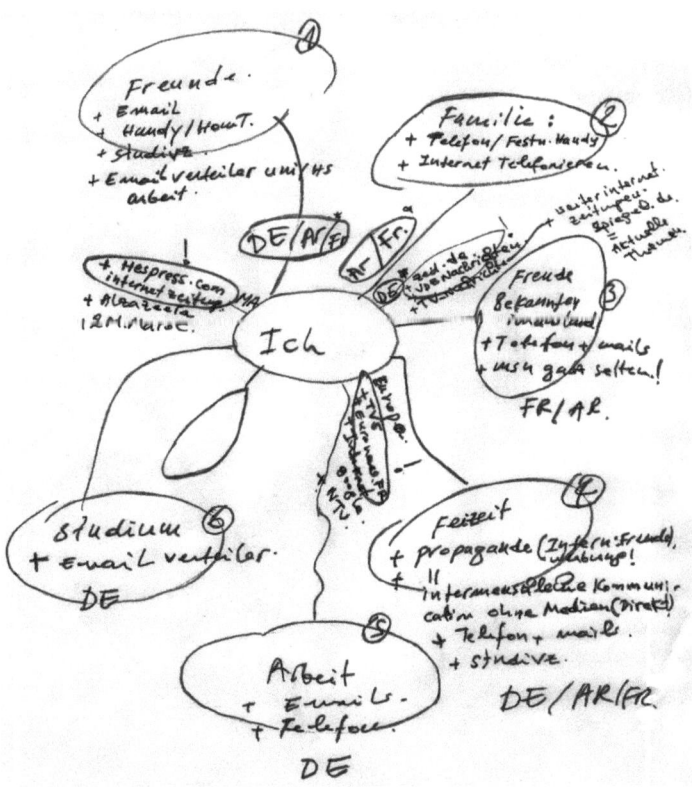

Nicht nur in Bezug auf E-Mail bzw. das Social-Web ist das Internet eine wichtige Distributionsplattform, sondern auch im Hinblick auf den Zugang zu standardisierten Inhalten wie „News" bei Larissa (w, 28, russ.) oder „Internetzeitungen" bei Ilias (m, 28, marokk.). Ebenfalls konkret wird, inwieweit sich die kommunikativen Vernetzungen der Weltorientierten jenseits von Herkunfts- und Migrationsland erstrecken: Bei Cagla (w, 27, türk.) ist dies etwas versteckt in den E-Mail-Kontakten zu ihren Freunden visualisiert. Deutlicher wird dies in den Netzwerkkarten von Larissa (w, 28, russ.) und Ilias (m, 28, marokk.). Larissa hält über Facebook breit Kontakte zu Freunden im Ausland und verfolgt über das Internet „News" und „Filme" auch jenseits von Russland und Deutschland. Bei Ilias werden die auf Deutsch, Arabisch und Französisch gehaltenen Kontakte, die in verschiedenen europäischen Ländern liegen, konkret, aber auch die Vielfalt der unterschiedlichen gelesenen Internetzeitungen.

Abbildung 25: *Gegenüberstellung Medientagebücher Lada und Inaya*

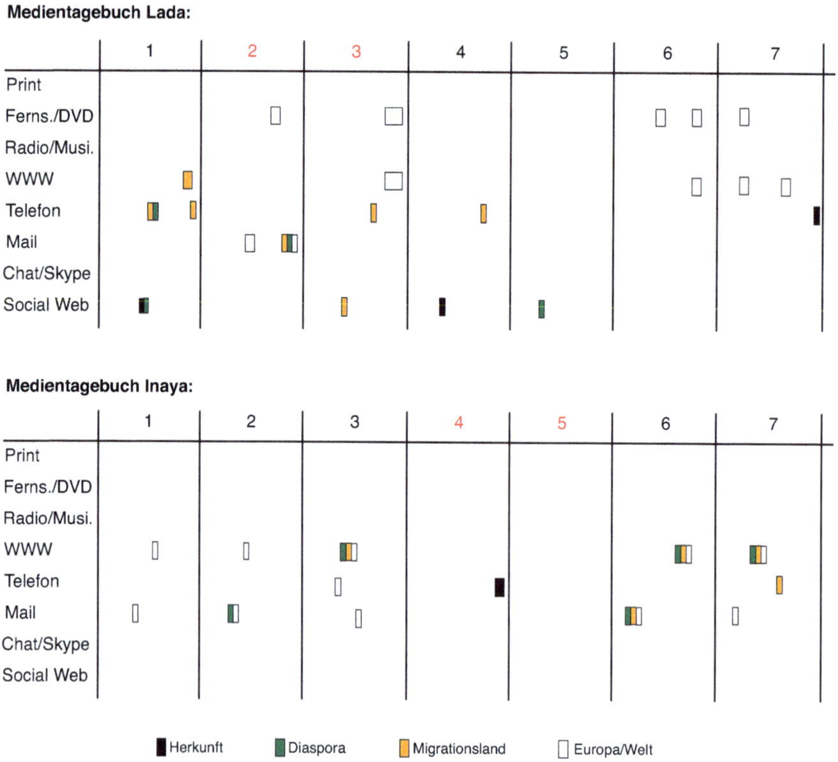

Medientagebuch Lada:

	1	2	3	4	5	6	7
Print							
Ferns./DVD		⬚	⬚			⬚ ⬚	⬚
Radio/Musi.							
WWW	▯		⬚			⬚	⬚ ⬚
Telefon	▮ ▯		▮	▮			▮
Mail		▯ ▮					
Chat/Skype							
Social Web	▮		▮	▮	▮		

Medientagebuch Inaya:

	1	2	3	4	5	6	7
Print							
Ferns./DVD							
Radio/Musi.							
WWW	▯	▯	▮			▮	▮
Telefon			▯	▮			▮
Mail	▯	▮	▯		▮	▯	
Chat/Skype							
Social Web							

▮ Herkunft   ▮ Diaspora   ▮ Migrationsland   ▯ Europa/Welt

In dieses Gesamtbild fügen sich die *Medientagebücher* der von uns interviewten Weltorientierten, exemplarisch verdeutlicht an den Tagebüchern von Lada (w, 23, russ.) und Inaya (w, 29, marokk.). Bereits ein erster Blick auf die Auswertungen der Medientagebücher von Inaya zeigt nicht nur nochmals den hohen Stellenwert von internetbasierten Medien. Deutlich wird auch die Vielfalt der Kommunikationsräume, die sich die beiden Diasporaangehörigen fortlaufend erschließen. Besonders greifbar ist die transkulturelle Vernetzung, wenn man sich vergegenwärtigt, welche unterschiedlichen Kontakte sich genau hinter den Telefongesprächen, E-Mails und Chats via Social-Web verbergen. Im Falle von Inaya sind dies Kontakte in Deutschland, Frankreich, Irland, Kanada, Polen und Marokko. Bei Lada sind dies zumindest Kontakte in Deutschland, Kanada und Russland, wobei hier ein breites Interesse an globalen Filmen hinzukommt, die sie sich in Teilen über das Internet besorgt.

Wiederum wird also eine transkulturelle Vielfalt sehr unterschiedlicher Kommunikationsbeziehungen konkret, die auf die Identitätsartikulation der Weltorientierten jenseits einfacher nationaler Zugehörigkeiten verweist. Solche Eindrücke werden einmal mehr konkreter, wenn wir uns genauer anschauen, wie sich die Weltorientierten die verschiedenen Medien aneignen.

Mediatisierte Quasi-Interaktion als transkultureller Blick

Betrachtet man die Formen der mediatisierten Quasi-Interaktion bei den Weltorientierten, fällt ein mehr oder weniger ausgeprägter transkultureller Blick auf, der sich in der Medienaneignung konkretisiert. Dieser manifestiert sich selbst in den rezipierten *Medienangeboten des Herkunftslands*. Die bereits beschriebene kritische Haltung der Weltorientierten gegenüber der sozialen und politischen Lage im Herkunftsland geht mit einer distanzierten Haltung gegenüber den Herkunftsmedien einher. Ilias (m, 28, marokk.) ist skeptisch gegenüber allen staatlichen Medien Marokkos, weil sie durch die Regierung kontrolliert werden und entsprechend „gesteuerte Nachrichten" senden. Deswegen informiert er sich u. a. über „Onlinedienst[e]" (Ilias, m, 28, marokk.). Karim (m, 28, marokk.) hingegen liest die linksliberale Zeitung Telquel und „einige linke Blogs", die sich mit Marokko beschäftigen, vermeidet aber ebenfalls Staatsmedien. Larissa (w, 28, russ.) ist genauso selektiv, welche Sendungen aus Russland sie schaut. Daneben hört sie sich „Podcasts an, also beispielsweise bei diesem Moskauer Radio, aber dann nur die Sendungen [die] wirklich interessieren." Zhanna (w, 24, russ.) findet insgesamt „russisches Fernsehen [...] grauenhaft." Ähnlich äußert sich Gökce (w, 33, türk.) gegenüber türkischem Fernsehen. In einer solchen *distanziert-kritischen Aneignung* insbesondere der staatlichen Herkunftsmedien konkretisiert sich, dass Weltorientierte deren Inhalte und Positionen in einem weitergehenden transkulturellen Sinnhorizont sehen.

Die Weltorientierten nutzen eine große Bandbreite von *Medien ihres Migrationslandes*. Sie kennen sich in der deutschen Medienlandschaft gut aus. Ilias (m, 28, marokk.) liest verschiedene Webseiten wie „Zeit.de, Spiegelinternetseite" über „aktuelle Themen". Daneben besucht er mehr oder weniger regelmäßig die Webseite des VDI (Verband deutscher Ingenieure) für „speziell fachliche" Themen. Der Blick der Weltorientierten auf deutsche Medien ist aber wiederum transkulturell kontextualisiert. Hierbei ist es immer wieder die ökonomische

Orientierung in Deutschland, die den Weltorientierten in ihrem transkulturellen Vergleichsrahmen negativ auffällt. Danil (m, 24, russ.) interessiert sich für Sendungen „über Geschichte, über erst Krieg, Weltkrieg, wirtschaftliche, wirtschaftliche verschiedene Sendungen". Er beschwert sich aber, dass „am Tag [...] das nicht gezeigt [wird], nur um Nacht", da es tagsüber zu wenig Zuschauer gibt. Ähnlich rezipiert Hassan verschiedene private bzw. öffentlich-rechtliche Fernseh- und Radiosender in Deutschland, kritisiert ebenfalls das öffentlich-rechtliche Angebot wegen seiner Marktorientierung:

„Wenn ich ein Redaktionsleiter wäre, ich würde versuchen, weniger auf die Quoten. Gerade bei, ich rede bei den öffentlichen, öffentlich-rechtlichen, die von von Steuergeldern finanziert werden, werde ich eher versucht sein, dann möglich interessante kulturell qualitatives Fernsehen anzubieten mit den Inhalten." (Hassan, m, 43, marokk.)

Die Weltorientierten betonen die Rolle von wissensorientierten Medieninhalten in ihrem Alltag. Ihnen geht es in ihrer Medienaneignung nicht ausschließlich darum, sich zu vergnügen, sondern ebenfalls um das Lernen. Larissa (w, 28, russ.) sagt, dass sie im Fernsehen insbesondere „Kultursendungen" anschaut. Eine solche Orientierung kann auch Internetangebote treffen. Entsprechend äußert sich Zhanna (w, 24, russ.), die in ihrem Studium einen „kulturhistorischen Schwerpunkt" hat, und deswegen „im Internet auch solche Sachen anguck[t] [...] oder auch im Fernsehen." Worauf sich diese unterschiedlichen Interessen richten, variiert, wobei in verschiedenen Zitaten ein gewisses *Distinktionsverlangen* deutlich wird. Beispielsweise schaut sich Ilias (m, 28, marokk.) „nicht irgendwelche normale, normale Filme [an], was heißt normale Filme, für mich also von Stufe her eher niedrige Qualität". Zhanna (w, 24, russ.) sieht gerne englischsprachige Filme aus Amerika oder England, die „nicht so von dem Mainstream sind". Cagla (w, 27, türk.) mag „Filme von Quentin Tarantino und Fatih Akin", aber keine „Hollywood-Filme", weil „da [...] man nicht viel nachdenken" muss. Hassan sagt, dass er „Filme anschaut, die sich mit kulturellen Themen, soziopolitischen Sachen auseinandersetzen", die er einem „Bildungskino" zuordnet. Er nennt weiterhin Beispiele:

„Daheim, also privat, schaue ich mir auch gerne Dokufilme über Religion, über alte griechische Philosophie oder Bräuchtümer, Geschichte in Altägypten. Für so was bin ich sehr sensibilisiert." (Hassan, m, 43, marokk.)

Jenseits einer Distinktionsorientierung wird an diesem Zitat einmal mehr die transkulturelle Orientierung der Weltorientierten deutlich: Sie suchen Zugang zu weiteren *ausländischen Medieninhalten*, um sich mit kulturübergreifenden Problematiken zu beschäftigen und über aktuelle Geschehnisse zu informieren. Karim (m, 28, marokk.) liest aus politischem Interesse die Webseiten verschiedener Menschenrechtsorganisationen in unterschiedlichen Ländern. Danil (m, 24, russ.) rezipiert die Börsennachrichten einer britischen Firma, um die Wirtschaft in einem länderübergreifenden Blick zu verfolgen. Hassan (m, 43, marokk.) verfolgt Nachrichten über die Sender Al Jazeera, Al Arabiya und BBC International sowie verschiedene Zeitungen. Der transkulturelle Blick auf weitere ausländische Medieninhalte kann aber auch Literatur betreffen. Cagla (w, 27, türk.) hat bisher „nicht nur deutsche Bücher bis jetzt immer gelesen, sondern auch auf Englisch oder auf Türkisch".

Ihre Sprachkompetenzen (siehe Kapitel 4.2) machen es den Weltorientierten möglich, Zugang zu sehr unterschiedlichen Kommunikationsräumen zu finden und so ihren transkulturellen Blick auf die Welt zu entwickeln bzw. zu stabilisieren. Hierhin fügt sich auch die gelegentliche Nutzung von *Diasporamedien* ein (siehe Kapitel 6). Exemplarisch wird dies an der Aussage von Hassan (m, 43, marokk.) deutlich, der solche Diasporawebseiten liest, „die sich mit Kultur beschäftigen oder Bildungswesen, also Schulwesen, eben Sozialwesen insgesamt, dann Sachen mit Integration, Migration."

Transkulturell Vernetzt-Sein in mediatisierter Kommunikation

Der geschilderten Aneignung der Massenmedien entspricht ein medienvermittelter Austausch über das Transkulturelle. Die Reichweite und Vielfalt der kommunikativen Vernetzung von Weltorientierten ist im Vergleich zu Herkunfts- und Ethnoorientierten deutlich größer und erstreckt sich vom Europäischen bis zum Globalen. Dies wird u. a. davon getragen, dass mehrere weltorientierte Diasporaangehörige außerhalb des Herkunfts- und Migrationslandes gelebt haben.

Betrachtet man die *Herkunftsvernetzung*, fällt auf, dass die Kommunikationskontakte ins Herkunftsland bei den Weltorientierten der russischen und türkischen Diaspora eher sporadisch sind und wenn sie bestehen insbesondere durch *Familienkommunikation* getragen werden. Lada (w, 23, russ.) berichtet, maximal einmal im Monat mit ihrem Onkel zu telefonieren, der sie mit Informationen über die anderen Familienmitglieder in Russland versorgt. Ähnlich erzählt Cagla (w, 27, türk.), dass ihr Kontakt zur Familie im Herkunftsland in den letzten Jahren abgeflacht sei. Sie kontaktiere diese nur zu festlichen Anlässen wie Geburtstagen oder religiösen Festlichkeiten wie Bayram. Reisen ins Herkunftsland können die Herkunftsvernetzung allerdings wieder auffrischen. Larissa (w, 28, russ.) äußert in ihrem Interview, im Anschluss an ihre Reise nach Kasachstan intensiv mit ein paar dortigen Freunden kommuniziert zu haben. Allerdings ist auch diese Kommunikation mit der Zeit wieder abgeflacht – unter anderem, weil die Freunde ebenfalls migrierten.

Dieses Beispiel verweist bereits auf die *Freundeskommunikation* ins Herkunftsland. Alexander (m, 32, russ.) hält zu seinen Freunden in Moskau Kontakt über MSN. Ähnlich berichtet Lada (w, 23, russ.), regelmäßig mit ihren Freunden in St. Petersburg zu kommunizieren. Sie tauscht sich mit diesen über vKontakte.ru Fotos aus und kommentiert diese. Mitunter gibt es aber auch Dispute:

„Diese ganzen Fotos, da kann man ja die kann man auch kommentieren, bewerten nicht also kommentieren und das ist immer am witzigsten, was man sich so alles ausdenken kann. Und diese ganzen Streitereien auf den Seiten auf der Wand hier diese Pinnwand genau, das ist heftig." (Lada, w, 23, russ.)

Sie betont, dass gerade durch die leichte Zugänglichkeit von Internet-Telefonie und Social-Web die Vernetzung mit ihren Freunden im Herkunftsland intensiver wurde. Nahezu identisch hören sich diesbezüglich die Berichte von Gökce (w, 33, türk.) an, die – nachdem sie ein Jahr in der Türkei lebte –, Kontakt zu Freunden in der Herkunft hält. Ähnlich geht es Alexander, wie das folgende längere Zitat verdeutlicht:

„Es fehlt natürlich diese Anwesenheit der Freunde, dass du ihn persönlich siehst. Aber es ist jetzt auch mit Internet möglich, dass du alles installierst und dann kannst du irgendwie sehen, quatschen. [...] Manchmal fehlt mir diese Intensität sozusagen, dass wir schreiben, wir schreiben jeden Tag hallo und wie geht's und so. Das ist irgendwie so nebenbei, aber manchmal sind wir ganz richtig intensiv. [...] Das ist zum Beispiel der große Vorteil, sage ich mal. Wie gesagt, du kannst in kurzer Zeit richtig zum Thema kommen und aber andererseits ist es auch eine Kunst in einem lebendigen Gespräch zum Punkt alles bringen kannst. Aber es ist absolut eine andere Art und Weise, das braucht unterschiedliche Fähigkeiten, was ich an ICQ total gut finde, dass diese Fähigkeiten zu schreiben und deine Gedanken zu formulieren. Das ist ganz Klasse, es ist absolut was anderes, man muss es richtig verstehen." (Alexander, m, 32, russ.)

Wie dieses Zitat greifbar macht, geht es Weltorientierten bei der herkunftsbezogenen Freundschaftskommunikation vor allem um das Aufrechthalten von *persönlichen* Beziehungen, die ihnen wichtig sind (ggf. auch im Sinne des Eröffnens von Vorteilen), nicht um einen generellen Kontakt in die Herkunft. Sie bleiben zurückhaltend bis kritisch, was die Herkunft betrifft.

Etwas intensiver als bisher beschrieben ist die Herkunftsvernetzung der Weltorientierten der marokkanischen Diaspora. Alle haben ihre Familien im Herkunftsland und sind bemüht, regen Kontakt mit ihnen zu halten. Ilias (m, 28, marokk.) sagt, „das ist wichtig". Das regelmäßige Telefonieren via Internet oder Call-Shop gibt ihm das Gefühl einer *Teilhabe* am Leben der Familie. Inaya (w, 29, marokk.) telefoniert mit ihren Eltern via Skype und MSN. Sie beschreibt dies als eine Notwendigkeit, gerade für ein unmittelbares Erleben des dortigen Alltags. Ähnlich ist es für Hassan (m, 43, marokk.) über Internet und Webcam wichtig, regelmäßig mit seiner Familie in Kontakt zu sein. Auch Inaya (w, 29, marokk.) und Amar (m, 28, marokk.) berichten, dass sie sich mit ihrer Familie zum Telefonieren im Internet verabreden.

Solche Aussagen dürfen aber nicht darüber hinweg täuschen, *dass sich bei Weltorientierten Herkunftsnetzwerke zu transkulturellen Netzwerken wandeln.* Dies ist mit dem bereits erwähnten Umstand verbunden, dass immer wieder auch die Freunde der Weltorientierten migrieren – und dies in sehr unterschiedliche Länder. Larissa (w, 28, russ.) bringt dies auf den Punkt:

„Meine ganzen Freunde sind mittlerweile auch weg. Also wer, wo. Viele sind nach Israel, nach Amerika, nach Frankreich gegangen. In Karaganda also von denen, die ich meine Schulfreunde nennen kann, ist keiner mehr da geblieben" (Larissa, w, 28, russ.)

Gelingt es den Weltorientierten, diese Kontakte zu halten, haben sie durch ihre ehemals herkunftsbezogene, nun globalisierte Freundeskommunikation ein breites Diasporanetzwerk aufgebaut, das sich zunehmend transkulturell entgrenzt.

Die diasporainterne Vernetzung der Weltorientierten ist aber zuerst einmal *Familienvernetzung.* Wie bei den Ethnoorientierten geht es dabei immer wieder um Fragen der eigenen Identität. Diese wird aber in einem viel breiteren, transkulturellen Rahmen gesehen. Hierbei verhandelt man auch das Spannungsverhältnis der eigenen Identitätsartikulation mit der je eigenen Konstruktion dessen, was Weltorientierte als Herkunftsidentität verstehen. Exemplarisch verdeutlicht dies das folgende Zitat von Zhanna:

„Als ich dann aus Sankt Petersburg zurückgekommen bin, da haben auch viele so gefragt: ja und erzähl, wie war es? Weil die Eltern halt auch selber nicht lange da gewesen sind und dann, dass sie es auch hören wollten, ja wie ist es denn da und solche Sachen. Oder, dass sie selber auch wissen wollten, ok wie war es? Da war viel Interesse [...] das war schon sehr einleuchtend. Weil ich hab es schon gesagt, das Land hat sich so verändert und man, eigentlich könnten wir auch gar nicht mehr zurückgehen, weil die Menschen sind anders. Alles ist anders und die Mentalität auch ändert sich so ein bisschen". (Zhanna, w, 24, russ.)

Entsprechend ihrer transkulturellen Orientierung sind Weltorientierte bemüht, Familienkontakte *außerhalb* des Herkunfts- und Migrationslandes zu pflegen. Lada (w, 23, russ.), Cagla (w, 27, türk.), Ilias (m, 28, marokk.), Hassan (m, 43, marokk.) und Amar (m, 28, marokk.) sind mehr oder weniger fortlaufend mit Familienmitgliedern im Kontakt, die in den USA, Belgien, England und anderen Ländern leben. Lada (w, 23, russ.) berichtet, dass ihre „Großtante" mit ihren Kindern in Chicago wohnt und sie wegen derer mangelnden Russischkenntnisse mit ihr auf Englisch kommuniziert. Hassan (m, 43, marokk.) telefoniert internetbasiert mit seiner in Italien lebenden Schwester.

Ähnlich wie bei der Familienkommunikation, wird in der *Freundeskommunikation* das eigene *Migrationserleben verhandelt.* Webportale können dabei ein Bezugspunkt entsprechender Kommunikation sein. Lada (w, 23, russ.) berichtet von der Diasporawebsite Gorodnaneve.com, die im Raum Hamburg für sie wichtig in der Identitätskommunikation ist. Es geht um vergleichende Aspekte des Lebens der je eigenen, von der Migrationserfahrung geprägten Identität. Diese Online-Kommunikation war bereits Auslöser von Face-to-Face-Treffen, von denen Lada begeistert berichtet:

„Wir haben uns alle, die da registriert waren, haben wir uns alle getroffen. Also nicht alle, die da registriert waren, sind gekommen. Aber das waren schon über siebzig Leute. Wir haben uns alle getroffen und drei Tage waren wir an diesem See. Alle zusammen irgendwie: saufen, essen, Spaß haben, Volleyball spielen, alles Mögliche." (Lada, w, 23, russ.)

Lada hat über diese Website Diasporaangehörige kennen gelernt, die sie „fast jedes Wochenende" trifft, mit denen sie regelmäßig telefoniert und über die russische Social-Software vKontakte.ru Kontakt hält.

Auch für die Weltorientierten ist das diasporische Freundschaftsnetzwerk eine wichtige Unterstützungsressource, insbesondere beim Einleben im Migrationsland. Ilias (m, 28, marokk.) berichtet von seinen anfänglichen Problemen als Bildungsmigrant in Deutschland, die zum Teil an seinen geringen Deutschkenntnissen und der seiner Meinung nach komplizierten Studienstruktur lag. Ihm halfen hier Telefongespräche mit einem Freund, dessen Migrationsbiografie ähnlich war und der jetzt bei Airbus in Bremen und Toulouse arbeitet:

„Er hat gesagt: Pass auf, das ist, war das Gleiche bei mir und das ist normal, du wartest zwei, drei Monate und dann kannst du richtig starten. Das ist gar kein Thema. Geh mal zur Bibliothek und einfach die Bücher ausleihen und üben und nochmal üben. Das kennst du ja schon. Mathematik oder Mechanik und das hast du schon mal gemacht und nochmal, du brauchst nur die Fachwörter und ein bisschen Routine dafür und dann geht es weiter, ist kein Problem. [...] Ich war bisschen beruhigt also ja und dann war alles ok. Langsam ok. Aber zwei Semester war auf jeden Fall schwer." (Ilias, m, 28, marokk.)

Hassan (m, 43, marokk.) berichtet von zwei Schulfreunden, die in Heidelberg leben und mit denen er sich wechselseitig half: „wir haben uns immer begleitet". Im Falle von Hassan hält die wechselseitige Unterstützung bis heute an. Als Übersetzer kooperiert er mit seinen Freunden und sie geben sich Aufträge weiter, wenn sie diese selbst nicht erfüllen können.

An solchen Beispielen sehen wir, dass Weltorientierte nicht nur intensiv kommunikativ wie sozial in der je eigenen Diaspora in Deutschland vernetzt sind. Sie wissen dieses Potenzial auch beruflich für sich zu nutzen. *Die Besonderheit der Weltorientierten ist aber wiederum darin zu sehen, dass eine solche Unterstützungskommunikation nicht an den Grenzen des Herkunfts- und Migrationslandes halt macht.* Besonders deutlich wird dies am Fall von Danil (m, 24, russ.). Er tauscht sich mit seinen in London und Norwegen lebenden Freunden über Berufsmöglichkeiten bzw. Lebensumstände in den verschiedenen Ländern aus. In ihren Gesprächen via Skype oder der Social-Software One.lv diskutieren sie über seine Bemühungen, Geld zu verdienen. Danils Freund in Norwegen ist dabei ein Vorbild für ihn:

„Er hat eine eigene Firma und er braucht Leute. Eine Handelsfirma mit Technik. Also er hat auch jetzt mir erzählt, dass er hatte zwei Firmen, eine in Lettland. Er ist vierundzwanzig Jahre alt. Hat schon zwei Firmen. Er hat eine in Lettland schon zugemacht und in Norwegen jetzt eine neue aufgebaut". (Danil, m, 24, russ.)

Noch weiter reicht das diasporische Kommunikationsnetzwerk von Inaya (w, 29, marokk.). Viele ihrer Freunde aus der Studienzeit in Marokko leben als Bildungsmigranten im Ausland, beispielsweise in Frankreich oder Kanada. Sie berichtet von dem Bedürfnis zu wissen, wie es ihren Freunden geht, „to know what they are doing". Letztlich geschieht dieses Kontakthalten primär über Facebook. Wie sie es auch von ihren Freunden auch erwartet, informiert sie diese über ihr Leben, indem sie Fotos von Reisen oder anderen Ereignissen hochlädt und regelmäßig ihre Profildaten aktualisiert. Ähnliches trifft auf Larissa (w, 28, russ.) zu. Sie verfolgt die Einträge ihrer Freunde auf Livejournal.ru oder vKontakte.ru und erfährt so von deren Reisen oder Familienangelegenheiten.

All dies verweist bereits auf die *diasporaexterne Vernetzung* der Weltorientierten. Im Vordergrund steht hier eine transkulturelle *Freundes- bzw. Gruppenvernetzung* mit Deutschen und anderen Migrantinnen und Migranten. Wir sind also wiederum mit den „gemischten" Freundeskreisen konfrontiert, die Personen gänzlich unterschiedlicher Herkunft und Orientierung einschließen. Diese sind für Weltorientierte der Normalfall. Cagla beschreibt einen solchen Freundeskreis wie folgt:

„Ich kann nicht sagen, ich hab mehr Kontakt zu Türken oder zu Deutschen. Ich hab auch sehr viel Kontakt zu anderen, also zu Freunden, die aus anderen Ländern kommen. Ja, aus dem Iran, aus Russland. Ja und das ist wirklich total gemischt, [...] ja das war immer bis jetzt schon so." (Cagla, w, 27, türk.)

Für die meisten weltorientierten Diasporaangehörigen sind somit enge *Kontakte mit Deutschen* am Lebensort *wie* im Ausland kennzeichnend. Und wiederum ist das Social-Web ein wichtiges Instrument zur Pflege dieser Kontakte. Cagla (w, 27, türk.) und Zhanna (w, 24, russ.) halten ihre Freundschaften zu Deutschen über StudiVZ und E-Mail, Larissa (w, 28, russ.) über Facebook und E-Mail. Vor allem translokal wird für Cagla dabei Social-Software immer wichtiger. In ihren eigenen Worten: „Seitdem ich bei StudiVZ bin, habe ich meine meisten Nachrichten eigentlich so über StudiVZ geschickt." Die deutschen Freunde von Gökce (w, 33, türk.) sind nach ihrem Studium aus Bremen nach Münster und Heidelberg gezogen. Der Kontakt wird von ihr mittels E-Mail und Telefon gehalten.

Keine intensiven Freundesbeziehungen zu Deutschen haben unter den Weltorientierten ausschließlich Danil (m, 24, russ.) und Inaya (w, 29, marokk.). Danil ist der Meinung, er habe seinen Freundeskreis schon im Herkunftsland entwickelt und dieser sei in verschiedene Länder migriert. Aus dem Grund habe er keine „deutsche Freunde". Inaya meint, dass sie sich eher mit Menschen „aus dem Süden [...], aus Spanien, Südamerika oder Afrika" verbunden fühlt und mit Deutschen nur im Beruf Kontakt hat. Allerdings kann bei diesen beiden Weltorientierten ebenfalls keine generelle Ablehnung gegenüber Deutschen ausgemacht werden. Auch wenn sie keinen direkten Zugang zur deutschen „Mentalität" (Danil, m, 24, russ.) finden, bauen sie zumindest zu *instrumentellen Zwecken Kontakt mit Deutschen* auf und halten diesen u. a. medienvermittelt – lokal, wie translokal. Selbst Danil hält jenseits des Trainings zu seinem Boxtrainer über E-Mail und Mobiltelefon Kontakt. Er gelangt so an „verschiedene Informationen, über Sportveranstaltungen, Meisterschaften, Wettkämpfen überall. Wann was kommt, welche Daten so." Durch solche in Teilen instrumentellen Kontakte sind Weltorientierte umfassend in das lokale Geschehen ihres Wohnorts eingebunden. Alexander (m, 32, russ.) fand so Zugang zur „Kunstszene" in Berlin. Über seine Kontakte zu Deutschen erfährt er, „da findet was statt". Danach recherchiert er im Internet und besucht gezielt einzelne Veranstaltungen.

Die Weltorientierten sind lokal wie translokal ebenfalls mit *anderen Migrantinnen und Migranten* in Kontakt. Erleichtert wird dies dadurch, dass Weltorientierte häufig Studierende sind bzw. sich jenseits der Universität in anderen Bildungseinrichtungen bewegen. Zhanna (w, 24, russ.) erzählt uns, sie sei durch die Universität „mit sehr vielen Ausländern in Kontakt gekommen". Und Ilias (m, 28, marokk.) berichtet, über sein Studium Menschen aus Tunesien, Spanien, Frankreich, China und anderen Ländern kennen gelernt zu haben. Jenseits der Universität ist die Arbeit eine Möglichkeit, mit anderen Diasporaangehörigen in Kontakt zu kommen. Karim (m, 28, marokk.) arbeitet ehrenamtlich in einer Organisation für Flüchtlingshilfe und ist so mit anderen Migrantinnen und Migranten in Bremen konfrontiert. Inaya (w, 29, marokk.) arbeitet in einem Forschungsinstitut mit Wissenschaftlern aus Ägypten und Frankreich zusammen. Diese Kontexte reichen über das Lokale hinaus in andere Länder. Zhanna (w, 24, russ.) hat bei einem „Jugendaustausch" in Schweden junge Menschen aus verschiedenen Ländern kennen gelernt: „Schweden, aber auch so da waren auch Armenier auch so Türken und Amerika und Frankreich". Mit diesen hält sie weiterhin Kontakt über Facebook. Larissa (w, 28, russ.) steht mit ihren ehemaligen Mitbewohnern einer Berliner WG aus Frankreich und Australien über Facebook in Verbindung, nachdem diese zurück in ihre Herkunftsländer gereist sind.

9.3 Die mediatisierte Transkulturalität

Fasst man unsere Analysen zur kulturellen Identität und kommunikativen Vernetzung der Weltorientierten zusammen, lässt sich in einem gewissen Sinne sagen, dass *deren Alltagswelt die am stärksten mediatisierte ist*: In ihrer Alltagswelt sind neben traditionellen Massenmedien und dem Telefon internetbasierte Medien und Mobiltelefon eine Selbstverständlichkeit. Und generell fällt auf, dass das Social-Web vielfach integraler Bestandteil des Alltagslebens geworden ist. Einer solchen *medialen* Aufgeschlossenheit entspricht – wie wir gesehen haben – die generelle kulturelle Aufgeschlossenheit der Weltorientierten.

So haben unsere Analysen gezeigt, dass für deren *kulturelle Identität* nicht nur eine Orientierung jenseits der Nation kennzeichnend ist – ob nun bezogen auf Europa, die Welt oder ein generelles Menschsein. *Die Weltorientierten sind darüber hinaus gerade als jüngere Menschen sehr interessiert an verschiedenen Kulturen.* Man befasst sich mit Kulturen auch jenseits von Herkunfts- und Migrationsland, begreift das Beherrschen von drei und mehr Sprachen als Selbstverständlichkeit, befasst sich Religionen im Vergleich untereinander usw. Auf diese Weise wird gerade aus der Migrationserfahrung heraus eine kritische Position der eigenen (vorgestellten) Herkunft gegenüber entwickelt. Ähnlich kritisch schätzt man aber auch „geschlossene Gesellschaften" von Migrantinnen und Migranten oder klischeehafte Bilder von Diasporaangehörigen in Deutschland ein. *Man erschließt sich einen transkulturellen Sinnhorizont des eigenen Lebens.* Die eigenen Lebensverhältnisse werden als gesichert und gut wahrgenommen – aber man ist prinzipiell bereit, wiederum jenseits von Herkunft und Migrationsland weiter zu migrieren. In diesem Sinne entsprechen die Weltorientierten in vielen Punkten den eingangs in diesem Kapitel beschriebenen „Eurostars".

Im Hinblick auf deren *Medienerfahrung* sind uns die Weltorientierten als das entgegen getreten, was gemeinhin als „digital natives" bezeichnet wird: Menschen, die selbstverständlich mit digitalen Medien aufgewachsen sind und diese umfassend in ihr Medienrepertoire integriert haben. Wenn sie es überhaupt notwendig haben, in ihrer Medienaneignung auf Vermittler zurückzugreifen, handelt es sich dabei um Menschen, die man allenfalls als *Profivermittler* charakterisieren kann: Personen, die zumeist beruflich einen besonderen Medienbezug haben und so bei größeren Problemen weiterhelfen können.

Entsprechend beeindruckend sind die *Netzwerkkarten* von Weltorientierten. In diesen dokumentiert sich ein Kommunikationsnetzwerk, das weit über die Grenzen von Herkunfts- und Migrationsland hinausgeht und im Einzelfall sehr unterschiedliche Städte und Regionen der Welt erschließt. Manifest wird dabei wiederum der herausgehobene Stellenwert von internetbasierten Medien, was sich auch an den *Medientagebüchern* zeigt. Letztere dokumentieren zusätzlich – wie unsere Analysen deutlich gemacht haben –, dass sich Weltorientierte auch im Wochenverlauf den Bezug zu sehr unterschiedlichen Kommunikationsräumen offen halten: vereinzelt der Herkunft, daneben der Diaspora, des aktuellen Migrationslands und weiterer Regionen von Europa bzw. der Welt.

Die *mediatisierte Quasi-Interaktion* konkretisiert sich darin, dass Herkunftsmedien wenn dann kritisch rezipiert werden. Ansonsten hat man einen sehr breiten Blick auf unterschiedliche massenmediale Inhalte sowohl des Migrationslandes als auch anderer Länder. Ausgehend von eigenen thematischen Interessen
beschäftigen sich die Weltorientierten immer wieder mit einem vergleichenden
Blick auf Medieninhalte sehr unterschiedlicher Kontexte, auch mittels Diasporamedien. *Man hat einen transkulturellen Blick auf die Geschehnisse der Welt.*

Generell fällt auf, welchen Stellenwert die *mediatisierte Interaktion* bei den
Weltorientierten hat, ob als (Mobil-)Telefonkommunikation, als E-Mail-Kom-
munikation oder als Kommunikation im Social-Web. Wie andere Diasporaangehörige hält man mit der Familie und dem Freundeskreis Kontakt, hilft sich so
und stützt damit auch die Diaspora. *Im Kern fällt aber die breite Transkulturalität der Vernetzung in der personalen Kommunikation auf:* Herkunfts- und Dias-
porakontakte werden als transkulturelle Kontakte genutzt, indem über Angehörige der eigenen Diaspora, die mittlerweile weiter migriert sind, zusätzliche Kontaktpersonen und Erfahrungsräume erschlossen werden. Es wird ein kulturell
sehr unterschiedlicher Freundes- und Bekanntenkreis aufgebaut und die sich
hierdurch ergebenden Möglichkeiten als ein sehr großes Potenzial für das eigene
Leben angesehen.

Versucht man, eine solche Ko-Artikulation von kultureller Identität und
kommunikativer Vernetzung pointiert zu fassen, erscheint vielleicht der Begriff
der *mediatisierten Transkulturalität* angemessen zu sein. Weltorientierte haben
sich über ihre Migrationserfahrung (bzw. die vermittelte ihrer Eltern) nicht nur
eine Form von kultureller Identität entwickelt, die sich von einfachen nationalen
Bezüglichkeiten löst. Das Leben einer solchen Identität rekurriert dabei vielfach
auf Medien. Dies ist nicht nur der Fall, weil Medien einen Einblick in unterschiedliche Kontexte ermöglichen und so erst viele Momente eines transkulturell orientierten Blicks gestatten. Vor allem sind Medien der personalen Kommunikation eine Möglichkeit, das vielfach verzweigte und unterschiedliche Kulturen übergreifende eigene Kommunikations- und Freundesnetzwerk aufrecht zu
halten. Dies gestattet einen transkulturellen Austausch in der fortlaufenden Alltagskommunikation – und eröffnet Optionen für eine zukünftige Weitermigration. *Die Transkulturalität im Leben der Weltorientierten verweist also auf eine
umfassende Mediatisierung ihrer Alltagswelt, auf ihr Leben als mediale Migranten.*

10 Mediale Migranten

Zum Abschluss dieser Studie stellt sich die Frage, wie sich deren verschiedene Ergebnisse zusammenführen lassen. Was sind die Hauptresultate unserer empirischen Forschung zur kulturellen Identität und kommunikativen Vernetzung in den drei Migrationsgemeinschaften der marokkanischen, russischen und türkischen Diaspora in Deutschland? Welche weiterführenden Folgerungen können daraus gezogen werden? Wirft man diese abschließenden Fragen auf, bietet es sich an, nochmals auf unser Konzept des medialen Migranten zurück zu kommen, das die Argumentation der vorliegenden Studie rahmte. Dieses hebt darauf ab, dass man den heutigen „Migrationsstatus" von Menschen nicht jenseits ihrer Medienaneignung erfassen kann: Die Art und Weise, wie Menschen ihr Dasein als Diasporaangehörige artikulieren, verweist umfassend auf deren Umgang mit Medien. *Während dies erst einmal eine sehr allgemeine Feststellung ist, ermöglichen unsere Analysen ein konkreteres Bild der medialen Migranten zu zeichnen, wie sie in Deutschland, sicherlich aber auch anderen europäischen Ländern leben.* Hierzu bieten sich drei Stichwörter an, entlang derer wir unsere Schlussfolgerungen formulieren wollen: das der Mediatisierung der Diaspora, das der Möglichkeiten kommunikativer Vernetzung und das der medialen Integration.

10.1 Mediatisierung der Diaspora

Historisch gesehen ist jede Diaspora immer *auch* mediatisiert gewesen. Exemplarisch ist diesbezüglich auf die jüdische Diaspora zu verweisen, für deren Artikulation die gemeinsame Referenz auf religiöse Schrifttexte konstitutiv gewesen ist. In ihrem weiteren Fortbestand waren Medien ebenfalls zentral. Exemplarisch steht hierfür die deutsch-jüdische Presse im 18. und 19. Jahrhundert, die als Referenzpunkt der Artikulation dieser Diaspora in Deutschland kaum zu überschätzen ist (Lappin/Nagel 2008). Insofern kann man argumentieren, dass Diasporas jenseits von Mediatisierung nicht vorstellbar sind. Im Hinblick auf generelle Fragen der Mediatisierung von Diaspora ist daneben anzumerken, dass die vorliegende Studie keine in dem Sinne historisch vergleichende Studie ist, dass die Medienaneignung in der marokkanischen, russischen und türkischen Diaspora zu deutlich auseinanderliegenden Zeitpunkten untersucht worden wäre. Die Beschränkungen bestehen an dieser Stelle darin, dass historisch – nicht zuletzt auf Grund des nationalen Integrationsfokus der bisherigen Forschung – überhaupt kein hinreichendes Quellenmaterial zur Medienaneignung vorliegt. Unsere Untersuchung stellt also eher eine Bestandsaufnahme dar.

Trotz solcher Einschränkungen gibt unsere Studie gerade als Momentaufnahme einen sehr klaren Einblick in das, was wir als gegenwärtige Mediatisierung der Diaspora bezeichnen können: Medien sind allgegenwärtig und das Leben der medialen Migranten erscheint insgesamt als durchdrungen von medienvermittelter Kommunikation: *Nicht nur Medien der mediatisierten Quasi-Interaktion – Massenmedien wie (Satelliten-)Fernsehen, Radio oder Zeitung – kennzeichnen die Alltagswelt. Darüber hinaus ist personale Kommunikation in nicht unerheblichen Teilen mediatisierte Interaktion.* Stichworte sind hier neben dem Brief oder Telefon aus Blickwinkel der subjektiven Medienbiografien zunehmend E-Mail-, Chat- oder Videotelefonie-Kommunikation. Generell legt sich das Internet als Distributionsstruktur zunehmend über diese verschiedenen Medien der mediatisierten (Quasi-)Interaktion: Fernseh-, Radio- und Zeitungsinhalte nicht nur der Herkunft, sondern auch der Diasporagemeinschaft selbst bzw. der weiteren Welt werden von den interviewten medialen Migranten in unterschiedlichen Graden selbstverständlich über entsprechende Webseiten rezipiert. Mit dem Social-Web und der Videotelefonie über Skype und ähnlichen Angeboten verlagert sich daneben zumindest ein Teil der medienbasierten personalen Kommunikation ins Internet. *Die heutigen Kommunikationsmöglichkeiten sind für Diasporaangehörige damit weit vielfältiger als noch vor wenigen Jahrzehnten – wie für Menschen ohne Migrationshintergrund auch.*

Eine solche Mediatisierung wurde bei unserer Betrachtung von Fragen der Bildung, Sprache und der Lokalitäten der Medienaneignung weiter konkret. Eine bestimmte *Bildung* ist nicht einfach nur die Voraussetzung für die Aneignung bestimmter Medien. Bildung konstituiert sich vielmehr *auch* in der Medienaneignung. Und Ähnliches gilt für *Sprache und Sprachenlernen*. So nutzen mediale Migranten Medien u. a. dazu, Deutsch zu lernen und die Kompetenz in ihrer Herkunftssprache zu halten (oder gerade bei Jüngeren zu entwickeln bzw. auszubauen). *Erst in einem solchen Wechselwirkungszusammenhang wird deutlich, welche unterschiedlichen Kommunikationsräume sich für mediale Migranten durch deren Sprachkompetenzen eröffnen können.* Diese Kommunikationsräume bleiben gleichwohl material rückbezogen auf die verschiedenen *Lokalitäten der Medienaneignung*. Letztere umfassen nicht nur die häusliche Welt, sondern auch Orte des Anderswo (regelmäßig aufgesuchte Lokalitäten der Medienaneignung) wie Orte des Irgendwo (zufällige Lokalitäten der Medienaneignung). *Die Orte der Alltagswelt medialer Migranten sind somit ebenfalls umfassend mediatisiert.*

Begreift man Mediatisierung aber nicht nur quantitativ als einen Prozess der zunehmenden Verbreitung von Medien, sondern geht davon aus, dass damit auch qualitative Veränderungen einhergehen, stellt sich die Frage, welche Prägkräfte die verschiedenen Medien auf Migrantinnen und Migranten entfalten. Auf welche Weise prägt die aktuelle Mediatisierung die gegenwärtigen Diasporas? Wirft man diese Frage auf, muss man sicherlich vorsichtig sein, sie nicht zu plakativ zu beantworten. Allein unsere Differenzierung unterschiedlicher Aneignungstypen der Herkunfts-, Ethno- und Weltorientierten sollte vor zu großen Verallgemeinerungen bewahren. Weitere Differenzen ergeben sich, wenn man die Spezifik der einzelnen Diasporagemeinschaften im Blick hat.

Dennoch kann unseres Erachtens sinnvoll und über alle Unterschiede einzelner Aneignungstypen und Kontexte hinweg ein Moment ausgemacht werden, der sich als die für mediale Migranten bestehende, primäre Prägkraft der aktuellen Mediatisierung begreifen lässt. Dies ist die mit dem letzten Mediatisierungsschub bestehende *Unmittelbarkeit der medienvermittelten, translokalen Kommunikation in der Diaspora – der fortlaufende Prozess der kommunikativen Vernetzung in Echtzeit*. Im Bereich der mediatisierten Quasi-Interaktion können mediale Migranten translokal und zeitgleich an verschiedenen Kommunikationsräumen partizipieren: Satelliten- und Internetfernsehen, aber auch der Download von Filmen, das Hören von Internetradio oder Lesen von Online-Zeitungen eröffnen die Möglichkeit, parallel am politischen wie populärkulturellen Diskurs der Herkunft, in Deutschland wie anderen Ländern der Welt teilzunehmen. Und durch die verschiedenen Medien der personalen Kommunikation – ob internetbasiert oder nicht – ist es problemlos möglich, mit der eigenen Familie und dem eigenen (migrantischen) Freundeskreis nicht nur vor Ort vernetzt zu bleiben, sondern auch translokal hin zu anderen Orten, an denen Diasporaangehörige leben, in der Herkunft, im Migrationsland oder in anderen Ländern der Welt. Das Social-Web mit Facebook und seinen verschiedenen Äquivalenten der Herkunftsländer gestattet eine vergleichsweise einfache Organisation (und Repräsentation) solcher Kontakte. *Von Prägkräften kann man an dieser Stelle sprechen, weil es sich dabei nicht einfach nur um Möglichkeiten handelt – mit deren Vorhandensein dominiert auch immer wieder die Erwartung ihrer Nutzung.* Konkret wurde dies in unseren Analysen der fortlaufenden wechselseitigen Unterstützungskommunikation per (Mobil-)Telefon und E-Mail, für die sich viele Beispiele nicht nur bei Herkunftsorientierten, sondern auch Ethno- und Weltorientierten finden. Daneben fallen Hinweise darauf auf, dass man sich zumindest als Herkunfts- und Ethnoorientierter auch mit der „eigenen" kulturellen und politischen Positionierung befasst, was wiederum auf den Möglichkeitsraum der Beteiligung am massenmedialen Diskurs im Herkunfts- und Migrationsland in Echtzeit verweist.

Nun könnte man sagen, dass es sich hierbei um ein generelles Phänomen
des kulturellen Wandels handelt, das alles andere als spezifisch für mediale Migranten ist. John Tomlinson (2007) arbeitete in seiner Studie „The Culture of
Speed" das Aufkommen einer neuen Kultur der Unmittelbarkeit heraus, die er
als charakteristisch für die (europäische) Gegenwart im Allgemeinen begreift
und die er ebenfalls zu nicht unerheblichen Teilen mit der zunehmenden Durchdringung unserer Alltagswelt durch verschiedene Medien in Verbindung bringt.
Dennoch bleiben Momente solcher Prägkräfte von Mediatisierung, die als spezifisch für mediale Migranten anzusehen sind: *Die Vergemeinschaftung von Diaspora wird auf solche Weise ortsübergreifend in Echtzeit erfahrbar, wie auch deren Kommunikationsbezüge zur Herkunft, zum aktuellen Lebensort und Migrationsland wie zu anderen Ländern und Regionen der Welt etwas sind, das im
gleichen Moment kommunikativ artikuliert werden kann – die entsprechenden
Sprachkompetenzen vorausgesetzt.*

10.2 Möglichkeiten kommunikativer Vernetzung

Das zentrale Konzept, an dem wir in einem solchen Rahmen unsere Analysen
ausgerichtet haben, war das der *kommunikativen Vernetzung*. Diese verstehen
wir als prozesshaft gedachten Strukturaspekt der kommunikativen Konnektivität, in der mediale Migranten stehen: Es ist die Vielfalt der verschiedenen Kommunikationsnetzwerke, die Diasporaangehörigen unterschiedliche Möglichkeitsräume eröffnet. Solche Kommunikationsnetzwerke basieren auf einem fortlaufenden Prozess des kommunikativen Vernetzens, der u. a. über vielfältige Praktiken der Medienaneignung geschieht. Zentral erschien uns deshalb im Hinblick
auf unsere Analysen die Notwendigkeit, *kommunikative Vernetzung insgesamt in
den Blick zu rücken*. Es ging also nicht nur um die Netzwerke der personalen
Kommunikation bzw. mediatisierten Interaktion, wie sie gerne mit netzwerkanalytischen Ansätzen der Kommunikations- und Medienwissenschaft gefasst werden (siehe überblickend Schenk 1995). Vielmehr sind die verschiedenen kommunikativen Vernetzungen medialer Migranten *transmedial zu betrachten*, d. h.
verschiedene Medien übergreifend: Die mediatisierte Quasi-Interaktion der
Massenmedien schafft auf bestimmte Sender als Knoten zentrierte Kommunikationsnetzwerke. Diese umfassen bei medialen Migranten das Fernsehen, die Zeitungen, das Radio und Filme ihres aktuellen Lebensortes, des Migrationslandes,
der Herkunft, der Diaspora und weitergehender Regionen und Länder der Welt.
Möglich wird eine solche Vielfalt der kommunikativen Vernetzung mittels stan-

dardisierter Inhalte durch eine große Varianz unterschiedlicher Distributionsmöglichkeiten – neben den Satelliten zunehmend auch durch das Internet.

Bei der mediatisierten Interaktion sind die Kommunikationsnetzwerke vielfältiger, indem sie nicht solcherart auf Sender als zentrale Knoten gerichtet sind. Es geht hier um vielfältige Kommunikationsbeziehungen von Einzelpersonen – der Familie, Freunde, Bekannten –, aber auch um Kommunikationsnetzwerke von größeren Gruppen (Migrantenvereine, Unterstützergruppen etc.). Wiederum beziehen sich diese Kommunikationsnetzwerke – wenn sie in ihrer medialen Vermittlung translokal über den aktuellen Lebensort hinausgehen – auf das Migrationsland Deutschland, die Herkunft, die Diaspora oder weitergehende Regionen der Welt. Gestützt wird dies durch sehr verschiedene Medien der personalen Kommunikation, neben Briefen und dem (analogen) Telefon wiederum internetbasierten Medien wie bspw. E-Mail, Internettelefonie usw.

Im Hinblick auf solche Möglichkeiten der kommunikativen Vernetzung von medialen Migranten ist das zentrale Argument dieser Studie das der *Ko-Artikulation von kultureller Identität und kommunikativer Vernetzung*. Über die von uns untersuchten Diasporagemeinschaften haben wir so drei Medienaneignungstypen unterschieden, nämlich *Herkunftsorientierte*, *Ethnoorientierte* und *Weltorientierte*. Während diese drei Typen für jede der Diasporagemeinschaften eine spezifische Ausprägung haben bzw. bezogen auf die Diasporas ungleich verteilt sind (siehe hierzu unsere Analysen in den Kapiteln sieben bis neun), gestattet sie es uns insgesamt, das Potenzial der verschiedenen Möglichkeiten von kommunikativer Vernetzung für mediale Migranten abzuschätzen (siehe Abbildung 26).

Unsere Ergebnisse sehen dabei wie folgt aus: Vereinfacht formuliert lässt sich sagen, dass *Herkunftsorientierte* eine *subjektiv gefühlte Zugehörigkeit zu ihrer Herkunftsregion haben*, die ihr Leben in der „Fremde" prägt. Diese subjektiv gefühlte Zugehörigkeit kann, muss jedoch nicht auf einer Sozialisation in der Herkunftsregion beruhen. Gerade bei jüngeren medialen Migranten, die weitgehend in Deutschland, dort aber stark fokussiert auf die Migrationsgemeinschaft aufgewachsen sind, basiert die herkunftsorientierte Zugehörigkeit durchweg auf Vorstellungen bzw. den Erfahrungen bei einzelnen Urlaubsreisen. Für Herkunftsorientierte ist das Leben in der Fremde nicht unbedingt problematisch. Schwierigkeiten entstehen vor allem dann, wenn sie das subjektive Gefühl haben, mit ihrer eigenen Identität nicht akzeptiert zu sein bzw. in schwierigen ökonomischen Verhältnissen leben. Diese Orientierung von kultureller Identität geht einher mit einer spezifischen kommunikativen Vernetzung, die wir als *Herkunftsvernetzung* bezeichnet haben. Während eine intensive lokale kommunikative Konnektivität am Lebensort besteht, zumeist mit Mitgliedern der eigenen Diasporagemeinschaft, existieren darüber hinaus umfassende translokale Kom-

munikationsbeziehungen insbesondere zur Herkunftsregion. Das Medienrepertoire dieses Typus ist auf eine solche kommunikative Herkunftsvernetzung
orientiert und dabei wenig affin in Richtung digitaler Medien. Und auch für die
mediatisierte Quasi-Interaktion der Massenmedien ist festzuhalten, dass Herkunftsorientierte tendenziell Herkunftsangebote nutzen bzw. allenfalls das deutsche Fernsehen bzw. einzelne Lokalmedien eine kommunikative Einbettung am
aktuellen Lebensort sicherstellen.

Abbildung 26:   *Medienaneignungstypen der kulturellen Identität und*
                      kommunikativen Vernetzung

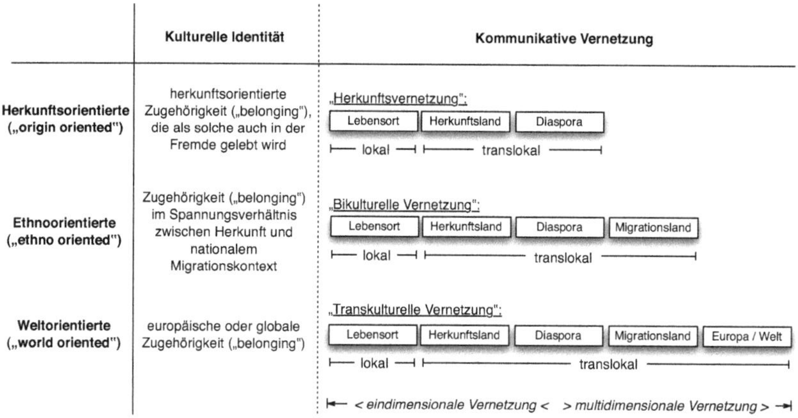

Anders verhielt es sich bei dem *Ethnoorientierten*. Die Bezeichnung dieses Typus hebt darauf ab, dass dieser seine *Zugehörigkeit im Spannungsverhältnis zwischen Herkunft und nationalem Aufnahmekontext* sieht. Ethnoorientierte nennen
sich also wie wir gesehen haben charakteristischerweise Deutschmarokkaner,
Deutschtürke oder Deutschrusse. Die kommunikative Vernetzung des Ethnoorientierten lässt sich als *bikulturelle Vernetzung* beschreiben. Diese Bezeichnung akzentuiert, dass die kommunikative Vernetzung des Typus in dem Sinne
bikulturell ist, dass sie lokal wie translokal vor allem im Spannungsverhältnis
zwischen zwei (vorgestellten) nationalen Kulturen erfolgt. Es bestehen nicht nur
Kommunikationsbeziehungen zur (vorgestellten) Herkunft. Daneben ist eine intensive kommunikative Vernetzung in der eigenen Diaspora bzw. zu Deutschen
auszumachen. Diese kommunikative Vernetzung wird im Medienrepertoire der
Ethnoorientierten sowohl von (digitalen) Medien der personalen Kommunikation als auch der Massenkommunikation getragen. Dominierende Angebotsformen sind, außer lokalen, diasporische, deutsche und Herkunfts-Angebote. Dem

entspricht wiederum das translokale personale Kommunikationsnetzwerk des Ethnoorientierten, dessen Reichweite Deutschland und die eigene Herkunft umfasst bzw. neben der Familie und Freunden die Diaspora in Deutschland und Deutsche einbezieht.

Eine nochmals andere kulturelle Identität und kommunikative Vernetzung hatten die *Weltorientierten*. Bei diesen rücken Formen von Identität ins Zentrum, die jenseits des Ethnisch-Nationalen (ob in Bezug zur Herkunft oder zum aktuellen Lebenskontext) liegen. Der Begriff des Weltorientierten hebt darauf ab, dass die *subjektiv gefühlte kulturelle Zugehörigkeit, auf welchem Niveau auch immer, jenseits des Nationalen besteht.* Vorstellungen der Nation – ob der deutschen, der Herkunft oder eines bilateralen Spannungsverhältnisses zwischen beiden – werden durchschritten und das supranationale Europa oder gar das Menschsein als solches werden zum Bezugspunkt von Zugehörigkeit. Die subjektiv gefühlte Zugehörigkeit geht mit einer spezifischen kommunikativen Vernetzung einher, die sich als *transkulturelle Vernetzung* bezeichnen lässt. In Differenz zu den anderen Typen ist die Reichweite kommunikativer Vernetzung umfassender und tendiert zum Europäischen oder (vorgestellten) Globalen bzw. konkreter zu einer Erstreckung des kommunikativen Netzwerks über verschiedenste Länder und Kulturen hinweg. Das Medienrepertoire ist sehr breit angelegt. Außer unterschiedlichen Massenmedien spielen insbesondere Medien der personalen Kommunikation – und unter diesen digitale Medien – eine große Rolle. Weltorientierte nutzen neben E-Mail, Telefon und Chat zum Teil in hoher Intensität Social-Web-Angebote, um mit den Personen ihres Netzwerks in Beziehung zu bleiben. In diesem Netzwerk sind Familien- und Diasporaangehörige ein wichtiger Bezug. Daneben umfasst das Kommunikationsnetzwerk eine Vielzahl weiterer Personen, zu denen der Kontakt zum Teil über Beruf und Ausbildung, zum Teil über private Anlässe aufgebaut wurde und mehr oder weniger intensiv gepflegt wird. Dabei ist die Migrationserfahrung durchaus ein Potenzial der Kontaktentwicklung.

Wir können also festhalten, dass für jeden der drei Grundtypen in der Medienaneignung eine je spezifische Ko-Artikulation von kultureller Identität und kommunikativer Vernetzung besteht, die sich nicht in einseitige Kausalitäten auflösen lässt. Das heißt, eine herkunftsorientierte, ethnoorientierte oder weltorientierte kulturelle Identität resp. subjektive Zugehörigkeit hat nicht eine bestimmte kommunikative Vernetzung zur Folge. Ebenso zieht eine Herkunftsvernetzung, eine bikulturelle Vernetzung oder eine transkulturelle Vernetzung keine spezifische kulturelle Identität nach sich. Vielmehr ist die Beziehung zwischen beiden so zu sehen, dass sich eine bestimmte kommunikative Vernetzung und eine bestimmte Form kultureller Identität zusammen artikulieren. Ko-Artikula-

tion zeigte sich bezogen auf diese drei Typen in unseren Analysen damit insofern, dass man von einer *wechselseitigen Verstärkung von kultureller Identitätsorientierung und kommunikativer Vernetzung* ausgehen muss.

Was bedeuten solche Analyseergebnisse nun für eine Gesamteinschätzung
der kommunikativen Vernetzung von Diasporas? Wirft man diese Frage auf, *ermöglicht die von uns entwickelte Typologie, ein komplexeres Bild der kommunikativen Artikulation von Diaspora zu zeichnen, als dies in der bisherigen Kom-
munikations- und Medienforschung üblich gewesen ist.* So gibt unsere Forschung nur bedingt Hinweise darauf, dass es sinnvoll ist, von einer (alternativen) Öffentlichkeit von Diasporas zu sprechen, die gerne mit Diasporamedien
und deren Aneignung in Verbindung gebracht wird (siehe dazu unsere Analysen
in Kapitel 6). Diese Angebote werden als Spezialangebote angeeignet, nur teilweise jedoch im Hinblick auf Fragen politischer Kommunikation oder des zivilgesellschaftlichen Engagements.

In Abgrenzung zu vereinfachenden Gleichsetzungen der kommunikativen
Vernetzung einer Diaspora mit Vorstellungen einer alternativen Öffentlichkeit
eröffnet unsere Typologie einen anderen Blick auf die kommunikative Artikulation einer Diaspora. In deren Zentrum stehen die Ethnoorientierten, für die gerade die Auseinandersetzung mit Fragen der ethnischen Orientierung ein mehr
oder weniger wichtiges Thema in ihrem Leben sind. Deshalb erarbeiten sie sich
in unterschiedlichen Graden in ihrer *alltagsweltlichen Lebenspraxis* an Fragen
der ethnischen Selbstverortung ab. Hierauf bezogene Diskurse finden zwar in
einzelnen Diasporamedien statt, sind aber in einem wesentlich weitergehenden
Zusammenhang zu sehen. Die Spezifik der Ethnoorientierten besteht gerade darin, dass sie auch jenseits der Diaspora an ihrem aktuellen Lebensort, in dem sie
umgebenden Migrationsland aber auch zur Herkunft Kommunikationskontakte
halten. *Der Sinnhorizont der Diaspora wird also durch eine Vielfalt unterschiedlicher Formen und Prozesse der Medienkommunikation gebildet, wobei ein
wichtiges Moment die in der Medienaneignung hergestellten Vergleichsbezüge
sind, aber auch eine fortlaufende, wechselseitige personale Unterstützungskommunikation.* Die Erfahrung der Migration schafft also eine sehr spezifische Form
von Vergemeinschaftung, die die (vorgestellte) Migrationserfahrung reflektiert.

Wie sind nun aber Herkunfts- und Weltorientierte einzuordnen? In einer solchen Frage klingen zumindest zwei miteinander in Beziehung stehende Teilfragen an: Erstens können wir diese beiden Typen von medialen Migranten überhaupt als Diasporaangehörige charakterisieren? Und – falls ja – welchen Status
haben diese zweitens für die Diaspora? Die erste dieser beiden Teilfragen lässt
sich beantworten, indem wir zu der in diesem Buch entwickelten Definition von
Diaspora als einer spezifischen Form deterriorialer Vergemeinschaftung zurück-

kommen (siehe dazu Kapitel 2). Begreift man Diasporas als eine translokale deterritoriale Vergemeinschaftung, basiert diese auf einer subjektiv gefühlten Zugehörigkeit ihrer Mitglieder. Unsere Analysen der kulturellen Identitätsartikulation von Herkunfts- und Weltorientierten zeigen, dass eine solche subjektiv gefühlte Zugehörigkeit aus unterschiedlichen Gründen bei beiden Typen *weniger* ausgeprägt ist denn bei Ethnoorientierten: Bei Herkunftsorientierten dominiert, wie der Name schon sagt, eine Zugehörigkeit zur (vorgestellten) Herkunft, bei Weltorientierten die Tendenz, die eigene Identitätsartikulation von nationalen Referenzen der Herkunft wie des Migrationslandes zu Gunsten von Vorstellungen des Mensch- bzw. Europäerseins zu befreien. Jenseits dieser dominanten Selbstverortungen haben unsere Detailanalysen aber für beide Typen gezeigt, dass *zumindest situativ immer wieder auch Selbstverortungen einer gefühlten Zugehörigkeit zur Diaspora ausgemacht werden können.* Bei Herkunftsorientierten sind dies vor allem Situationen und Momente, in denen sie die Veränderung der eigenen Identitätsorientierung im Vergleich zu ihrer (vorgestellten) Herkunft realisieren. Bei Weltorientierten sind dies Situationen und Momente, in denen sie feststellen, dass erst ihre Migrationserfahrungen eine Überwindung vereinfachender Identitätskonzeptionen ermöglichen – und sie sich so paradoxerweise doch mit einer gewissen Zugehörigkeit zur Diaspora identifizieren. *In diesem Sinne sind Herkunfts- und Weltorientierte nicht das* Zentrum, *aber dennoch* Teil *der Diaspora.*

Dies führt uns direkt zur Beantwortung der zweiten Teilfrage, nämlich die Frage nach dem Status dieser beiden Typen für die Vergemeinschaftung der Diaspora. Beginnen wir hier zuerst mit den Herkunftsorientierten. Betrachtet man diese in ihrer Positionierung in der Diaspora, so lassen sich Herkunftsorientierte als *primäre Brücken der Kommunikation in die Herkunft* beschreiben: Sie sind diejenigen, die zu den zurückgebliebenen Familien die intensivsten Kommunikationsnetzwerke unterhalten, die die Nachrichten (und populärkulturellen Entwicklungen) in der Herkunft am intensivsten verfolgen, häufig mit einem nostalgischen Blick. Sie reisen zumindest jährlich in das Herkunftsland und frischen so Freundschaftsnetzwerke und Familienkontakte jenseits medial vermittelter Kommunikation wieder auf. Darüber hinaus stellen die Herkunftsorientierten Herkunftsbezüge in der Kommunikation der diasporischen Alltagswelt her. Sie sind diejenigen, die in Alltagsgesprächen an die Herkunftswerte und -erwartungen erinnern, sie betreiben die Hobbys der Herkunft weiter, sie kaufen wo immer möglich in Diasporaläden ein, sie schalten bei Familienabenden den Fernseher mit dem Herkunftsfernsehen ein oder verschenken eine entsprechende CD. *In diesem Sinne personifizieren Herkunftsorientierte im günstigsten Falle auch das kulturelle Gedächtnis des Herkunftsbezugs der Diaspora.*

In anderer Hinsicht sind die Weltorientierten zentral für die kommunikative Artikulation der Diaspora, indem sie *vielfältige Kommunikationsbezüge nach Außen öffnen*. Gerade weil sie eher skeptisch gegenüber einer engen Herkunfts- aber auch Diasporaorientierung sind, pflegen sie vielfältige Kommunikationsbe- ziehungen, nicht nur im Migrationsland und der Diaspora, sondern ebenso zu Menschen gänzlich anderer kultureller Orientierung und Herkunft. Gestützt durch digitale Medien halten sie solche Kontakte über verschiedene Ländergren- zen hinweg. Weltorientierte verfolgen daneben Medien aus sehr unterschiedli- chen kulturellen Räumen, gerne auch so genannte transnationale Medien wie bspw. BBC World News oder die internationalen Kanäle von CNN. *Auf diese Weise entwickeln Weltorientierte einen breiten, transkulturellen Blick, über den sich die Diaspora im besten Falle einen Bezug zu sehr unterschiedlichen kultu- rellen Kontexten hält und der ein Gegenmoment zu konservativen Herkunfts- orientierungen bilden kann.*

Diasporas sind in einer solchen Gesamtschau im Hinblick auf ihre kommu- nikative Artikulation über die von uns unterschiedenen Typen fassbare, in sich hoch differenzierte Gebilde. Unterschiedliche Identitätsorientierungen einzelner Mitglieder stabilisieren dabei verschiedene Kommunikationsbezüge, worüber mehr oder weniger dauerhafte Sinnhorizonte bestehen. Entscheidend ist also nicht die binäre Frage der kommunikativen Segregation oder Integration einer Diaspora durch einzelne Medien in das Migrationsland. Entscheidend ist viel- mehr die Frage, *welche Medien wie insgesamt verschiedene Sinnhorizonte des Lebens in der Diaspora eröffnen und was sich hieraus an Lebenschancen für mediale Migranten ergibt.* Entsprechend verweist unsere Studie auf die Notwen- digkeit, Fragen kommunikativer Integration anders zu denken, als dies in der Kommunikations- und Medienforschung bisher üblich gewesen ist.

10.3 Kommunikative Integration anders denken

Ausgangspunkt unserer Studie war eine Kritik an der bestehenden deutschspra- chigen Forschung zur Mediennutzung von Migrantinnen und Migranten im Hin- blick darauf, dass diese vorschnell die Beschreibung migrantischer Mediennut- zung auf Fragen der Integration reduziert (siehe dazu Kapitel 3). Dahinter steht die Vorstellung von (Massen-)Medien als Vermittlungsinstanzen für eine natio- nale, gesamtgesellschaftliche Integration (Jäckel 2005; Maletzke 1980). Hierbei lassen sich in der Vielfalt der Argumentationen zumindest zwei Tendenzen er- kennen, wie Medien und Integration begrifflich miteinander verknüpft werden: Erstens kann Integration als kommunikative Homogenisierung, zweitens als die

Herstellung kommunikativer und damit auch sozialer Relationen verstanden werden. Bei einem Verständnis von *Integration als kommunikativer Homogenisierung* wird davon ausgegangen, dass eine Integration durch Massenmedien dann zu Stande kommt, wenn ein möglichst einheitliches Medienangebot möglichst einheitliche Themen verhandelt, möglichst einheitlich genutzt wird und so zur Herstellung eines geteilten Normen- und Wertesystems führt (Vlasic/Brosius 2002). Bei einem Verständnis von *Integration als kommunikativer Relation* wird davon ausgegangen, dass das Bestehen wechselseitiger kommunikativer Referenzen und damit von Kommunikationsfähigkeit entscheidend für gesellschaftliche Beteiligung ist. Dies ist unabhängig davon, ob sich diese Beteiligung konfliktorientiert (Weßler 2002) konstituiert oder sich in inter-systemischen Relationen (Sutter 2002) ausdrückt. Trotz solcher Differenzen treffen sich beide Grundverständnisse von Integration und darauf aufbauende Untersuchungen in der kommunikations- und medienwissenschaftlichen Forschung zu Medien und Migration in der Annahme, dass (Massen-)Medien deshalb ein Integrationspotenzial besitzen, weil sie über eine gesamte Gesellschaft und Kultur hinweg Kommunikation eröffnen.

An diesem Punkt zeigt unsere Studie, dass exakt eine solche Grundannahme für die Vielfalt heutiger Formen mediatisierter Interaktion und Quasi-Interaktion nicht (mehr) haltbar ist: Bei all den von uns interviewten medialen Migranten waren wir mit sehr unterschiedlichen Kommunikationsbezügen konfrontiert, die wie unsere Typologie von Herkunfts-, Ethno- und Weltorientierten zeigt, nicht beliebig sind, aber doch zu komplex, um mit einem einfachen Begriff von kommunikativer Integration als nationaler Integration gefasst zu werden. Es ist notwendig, kommunikative Integration anders als bisher zu denken.

Hierfür bietet sich unseres Erachtens der Begriff der kommunikativen Vernetzung an, entlang derer wir die vielfältigen Kommunikationsformen medialer Migranten analysiert haben: *Kommunikative Integration wird dann als kommunikative Vernetzung und darauf gründende Beteiligungschancen greifbar*. Als Kriterium lässt sich die empirisch feststellbare Vernetzung der Individuen und deren subjektive und objektive Bewertung verwenden. Ein breites Maß von kommunikativer Integration ergibt sich, wenn subjektiv aus der Perspektive der Einzelnen positiv zu bewertende Beteiligungschancen zu verschiedenen, möglichst unterschiedlichen kommunikativen Netzwerken und auf diesen basierenden Kommunikationsräumen bestehen und/oder Medien in einer Art angeeignet werden, die eine solche Einbettung erhält bzw. verbreitert. Im Umkehrschluss hierzu ist kommunikative Segregation eine Nichtteilnahme an kommunikativen Vernetzungen oder aber eine kommunikative Vernetzung mit nur einem oder wenigen gleichartigen Kommunikationsräumen, die insbesondere durch negative Abgrenzung gegenüber anderen gekennzeichnet sind.

Es geht also nicht einfach binär um die Frage, ob national eine Integration oder Des-Integration bzw. Segregation besteht, sondern viel komplexer darum, in *welchen* kommunikativen Netzwerken und auf diesen basierenden Kommunikationsräumen mediale Migranten sich *wie* integrieren bzw. von *welchen* sie sich *wie* segregieren. Dieser Begriffsrahmen bietet uns eine doppelte Möglichkeit der abschließenden bewertenden Einordnung unserer empirischen Ergebnisse, nämlich erstens im Hinblick auf eine Gesamtbetrachtung der von uns untersuchten marokkanischen, russischen und türkischen Diaspora, zweitens eine diesbezügliche Betrachtung der drei von uns unterschiedenen Typen.

Betrachtet man erstens die drei Diasporas insgesamt, fällt auf, dass deren Charakterisierung als medial segregiert – als „Mediengetto" – eine vollkommene Fehlinterpretation der aktuellen Lage wäre. Wir haben vielmehr eine *kommunikative Integration innerhalb der Diaspora*: In Teilen getragen von Diasporamedien, vor allem aber gestützt durch die Kommunikationsnetzwerke mediatisierter personaler Interaktion helfen sich die verschiedenen medialen Migranten gegenseitig und eröffnen so verschiedene Beteiligungschancen. Dass die Medien hierbei ein wichtiges Moment kommunikativer Vernetzung und darauf beruhender Beteiligung sind, hat unsere Analyse der verschiedenen migrantischen Vermittlerrollen gezeigt (ob als Technikvermittler, Kommunikationsvermittler oder Inhaltsvermittler).

Wir finden aber auch jenseits der Diaspora verschiedene Formen kommunikativer Vernetzung. Dies betrifft zuerst einmal die *kommunikative Integration zur Herkunft*. Getragen durch Internet, Satellitenfernsehen und -radio, Zeitung und Telefon hat die Diaspora vielfältige Kommunikationsvernetzungen zur (vorgestellten) Herkunft. Bemerkenswerterweise geht es auch hier um Beteiligungschancen: beispielsweise die Beteiligung an der Kritik der Situation im Herkunftsland oder die Nutzung einer entsprechenden kommunikativen Vernetzung für Chancen der Beteiligung an der (Migrations-)Ökonomie (bspw. für entsprechenden Import-Export oder Angebote in der Reisebranche). Die fortlaufende Kommunikationsvernetzung verweist gleichzeitig jedoch auf die Möglichkeit der Erfahrung einer (zunehmenden) Distanz zur (vorgestellten) Herkunft.

Deutlich fällt die umfassende *kommunikative Integration am aktuellen Lebensort* auf. Dies betrifft zuerst einmal den Ort im engeren Sinne des Wortes, also die Stadt, in der man lebt, deren Geschehnisse man über Lokalmedien verfolgt, in der man aber auch umfassende Kommunikationsnetzwerke unterhält, medial vermittelt und Face-to-Face. Es geht weiter um das *Migrationsland*, dessen Medien selbstverständlich verfolgt werden und in dem man ebenso selbstverständlich Kontakt zu Deutschen und anderen Migrantinnen und Migranten unterhält. Der Einbezug in verschiedene Kommunikationsnetzwerke der mediatisierten (Quasi-)Interaktion ist charakteristisch für mediale Migranten in der Diaspora. Ebenso charakteristisch ist das Vergleichen verschiedenster Erfahrungen in diesen Kommunikationsräumen wie auch die Nutzung der eigenen Migrationserfahrung und mehrfachen Sprachkompetenz für unterschiedliche Formen der Beteiligung im Migrationsland.

Schließlich können wir über eine *kommunikative Integration der Diaspora in eine globalisierte Welt* sprechen. Gemeint sind damit die vielfältigen kommunikativen Vernetzungen an andere Orte der Welt, die einzelne mediale Migranten unterhalten, aber auch deren Interesse, medienvermittelt das Geschehen in verschiedenen anderen Kommunikationsräumen bspw. über Al Jazeera, BBC oder CNN-International zu verfolgen. Auch von weiteren Regionen der Welt ist die Diaspora also alles andere als kommunikativ segregiert.

Betrachtet man in diesem Sinne die Diaspora insgesamt, erscheint sie als in sich hoch komplexe und vielschichtige Vergemeinschaftung, die verschiedenste kommunikative Brücken nicht nur zur Herkunft, sondern auch am Lebensort, in Deutschland bzw. in anderen (europäischen) Städten und Ländern herstellen kann. Dabei fördert die Diaspora durch ihre interne wie externe kommunikative Integration verschiedene Beteiligungschancen medialer Migranten. *Es geht insgesamt also um sehr multiple Formen medialer Integration und darauf stützender Beteiligung.*

Wie bereits betont, können wir zweitens Fragen der medialen Integration auf die drei Aneignungstypen der Herkunfts-, Ethno- und Weltorientierten beziehen. In einem solchen Blickwinkel zerfallen Gesamtaussagen zur Diaspora in spezifischere Aussagen zu einzelnen Typen medialer Migranten.

Für *Herkunftsorientierte ist eher eine wenigdimensionale kommunikative Vernetzung* kennzeichnend. Deren Beteiligungschancen basieren auf dem Aufbau von lokalen und herkunftsorientierten Kommunikationsnetzwerken und sich über diese ergebende Kommunikationsräume. Dies heißt aber nicht zwangsläufig, dass Herkunftsorientierte kommunikativ desintegriert wären: *Die kommunikative Integration der Herkunftsorientierten in ihre Diaspora ist zwar herkunftsorientiert, aber gerade deshalb in hohem Maße stabilisierend für diese.* Sie gibt ihnen Halt, eröffnet aber nur beschränkte Beteiligungschancen jenseits der Diaspora. Dazu trägt auch die berufliche Situation und deutsche Sprachkompetenz bei, die beide im Vergleich zu den anderen Typen eher schlecht sind. Dies kann umgekehrt aber nicht als einfacher Wirkzusammenhang begriffen werden in dem Sinne, dass Herkunftsorientierung die Folge von Arbeitslosigkeit und mangelnder Sprachkompetenz wäre. Wir haben durchaus auch akademisch gebildete Herkunftsorientierte bzw. solche in gesicherten wirtschaftlichen Situationen.

Ethnoorientierte sind gemeinhin im Hinblick auf die jeweiligen Bezugsgruppen multidimensionaler vernetzt. Das gestattet im positiven Falle eine kommunikative Integration sowohl im Hinblick auf das Migrationsland als auch die Diaspora. Im negativen Fall geht damit jedoch die Erfahrung einer Verunsicherung im Hinblick auf die eigene Zughörigkeit ein. *Bei den Ethnoorientierten zeigt sich deutlich, wie kommunikative Vernetzungen unterschiedliche Beteiligungschancen eröffnen können, sowohl sozialer als auch ökonomischer Natur.* Die kommunikative Vernetzung der Diasporaangehörigen untereinander vermittelt beispielsweise über entsprechende Webportale Jobs oder hilft beim sozialen Engagement. Aber auch der Einbezug in Kommunikationsnetzwerke mit Deutschen wird gesucht, um beruflich und privat weiter zu kommen. Immer wieder finden sich dabei Aussagen, dass der Zugang zu unterschiedlichen (sprachlichen) Kommunikationsräumen und die damit bzw. mit der Migration verbundenen Erfahrungen ein wichtiges Potenzial sind, in der heutigen Welt voranzukommen. Dies darf aber nicht über praktische Probleme in der Alltagswelt hinweg täuschen, wie bei der Anerkennung von im Ausland erbrachten Ausbildungen. (dieser Punkt betrifft auch Herkunftsorientierte).

Eine sehr weit reichende Multidimensionalität der kommunikativen Vernetzung kennzeichnet die Weltorientierten. Diese korrespondiert damit, dass sich deren kommunikative Integration vom rein Nationalen zu supranationalen Einheiten wie Europa verlagert bzw. sich gänzlich von einer einfachen Staatsbezüglichkeit lösen kann. Konkret wird dies nicht nur an den Kommunikationsnetzwerken der mediatisierten personalen Interaktion, sondern ebenso an den verschiedenen Kommunikationsräumen, an denen Weltorientierte durch standardisierte Inhalte von so genannten Massenmedien Zugang suchen. Hierbei helfen sicherlich die überdurchschnittliche Bildung, hohe digitale Medienkompetenz sowie die Sprachkenntnisse, die zumeist mindestens drei Sprachen umfassen. Kennzeichnend für Weltorientierte ist der transkulturelle Blick, das interessierte Vergleichen und Betrachten verschiedener Phänomene über die Grenzen „traditionaler Kulturen" hinweg. Hierdurch bestehen Potenziale der kommunikativen Integration und damit verbundene Beteiligungschancen in gänzlich anderer Weise. Vielleicht kann man formulieren – wie in unseren diesbezüglichen Analysen mehrfach anklang – dass die Weltorientierten eine zukünftige europäische Elite medialer Migranten bilden, indem der Bezugsraum medialer Integration eher Europa denn das Herkunfts- oder Migrationsland ist. Möglicherweise sind weltorientierte mediale Migranten diejenigen, die sich weit über nationalkulturelle Grenzen hinaus „integrieren" oder zumindest zu einer gewissen transkulturellen Verständigung beitragen können.

11 Anhang

Der Anhang dient einem schnellen Überblick über die unseren Analysen zu Grunde liegenden Daten. Dies betrifft die Personen, mit denen Interviews geführt bzw. weitere Daten (Netzwerkkarten, Medientagebücher u. a.) erhoben wurden, die wichtigsten der angeeigneten Diaspora- und Herkunftsmedien sowie unsere Analysekategorien. Nähere Informationen zu unserem methodischen Vorgehen finden sich in Kapitel 1.2.

11.1 Interviewpartnerinnen und -partner

Bei allen im weiteren aufgeführten Namen handelt es sich um Pseudonyme. Die Interviews hatten eine Dauer von ca. dreißig Minuten bis anderthalb Stunden und wurden entweder bei unseren Gesprächspartnerinnen und -partnern zuhause geführt oder aber an einem anderen Ort ihrer Wahl (Café, Vereinsheim etc.).

Russische Diaspora

Name	Migration	Bildung	Beruf	Typ
Alla (w, 47)	2001	Hochschulbildung (Lehramt, Russland)	arbeitslos (in Umschulung)	ethnoorientiert
Alexander (m, 32)	2004	Hochschulbildung (Schauspiel, Russland), abgebrochenes Studium (Kulturwissenschaften, Deutschland)	Freiberuflicher Schauspieler (krankgeschrieben nach einem Unfall)	weltorientiert
Anastasia (w, 54)	1994	Hochschulbildung (Personalleitung, Russland)	arbeitet in einem Kulturverein	ethnoorientiert
Anton (m, 47)	1980	Hochschulbildung (England)	Autor, freier Journalist	herkunftsorientiert
Boris (m, 22)	2004	Koch (Weißrussland)	arbeitslos	herkunftsorientiert bis ethnoorientiert

Danil (m, 24)	2001	Bankkaufmann (Lettland), abgebrochenes Studium (BWL, Deutschland)	Mini-Jobber	weltorientiert
Eldar (m,17)	in Dtl. geboren	besucht ein Gymnasium (Deutschland)	Gymnasiast	ethnoorientiert
Elena (w, 31)	2001	abgebrochene Ausbildung als Erzieherin (Kasachstan)	arbeitslos	ethnoorientiert
Galina (w, 51)	1993	Buchhalterin (Kirgisien)	arbeitet in einem Verein	ethnoorientiert
Genadij (m, 30)	2003	Grundschule (Kasachstan)	arbeitslos	herkunftsorientiert
Karina (w, 21)	2004	Abitur (Russland), besucht ein Gymnasium (Deutschland)	Gymnasiastin	ethnoorientiert bis herkunftsorientiert
Kira (w, 22)	2003	Ausbildung zur Buchhalterin (Kasachstan)	arbeitslos	weltorientiert
Kiril (m, 30)	1999	Studium in Russland begonnen und in Deutschland beendet (Mathematik)	arbeitslos	ethnoorientiert
Kristina (w, 24)	1999	Hauptschulabschluss (Deutschland)	Schneiderin	ethnoorientiert
Lada (w, 23)	1997	Abitur (Deutschland), abgebrochenes (Schauspiel-) Studium (Russland), studiert an einer Universität (Deutschland)	Studentin (Soziologie)	weltorientiert bis ethnoorientiert
Larissa (w, 28)	1992	Studiert an einer Universität (Deutschland)	Studentin (Kunstgeschichte)	weltorientiert
Ljudmila (w, 45)	2004	Hochschulbildung (Medizin, Russland)	Pflegerin und begleitet Aussiedler	ethnoorientiert bis herkunftsorientiert
Maxim (m, 27)	1999	abgebrochenes Studium (Jura, Deutschland)	Student (Slawistik)	ethnoorientiert

Oleg (m, 55)	2008	Hochschulbildung (Ingenieur, Russland)	arbeitslos	ethnoorientiert bis herkunftsorientiert
Olessia (w, 27)	2003	Hochschulbildung (Dolmetscherin, Ukraine), studiert wieder an einer Universität (Deutschland)	Studentin (Germanistik und Anglisitk)	ethnoorientiert
Pawel (m, 59)	2004	Berufsausbildung (Elektriker, Ukraine)	arbeitslos	herkunftsorientiert
Polina (w, 31)	1997	Berufsausbildung (Chemiefachfrau, Russland)	arbeitslos	herkunftsorientiert
Ruslan (m, 34)	2005	technische Berufsausbildung (Eisenbahn, Russland)	arbeitslos	herkunftsorientiert
Stanislaw (m, 31)	1997	Schweißer (Deutschland)	Arbeiter in der Metallindustrie	herkunftsorientiert
Swetlana (w, 52)	1997	Hochschulbildung (Lehramt, Kasachstan)	arbeitet bei einem Kulturverein	ethnoorientiert
Valerij (m, 68)	2001	Techniker (Russland)	Bauarbeiter	ethnoorientiert
Vera (w, 22)	1995	Realschulabschluss (Deutschland)	Auszubildende (Bürokauffrau)	ethnoorientiert
Viktoria (w, 47)	2006	Hochschulbildung (Medizin, Russland)	arbeitslos	ethnoorientiert
Vitalii (m, 36)	2006	Grundschulabschluss (Kasachstan)	arbeitslos	herkunftsorientiert
Wadim (m, 42)	2000	Hochschulbildung (Kunst, Ukraine)	Arbeitslos	herkunftsorientiert
Zhanna (w, 24)	1991	Bachelorstudium (Europastudien, Deutschland), plant Masterstudium (UK)	Studentin (Europastudien)	weltorientiert

Marrokanische Diaspora

Name	Migration	Bildung	Beruf	Typ
Abdoullah (m, 34)	1992	Elektriker und Koch (Marokko)	Cafébesitzer	herkunftsorientiert bis ethnoorientiert
Adil (m, 43)	ca. 1960	Hauptschulabschluss (Deutschland)	Ein-Euro-Jobber	ethnoorientiert
Aicha (w, 17)	2006	Besucht eine Schule	Schülerin	herkunftsorientiert bis ethnoorientiert
Amar (m, 28)	2008	Hochschulbildung (Freie Kunst, Marokko)/ Studium in Deutschland (Bühnenbau)	Student	weltorientiert
Amin (m, 44)	1990	Ausbildung im Sanitärbau (Marokko)	arbeitet im marokkanischen Konsulat	herkunftsorientiert
Amir (m, 57)	in Dtl. geboren	Ausbildung zum Krankenpfleger (Deutschland)	Rentner	Ethnoorientiert
Anis (m, 43)	2003	Hochschulbildung (Lehramt, Marokko)	Lehrer	herkunftsorientiert bis ethnoorientiert
Ayman (m, 29)	2004	Schulabschluss (Marokko)	Verkäufer, Musiker, Reiseorganisator	ethnoorientiert bis weltorientiert
Ayyuub (m, 39)	1988	Schulabschluss (Marokko)	Sozialarbeiter	ethnoorientiert
Fadilah (w, 34)	1992	Abitur (Marokko)	Hausfrau	ethnoorientiert
Fatih (m, 28)	2002	Hochschulbildung (BWL, Marokko), besucht eine Universität (Deutschland)	Student (BWL)	herkunftsorientiert
Fatima (w, 22)	in Dtl. geboren	besucht eine Universität (Deutschland)	Studentin (Public Health)	ethnoorientiert
Hana (w, 34)	1976	Einzelhandelskauffrau (Deutschland)	Hausfrau	ethnoorientiert
Hassan (m, 43)	ca. 1988	Hochschulbildung (Dolmetscher, Deutschland)	Dolmetscher	weltorientiert

Ilias (m, 28)	2001	Ausbildung in Wirtschaft und Technik (Marokko), besucht eine Universität (Deutschland)	Student (Maschinenbau, Luft- und Raumtechnik)	herkunftsorientiert bis weltorientiert
Inaya (w, 29)	2005	Hochschulbildung (Marokko)/ Doktorandin an einer Universität (Deutschland)	Wissenschaftliche Mitarbeiterin/ Doktorandin (Marine Sciences)	weltorientiert
Issak (m, 35)	2000	Hochschulbildung (Schiffbau, Deutschland)	Arbeitet in einem Schiffbauunternehmen	herkunftsorientiert bis ethnoorientiert
Jalal (m, 26)	2006	Besucht eine Universität (Deutschland, Marokko)	Student (Gebäudeenergie, Informationstechnik)	ethnoorientiert bis weltorientiert
Kamil (m, 32)	1999	Hochschulbildung (Physik, Marokko; Produktionstechnik,Deutschland)	arbeitsloo	ethnoorientiert bis herkunftsorientiert
Kamila (w, 36)	2002	Ausbildung zur Sekretärin und in Bildhauerei (Marokko)	Kellnerin	herkunftsorientiert
Karim (m, 28)	2002	Hochschulbildung (Informatik, Deutschland)	Wissenschaftler	weltorientiert
Layla (w, 20)	in Dtl. geboren	Realschulabschluss (Deutschland)	Auszubildende (Bäckereifachverkäuferin)	ethnoorientiert bis weltorientiert
Liyana (w, 30)	2002	Abgebrochene Ausbildung (Marokko)	Sozialarbeiterin	ethnoorientiert
Malik (m, 32)	2004	Hochschulbildung (Informatik, Marokko)/ Besucht eine Fachhochschule (Deutschland)	Student (Journalistik)	herkunftsorientiert
Marouane (m, 14)	in Dtl. geboren	besucht ein Gymnasium	Gymnasiast	ethnoorientiert
Mbarek (m, 63)	Anfang 1970er	keine Ausbildung	arbeitslos	herkunftsorientiert
Mesoud (m, 22)	2005	abgebrochenes Studium (Marokko), besucht eine Universität (Deutschland)	Student (BWL)	ethnoorientiert bis weltorientiert

Mouad (m, 33)	2000	Hochschulbildung (Informatiker, Deutschland)	Programmierer	ethnoorientiert bis herkunftsorientiert
Noureddin (m, 28)	2003	besucht eine Fachhochschule (Deutschland)	Student	herkunftsorientiert
Saib (m, 68)	1965	Schulabschluss (Marokko)	Rentner	ethnoorientiert
Sami (m, 39)	1978	technische Berufsausbildung (Deutschland)	KFZ-Mechaniker	ethnoorientiert
Soraya (w, 36)	1996	abgebrochenes Studium (Deutschland)	arbeitet in einem Juwelierladen	herkunftsorientiert bis ethnoorientiert

Türkische Diaspora

Name	Migration	Bildung	Beruf	Typ
Ahmet (m, 36)	1986	Ausbildung zum Friseur (Deutschland)	Besitzer eines Friseurladens	Ethnoorientiert
Atilla (m, 37)	in Dtl. geboren	Realschulabschluss (Deutschland)	Fernfahrer	ethnoorientiert
Aylin (w, 48)	1975	Ausbildung zur Reisefachfrau (Deutschland)	arbeitslos	ethnoorientiert
Aynur (w, 20)	in Dtl. geboren	Ausbildung abgebrochen	in Ausbildungsprojekt	ethnoorientiert
Aysel (w, 22)	2002	Ausbildung zur Reisefachfrau (Deutschland)	Reisefachfrau	ethnoorientiert
Aysen (w, 44)	1973	Ausbildung zur Kauffrau (Deutschland)	ehrenamtlich bei Vereinen tätig	ethnoorientiert
Aysun (w, 43)	1980	Schulabschluss (Türkei)	Putzfrau in Teilzeit	herkunftsorientiert
Aziz (m, 50)	1980	Schulabschluss (Türkei)	Fahrer	herkunftsorientiert
Cagla (w, 27)	in Dtl. geboren	Studiert an einer Universität (Deutschland)	Studentin (Kulturwissenschaften)	weltorientiert bis ethnoorientiert

Deniz (w, 19)	in Dtl. geboren	besucht ein Gymnasium	Gymnasiastin	ethnoorientiert
Erkan (m, 57)	1972	Hochschulbildung (Maschinenbau, Deutschland)	Sozialberater	ethnoorientiert bis herkunftsorientiert
Esin (w, 22)	1993	Hauptschulabschluss (Deutschland)	in Ausbildungsprojekt, im Laden ihres Vaters	ethnoorientiert bis herkunftsorientiert
Fatoş (w, 40)	in Dtl. geboren	Hauptschulabschluss (Deutschland)	Hausfrau	herkunftsorientiert
Feraye (w, 35)	1988	Ausbildung zur Reisefachfrau (Deutschland)	Arbeitet bei einem deutschtürkischen Frauenverein	herkunftsorientiert
Ferda (w, 39)	1992	Schulabschluss (Türkei)	Putzfrau in Teilzeit	herkunftsorientiert
Gökce (w, 33)	in Dtl. geboren	Hochschulbildung (Sozialpädagogik, Deutschland)	Sozialpädagogin in einem Mädchenhaus	weltorientiert bis ethnoorientiert
Gönül (w, 35)	k. A.	Analphabetin	Hausfrau	herkunftsorientiert
Hakan (m, 47)	1980	Hochschulbildung (Elektrotechnik-Deutschland)	selbstständiger Elektrotechniker	ethnoorientiert
Halim (m, 33)	1978	Hochschulbildung (Produktionsingenieur, Deutschland)	arbeitet im Großhandel	ethnoorientiert
Hayrettin (m, 67)	1965	Technische Berufsausbildung (Türkei)	Rentner	herkunftsorientiert
Hayriye (w, 40)	k. A.	Hochschulbildung (Jura, Türkei)	Hausfrau	herkunftsorientiert
Ilkay (w, 29)	2006	studiert an einer Universität	Studentin (Fertigungstechnik)	herkunftsorientiert
Ismail (m, 49)	1973	Hochschulbildung (Landschaftsarchitektur, Deutschland)	Sozialberater in einem türkischen Elternverein	ethnoorientiert

Kamer (m, 47)	1976	Hochschulbildung (Grafikdesign, Deutschland)	Sozialberater	ethnoorientiert bis herkunftsorientiert
Kadriye (w, 60)	1988	Analphabetin	Hausfrau	herkunftsorientiert
Mahmut (m, 30)	1979	Ausbildung zum Physiotherapeut (Deutschland)	Besitzer einer Praxis für Krankengymnastik	ethnoorientiert
Mert (m, 33)	1975	Ausbildung zum Elektriker (Deutschland)	Elektriker	ethnoorientiert
Metin (m, 30)	2003	Promoviert in Neurobiologie	Doktorand, Wissenschaftlicher Mitarbeiter	herkunftsorientiert
Nalan (w, 50)	1975	Ausbildung zur Hotelfachkauffrau (Türkei)	Besitzerin eines Brautkleiderladens	ethnoorientiert bis weltorientiert
Nilgün (w, 33)	in Dtl. geboren	abgebrochenes Studium (Jura, Deutschland)	Stewardess	ethnoorientiert
Orhan (m, 17)	in Dtl. geboren	Hauptschulabschluss (Deutschland)	besucht ein Ausbildungsprojekt	ethnoorientiert
Salim (m, 43)	1981	technische Berufsausbildung (Deutschland)	arbeitet im Tiefbau	herkunftsorientiert
Serap (w, 20)	in Dtl. geboren	Ausbildung abgebrochen	besucht ein Ausbildungsprojekt	ethnoorientiert
Serhat (m, 48)	1968	Hochschulbildung (Ökonomie, Deutschland)	Besitzer eines Reisebüros	ethnoorientiert bis herkunftsorientiert
Ümran (w, 36)	in Dtl. geboren	Ausbildung abgebrochen (Arzthelferin, Deutschland)	arbeitslos	ethnoorientiert
Ulaş (m, 24)	in Dtl. geboren	studiert an einer Universität (Deutschland)	Student (Wirtschafts- und Bauwesen)	ethnoorientiert

Yasemin (w, 44)	1971	Realschulabschluss (Deutschland)	Arbeitet in der Woh- nungswirtschaft	ethnoorientiert bis herkunftsorientiert

11.2 Wichtigste genutzte Diaspora- und Herkunftsmedien

2M Maroc: staatlicher Fernsehsender aus Marokko in französischer und arabischer Sprache; begründet vom Konzern OMA 1989, 1996 aus ökonomischen Gründen ver-
staatlicht; sendet u. a. amerikanische Serien; Internet: www.2m.ma.

Abu Dhabi TV: Fernsehsender aus den Vereinigten Arabischen Emiraten in arabischer
Sprache; populär im arabischsprachigen Raum; zu dem Unternehmen gehören Sender wie Abu Dhabi Drama, Abu Dhabi Sports; Internet: www.adtv.ae.

Al Alam: Marokkanische Tageszeitung in arabischer Sprache; seit 1946 herausgegeben
von Beqqali Abdellah; nationalistisch orientiert und assoziieret mit der Nationalist
Istiqlal Partei; Internet: www.alalam.ma.

Al Arabija: Arabisch-englischer Fernsehsender in arabischer und englischer Sprache;
international orientiert; produziert von dem Medienkonzern Middle East Broadcasting Center (MBC); 2003 als Konkurrent zu Al Jazeera begründet; Hauptsitz in
Saudi Arabien; Webauftritt auf mehreren Sprachen; Internet: www.alarabiya.net.

Al Jazeera: Arabisch-englischer Privatrechtlicher Fernsehsender mit Schwerpunkt auf
Nahost; privatrechtlich; seit 1996 in arabischer Sprache und seit 2006 in englischer
Sprache (Al Jazeera Englisch, AJE) ausgestrahlt; über Kabel, Satelliten und Web-
TV zu empfangen; hat vier Funkhäuser in Katar, Kuala Lumpur, London und Was-
hington; Internet: www.aljazeera.net.

Alem Fm: Türkischer Radiosender; sendet türkische Nachrichten, Popmusik- und Kultursendungen; gehört zu Alem Radyo TV A. G.; Internet: www.alemfm.com.

Almadina-Bazar: Deutsch-marokkanische Online-Verkaufsplattform in deutscher Sprache mit orientalischem, teils marokkanischem Angebot an Schmuck und Bekleidung, Kosmetika, Einrichtungsgegenständen und orientalischen Gewürzen; virtueller Flohmarkt, u. a. für Bücher und Videos; Internet: www.almadina-bazar.de.

Al Massae: Marokkanische Tageszeitung in arabischer Sprache; herausgegeben seit
2006; produziert von Massae Media Group; Internet: www.almassae.press.ma.

Argumenty i Fakty: Russische Wochenzeitung; bedeutet übersetzt „Argumente und Fakten"; wird in Russland verlegt und ist in den größten deutschen Städten zugänglich; gehört zu den meistgelesenen Zeitungen Russlands; Internet: www.aif.ru.

Armenian Genocide Resource Center: Englischsprachiger Blog; beschäftigt sich historisch und aus aktueller Perspektive mit dem Genozid an den Armeniern in der Türkei; Übersetzungen in weitere Sprachen wie Russisch, Griechisch, Französisch und Deutsch; Schwerpunkte sind Postings und aktuelle Artikel aus der Berichterstattung weltweit, E-Books zum Herunterladen sowie Informationen zur türkisch-armenischen Diaspora; Internet: www.armenians-1915.blogspot.com.

Assabah: Marokkanische Zeitung in arabischer Sprache; Schwesterpublikation von L'Economiste; Internet: www.assabah.press.ma. ATV/ATV Avrupa: Türkischer, privatrechtlicher Fernsehsender in türkischer Sprache; ATV Avrupa sendet europaweit über Satelliten und gleicht inhaltlich bis auf die Werbespots fast ATV; werden produziert von Turkuaz A. G.; Internet: www.atv.com.tr.

Casavie: Französischsprachige Webseite mit einer Auflistung von Online-, Fernseh- und Radiosendern aus dem arabischen Raum sowie Online-Angeboten in Form von Musik, Filmen und Spielen; Internet: www.casavie.com.

Coole-Russen: Deutsch-russische Social-Web-Plattform in deutscher und russischer Sprache für Musik und Chat bzw. Dating; insbesondere für jüngere russische Diasporaangehörige; Internet: www.coole-russen.de.

Cumhuriyet: Türkische Tageszeitung; linksnationalistische Qualitätszeitung; herausgegeben von Cumhuriyet A. G.; europäische Ausgabe zum Teil verfügbar in Deutschland; Internet: www.cumhuriyet.com.tr.

Deutsch-Russischer Kurier: Deutsch-russische Zeitschrift mit Abonnementvertrieb in Deutschland in russischer und deutscher Sprache; erscheint monatlich; dient der Unterstützung beim Lernen der deutschen Sprache; Schwerpunkte: Zusammenfassung von Nachrichten aus Russland und Deutschland sowie Ratschläge zum Lernen der Sprache; richtet sich ebenfalls an Spätaussiedler; herausgegeben von Reinhold Schütt in Kaiserlautern; Internet: DeuRusKurier@t-online.de.

Dimadima: Deutsch-marokkanisches Internet-Portal in deutscher Sprache; Schwerpunkte: internationale Nachrichten zu Marokko bzw. zum arabischen Raum und marokkanischem Leben in Deutschland, Chat und Foren; Internet: www.dimadima.de.

Diziizle: Türkische Webseite in türkischer Sprache; Schwerpunkt: aktuelle Fernsehserien aus der Türkei, die als Youtube- oder Yahoo-Video verlinkt und mit Foren verknüpft werden; Internet: www.diziizle.net.

Echo Moskwy: Russischer Radiosender aus Moskau; bedeutet übersetzt „Echo Moskaus"; wird eine gewisse Unabhängigkeit von der offiziellen Kreml Politik zugesprochen; in Deutschland via Internet zugänglich; Internet: www.echo.msk.ru.

Evropa Express: Russischsprachige Wochenzeitung in Deutschland; Schwerpunkte: Nachrichten und Reportagen aus Politik und Wirtschaft, besonders mit Bezug auf die russischsprachige Bevölkerung in Deutschland; Internet: www.euxpress.de.

Germany.ru: Deutsch-russische Social-Web-Plattform in russischer sowie deutscher Sprache; Schwerpunkte: Partnerbörse, Foren, Chat, Spiele, Online-Shop für Technikbedarf und Nachschlagewerke sowie Eventbereich mit Ticketshop; Internet: www.germany.ru.

Ha-ber: Deutsch-türkische Online-Zeitung in türkischer Sprache; Schwerpunkte: türkisches Leben in Deutschland und Berlin sowie türkische und deutsche Politikberichterstattung; herausgegeben von Doğanay-Önaldı in Berlin; Internet: www.haber.com.

Hurriyet: Türkische Tageszeitung in türkischer Sprache; Mischung aus Qualitäts- und Boulevardzeitung; populär und nationalistisch orientiert; herausgegeben von der Dogan Media GmbH; europäische Ausgabe weit gehend verfügbar in Deutschland; meistverkaufte türkischsprachige Zeitung in Europa; Internet: www.hurriyet.com.tr.

Islamway: Englisch- und arabischsprachige Webseite; Schwerpunkte: religiöse Artikel, Audiodateien sowie E-Books zum Islam und praktischer Ratgeber; Internet: www.islamway.com.

Kanal D/Euro D: Türkischer, privatrechtlicher Fernsehsender in türkischer Sprache; Euro D sendet europaweit über Satelliten und gleicht inhaltlich bis auf die Werbespots fast Kanal D; werden produziert von Dogan Media GmbH; Internet: www.kanald.com.tr.

Kommersant Zeitung: Russische Tageszeitung aus Russland; ist in den größeren deutschen Städten zugänglich; Schwerpunkte: Wirtschaft und Politik; Internet: www.kommersant.ru.

Komsomolskaja Pravda: Russische Boulevardzeitung; ist auch außerhalb Russlands zugänglich; Internet: www.kp.ru.

Kral FM: Türkischer Radiosender; Schwerpunkte: türkische Nachrichten, Popmusik- und Kultursendungen; gehört zur Dogus A. G.; Hauptsitz in Istanbul; Internet: www.kralfm.com.tr.

Kulturportal Russland: deutscher Online-Auftritt des Deutsch-Russischen Forums in deutscher Sprache; Schwerpunkte: russische Literatur, Kunst, Musik und Film, Veranstaltungskalender, Literaturtipps, Stellenbörse und Hinweise zum Lernen der russischen Sprache; herausgegeben von „Deutsch-Russisches Forum e.V." in Berlin; Internet: www.kulturportal-russland.de.

Mail.ru: Russisches E-Mail-Portal aus Russland; Schwerpunkte: Nachrichten, Spiele, Suchmaschine, Wörterbücher, Spiele und Download für die Bereiche Musik und Videos; Internet: www.mail.ru.

Marocexpress: Deutscher Online-Auftritt des Dienstleisters Marocexpress; bietet Logistik und Transportleistungen zwischen Europa und Marokko an; Schwerpunkte: Informationen zum Unternehmen, zu Marokko sowie Zusammenstellung aktueller Berichterstattungen über Marokko; Internet: www.marocexpress.de.

Maroczone: Deutsch-marokkanische Social-Web-Plattform in deutscher Sprache; Schwerpunkte: Profilerstellung, Chat- und Fotoalbenfunktionen und Zusammenstellung aktueller Nachrichten von Online-Medien; Internet: www.maroczone.de.

Metropol FM: Deutsch-türkischer Radiosender in türkischer Sprache; in Stuttgart, Koblenz, Mainz, Wiesbaden, Mannheim, Ludwigshafen und Berlin empfangbar sowie als Live-Stream und über digitalen Kabelanschluss europaweit; Schwerpunkte: lokale Nachrichten in Bezug auf Deutschland, Weltberichterstattung; wird produziert von Moira Rundfunk in Ludwigshafen; Internet: www.metropolfm.de.

Milliyet: Türkische Tageszeitung in türkischer Sprache; Mischung aus Qualitäts- und Boulevardzeitung; populär und nationalistisch orientiert; herausgegeben von der Dogan Media GmbH; europäische Ausgabe ist weit gehend verfügbar in Deutschland; Internet: www.milliyet.com.tr.

Moskauer Deutsche Zeitung: Russich-deutsche Zeitung in deutscher und russischer Sprache; erscheint zweiwöchentlich; Vertrieb in Moskau, Russland und im Ausland und über das Internet; herausgegeben vom ZAO Martens Verlag und Consulting Moskau; Internet: www.mdz-moskau.eu.

Nasche Radio: Russischer Radiosender aus Moskau; bedeutet übersetzt „Unser Radio"; Schwerpunkt: russische Populärmusik; in Deutschland via Internet zugänglich; Internet: www.nashe.ru

Nashe Kino: Russicher Tochtersender des privaten Fernsehsenders RTVi; bedeutet übersetzt „Unser Kino"; Schwerpunkte: klassische, russische und sowjetische Spielfilme und Serienproduktionen; richtet sein Programm an die Diaspora in Europa, Nordamerika im Nahen Osten;. Internet: www.rtvi.ru.

Odnoklassniki: Russische Social-Web-Plattform in russischer und ukrainischer Sprache; Schwerpunkte: Profilerstellung, Chat- und Albenfunktionen; richtet sich an Schüler, Studenten, Arbeitskollegen und Ehemalige; Internet: www.odnoklassniki.ru.

Perwy kanal Channel One Russia – Worldwide: Russische, internationale Ausgabe des ersten staatlichen TV-Senders „Perwy kanal"; Diasporasender; das Programm weicht leicht von dem in Russland gesendeten ab; Schwerpunkte: informative Sendungen, russische Produktionen in den Bereichen der Unterhaltung und Serien sowie amerikanische und europäische Produktionen; Internet: www.eng.1tvrus.com

Photodom: Russisches Internet-Portal in russischer und englischer Sprache; Schwerpunkt: das Einstellen, Bewerten und Diskutieren von Fotografien; Internet: www.photodom.com.

Post: Deutsch-türkische Zeitung in türkischer Sprache; erscheint monatlich; Vertrieb in Baden-Württemberg, Bayern, Berlin, Bremen Hamburg, Hessen, Niedersachsen, Nordrhein Westfalen, Rheinland Pfalz, Schleswig Holstein, sowie in den Benelux-Staaten, Österreich und der Schweiz und über das Internet; Schwerpunkte: regionale Nachrichten aus Politik, Wirtschaft, Sport und Kultur, Lebenshilfe sowie Lifestyle; herausgegeben von Ilhas Media & Trade Center in Mörfelden-Walldorf; Internet: www.postgazetesi.de.

Posylka: Deutsch-russische Online-Verkaufsplattform in deutscher Sprache; Schwerpunkte: russische Musik und Filme, Haushaltswaren, Fanartikel, Bekleidung, Kosmetika sowie religiöse Artikel; Internet: www.posylka.de.

PowerFM: Türkischer Radiosender aus der Türkei; Schwerpunkte: englische Nachrichten, Popmusik- und Kultursendungen; gehört zur Power Group; Hauptsitz in Istanbul; Internet: www.powerfm.com.tr.

Radio 2M Maroc: Marokkanischer Radiosender aus Marokko in arabischer und französischer Sprache; produziert vom Fernsehunternehmen 2M; Internet: www.2m.ma.

Radio Agadir Plus: Marokkanischer Radiosender aus Marokko in berbischer, arabischer und französischer Sprache; Internet: www.radioplus.ma.

Radio Funkhaus Europa: Deutsch-europäisches Radioprogramm für Migrantinnen und Migranten bzw. Deutsche in deutscher Sprache; empfangbar in Berlin, Brandenburg, Bremen und Nordrhein Westfalen sowie über das Internet; Schwerpunkte: Nachrichten- und Informations-, Musik- sowie Politiksendungen; produziert vom Westdeutschen Rundfunk (WDR), Rundfunk Berlin Brandenburg (rbb), Radio Bremen (RB); Internet: www.funkhauseuropa.de.

Radio Medi1: Arabisch-französischer Radiosender für arabischen Raum in arabischer und französischer Sprache; Hauptsitz in Tanger, Marokko; Schwerpunkte: Musiksendungen, Nachrichten und Diskussionen; Internet: www.medi1.com.

Radio Russkij Berlin: Deutsch-russisches Radio in russischer Sprache; empfangbar in Berlin sowie über das Internet; Schwerpunkte: Musik-, Nachrichten-, Informations- und Unterhaltungssendungen; produziert von Rusmedia in Berlin; Internet: www.radio-rb.de.

Radio Soleil: Arabisch-französischer Radiosender für arabischen Raum in französischer Sprache; Hauptsitz in Paris, Frankreich; Schwerpunkte: Nachrichten und Musik für die arabische Welt; Internet: www.radio-soleil.com.

Radio Svoboda: Russisches Radioprogramm von Radio Free Europe/Radio Liberty in russischer Sprache; empfangbar über UKW, Kurz- und Mittelwelle in Russland sowie weltweit über das Internet und Satelliten; Schwerpunkte: unabhängige lokale bzw. regionale Nachrichten und Informationen; produziert in Moskau und Prag; unterstehend dem Broadcasting Board of Governors (BBG) der USA; Internet: www.svobodanews.ru,und www.rferl.org.

Rambler: Russisches Online-Portal aus Russland; Schwerpunkte: Nachrichten, Spiele, Wörterbuch, E-Mail, Chat-Funktion, Blogs und Videos; Internet: www.rambler.ru.

RTR Planeta: Russisch-internationale Ausgabe des zweiten russischen staatlichen TV-Senders „Rossija Eins" [„Russland Eins"]; Diasporasender; das Programm weicht leicht von dem in Russland gesendeten ab; Schwerpunkte: informative Sendungen, russische Produktionen in den Bereichen der Unterhaltung und Serien sowie amerikanischen und europäischen Produktionen; Internet: www.rtr-planeta.com.

RTVi: Russischer, privater Fernsehsender aus Russland; Diasporasender; richtet sein Programm an die Diaspora in Europa, Nordamerika oder im Nahen Osten; Schwerpunkt: russische Unterhaltungs- und Serienproduktionen; Internet: www.rtvi.ru.

Russkaja Germanija: Deutsch-russische Zeitung in russischer Sprache mit Lokalausgaben für Bayern, Berlin und Hamburg mit Vertrieb in Deutschland; erscheint wöchentlich; Schwerpunkte: regionale sowie auf Deutschland und die Nachfolgeländer der ehemaligen Sowjetunion bezogene Berichterstattung, Sport und Unterhaltung; herausgegeben von Rusmedia in Berlin; Internet: www.rg-rb.de.

Russkoje Radio: russischer Radiosender aus Moskau; bedeutet übersetzt „Russisches Radio"; Schwerpunkt: russische Populärmusik; in Deutschland via Internet und stundenweise über die Wellen des Senders Radio Svoboda verfügbar; Internet: www.rusradio.ru.

Show Radyo: Türkischer Radiosender aus der Türkei; Schwerpunkte: türkische Nachrichten, Popmusik- und Kultursendungen; begründet 1992; gehört zum Avrupa und Amerika Holding; Hauptsitz in Istanbul; Internet: www.showradyo.com.tr.

Skyblog: Französische Social-Software-Plattform in französischer, deutscher, englischer, spanischer, niederländischer und italienischer Sprache; Schwerpunkte: Profilerstellung, Chat- und Fotoalbenfunktionen sowie Erstellung von Blogs auf denen u. a. selbst produzierte Musik veröffentlicht werden kann; Internet: www.skyrock.com.

Star TV bzw. Eurostar: Türkischer Fernsehsender in türkischer Sprache; Schwerpunkt: Nachrichten- und Unterhaltungssendungen; Euro Star sendet europaweit über Satelliten und gleicht inhaltlich bis auf die Werbespots fast Star TV; produziert von der Dogan Media GmbH; Internet: www.startv.com.tr.

Stepashka: Russisches Internet-Portal in russischer Sprache; Schwerpunkte: Herunterladen bzw. Online-Rezeption von Filmen und Musik, Foren und Dating-Bereich; Internet: www.stepashka.com.

Stimme Russlands: Russischer Radiosender; wird von der russischen Regierung finanziert; überträgt Sendungen in mehreren Sprachen ins Ausland;. in Deutschland über das Internet aber auch im Kurz- und Mittelwellenbereich verfügbar; Ziel ist das Vertrautmachen der Weltgemeinschaft mit dem Leben in Russland und dem russischen Standpunkt zum Weltgeschehen; Internet: rus.ruvr.ru.

Telquel: Marokkanische Zeitschrift in französischer Sprache; erscheint wöchentlich; unabhängige, linksorientierte Redaktion; Internet: www.telquel-online.com.

Tikla24: Deutsch-türkische Online-Verkaufsplattform in türkischer und deutscher Sprache; Schwerpunkte: türkische und deutsche Literatur, türkische Filme und Fernsehserien sowie Musik; Internet: www.tikla24.de.

Translit: Russische Homepage zum Schreiben in kyrillischer Schrift; wird zum Schreiben an Computern ohne russische Tastatur und Spracheinstellung genutzt; Internet: www.translit.ru.

TRT: Türkisch-europäische Dachorganisation der öffentlich-rechtlichen Sender in der Türkei; produziert mehrere Fernseh- und Radiosender, u. a. TRT 1, TRT Haber, TRT Turk und TRT FM; Sprache der Fernsehsender ist Türkisch, Arabisch und Kurdisch; Sprache der Radiosender ist Türkisch und Webauftritt auf 33 Sprachen; Internet: www.trt.com.tr.

Türkisch-Deutsche Industrie- und Handelskammer: Türkisch-deutscher Online-Auftritt der Türkisch-Deutschen Industrie- und Handelskammer (td-ihk) in türkischer und deutscher Sprache; Schwerpunkte: Informationen zur Einrichtung, Geschäftsanfragen, Veranstaltungen und der wirtschaftlichen Situation in der Türkei und in Deutschland und dort ansässigen Unternehmen; Internet: www.td-ihk.de.

Türkses: Deutsch-türkisches Anzeigenblatt in türkischer Sprache; erscheint monatlich; Vertrieb an türkische Institutionen und Haushalte in Braunschweig, Bremen, Delmenhorst und Umgebung, Hamburg, Hannover, Kiel, Lübeck sowie Oldenburg; herausgegeben vom Türkses Media Verlag in Hamburg; Internet: http://turkses.de.

Vaybee!: Deutsch-türkische Social-Software-Plattform in türkischer und deutscher Sprache; Schwerpunkte: Profilerstellung, (Video-) Chat- und Fotoalbenfunktionen, Nachrichten, Musik und Film, Türkei, Reise, Ratgeber, Online-Spiele sowie Internet-TV; Internet: www.vaybee.de.

vkontakte: Russische Social-Web-Plattform in russischer Sprache sowie in 59 weiteren Sprachen; Schwerpunkte: Profilerstellung, Chat- und Fotoalbenfunktionen sowie Downloads für den Bereich der Musik und Videos; Internet: www.vkontakte.ru.

Yabiladi: Marokkanisches Internet-Portal in französischer Sprache; Schwerpunkte: Nachrichten, Ratgeber, Foren, Chat, eigener TV- und Radio-Kanal; Internet: www.yabiladi.com.

Yandex: Russisches Nachrichten-Portal aus Russland; Schwerpunkte: E-Mail, Spiele, Suchmaschine, Chat, Blogs, Wörterbücher, Spiele, Download Bereich für Musik und Videos; Internet: www.yandex.ru.

Yol TV: Türkischsprachiger Fernsehsender; Schwerpunkt: Allevitische Kultur und Gemeinde; Hauptsitz in Köln und Funkhäuser in der Türkei; Empfang über Satellitenanschluss; Hauptprogramme: Nachrichten, Diskussionen und Musiksendungen; Internet: www.yoltv.eu.

Zaman: Türkische Tageszeitung aus der Türkei; religiös orientierte Qualitätszeitung; die Europäische Ausgabe ist in Deutschland weit gehend verfügbar; herausgegeben von Feza A. G.; Internet; www.zaman.com.tr.

11.3   Analysekategorien

Folgende Schaubilder geben einen groben Überblick über das Kategorienschema, das unseren Analysen zu Grunde liegt. Nähere Informationen zum methodischen Vorgehen finden sich im ersten Kapitel dieses Buchs.

Kategorienbündel „kulturelle Identität"

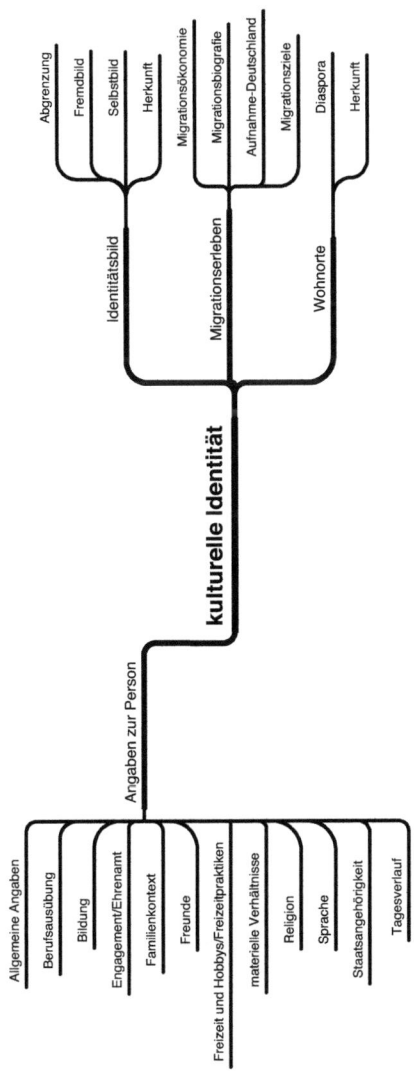

Kategorienbündel „kommunikative Vernetzung"

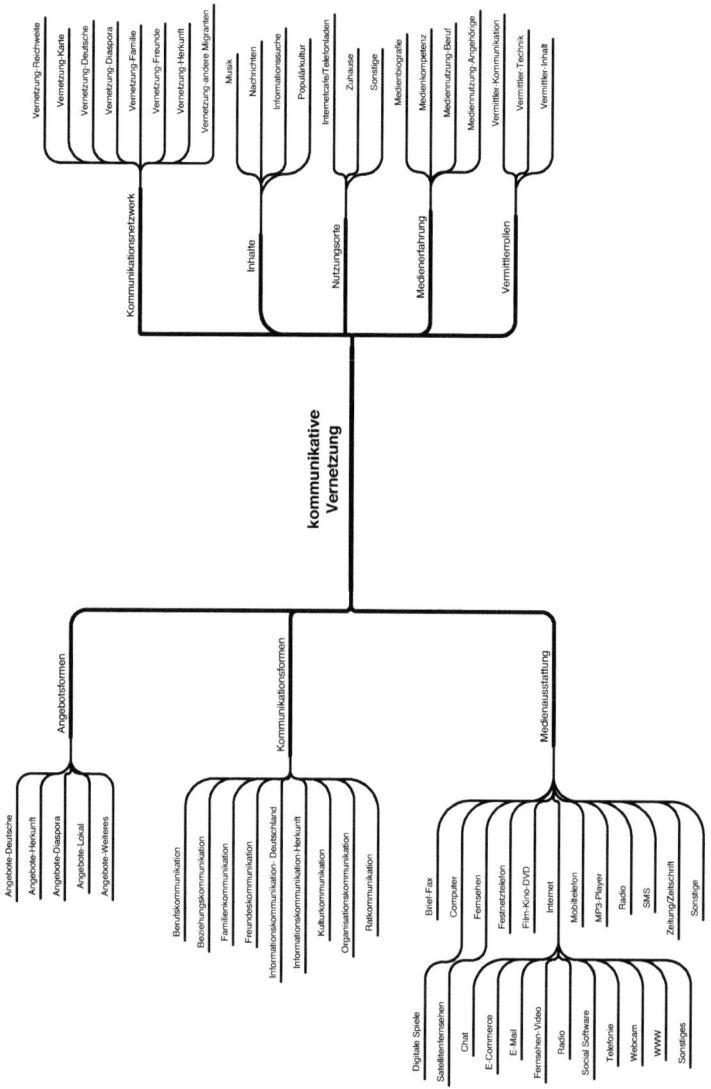

Literatur

Adoni, Hanna/Caspi, Dan/Cohen, Akiba A. (2006): Media, minorities, and hybrid identities: The Arab and Russian communities in Israel. Cresskill: Hampton Press.

Adoni, Hanna/Cohen, Akiba A./Caspi, Dan (2002): The consumers choice: Language, media consumption and hybrid identities of minorities. In: Communications: The European Journal of Communication Research 27 (4), S. 411-436.

Aksoy, Asu/Robins, Kevin (2000): Thinking across spaces. Transnational television from Turkey. In: European Journal of Cultural Studies 3 (3), S. 343-365.

Aksoy, Asu/Robins, Kevin (2003): Banal transnationalism: The difference that television makes. In: Karim, Karim H. (Hrsg.): The media of diaspora. London: Routledge, S. 89-104.

Anderson, Benedict (1996): Die Erfindung der Nation. Zur Karriere eines folgenreichen Konzepts. Berlin: Ullstein.

Androutsopoulos, Jannis (2005): Virtuelle Öffentlichkeiten von Migranten. In: Kulturpolitische Gesellschaft e.V. (Hrsg.): Jahrbuch für Kulturpolitik. Band 5 – Kulturpublikum. Bonn: Kultur politische Gesellschaft, S. 299-308.

Androutsopoulos, Jannis (2006): Multilingualism, diaspora, and the Internet: codes and identities on German-based diaspora websites. In: Journal of Sociolinguistics 10 (4), S. 429-450.

Androutsopoulos, Jannis/Hinnenkamp, Volker (2001): Code-Switching in der bilingualen Chat-Kommunikation: ein explorativer Blick auf #hellas und #turks. In: Beißwenger, Michael (Hrsg.): Chat-Kommunikation: Sprache, Interaktion, Sozialität & Identität in synchroner computervermittelter Kommunikation. Stuttgart: Ibi, S. 367-401.

Appadurai, Arjun (1996): Modernity at large. Minneapolis: Minneapolis University Press.

Atilgan, Canan/Steinbach, Udo/Büttner, Friedemann (2002): Türkische Diaspora in Deutschland: Chance oder Risiko für die deutsch-türkischen Beziehungen. Hamburg: Deutsches Orient-Institut.

Atton, Chris (2002): Alternative media. London u. a.: Sage.

Atton, Chris (2004): An alternative Internet. Radical media, politics and creativity. Edinburgh: Edinburgh University Press.

Awad, Isabel (2008): What does it take for a newspaper to be latino/a? A participatory definition of ethnic media. In: Carpentier, Nico/De Cleen, Benjamin (Hrsg.): Participation and media production. Critical reflections on content creation. Newcastle: Cambridge Scholars Publishing, S. 83-96.

Bachmair, Ben/Kress, Gunther R. (1996): Höllen- Inszenierung ,Wrestling'. Beiträge zur pädagogischen Genre-Forschung. Opladen: Leske + Budrich.

Bachmann, Götz/Wittel, Andreas (2006): Medienethnografie. In: Ayaß, Ruth/Bergmann, Jörg (Hrsg.): Qualitative Methoden der Medienforschung. Reinbeck bei Hamburg: Rowohlt, S. 183-219.

Bade, Klaus J./Emmer, Piet C./Lucassen, Leo (Hrsg.) (2007): Enzyklopädie Migration in Europa. München: Fink.

Bade, Klaus J./Oltmer, Jochen (2007): Deutschland. In: Bade, Klaus J./Emmer, Piet C./Lucassen, Leo (Hrsg.): Enzyklopädie Migration in Europa. München: Fink, S. 141-170.

Bailey, Olga G./Cammaerts, Bart/Carpentier, Nico (2008): Understanding alternative media. Berkshire: Open University Press.

Bakardjieva, Maria (2006): Domestication running wild. From the moral economy of the household to the mores of a culture. In: Berker, Thomas/Hartmann, Maren/Punie, Yves/Ward, Katie (Hrsg.): Domestication of media and technology. London: Open University Press, S. 62-79.

Bakhtin, Mikhail M. (1981): The dialogic imagination: four essays. Austin: University of Texas Press.

Baraulina, Tatjana/Borchers, Kevin/Schmid, Susanne (2008): Afrikanische Einwanderung nach Deutschland – Abwanderung von Intelligenz, Entwertung von Qualifikationen, Folgen für die Herkunftsländer? In: sofid Migration und ethnische Minderheiten 2008 (1), S. 1-27.

Barker, Chris (1998): „Cindy's a slut". Moral identities and moral responsibility in the ‚soap talk' of British Asian girls. In: Sociology 32 (1), S. 65-82.

Barker, Chris (1999): Television, globalization and cultural identities. Milton Keynes: Open University Press.

Bausinger, Hermann (1983): Alltag, Technik, Medien. In: Pross, Harry/Rath, Claus-Dieter (Hrsg.): Rituale der Medienkommunikation. Gänge durch den Medienalltag. Berlin: Guttandin & Hopp, S. 24-36.

Bausinger, Hermann (1990): Folk culture in a world of technology. Bloomington: Indiana University Press.

Beck, Ulrich (2004): Der kosmopolitische Blick – oder: Krieg ist Frieden. Frankfurt a. M.: Suhrkamp.

Becker, Jörg (2001): Zwischen Integration und Abgrenzung: Anmerkungen zur Ethnisierung der türkischen Medienkultur. In: Lang, Tilmann/Voss, Friedrich/Oberndörfer, Dieter (Hrsg.): Medien, Migration, Integration. Elektronische Massenmedien und die Grenzen kultureller Identität. Berlin: Vistas, S. 89-100.

Becker, Jörg/Calagan, Nesrin (2002): Türkische Fernsehnutzung in Herne. In: Becker, Jörg/Behnisch, Reinhard (Hrsg.): Zwischen Autonomie und Gängelung: Türkische Medienkultur in Deutschland. Rehburg-Loccum: Loccumer Protokolle, S. 199-228.

Betz, Tanja (2004): Bildung und soziale Ungleichheit: Lebensweltliche Bildung in (Migranten-) Milieus. In: Knabe, Norman: Arbeitspapier II – 16. Trier: Zentrum für sozialpädagogische Forschung der Universität Trier.

Bimber, Bruce (2000): The study of information technology and civic engagement. In: Political Communication 17 (4), S. 329-333.

Bonfadelli, Heinz/Bucher, Priska/Hanetseder, Christa/Hermann, Thomas/Ideli, Mustafa/Moser, Heinz (2008): Jugend, Medien und Migration. Empirische Ergebnisse und Perspektiven. Wiesbaden: VS.

Bonfadelli, Heinz/Moser, Heinz (Hrsg.) (2007): Medien und Migration. Europa als multikultureller Raum? Wiesbaden: VS.

Braune, Ines (2008): Aneignungen des Globalen. Internet-Alltag in der arabischen Welt. Eine Fallstudie in Marokko. Bielefeld: Transcript.

Bromley, Roger (2000): Narratives for a new belonging. Diasporic cultural fictions. Edinburgh: Edinburgh University Press.

Bromley, Roger (2002): Stets im Aufbau: Das Aushandeln von Diasporischen Identitäten. In: Hepp, Andreas/Löffelholz, Martin (Hrsg.): Grundlagentexte zur Transkulturellen Kommunikation. Konstanz: UVK (UTB), S. 795-818.

Brosius, Hans-Bernd/Esser, Frank (1995): Eskalation durch Berichterstattung? Massenmedien und fremdenfeindliche Gewalt. Opladen: Westdeutscher Verlag.

Browne, Donald R. (2005): Ethnic minorities, electronic media, and the public sphere: A comparative study. Cresskill: Hampton Press.

Bucher, Priska/Bonfadelli, Heinz (2007): Mediennutzung von Jugendlichen mit Migrationshintergrund in der Schweiz. In: Bonfadelli, Heinz/Moser, Heinz (Hrsg.): Medien und Migration. Europa als multikultureller Raum? Wiesbaden: VS, S. 119-145.

Bull, Michael (2000): Sounding out the city: Personal stereos and the management of everyday life. Oxford: Berg.

Bull, Michael (2004): ‚To each their own bubble': Mobile spaces of sound in the city. In: Couldry, Nick/McCarthy, Anna (Hrsg.): Mediaspace. Place, scale and culture in a media age. London u. a.: Routledge, S. 275-293.

Bull, Michael (2007): Sound moves: iPod culture and urban experience. London u. a.: Routledge.

Bundesamt für Migration und Flüchtlinge (2010): Migrationsbericht 2008. Berlin: Bonifatius.

Busch, Brigitta (1994): Minderheiten und Massenmedien. In: Luger, Kurt/Renger, Rudi (Hrsg.): Dialog der Kulturen. Wien: Österreichischer Kunst- und Kulturverlag, S. 263-279.

Busch, Brigitta (1999a): Der virtuelle Dorfplatz. Minderheitenmedien, Globalisierung und kulturelle Identität. Klagenfurt: Drava.

Busch, Brigitta (1999b): Von Minderheitenmedien zu Medien in multilingualen und multikulturellen Situationen. Versuch eines Überblicks über das Forschungsfeld. In: Medien Journal 1999 (2), S. 3-12.

Busch, Brigitta/Hipfl, Brigitte/Robins, Kevin (Hrsg.) (2001): Bewegte Identitäten. Medien in transkulturellen Kontexten. Klagenfurt: Drava.

Butterwegge, Christoph/Hentges, Gudrun (Hrsg.) (2006): Massenmedien, Migration und Integration. Herausforderungen für Journalismus und politische Bildung. Wiesbaden: VS.

Butterwegge, Christoph/Hentges, Gudrun/Sarıgöz, Fatma (Hrsg.) (1999): Medien und multikulturelle Gesellschaft. Opladen: Leske + Budrich.

Caglar, Ayse (2002): Die Verwicklung des Medienkonsums deutscher Türken. In: Becker, Jörg/Behnisch, Reinhard (Hrsg.): Zwischen Autonomie und Gängelung: Türkische Medienkultur in Deutschland. Rehburg-Loccum: Loccumer Protokolle, S. 151-159.

Carpentier, Nico (2007): Expanding community media beyond the confinements of locality. Translocalism and the growth of the communicative rhizome. In: Vartanova, Elena (Hrsg.): Media and Change. Moskau: MediaMir, S. 45-65.

Castells, Manuel (2001): Der Aufstieg der Netzwerkgesellschaft. Opladen: Leske + Budrich.

Certeau, Michel de (1988): Kunst des Handelns. Berlin: Merve.

Charim, Isolde: Politikwissenschaftler Benedict Anderson: „Es gibt einen Diaspora-Nationalismus". In: Die Tageszeitung (taz) vom 05.08.2007. Abrufbar unter: http://www.taz.de/1/leben/alltag/ artikel/1/es-gibt-einen-diaspora-nationalismus/, zuletzt abgerufen am 15.12.2010.

Charlton, Michael/Neumann-Braun, Klaus (1992): Medienkindheit — Medienjugend. Eine Einführung in die aktuelle kommunikationswissenschaftliche Forschung. München: Quintessenz.

Cherti, Myriam (2007): Marokkanische Arbeitswanderer in West-, Mittel- und Nordeuropa seit den 1960er Jahren. In: Bade, Klaus J./Emmer, Piet C./Lucassen, Leo (Hrsg.): Enzyklopädie Migration in Europa. München: Fink, S. 784-787.

Clifford, James (1994): Diaspora. In: Cultural Anthropology 9 (3), S. 302-338.

Cohen, Robin (1997): Global diasporas. An introduction. Seattle: University of Washington Press.

Colardyn, Danielle/Bjornavold, Jens (2004): Validation of formal, non-formal and informal learning: Policy and practices in EU member states. In: European Journal of Education 39 (1), S. 69-89.

Cottle, Simon (Hrsg.) (2000): Ethnic minorities and the media. Buckingham: Open University Press.

Couldry, Nick/Livingstone, Sonia/Markham, Tim (2007): Media consumption and public engagement. Beyond the presumption of attention. Houndmills u. a.: Palgrave.

Cunningham, Stuart/Hawkins, Gay/Yue, Audrey/Nguyen, Tina/Sinclair, John (2001): Multicultural broadcasting and diasporic video as public sphericules. In: Meredyth, Denise/Minson, Jeffrey (Hrsg.): Citizenship and cultural policy. London: Sage, S. 139-153.

Darieva, Tsypylma (2004): Russkij Berlin. Migranten und Medien in Berlin und London. Münster: Lit.

Darkow, Michael/Eckhardt, Josef (1982): Massenmedien und Ausländer in der Bundesrepublik. In: Media Perspektiven 16 (5), S. 462-473.

Darkow, Michael/Eckhardt, Josef/Maletzke, Gerhard (1985): Massenmedien und Ausländer in der Bundesrepublik Deutschland. Frankfurt a. M.: Metzner.

Dayan, Daniel (1999): Media and diasporas. In: Gripsrud, Jostein (Hrsg.): Television and common knowledge. London: Routledge, S. 18-33.

de Leeuw, Sonja de/Rydin, Ingegerd (2007): Diasporic mediated spaces. In: Bailey, Olga G./Georgiou, Myria/Harindranath, Ramaswami (Hrsg.): Transnational lives and the media: Re-imagining diasporas. New York: Palgrave Macmillan, S. 175-194.

Delgado, Jesus M. (1972): Die „Gastarbeiter" in der Presse. Eine inhaltsanalytische Studie. Opladen: Leske.

Deuze, Mark (2006): Ethnic media, community media and participatory culture. In: Journalism 7 (3), S. 262-280.

Dietz, Barbara (2007): Aussiedler/Spätaussiedler in Deutschland seit 1950. In: Bade, Klaus J./Emmer, Piet C./Lucassen, Leo (Hrsg.): Enzyklopädie Migration in Europa. München: Fink, S. 397-404.

Dietz, Barbara/Lebok, Uwe/Polian, Pavel (2002): The Jewish emigration from the former Soviet Union to Germany. In: International Migration 40(2), S. 29-48.

Diminescu, Dana (2008): The connected migrant. An epistemological manifesto. In: Social Science Information 47 (4), S. 565-579.

Dirim, Inci/Auer, Peter (2004): Türkisch sprechen nicht nur die Türken. Über die Unschärfebeziehung zwischen Sprache und Ethnie in Deutschland. Berlin: de Gruyter.

Dresbach, Bernhard (2002): Mediennutzung und Integration der türkischen Bevölkerung in Deutschland. In: Becker, Jörg/Behnisch, Reinhard (Hrsg.): Zwischen Autonomie und Gängelung: Türkische Medienkultur in Deutschland. Rehburg-Loccum: Loccumer Protokolle, S. 161-172.

du Gay, Paul/Hall, Stuart/Janes, Linda/Mackay, Hugh/Negus, Keith (1997): Doing cultural studies. The story of the Sony Walkman. London: Sage.

Düvel, Caroline (2009): Paul Gilroy: Schwarzer Atlantik und Diaspora. In: Hepp, Andreas/ Krotz, Friedrich/Thomas, Tanja (Hrsg.): Schlüsselwerke der Cultural Studies. Wiesbaden: VS, S. 176-188.

Eckhardt, Josef (1996): Nutzung und Bewertung von Radio- und Fernsehsendungen für Ausländer. In: Media Perspektiven 27 (8), S. 451-461.

Eckhardt, Josef (2000): Mediennutzungsverhalten von Ausländern in Deutschland. In: Schatz, Heribert/Holtz-Bacha, Christina/Nieland, Jörg-Uwe (Hrsg.): Migranten und Medien. Neue Herausforderungen an die Integrationsfunktion von Presse und Rundfunk. Opladen: Westdeutscher Verlag, S. 265-271.

Esser, Frank (2002): Transnationale Journalismusforschung. Eine Bilanz ihrer Befunde und Bedeutung. In: Hepp, Andreas/Löffelholz, Martin (Hrsg.): Grundlagentexte zur transkulturellen Kommunikation. Konstanz: UVK (UTB), S. 319-344.

Esser, Frank/Pfetsch, Barbara (Hrsg.) (2003): Politische Kommunikation im internationalen Vergleich. Grundlagen, Anwendungen, Perspektiven. Wiesbaden: Westdeutscher Verlag.

Esser, Frank/Scheufele, Bertram/Brosius, Hans-Bernd (2002): Fremdenfeindlichkeit als Medienthema und Medienwirkung. Deutschland im internationalen Scheinwerferlicht. Wiesbaden: Westdeutscher Verlag.

Esser, Hartmut (2000): Assimilation, Integration und ethnische Konflikte. Können sie durch ‚Kommunikation' beeinflusst werden? In: Schatz, Heribert/Holtz-Bacha, Christina/Nieland, Jörg-Uwe (Hrsg.): Migranten und Medien. Neue Herausforderungen an die Integrationsfunktion von Presse und Rundfunk. Opladen: Westdeutscher Verlag, S. 25-37.

Falzon, Mark-Anthony (2009): Ethnic groups unbound: A case study of the social organization of cosmopolitanism. In: Nowicka, Magdalena/Rovisco, Maria (Hrsg.): Cosmopolitanism in practice. Farnham: Ashgate, S. 19-36.

Faßler, Manfred (2001): Kulturen ohne Land? ‚Virtual Communities' im Internet als Alternative zu nationalen Kulturen und Identitäten. In: Lang, Tilmann/Voss, Friedrich/Oberndörfer, Dieter (Hrsg.): Medien, Migration, Integration. Elektronische Massenmedien und die Grenzen kultureller Identität. Berlin: Vistas, S. 61-80.

Favell, Adrian (2008): Eurostars and Eurocities: Free movement and mobility in an integrating Europe (Studies in Urban & Social Change). Malden: Blackwell Publishing.

Flick, Uwe (2004): Triangulation. Eine Einführung. Wiesbaden: VS.

Geertz, Clifford (1997): Dichte Beschreibung. Beiträge zum Verstehen kultureller Systeme. Frankfurt a. M.: Suhrkamp.

Geißler, Rainer/Pöttker, Horst (Hrsg.) (2005): Massenmedien und die Integration ethnischer Minderheiten in Deutschland. Bielefeld: Transcript.

Geißler, Rainer/Pöttker, Horst (Hrsg.) (2006): Integration durch Massenmedien / Mass Media-Integration. Bielefeld: Transcript.

Georgiou, Myria (2004): Mapping diasporic media across the EU: Addressing cultural exclusion. Abrufbar unter: http://www.emtel2.org/, zuletzt abgerufen am 01.06.2004.

Georgiou, Myria (2005): Diasporic Media Across Europe: Multicultural Societies and the Universalism-Particularism Continuum. In: Journal of Ethnic and Media Studies 31 (3), S. 481-498.

Georgiou, Myria (2006): Diaspora, identity and the media: Diasporic transnationalism and mediated spatialities. Cresskill: Hampton Press.

Georgiou, Myria (2007): Transnational crossroads for media and diaspora: The challenges for research. In: Bailey, Olga G./Georgiou, Myria/Harindranath, Ramaswami (Hrsg.): Transnational lives and the media: Re-imagining diasporas. New York: Palgrave, S. 11-32.

Gillespie, Marie (1993): The Mahabharata: From Sanskrit to sacred soap. A case study of the reception of two contemporary televisual versions. In: Buckingham, David: Reading audiences. Manchester: Manchester University Press, S. 48-73.

Gillespie, Marie (1995): Television, ethnicity and cultural change. London u. a.: Routledge.

Gillespie, Marie (2000): Transnational communications and diaspora communities. In: Cottle, Simon (Hrsg.): Ethnic minorities and the media. Buckingham: Open University Press, S. 164-178.

Gillespie, Marie (2002): Transnationale Kommunikation und die Kulturpolitik in der südasiatischen Diaspora. In: Hepp, Andreas/Löffelholz, Martin (Hrsg.): Grundlagentexte zur Transkulturellen Kommunikation. Konstanz: UVK (UTB), S. 617-643.

Gilroy, Paul (1993): The Black Atlantic. Modernity and double consciousness. London u. a.: Verso.

Ginsburg, Faye D./Abu-Lughod, Lila/Larkin, Brian (2002): Introduction. In: Ginsburg, Faye D./Abu-Lughod, Lila/Larkin, Brian (Hrsg.): Media worlds. Anthropology on new terrain. Berkeley: California University Press, S. 1-36.

Gitlin, Todd (1998). Public sphere or public sphericules? In: Liebes, Tamar/Curran, James (Hrsg.): Media, ritual, identity. London: Routledge, S. 168-175.

Glaser, Barney G./Strauss, Anselm L. (1998): Grounded Theory. Strategien qualitativer Forschung. Bern: Huber.

Glick Schiller, Nina/Basch, Linda/Szanton-Blanc, Cristina (1995): From immigrant to transmigrant: Theorising transnational migration. In: Anthropological Quarterly 68 (1), S. 48-63.

Goel, Urmila (2009): Vom Indernetzwerk zum Indienportal– Die Entwicklung eines virtuellen Raumes. In: Hunger, Uwe/Kissau, Kathrin (Hrsg.): Internet und Migration. Wiesbaden: VS, S. 213-232.

Gogolin, Ingrid (2000): Minderheiten, Migration und Forschung. Ergebnisse des DFG-Schwerpunktprogrammes FABER. In: Gogolin, Ingrid/Nauck, Bernhard (Hrsg.): Migration, gesellschaftliche Differenzierung und Bildung. Opladen: Leske + Budrich, S. 15-35.

Goldberg, Andreas/Sauer, Martina (2003): Perspektiven der Integration der türkisch-stämmigen Migranten in NRW. Ergebnisse der vierten Mehrthemenbefragung 2002. Münster: Lit.

Grossberg, Lawrence (1988): Wandering audiences, nomadic critics. In: Cultural Studies 2 (3), S. 377-391.

GTZ (2007): Die marokkanische Diaspora in Deutschland. Ihr Beitrag zur Entwicklung Marokkos. In: Deutsche Gesellschaft für Technische Zusammenarbeit GmbH (GTZ). Abrufbar unter: www.gtz.de/de/dokumente/de-marokkanische-diaspora-2007.pdf, zuletzt abgerufen am 02.06.2010.

Gumpert, Gary/Drucker, Susann J. (2007): Diaspora: An urban communication paradigm. In: Bailey, Olga G./Georgiou, Myria/Harindranath, Ramaswami (Hrsg.): Transnational lives and the media: Re-imagining diasporas. New York: Palgrave Macmillan, S. 195-211.

Güntürk, Reyhan (1999): Mediennutzung der Migranten – mediale Isolation? In: Butterwegge, Christoph/Hentges, Gudrun/Sarigöz, Fatma (Hrsg.): Medien und multikulturelle Gesellschaft. Opladen: Leske + Budrich, S. 136-143.

Güntürk, Reyhan (2000): Mediennutzung der türkischen Migranten. In: Schatz, Heribert/Holtz-Bacha, Christina/Nieland, Jörg-Uwe (Hrsg.): Migranten und Medien. Neue Herausforderungen an die Integrationsfunktion von Presse und Rundfunk. Opladen: Westdeutscher Verlag, S. 272-280.

Haas, Hein de (2005a): Morocco's migration transition: Trends, determinants and future scenarios. Global Commission on International Migration. Abrufbar unter: http://www.gcim.org, zuletzt abgerufen am 02.06.2010.

Haas, Hein de (2005b): Morocco: From emigration country to Africa's migration passage to Europe. Migration Policy Institute. Abrufbar unter: http://www.migrationinformation.org/Profiles/display.cfm?ID=339, zuletzt abgerufen am 02.06.2010.

Haas, Hein de (2009): International migration and regional development in Morocco: A review. Journal of Ethnic and Migration Studies 35 (10), S. 1571-1593.

Hafez, Kai (2002): Türkische Mediennutzung in Deutschland. Hemmnis oder Chance der gesellschaftlichen Integration? Eine qualitative Studie im Auftrag des Presse- und Informationsamtes der Bundesregierung. Hamburg: DOI.

Hafez, Kai (2004): Die Mediennutzung der Türken und Kurden in Deutschland. Bonn: Navend.

Hall, Stuart (1993): Culture, community, nation. In: Cultural Studies 7 (3), S. 249-363.

Hall, Stuart (1994): Rassismus und kulturelle Identität. Hamburg: Argument.

Hanafi, Sari (2005): Reshaping geography: Palestinian community networks in Europe and the new media. In: Journal of Ethnic and Migration Studies 33 (3), S. 581-598.

Hannerz, Ulf (1990): Cosmopolitans and locals in world culture. In: Featherstone, Mike (Hrsg.): Global culture: Nationalism, globalization and modernity. London: Sage. S. 237-251.

Hargreaves, Alec G./Perotti, Antonio (1993): The representation of French television of immigrants and ethnic minorities. In: New Community 19(2), S. 251-261.

Harris, Paul A. (2007): Osteuropäische Juden in Deutschland seit 1990. In: Bade, Klaus J./Emmer, Piet C./Lucassen, Leo (Hrsg.): Enzyklopädie Migration in Europa. München: Fink, S. 822-825.

Hartmann, Maren (2008): Domestizierung 2.0: Grenzen und Chancen eines Medienaneignungskonzeptes. In: Winter, Carsten/Hepp, Andreas/Krotz, Friedrich (Hrsg.): Theorien der Kommunikationswissenschaft. Wiesbaden: VS, S. 402-416.

Hartmann, Maren (2009): The changing urban landscapes of media consumption and production. In: European Journal of Communication 24 (4), S. 421-436.

Hartmann, Maren/Hepp, Andreas (Hrsg.) (2010): Die Mediatisierung der Alltagswelt. Festschrift zu Ehren von Friedrich Krotz. Wiesbaden: VS.

Hasebrink, Uwe (2003): Nutzungsforschung. In: Bentele, Günter/Brosius, Hans-Bernd/Jarren, Otfried (Hrsg.): Öffentliche Kommunikation. Handbuch Kommunikations- und Medienwissenschaft. Wiesbaden: Westdeutscher Verlag, S. 101-127.

Hasebrink, Uwe/Domeyer, Hanna (2010): Zum Wandel von Informationsrepertoires in konvergierenden Medienumgebungen. In: Hartmann, Maren/Hepp, Andreas (Hrsg.): Die Mediatisierung der Alltagswelt. Festschrift zu Ehren von Friedrich Krotz. Wiesbaden: VS, S. 49-64.

Hasebrink, Uwe/Popp, Jutta (2006): Media repertoires as a result of selective media use. A conceptual approach to the analysis of patterns of exposure. In: Communications: The European Journal of Communication Research 31 (4), S. 369-387.

Heft, Annett/Trebbe, Joachim/Weiß, Hans-Jürgen (2010): Medienkulturen junger Migranten in Deutschland. In: Hepp, Andreas/Höhn, Marco/Wimmer, Jeffrey (Hrsg.): Medienkultur im Wandel. Konstanz: UVK, S. 311-327.

Hepp, Andreas (1997): Von der Interpretationsgemeinschaft zur häuslichen Welt: Zur Fernsehaneignung in Gruppen aus der Perspektive der Cultural Studies. In: Medien Journal, 21 (4), S. 39-48.

Hepp, Andreas (1998): Fernsehaneignung und Alltagsgespräche. Fernsehnutzung aus der Perspektive der Cultural Studies. Opladen: Westdeutscher Verlag.

Hepp, Andreas (2006a): Transkulturelle Kommunikation. Konstanz: UVK (UTB).

Hepp, Andreas (2006b): Kommunikative Mobilität als Forschungsperspektive: Anmerkungen zur Aneignung mobiler Medien- und Kommunikationstechnologie. In: Ästhetik & Kommunikation 37 (135), S. 15-22.

Hepp, Andreas (2009): Transkulturalität als Perspektive: Überlegungen zu einer vergleichenden empirischen Erforschung von Medienkulturen. Abrufbar unter: http://nbn-resolving.de/urn:nbn:de:0114-fqs0901267, zuletzt abgerufen am 01.02.2009.

Hepp, Andreas (2010): Mediatisierung und Kulturwandel: Kulturelle Kontextfelder und die Prägkräfte der Medien. In: Hartmann, Maren/Hepp, Andreas (Hrsg.): Die Mediatisierung der Alltagswelt. Festschrift zu Ehren von Friedrich Krotz. Wiesbaden: VS, S. 65-84.

Hepp, Andreas (2011): Kommunikationsnetzwerke und kulturelle Verdichtungen: Theoretische und methodologische Überlegungen. In: Fuhse, Jan/Stegbauer, Christian (Hrsg.): Kultur und mediale Kommunikation in sozialen Netzwerken. Wiesbaden: VS, im Druck.

Hepp, Andreas/Bozdag, Cigdem/Suna, Laura (2010): ,Migrantische Jugendkulturen'? (Pop-)Musik und die kommunikative Vernetzung der Diaspora. In: Lauffer, Jürgen (Hrsg.): Jugendkulturen, Medien und mediale Kommunikation. München: Kopaed, S. 40-46.

Hepp, Andreas/Höhn, Marco/Wimmer, Jeffrey (Hrsg.) (2010): Medienkultur im Wandel. Konstanz: UVK.

Hepp, Andreas/Löffelholz, Martin (Hrsg.) (2002): Grundlagentexte zur Transkulturellen Kommunikation Konstanz: UVK (UTB).

Hinkelbein, Oliver (2004): Ethnische Minderheiten, neue Medien und die digitale Kluft: Deutschland ein digitales Entwicklungsland? Abrufbar unter: http://www.digitale-chancen.de/transfer/downloads/MD642.pdf, zuletzt abgerufen am 01.07.2005.

Hoerder, Dirk/Lucassen, Jan/Lucassen, Leo (2007): Terminologien und Konzepte in der Migrationsforschung. In: Bade, Klaus J./Emmer, Piet C./Lucassen, Leo (Hrsg.): Enzyklopädie Migration
in Europa. München: Fink, S. 28-53.

Hollstein, Betina (2006): Qualitative Methoden und Netzwerkanalyse – ein Widerspruch? In: Hollstein, Betina/Straus, Florian (Hrsg.): Qualitative Netzwerkanalyse. Wiesbaden: VS, S. 11-35.

Holly, Werner/Püschel, Ulrich/Bergmann, Jörg R. (Hrsg.) (2001): Der sprechende Zuschauer. Wie
wir uns Fernsehen kommunikativ aneignen. Wiesbaden: Westdeutscher Verlag.

Hugger, Kai-Uwe (2005): Transnationale Soziale Räume von deutsch-türkischen Jugendlichen im
Internet. Abrufbar unter: www.medienpaed.com/05-2/hugger1.pdf, zuletzt abgerufen am
03.12.2005.

Husband, Charles (2000): Media and the public sphere in multi-ethnic societies. In: Cottle, Simon
(Hrsg.): Ethnic minorities and the media. Buckingham: Open University Press, S. 199-214.

Husband, Charles (2005): Minority ethnic media as communities of practice: Professionalism and
identity politics in interaction. In: Journal of Ethnic and Migration Studies 31 (3), S. 461-479.

Huth, Susanne (2005): Bürgerschaftliches Engagement von Migrantinnen und Migranten: Stand der
Forschung. Hannover: Bundesnetzwerk Bürgerschaftliches Engagement.

Imhof, Kurt/Jarren, Otfried/Blum, Roger (Hrsg.) (2002): Integration und Medien. Wiesbaden: Westdeutscher Verlag.

Infratest (Hrsg.) (1968): Die Bedeutung der ARD-Sonderprogramme für die ausländischen Arbeitnehmer München: Infratest.

Initiative D21 (2008): (N)ONLINER Atlas 2008 Sonderauswertung Internetnutzung und Migrationshintergrund in Deutschland. Berlin: Initiative D21.

Ipsen-Peitzmeier, Sabine/Kaiser, Markus (Hrsg.): Zuhause fremd. Russlanddeutsche zwischen Russland und Deutschland. Bielefeld: Transcript.

Jäckel, Michael (2005): Medien und Integration. In: Jäckel, Michael (Hrsg.): Mediensoziologie.
Grundfragen und Forschungsfelder. Wiesbaden: VS, S. 219-236.

Jung, Matthias/Wengeler, Martin/Böke, Karin (Hrsg.) (1997): Die Sprache des Migrationsdiskurses.
Das Reden über ‚Ausländer' in Medien, Politik und Alltag. Opladen: Westdeutscher Verlag.

Karakasoglu, Yasemin (2007): Türkische Arbeitswanderer in West-, Mittel- und Nordeuropa seit
Mitte der 1950er Jahre. In: Bade, Klaus J./Emmer, Piet C./Lucassen, Leo (Hrsg.): Enzyklopädie Migration in Europa. München: Fink, S. 1054-1061.

Keppler, Angela (1994): Tischgespräche. Über Formen kommunikativer Vergemeinschaftung am
Beispiel der Konversation in Familien. Frankfurt a. M.: Suhrkamp.

Kissau, Kathrin/Hunger, Uwe/Seveker, Marina (2009): Politische Sphären von Migranten im Internet. Baden-Baden: Nomos.

Klaus, Elisabeth (1996): Der Gegensatz von Information ist Desinformation, der Gegensatz von
Unterhaltung ist Langeweile. In: Rundfunk und Fernsehen 44 (4), S. 402-417.

Klingler, Walter/Kutteroff, Albrecht (2009): Stellenwert und Nutzung der Medien in Migrantenmilieus: Ergebnisse einer repräsentativen Studie. In: Media Perspektiven 40 (6), S. 297-307.

Kolar-Panov, Dona (1997): Video, war and the diasporic imagination. London: Routledge.

Kosnick, Kira (2000): Building bridges: Media for migrants and the public-service mission in Germany. In: European Journal of Cultural Studies 3 (3), S. 319-342.

Kosnick, Kira (2007a): Migrant media: Turkish broadcasting and multicultural politics in Berlin.
Bloomington: Indiana University Press.

Kosnick, Kira (2007b): Ethnic media, transnational politics: Turkish migrant media in Germany. In:
Bailey, Olga G./Georgiou, Myria/Harindranath, Ramaswami (Hrsg.): Transnational lives and
the media: Re-imagining diasporas. New York: Palgrave Macmillan, S. 149-173.

Kosnick, Kira (2009): Cosmopolitan capital or multicultural community? Reflections on the production and management of differential mobilities in Germany's capital City. In: Nowicka, Maria/Rovisco, Magdalena (Hrsg.): Cosmopolitanism in practice. Farnham: Ashgate, S. 161-180.

Kraidy, Marwan M. (2005): Hybridity, or the cultural logic of globalization. Philadelphia: Temple University Press.

Kristen, Cornelia/Granato, Nadia (2007): The educational attainment of the second generation in Germany. Social origins and ethnic inequality. In: Ethnicities 7 (3). S. 343-366.

Krotz, Friedrich (2005): Neue Theorien entwickeln. Eine Einführung in die Grounded Theory, die Heuristische Sozialforschung und die Ethnographie anhand von Beispielen aus der Kommunikationsforschung. Köln: Halem.

Krotz, Friedrich (2006): Konnektivität der Medien: Konzepte, Bedingungen und Konsequenzen. In: Hepp, Andreas/Krotz, Friedrich/Moores, Shaun/Winter, Carsten (Hrsg.): Konnektivität, Netzwerk und Fluss. Konzepte gegenwärtiger Medien-, Kommunikations- und Kulturtheorie. Wiesbaden: VS, S. 21-42.

Krotz, Friedrich (2007): Mediatisierung: Fallstudien zum Wandel von Kommunikation. Wiesbaden: VS.

Krotz, Friedrich (2009): Stuart Hall: Encoding/Decoding und Identität. In: Hepp, Andreas/Krotz, Friedrich/Thomas, Tanja (Hrsg.): Schlüsselwerke der Cultural Studies. Wiesbaden: VS, S. 210-223.

Lang, Tilmann/Voss, Friedrich/Oberndörfer, Dieter (Hrsg.) (2001): Medien, Migration, Integration. Elektronische Massenmedien und die Grenzen kultureller Identität. Berlin: Vistas.

Lappin, Eleonore/Nagel, Michael (Hrsg.) (2008): Deutsch-jüdische Presse und jüdische Geschichte. Bremen: Edition Lumière.

Lotz, Amanda D. (2000): Assessing qualitative television audience research: Incorporating feminist and anthropological theoretical innovation. In: Communication Theory 10 (4), S. 447-467.

Lundby, Knut (Hrsg.) (2009a): Mediatization: Concept, changes, consequences. New York: Peter Lang.

Lundby, Knut (2009b): Media logic: Looking for social interaction. In: Lundby, Knut (Hrsg.): Mediatization: Concept, changes, consequences. New York: Peter Lang, S. 101-119.

Maletzke, Gerhard (1980): Integration – eine gesellschaftliche Funktion der Massenkommunikation. In: Publizistik 25 (2), S. 199-206.

Massey, Doreen B. (1994): Space, place and gender. Cambridge: Polity Press.

Mayer, Ruth (2005): Diaspora. Eine kritische Begriffsbestimmung. Bielefeld: Transcript.

McQuail, Denis (2005): McQuail's mass communication theory. Fifth edition. London u. a.: Sage.

Merten, Klaus (1986): Das Bild der Ausländer in der deutschen Presse. Ergebnisse einer systematischen Inhaltsanalyse. Frankfurt a. M.: Dagyeli.

Merten, Klaus (1993): Das Bild der Ausländer in der deutschen Presse. In: Struck, Manfred (Hrsg.): Zuwanderer in den Medien. Der journalistische Umgang mit einem sensiblen Themenbereich. Bonn: Friedrich Ebert Stiftung, S. 37-41.

Meyrowitz, Joshua (1995): Medium theory. In: Crowley, David J./Mitchell, David (Hrsg.): Communication theory today. Cambridge: Polity Press, S. 50-77.

Mikos, Lothar (2001): Rezeption und Aneignung – eine handlungstheoretische Perspektive. In: Rössler, Patrick/Hasebrink, Uwe/Jäckel, Michael (Hrsg.): Theoretische Perspektiven der Rezeptionsforschung. München: Fischer, S. 59-71.

Miller, Daniel/Slater, Don (2000): The Internet. An ethnographic approach. Oxford: Berg.

Mirzoeff, Nicholas (1999): Diaspora and visual culture. London u. a.: Routledge.

Mitra, Ananda (2005): Creating immigrant identities in cybernetic space: Examples from a non-resident immigrant web-site. In: Media, Culture& Society 27 (3), S. 371-390.

Moores, Shaun (2000): Media and everyday life in modern society. Edinburgh: Edinburgh University Press.

Morley, David (2000): Home territories. Media, mobility and identity. London u. a.: Routledge.

Morley, David (2006): What's ‚home' got to do with it? Contradictionary dynamics in the domestication of technology and the dislocation of domesticity. In: Berker, Thomas/Hartmann, Maren/ Punie, Yves/Ward, Kate (Hrsg.): Domestication of media and technology. New York: Open University Press, S. 21-39.

Müller, Daniel (2005): Die Mediennutzung ethnischer Minderheiten. In: Geißler, Rainer/Pöttker, Horst (Hrsg.): Massenmedien und die Integration ethnischer Minderheiten in Deutschland. Bielefeld: Transcript, S. 359-387.

Müller-Doohm, Stefan (1997): Bildinterpretation als struktural hermeneutische Symbolanalyse. In: Hitzler, Ronald/Honer, Anne (Hrsg.): Sozialwissenschaftliche Hermeneutik, S. 81-108.

Murphy, Patrick D./Kraidy, Marwan (Hrsg.) (2003): Global media studies: Ethnographic perspectives. London: Routledge.

Naficy, Hamid (1993): The making of an exile culture. Minneapolis: University of Minnesota Press.

Nowicka, Magdalena/Rovisco, Maria (2009): Introduction: Making sense of cosmopolitanism. In: Nowicka, Magdalena/Rovisco, Maria (Hrsg.): Cosmopolitanism in practice. Farnham: Ashgate, S. 1-16.

Oswald, Ingrid (2007): Migrationssoziologie. Konstanz: UTB (UVK).

Palfrey, John/Gasser, Urs/Reinhart, Franka (2008): Generation Internet. Die Digital Natives: Wie sie leben, was sie denken, wie sie arbeiten. München: Hanser.

Peter, Hartmut R. (2007): Rußländische Studenten an deutschen Hochschulen und Universitäten im späten 19. und 20. Jahrhundert. In: Bade, Klaus J./Emmer, Piet C./Lucassen, Leo (Hrsg.): Enzyklopädie Migration in Europa. München: Fink, S. 924-928.

Pfetsch, Barbara (1999): „In Russia we were Germans, and now we are Russians." – Dilemmas of identity formation and communication among German-Russian Aussiedler. In: Wissenschaftszentrum Berlin für Sozialforschung (Hrsg.): Discussion Paper FS III, S. 99-103.

Piga, Andrea (2007): Mediennutzung von Migranten: Ein Forschungsüberblick. In: Bonfadelli, Heinz/Moser, Heinz (Hrsg.): Medien und Migration. Europa als multikultureller Raum? Wiesbaden: VS, S. 209-234.

Portes, Alejandro/Guarnizo, Luis E./Landolt, Patricia (1999): The study of transnationalism: Pitfalls and promise of an emergent research field. In: Ethnic and Racial Studies 22 (2), S. 217-237.

Prensky, Marc (2001): Digital natives, digital immigrants. In: On The Horizon 9 (5), S. 1-6.

Pries, Ludger (2001): Internationale Migration. Münster: Transcript.

Pries, Ludger (2008): Die Transnationalisierung der sozialen Welt. Sozialräume jenseits von Nationalgesellschaften. Frankfurt a. M.: Suhrkamp.

Pöttker, Horst (2005): Soziale Integration. Ein Schlüsselbegriff für die Forschung über Medien und ethnische Minderheiten. In: Geißler, Rainer/Pöttker, Horst (Hrsg.): Massenmedien und die Integration ethnischer Minderheiten in Deutschland. Bielefeld: Transcript, S. 25-43.

Razum, Oliver/Sahin-Hodoglugil, Nuriye N./Polit, Karen (2005): Health, wealth or family ties? Why Turkish work migrants return from Germany. In: Journal of Ethnic and Migration Studies 31 (4), S. 719-739.

Recchi, Ettore (2006): From migrants to movers: Citizenship and mobility in the European Union. In: Smith, Michael Peter/Favell, Adrian (Hrsg.): The Human Face of Global Mobility. New Brunswick, London: Transaction Publishers, S. 53-77.

Recchi, Ettore/Favell, Adrian (2009): Pioneers of European integration: Citizenship and mobility in the EU. Cheltenham: Edward Elgar Publishing.

Rigoni, Isabelle (2005): Challenging notions and practices: The Muslim media in Britain and France. In: Journal of Ethnic and Migration Studies 31 (3), S. 563-580.

Risse, Thomas (2010): A community of Europeans? Transnational identities and public spheres. New York: Cornell University Press.

Robins, Kevin (2006): The challenge of transcultural diversities: Final report of the transversal study on the theme of cultural policy and cultural diversity. In: Robins, Kevin (Hrsg.): The challenge of transcultural diversities. Strassbourg: Council of Europe, S. 7-48.

Robins, Kevin/Aksoy, Asu (2001): „Abschied von Phantomen": Transnationalismus am Beispiel des türkischen Fernsehens. In: Busch, Brigitta/Hipfl, Brigitte/Robins, Kevin (Hrsg.): Bewegte Identitäten. Medien in transkulturellen Kontexten. Klagenfurt: Drava, S. 71-110.

Rodríguez, Clemencia (2001): Fissures in the mediascape. An international study of citizen's media. Cresskill: Hampton Press.

Roggenthin, Heike (1999): A propos de la situation sociale des étudiants marocains dans l'agglomération de Francfort-Mayence-Wiesbaden. In: Berriane, Mohamed/Popp, Herbert (Hrsg.): Migrations internationales entre le Maghreb et l'Europe les effets sur les pays de destination et d'origine. Actes du colloque maroco-allemand. München: Maghreb-Studien, S. 87-93.

Röser, Jutta (Hrsg.) (2007): MedienAlltag. Domestizierungsprozesse alter und neuer Medien. Wiesbaden: VS.

Rother, Nina/Nebe, Tina (2009). More mobile, more European? Free movement and EU identity In Recchi, Ettore/Favell, Adrian (Hrsg.): Pioneers of European integration. Citizenship and mobility in the EU. Cheltenham: Elgar, S. 120-155.

Ruhrmann, Georg/Demren, Songül (2000): Wie Medien über Migranten berichten. In: Schatz, Heribert/Holtz-Bacha, Christina/Nieland, Jörg-Uwe (Hrsg.): Migranten und Medien. Neue Herausforderungen an die Integrationsfunktion von Presse und Rundfunk. Opladen: Westdeutscher Verlag, S. 69-81.

Ruhrmann, Georg/Kollbeck, Johannes/Möltgen, Wolfgang (1996): „Fremdverstehen": Medienberichterstattung, Fremdenfeindlichkeit und die Möglichkeit von Toleranzkampagnen. In: Publizistik 41 (1), S. 32-50.

Ruhrmann, Georg/Kollmer, Jochen (1987): Ausländerberichterstattung in der Kommune. Inhaltsanalyse Bielefelder Tageszeitungen unter besonderer Berücksichtigung ausländerfeindlicher Alltagstheorien. Opladen: Westdeutscher Verlag.

Ruhrmann, Georg/Sommer, Denise/Uhlemann, Heike (2006): TV-Nachrichtenberichterstattung über Migranten – Von der Politik zum Terror. In: Geißler, Rainer/Pöttker, Horst (Hrsg.): Integration durch Massenmedien / Mass Media-Integration. Bielefeld: Transcript, S. 45-76.

Rydin, Ingegerd/Sjöberg, Ulrika (2007): Identität, Staatsbürgerschaft, kultureller Wandel und das Generationsverhältnis. In: Bonfadelli, Heinz/Moser, Heinz (Hrsg.): Medien und Migration. Europa als multikultureller Raum? Wiesbaden: VS, S. 273-302.

Rydin, Ingegerd/Sjöberg, Ulrika (2008): Internet as a communicative space for identity construction among diaspora families in Sweden. In: Rydin, Ingegerd/Sjöberg, Ulrika (Hrsg.): Mediated crossroads. Göteborg: Nordicom, S. 193-214.

Sauer, Martina/Halm, Dirk (2009): Erfolge und Defizite der Integration türkeistämmiger Einwanderer. Entwicklung der Lebenssituation 1999-2008. Wiesbaden: VS.

Sauer, Martina/Halm, Dirk/Türkeistudien, Zentrum für (Hrsg.) (2009): Erfolge und Defizite der Integration türkeistämmiger Einwanderer. Entwicklung der Lebenssituation 1999-2008. Wiesbaden: VS.

Savoskul, Maria (2006): Russlanddeutsche in Deutschland: Integration und Typen der ethnischen Selbstidentifizierung. In: Ipsen-Peitzmeier, Sabine/Kaiser, Markus (Hrsg.): Zuhause fremd. Russlanddeutsche zwischen Russland und Deutschland. Bielefeld: Transcript, S. 197-222.

Schatz, Heribert/Holtz-Bacha, Christina/Nieland, Jörg-Uwe (Hrsg.) (2000): Migranten und Medien. Neue Herausforderungen an die Integrationsfunktion von Presse und Rundfunk. Opladen: Westdeutscher Verlag.

Schenk, Michael (1995): Soziale Netzwerke und Massenmedien. Untersuchungen zum Einfluss der persönlichen Kommunikation. Tübingen: Mohr.

Schlesinger, Philip (1987): On national identity. In: Social Science Information 26 (2), S. 219-264.

Schlögel, Karl (2007): Russländische Emigranten in Deutschland seit 1917. In: Bade, Klaus J./Emmer, Peter C./Lucassen, Leo (Hrsg.): Enzyklopädie Migration in Europa. München: Fink (Wilhelm), S. 914-922.

Schneider, Beate/Arnold, Anne-Katrin (2004) Mediennutzung und Integration türkischer Migrantinnen in Deutschland. In: Pöttker, Horst/Meyer, Thomas (Hrsg.): Kritische Empirie. Lebenschancen in den Sozialwissenschaften. Wiesbaden: VS, S. 489-503.

Schulte, Joachim (2002): Reichweitenerhebungen für türkische Fernsehsender in Deutschland. In: Becker, Jörg/Behnisch, Reinhard (Hrsg.): Zwischen Autonomie und Gängelung: Türkische Medienkultur in Deutschland. Rehburg-Loccum: Loccumer Protokolle, S. 173-197.

Schulte, Joachim (2003): Die Internet-Nutzung von Deutsch-Türken. In: Becker, Jörg/Behnisch, Reinhard (Hrsg.): Zwischen kultureller Zersplitterung und virtueller Identität. Türkische Medienkultur in Deutschland III. Rehburg-Loccum: Loccumer Protokolle, S. 115–123.

Sen, Faruk (2001a): Freie Auswahl. In: Journalist 51 (8), S. 17-19.

Sen, Faruk (2001b): Medien, Migration, Integration. Elektronische Massenmedien und die Grenzen kultureller Identität. In: Lang, Thomas/Voss, Friedrich/Oberndörfer, Dieter (Hrsg.): Medien, Migration, Integration. Elektronische Massenmedien und die Grenzen kultureller Identität. Berlin: Vistas, S. 101-110.

Senay, Ufuk (2003): Virtuelle Welten für Migranten im World Wide Web. In: Becker, Jörg/Behnisch, Reinhard (Hrsg.): Zwischen kultureller Zersplitterung und virtueller Identität. Türkische Medienkultur in Deutschland III. Rehburg-Loccum: Loccumer Protokolle, S. 125-134.

Sheller, Mimi/Urry, John (2006): Mobile technologies of the city. London: Routledge.

Silverstone, Roger (2002): Eine Stimme finden: Minderheiten, Medien und die globale Allmende. In: Hepp, Andreas/Löffelholz, Martin (Hrsg.): Grundlagentexte zur Transkulturellen Kommunikation. Konstanz: UVK (UTB), S. 725-749.

Silverstone, Roger (2006): Domesticating domestication. Reflections on the life of a concept. In: Berker, Thomas/Hartmann, Maren/Punie, Yves/Ward, Katie (Hrsg.): Domestication of media and technology. London: Open University Press, S. 229-248.

Silverstone, Roger/Haddon, Leslie (1998): Design and domestication of information and communication technologies: Technical change and everyday life. In: Mansell, Robin/Silverstone, Roger (Hrsg.): Communication by Design: The politics of information and communication technologies. Milton Keynes: Oxford University Press, S. 44-74.

Silverstone, Roger/Hirsch, Eric (Hrsg.) (1992): Consuming technologies. Media and information in domestic spaces. London: Routledge.

Silverstone, Roger/Hirsch, Eric/Morley, David (1992): Information and communication technologies and the moral economy of the household. In: Silverstone, Roger/Hirsch, Eric (Hrsg.): Consuming technologies. Media and information in domestic spaces. London/New York: Routledge, S. 15-31.

Simon, Erk (2007): Migranten und Medien 2007. Zielsetzung, Konzeption und Basisdaten einer repräsentativen Studie der ARD/ZDF-Medienkommission. In: Media Perspektiven 38 (9). S. 426-435.

Sociovision, Sinus (2008): Zentrale Ergebnisse der Sinus-Studie über Migranten-Milieus in Deutschland.

Sutter, Tilmann (2002): Integration durch Medien als Beziehung struktureller Kopplung. In: Imhof, Kurt/Jarren, Otfried/Blum, Roger (Hrsg.): Integration und Medien. Wiesbaden: Westdeutscher, S. 122-136.

Thompson, John B. (1995): The media and modernity. A social theory of the media. Cambridge: Cambridge University Press.

Tölölyan, Khachig (1991): The nation-state and its others: In lieu of a preface. In: Diaspora 1 (1), S. 3-7.

Tomlinson, John (1999): Globalization and culture. Cambridge: Polity Press.

Tomlinson, John (2007): The culture of speed: The coming of immediacy. New Delhi u. a.: Sage.

Transit Migration Forschungsgruppe (Hrsg.) (2007): Turbulente Ränder. Neue Perspektiven auf Migration an den Grenzen Europas. Bielefeld: Transcript.

Trebbe, Joachim (2007a): Akkulturation und Mediennutzung von türkischen Jugendlichen in Deutschland. In: Bonfadelli, Heinz/Moser, Heinz (Hrsg.): Medien und Migration. Europa als multikultureller Raum? Wiesbaden: VS, S. 183-208.

Trebbe, Joachim (2007b): Types of integration, acculturation strategies and media use of young Turks in Germany. In: Communications: The European Journal of Communication Research 32 (2), S. 171-191.

Trebbe, Joachim/Heft, Annett/Weiß, Hans-Jürgen (2010): Mediennutzung junger Menschen mit Migrationshintergrund: Umfragen und Gruppendiskussionen mit Personen türkischer Herkunft und russischen Aussiedlern im Alter zwischen 12 und 29 Jahren in NRW. Berlin: Vistas.

Treibel, Annette (2008): Migration in modernen Gesellschaften. Weinheim: Juventa.

Venema, Matthias/Grimm, Claus (2002): Situation der ausländischen Arbeitnehmer und ihrer Familienangehörigen in der Bundesrepublik Deutschland. Repräsentativuntersuchung 2001. München: Polis.

Vlasic, Andreas/Brosius, Hans-Bernd (2002): „Wetten dass...“ – Massenmedien integrieren? Die Integrationsfunktion von Massenmedien. Zur empirischen Beschreibbarkeit eines normativen Paradigmas. In: Imhof, Kurt/Jarren, Otfried/Blum, Roger (Hrsg.): Integration und Medien. Wiesbaden: Westdeutscher, Verlag S. 93-109.

Vogelgesang, Waldemar (2006): Religiöse Segregation und soziale Distanzierung. Dargestellt am Beispiel einer Baptistengemeinde zugewanderter Spätaussiedler. In: Ipsen-Peitzmeier, Sabine/ Kaiser, Markus (Hrsg.): Zuhause fremd. Russlanddeutsche zwischen Russland und Deutschland. Bielefeld: Transcript, S. 151-169.

Vogelgesang, Waldemar (2008): Jugendliche Aussiedler. Zwischen Entwurzelung, Ausgrenzung und Integration. Weinheim: Juventa.

Weber, Max (1972): Wirtschaft und Gesellschaft. Grundriss der verstehenden Soziologie. Tübingen: Mohr.

Weber, Max (2009): Wirtschaft und Gesellschaft. Gemeinschaften. Studienausgabe der Max Weber Gesamtausgabe Band I/22-1. Tübingen: Mohr.

Weber-Menges, Sonja (2006): Die Entwicklung von Ethnomedien in Deutschland. In: Geißler, Rainer/Pöttker, Horst (Hrsg.): Integration durch Massenmedien / Mass Media-Integration. Bielefeld: Transcript, S. 121-145.

Weiß, Hans-Jürgen/Trebbe, Joachim (2001): Mediennutzung und Integration der türkischen Bevölkerung in Deutschland. Ergebnisse einer Umfrage des Presse- und Informationsdienstes der Bundesregierung. Potsdam: GöfaK Medienforschung GmbH.

Weiss, Karin/Thränhardt, Dietrich (2005): Selbsthilfe, Netzwerke und soziales Kapital in der pluralistischen Gesellschaft. In: Weiss, Karin/Thränhardt, Dietrich (Hrsg.): Selbsthilfe: wie Migranten Netzwerke knüpfen und soziales Kapital schaffen. Freiburg i. B.: Lambertus, S. 8-26.

Weßler, Hartmut (2002): Multiple Differenzierung und kommunikative Integration: Symbolische Gemeinschaften und Medien. In: Imhof, Kurt/Jarren, Otfried/Blum, Roger (Hrsg.): Integration und Medien. Wiesbaden: Westdeutscher, S. 56-76.

Williams, Raymond (1990): Television: Technology and cultural form. London: Routledge.

Wimmer, Andreas/Glick Schiller, Nina (2002): Methodological nationalism and beyond: Nation-state building, migration and the social sciences. Global Networks: A Journal of Transnational Affairs 2 (4), S. 301-334.

Sachregister

Medien

Tobias Ebbrecht / Thomas Schick (Hrsg.)

Kino in Bewegung

Perspektiven des deutschen
Gegenwartsfilms
2011. ca. 300 S. (Film, Fernsehen, Medienkultur. Schriftenreihe der Hochschule für
Film und Fernsehen „Konrad Wolf") Br.
ca. EUR 29,95
ISBN 978-3-531-17489-1

Regina Friess

**Narrative versus spielerische
Rezeption?**

Eine Fallstudie zum interaktiven Film
2010. ca. 250 S. (Film, Fernsehen, Medienkultur. Schriftenreihe der Hochschule für
Film und Fernsehen „Konrad Wolf") Br.
ca. EUR 29,95
ISBN 978-3-531-17502-7

Andrea Gschwendtner

Bilder der Wandlung

Visualisierung charakterlicher Wandlungs-
prozesse im Spielfilm
2011. ca. 450 S. (Film, Fernsehen, Medienkultur. Schriftenreihe der Hochschule für
Film und Fernsehen „Konrad Wolf") Br.
ca. EUR 39,95
ISBN 978-3-531-17488-4

Volker Gehrau /
Christoph Neuberger (Hrsg.)

StudiVZ

Kommunikationswissenschaftliche
Studien zum Umgang mit einem sozialen
Netzwerk im Internet
2011. ca. 208 S. Br. ca. EUR 24,95
ISBN 978-3-531-17373-3

Mike Sandbothe

Wozu Medienphilosophie?

Pragmatistische Aufsätze 2000 bis 2010
2010. ca. 160 S. Br. ca. EUR 19,95
ISBN 978-3-531-17620-8

Wolfgang Schweiger / Klaus Beck (Hrsg.)

**Handbuch
Online-Kommunikation**

2010. 549 S. Geb. EUR 39,95
ISBN 978-3-531-17013-8

Eva Johanna Schweitzer /
Steffen Albrecht (Hrsg.)

Das Internet im Wahlkampf

Analysen zur Bundestagswahl 2009
2011. ca. 300 S. Br. ca. EUR 29,95
ISBN 978-3-531-17023-7

Erhältlich im Buchhandel oder beim Verlag.
Änderungen vorbehalten. Stand: Juli 2010.

www.vs-verlag.de

VS VERLAG

Abraham-Lincoln-Straße 46
65189 Wiesbaden
Tel. 0611.7878-722
Fax 0611.7878-400

Reihe Medien – Kultur – Kommunikation

Andreas Hepp

Cultural Studies und Medienanalyse

Eine Einführung
3., überarb. u. erw. Aufl. 2010. 321 S.
(Medien – Kultur – Kommunikation) Br.
EUR 29,95
ISBN 978-3-531-15543-2

Andreas Hepp / Cigdem Bozdag / Laura Suna

Mediale Migranten

Medienwandel und die kommunikative
Vernetzung der Diaspora
2011. ca. 240 S. (Medien – Kultur –
Kommunikation) Br. ca. EUR 29,95
ISBN 978-3-531-17314-6

Christine Linke

Medien im Alltag von Paaren

Eine Studie zur Mediatisierung
der Kommunikation in Paarbeziehungen
2010. 208 S. (Medien – Kultur –
Kommunikation) Br. EUR 34,95
ISBN 978-3-531-17364-1

Jo Reichertz

Die Macht der Worte und der Medien

3. Aufl. 2010. 333 S. (Medien – Kultur –
Kommunikation) Br. EUR 29,95
ISBN 978-3-531-17242-2

Paddy Scannell

Medien und Kommunikation

2011. 400 S. (Medien – Kultur –
Kommu-nikation) Br. ca. EUR 29,95
ISBN 978-3-531-16594-3

Martina Thiele / Tanja Thomas /
Fabian Virchow (Hrsg.)

Medien – Krieg – Geschlecht

Affirmationen und Irritationen sozialer
Ordnungen
2010. 363 S. (Medien – Kultur –
Kommu-nikation) Br. EUR 34,95
ISBN 978-3-531-16730-5

Waldemar Vogelgesang

Jugend, Alltag und Kultur

Eine Forschungsbilanz
2011. ca. 400 S. (Medien – Kultur –
Kommunikation) Br. ca. EUR 49,95
ISBN 978-3-531-14478-8

Erhältlich im Buchhandel oder beim Verlag.
Änderungen vorbehalten. Stand: Juli 2010.

www.vs-verlag.de

VS VERLAG

Abraham-Lincoln-Straße 46
65189 Wiesbaden
Tel. 0611.7878 - 722
Fax 0611.7878 - 400

MIX
Papier aus verantwortungsvollen Quellen
Paper from responsible sources
FSC® C105338

If you have any concerns about our products,
you can contact us on
ProductSafety@springernature.com

In case Publisher is established outside the EU,
the EU authorized representative is:
Springer Nature Customer Service Center GmbH
Europaplatz 3, 69115 Heidelberg, Germany

Printed by Libri Plureos GmbH
in Hamburg, Germany